Gerd-E. Famulla · Peter Gut · Volker Möhle ·
Michael Schumacher · Udo Witthaus

Persönlichkeit und Computer

Sozialverträgliche Technikgestaltung
Materialien und Berichte Band 34

Herausgeber: Das Ministerium für Arbeit, Gesundheit und Soziales des Landes Nordrhein-Westfalen

Die Schriftenreihe „Sozialverträgliche Technikgestaltung" veröffentlicht Ergebnisse, Erfahrungen und Perspektiven des vom Ministerium für Arbeit, Gesundheit und Soziales des Landes Nordrhein-Westfalen initiierten Programms „Mensch und Technik – Sozialverträgliche Technikgestaltung". Dieses Programm ist ein Bestandteil der „Initiative Zukunftstechnologien" des Landes, die seit 1984 der Förderung, Erforschung und sozialen Gestaltung von Zukunftstechnologien dient. Der technische Wandel im Feld der Mikroelektronik und der modernen Informations- und Kommunikationstechnologien hat sich weiter beschleunigt. Die ökonomischen, sozialen und politischen Folgen durchdringen alle Teilbereiche der Gesellschaft. Neben positiven Entwicklungen zeichnen sich Gefahren ab, etwa eine wachsende technologische Arbeitslosigkeit und eine sozialunverträgliche Durchdringung der Gesellschaft mit elektronischen Medien und elektronischer Informationsverarbeitung. Aber es bestehen Chancen, die Entwicklung zu steuern. Dazu bedarf es einer breiten öffentlichen Diskussion auf der Grundlage besserer Kenntnisse über die Problemzusammenhänge und Gestaltungsalternativen. Die Interessen aller vom technischen Wandel Betroffenen müssen angemessen berücksichtigt werden, die technische Entwicklung muß dem Sozialstaatspostulat verpflichtet bleiben. Es geht um sozialverträgliche Technikgestaltung.

Die vorliegende Reihe „Sozialverträgliche Technikgestaltung. Materialien und Berichte" ist wie die parallel erscheinende Schriftenreihe „Sozialverträgliche Technikgestaltung" ein Angebot des Ministeriums für Arbeit, Gesundheit und Soziales, Erkenntnisse und Einsichten zur Diskussion zu stellen. Es entspricht der Natur eines Diskussionsforums, daß die Beiträge die Meinung der Autoren wiedergeben. Sie stimmen nicht unbedingt mit der Auffassung des Herausgebers überein.

Gerd-E. Famulla · Peter Gut · Volker Möhle ·
Michael Schumacher · Udo Witthaus

Persönlichkeit und Computer

Westdeutscher Verlag

Umschlaggestaltung: Hansen Werbeagentur GmbH, Köln
Druck und buchbinderische Verarbeitung: Lengericher Handelsdruckerei, Lengerich
Gedruckt auf säurefreiem Papier
Printed in Germany

ISBN 3-531-12425-0

Inhalt

Vorwort

Die vorliegende Publikation ist der Abschlußbericht des Projekts „Persönlichkeit und Computer", das im Rahmen des Programms „Mensch und Technik" vom Juni 1987 bis März 1989 im Zentrum für Lehrerbildung der Universität Bielefeld durchgeführt wurde. Das Projekt wurde gefördert von Ministerium des Landes Nordrhein–Westfalen im Rahmen des Landesprogramms „Mensch und Technik — Sozialverträgliche Technikgestaltung".

Im Verlaufe der Durchführung unseres Forschungsprojektes hat dessen zentrale Fragestellung „Wie wirkt der Computer auf den Menschen — und umgekehrt" an Attraktivität eher noch gewonnen. Kaum ein Tag vergeht, an dem das Verhältnis oder — im Fachjargon — die „Schnittstelle Mensch-Computer" im weitesten Sinne nicht öffentlich thematisiert wird. Dies geschieht vor allem bei Unfällen in Kernkraftwerken, bei Flugzeugabstürzen, Tankerhavarien, Raketenfehlstarts oder ähnlichen Ereignissen, bei denen Mikroelektronik involviert ist und häufig „menschliches Versagen" festgestellt wird und bei denen man in der Folge bestrebt ist, Fehler bei der „Schwachstelle Mensch" zu analysieren und zu beheben.

Tatsächlich ist das Thema Mensch-Computer aber nicht nur anläßlich spektakulärer Unfälle mit Großtechnologien aktuell. Parallel zur öffentlichen Diskussion dieser Großereignisse laufen Untersuchungen zum Beispiel über die gesundheitlichen Folgen von Bildschirmarbeit, über den Zusammenhang von Technologieentwicklung und Arbeitslosigkeit, über die Chancen und Risiken computerunterstützten Planens, Konstruierens, Produzierens, Kontrollierens, Personalführens. Weitere Topoi dieses Themenbereichs sind die geschlechtsspezifisch differenten Zu- und Umgangsweisen im Hinblick auf den Computer („Gibt es einen weiblichen Programmierstil?"), schulisches Lernen am Computer („Ab welchem Lebensalter sollen Kinder mit und für Computer lernen?") und das Freizeitverhalten im Hinblick auf die neuen Medien.

Die Vielzahl aktueller Themen zum Verhältnis Mensch-Computer kann nicht über ein Dilemma hinwegtäuschen, mit dem wir uns gleich zu Beginn unserer Untersuchungen konfrontiert sahen. Wir mußten feststellen, daß bei nahezu allen empirisch vorfindlichen Problembereichen zur „Schnittstelle Mensch-Computer" zwar Analysen erstellt und Konzepte erarbeitet worden waren, daß aber auf eine vertiefte Kenntnis über die Beziehung zwischen Mensch und Computer nicht oder kaum zurückgegriffen werden konnte. Es gibt zwar vielfältige Sichtweisen und Positionen zu dieser Beziehung jedoch keinen zureichenden Begriff und nur wenige theoretische Fundierungsversuche. Insofern könnte man mit Recht sagen, bei der „Beziehungskiste Mensch-Computer" handelt es sich noch immer um eine „black box", mit einigen wenigen kleinen Gucklöchern. Der reale Prozeß der Computerisierung der Gesellschaft in Betrieben, Verwaltungen, Schulen und Haushalten eilt offensichtlich dem (wissenschaftlichen) Begreifen dieses Phänomens und seiner Wirkungen auf den Menschen um Jahre, wenn nicht Jahrzehnte voraus. Symptomatisch dafür dürfte sein, daß man sich erst jetzt, vor allem nach einer Reihe von Katastrophen beim Umgang mit Großtechnologien, verstärkt daran macht, die Schnittstellenproblematik Mensch-Maschine zu entschärfen. So soll beispielsweise erst jetzt mit Hilfe der in den USA entwickelten „Kognitionsergonomie" präziser herausgefunden werden, welche Entscheidungskompetenz man tunlichst dem Menschen und welche man dem Computer überlassen sollte, um Risiken zu minimieren. Fürwahr eine frühe Entdeckung!

In unserem Forschungsantrag hatten wir seinerzeit noch prinzipieller gefragt: „Bilden Mensch und Computer eine neue Sozialbeziehung, und ist das die Sozialbeziehung der Zukunft?" Und unsere ersten hypothetischen Überlegungen dazu lauteten:

„Die Technik allgemein ist nicht nur als Projektion menschlicher Wesensmerkmale in materialisierter Form aufzufassen, sondern als Bestandteil gesellschaftlicher Strukturprinzipien. Sie trägt alle Merkmale einer sozialen Beziehung: Dauer, Wiederholung und institutionelle Absicherung und bildet eine sozio-technische Figuration (Borries 1980). Der ‚informatorischen Vernetzung' gehen reale Interaktionsprozesse mit der Tendenz zu Eindeutigkeit und Geschlossenheit voraus. Wenn diese als Materialisierung von Technik ihre Gestalt gefunden haben, sind Interaktionen festgelegt: keine Änderungen durch subjektive Interpretationen sind mehr möglich. Dieser Prozeß der ‚Vergesellschaftung' führt zu einer ‚strukturellen Affinität' von Persönlichkeit, Interaktion und Technik (Ullrich 1979), welche sich jedoch nicht ungebrochen herstellt. Um diese ‚Brüche' in der Beziehung des Menschen — hier zum Computer - für die Technikgestaltung berücksichtigen zu können, ist es erforderlich, die Einwirkungen der Technik auf die Persönlichkeit der Betroffenen stärker in das wissenschaftliche Blickfeld zu rücken."

Wer „Brüche" in einer („Partner-")Beziehung genauer diagnostizieren und beurteilen will, muß sich die Partner genauer ansehen, hier also den Menschen oder die Persönlichkeit einerseits und den Computer andererseits, wobei realistischerweise diese Beziehung zudem nur unter Berücksichtigung des sozialen Kontextes entschlüsselt werden kann. Für uns hieß das, zunächst die Fundierung des Persönlichkeitsbegriffs wie des Begriffs der Computertechnik aufzunehmen, um über eine Grundlage für die weiteren Untersuchungen über die Wechselwirkung von Persönlichkeit und Computer verfügen zu können.

Während mit dem Bammèschen Ansatz der transklassischen Maschine ein eindeutiger Begriff des Computers und seiner Neuartigkeit zur Verfügung stand, bereitete die präzise Bestimmung der Kategorie der „Persönlichkeit" aufgrund der vielfältigen Ansätze größere Schwierigkeiten. Für uns ging es vor allem darum, drei methodologisch vereinfachenden oder verengenden Versuchungen zu widerstehen.

Die erste Versuchung bestand in der Möglichkeit einer leichtfertigen Überantwortung des Persönlichkeitsbegriffs an seine psychologischen Deuter, das heißt an diejenigen, die vor allem von der Subjektseite aus, dem Ich, Persönlichkeit bestimmen (Piaget u.a.) und dabei der Gefahr unterliegen, deren Konstitution in der Auseinandersetzung mit der Objektwelt, der Gesellschaft zu vernachlässigen.

Die zweite Versuchung läßt sich als das Pendant zur ersten charakterisieren, nämlich die Subjektkonstitution als sozialen Prozeß aufzufassen und sie vorrangig mit der Kategorie der Arbeit zu fundieren (Leontjew u.a.) oder sich systemfunktionaler Ansätze zu bedienen (Luhmann u.a.), wobei in beiden Varianten die inner-psychischen Prozesse vernachlässigt werden.

Die dritte Versuchung schließlich betraf die naheliegende Nutzung von Antworten, die sich zwar explizit auf die Vermittlung beider Seiten, der Subjektsowie Objektseite konzentrieren und synthetisierend vorgehen, allerdings grundlegende gesellschaftliche Problemlagen nicht explizit berücksichtigen, wenn sie ihren Begriff von Persönlichkeit entfalten. Zwar liegen solcherart Ansätze vor (u.a. Kohlberg), jedoch würde ihre umstandslose Verwendung hinter den Stand zurückfallen, den eine kritische Gesellschaftstheorie bereits erreicht hat, und die ihr Wahrheitskriterium an die Einsicht in die Widersprüchlichkeit und die Veränderung gesellschaftlicher Problemlagen bindet. Persönlichkeit als empirisch gehaltvolle psycho-soziale Kategorie muß also die gesellschaftliche Realität als zu verändernde einbegreifen. Diesem Anspruch noch am nächsten kommt der Begriff des „produktiv-realitätsverarbeitenden Subjekts" (Hurrelmann), obwohl auch er nicht explizit an die Veränderung existenter historischer Problemlagen gebunden wird. Auf der Grundlage des Hurrelmannschen Persönlichkeitsbegriffs ist man versucht, schon von „gelingender Persönlichkeit" zu sprechen, wenn Realität nur irgendwie verarbeitet wird, ohne die Arbeit an den tiefergehenden, säkularen gesellschaftlichen Problemen als konstitutiv für die Entwicklung des Subjekts, der Persönlichkeit, einzubeziehen.

Für die weiteren Untersuchungen im Verlaufe der Projektarbeit kam es darauf an, die Ambivalenzen, Chancen und Risiken in der Beziehung zwischen Persönlichkeit und Computer möglichst präzise zu erfassen und nicht durch vorschnelle Schlußfolgerungen einzuebnen. Unter dieser Zielsetzung präzisierten wir die Leitfrage nach den Bedingungen für ein handlungsfähiges Subjekt (Persönlichkeit) und legten den Untersuchungsrahmen fest, in dem diese Ambivalenzen zugleich sichtbar gemacht und eingeschätzt werden konnten.

Der vorliegende Schlußbericht gibt die Resultate dieses Forschungsprozesses wieder, in dessen Verlauf die Mitwirkenden nicht nur ihr Wissen erweiterten, sondern auch ihre Einschätzungen und Einstellungen gegenüber dem Computer änderten. Die Diskussionsstruktur innerhalb des Projektes ähnelte dabei den in der Literatur vorfindlichen Positionen. Es existierte ebenso die Spaltung in Computerkritiker und (jedoch sehr vorsichtige) Computerbefürworter. Die einen stellten Gefährdungspotentiale fest, die der Technologie als quasi inhärent zugeschrieben wurden; die anderen sahen den Computer als eine Art Katalysator, der Einstellungen und Verhaltensweisen zum Vorschein bringt. Auf diesem Hintergrund wurde die Frage der Wirkungspotentiale zu einer Frage der subjektiven Umgangsweise und einer Frage der Beschaffenheit des sozialen Kontextes. Interessanterweise tauschten die Projektmitglieder im Laufe der Projektarbeit die Positionen: Die vorsichtigen Computerbefürworter bezogen nun eher kritische Positionen und umgekehrt. Immerhin ließ sich aus der stärkeren Hervorhebung der subjektiven und sozialen Bedingungen (sozialer Kontext) bei der Analyse am ehesten die im SoTech-Programm vorherrschende Position produktiv aufnehmen, nach der soziale Technikgestaltung möglich ist. Am Ende hat sich aufgrund weitergehender Analysen und Diskussionen allerdings eine eher skeptische Haltung in diesem Punkt entwickelt. Es dominiert die Auffassung, daß der weiteren „Algorithmisierung sozialer Lebensverhältnisse", die sich im Computer als vorläufig letzter Entwicklungsphase manifestiert, nur durch große Anstrengungen in Arbeit, Politik und Bildung begegnet werden kann.

Am Ende der Arbeit an einem Forschungsprojekt ist Gelegenheit, allen mitwirkenden Personen und Institutionen Dank auszusprechen. Unser Dank gilt in erster Linie den wissenschaftlichen Mitarbeitern an diesem Projekt, die über die ganze oder einen Teil der Projektlaufzeit, zwar mit Teilzeitverträgen aber mit ganzer Persönlichkeit und großem Einsatz, die substantielle Arbeit erbracht haben: Thomas Bartels, der wichtige Einsichten zum Bereich Computer und Schule einbrachte und in der ersten Projektphase auch an vielen Diskussionen über Ziel, Rahmen und Methode der Untersuchung mitwirkte; Peter Gut, der maßgeblich die theoretische Fundierung der zentralen Kategorien des Projekts vorantrieb und der die Ergebnisse der industriesoziologischen und berufspädagogischen Debatte über den Computereinsatz in Betrieb und Berufsbildung für die Projektarbeit fruchtbar machte; Michael Schumacher, dem vor allem die Projektergebnisse über die psychischen Wirkungen des Computereinsatzes auf die Persönlichkeit zu verdanken sind und der während der gesamten Projektlaufzeit für die inhaltliche Kontinuität des Forschungsprojektes verantwortlich zeichnete; Udo Witthaus, der für die stringente sozialwissenschaftliche Fundierung des Gesamtprojekts wie auch für Teilbereiche Verantwortung übernahm und vor allem in der Schlußphase zusammen mit Michael Schumacher für einen erfolgreichen Abschluß des Projekts sorgte.

Unser Dank gilt aber auch den Werkauftragnehmern des Projekts, die uns zu fünf ausgewählten Bereichen entsprechend unserer Projektfragestellung wichtige Erkenntnisse für die spätere Auswertung im Endbericht zusammengetragen und aufbereitet haben: Thomas Bartels, Jan-Uwe Rogge, Hans-Albert Wulf, Eggert Holling, Heidi Schelhowe.

Das Rhein-Ruhr-Institut begleitete und unterstützte konstruktiv unsere Arbeit bis zu Anregungen und Vorschlägen für den hier vorliegenden Abschlußbericht; den zuständigen Betreuern und Betreuerinnen sei dafür nachdrücklich gedankt. Last but not least: H. Peter Stock danken wir für die technische Fertigstellung der Druckvorlage auf dem Textsystem EUMEL.

Gerd-E. Famulla
Volker Möhle
(Projektleiter)

I. Einleitung und Entwicklung der Fragestellung

A. Einleitung

Das Projekt „Persönlichkeit und Computer" hatte sich im Rahmen des Programms „Mensch und Technik − Sozialverträgliche Technikgestaltung" zum Ziel gesetzt, in einer Analyse der gegenwärtigen Forschungslage Auswirkungen von Computertechnologie auf die Persönlichkeit zu bestimmen. Die Notwendigkeit einer zusammenfassenden, systematischen Bestandsaufnahme besteht gerade in diesem Forschungsfeld, das sich durch eine chaotisch anmutende Heterogenität auszeichnet. Die Heterogenität der Diskussion entsteht auf dem Hintergrund eines Pluralismus von Wissenschaftsdisziplinen, deren unterschiedliche normative Grundlagen und Fragestellungen kaum gemeinsame Beurteilungskriterien des Verhältnisses von Persönlichkeit und Computer und der sozialen Veränderungen erlauben, die mit dem Einsatz der Computertechnologie einhergehen (Merkert 1984, S. 302). Mit dieser Heterogenität ist die Auseinandersetzung um Geltungsansprüche sowie theoretische wie empirische Relevanz von Thesen verbunden, die sich je nach normativem Hintergrund sehr unterschiedlich darstellen.

Im vorliegenden Bericht werden Auswirkungen der Computertechnologie auf die Persönlichkeitsentwicklung der Individuen aufgezeigt und auf dem Hintergrund der unterschiedlichen wissenschaftlichen Positionen in Thesen zusammengefaßt. Im Kapitel I. B. werden zunächst die zentralen Fragestellungen ausgeführt, die der Projektarbeit zugrunde lagen. Anschließend wird die Besonderheit des Projekts „Persönlichkeit und Computer" als Verbundprojekt im Rahmen des Programms „Mensch und Technik − Sozialverträgliche Technikgestaltung" erläutert (Kap. I. C.).

In Kapitel II. schließt sich das methodische Konzept an, das die theoretische Grundlage für die Forschungsarbeit darstellt. Vor dem Hintergrund der Heterogenität der wissenschaftlichen Forschung ergab sich für das Projekt die Notwendigkeit eines methodisch-konzeptionellen Neuansatzes, auch um die Forschungsergebnisse aus verschiedenen sozialen Bereichen aufeinander beziehen zu können. Deshalb werden zunächst die zentralen Begriffe Persönlichkeit und Computer im Hinblick auf die Problemstellung des Forschungsprojektes bestimmt (Kap. II. A. und II. B.). Daran schließt sich eine erste Literaturübersicht zum Thema an, die zum einen der Präzisierung der entwickelten Analysekategorien dient. Zum anderen kann sie jedoch auch als eine Geschichte der Wirkungsforschung über das Verhältnis von Persönlichkeit und Computer angesehen werden, denn die drei Positionen, die die aktuelle Diskussion prägen, haben sich in beinahe chronologischer Reihenfolge ausdifferenziert (Kap. II. C.). Ein Ergebnis dieses Literaturüberblicks ist, daß oft die Ergebnisse von Fallstudien zu allgemeinen Trendentwicklungen überhöht werden und nicht mehr an soziale Problemlagen der Individuen rückvermittelt sind. Aus der Zusammenführung der bis dahin entwickelten Argumentationsstränge werden schließlich die Hypothesen zum Interaktionsverhältnis von Persönlichkeit und Computer formuliert sowie die zentralen Untersuchungskategorien der Anforderungs-, Gefährdungs- und Entwicklungspotentiale entwickelt (Kap. II. D.).

Ausgehend von diesen theoretischen Bestimmungen wird dann das Verhältnis von Persönlichkeit und Computer in den Bereichen Familie/Freizeit (Kap. III. A.), Bildung (Kap. III. B.) und Arbeit/Beruf (Kap. III. C.) analysiert, wobei in allen Bereichen der Frage nach geschlechtsspezifischen Zu- und Umgangsweisen gesondert nachgegangen wird.

Das Kapitel IV. beinhaltet ein bereichsübergreifendes Resümee der wichtigsten Thesen zum Verhältnis von Persönlichkeit und Computer (Kap. IV. B.) und zeigt darüber hinaus weitere Forschungsperspektiven auf (Kap. IV. C.). Als Ausblick wird zum Schluß ein Bildungskonzept skizziert, das in der Vermittlung von computerbezogenen Handlungskompetenzen dazu beitragen kann, sowohl einen persönlichkeitsförderlichen Umgang mit dem Computer als auch die Partizipation an einer sozialverträglichen Technikgestaltung zu ermöglichen (Kap. IV. D.).

Bevor die zentralen Fragestellungen entwickelt werden, bedarf es jedoch einer begrifflichen Klarstellung des Leitbegriffs Computer. In der aktuellen Diskussion wird eine Reihe von Begriffen nebeneinander und synonym verwendet, die jedoch genaugenommen erhebliche Unterschiede hinsichtlich ihres jeweiligen Geltungsbereiches aufweisen.

So ist der Begriff der *neuen Technologien* keinesfalls nur auf die Computertechnologie zu beziehen, sondern beinhaltet in der Regel neben den Informations- und Kommunikationstechnologien auch die Werkstoff- sowie Gen- und Biotechnologie. Letztere spielen in den hier untersuchten Forschungsprojekten keine Rolle, wenngleich sich natürlich Berührungs- und Überschneidungspunkte ergeben. Die *Informations- und Kommunikationstechnologien* wiederum umfassen neben der Computertechnologie auch Elemente wie Bildschirmtext, ISDN oder Kabelfernsehen. Sich hier ergebende Berührungspunkte werden teilweise in diesem Bericht aufgegriffen. Der Schwerpunkt dieser Forschungsarbeit wird jedoch auf die *Computertechnologie* in einem sehr engen Sinne gelegt, der in der Regel die Anwesenheit eines Bildschirms und Terminals voraussetzt. Eine genauere theoretische Bestimmung des Begriffs *Computer* erfolgt, wie erwähnt, im Rahmen des Kapitels II. B.. Die Abgrenzung der Begriffe *Computer* und *Computertechnologie* ist dabei keineswegs eindeutig vorzunehmen, zumal nach unserer Auffassung das „Wesen" dieser Technologie nicht auf der physischen Maschine „Computer" beruht, sondern aus ihrem theoretischen Fundament abgeleitet werden muß.

Wenn hier im Vorgriff diese Begriffe abgegrenzt werden, so kann das nur eine Klarstellung der eigenen Begrifflichkeit bedeuten. Die in unsere Auswertung einbezogenen Projekte hingegen können freilich nicht auf diese Sprachregelung verpflichtet werden.

B. Begründung der Fragestellung: Anforderungs-, Gefährdungs- und Entwicklungspotentiale im Interaktionsverhältnis Persönlichkeit und Computer

Die Veränderungen in der Arbeits- und Lebenswelt durch die Computertechnologie haben die Frage nach den Wirkungen des Computers auf die Persönlichkeit in den Mittelpunkt des öffentlichen wie des wissenschaftlichen Interesses gerückt. In bezug auf verschiedene gesellschaftliche Bereiche wird die Diskussion sehr kontrovers geführt. Begriffe wie „Taylorisierung der Kopfarbeit", „Rationalisierung des Lernens", „Intimität mit Maschinen", „das Verschwinden der Wirklichkeit" sind mit der Befürchtung verbunden, daß der Mensch in der Interaktion mit der Maschine sozial, emotional und kognitiv verkümmert. Auf der anderen Seite wird der Computer als Hoffnungsträger dargestellt, der in der Mensch-Maschine-Symbiose zur Entwicklung der eigentlich menschlichen, emotionalen und kognitiv-kreativen Fähigkeiten beiträgt.

Die empirische Forschung hat erst Anfang der 80er Jahre begonnen, sich mit den sozialen und psychischen Auswirkungen des Computers auf den Menschen zu befassen. Zielsetzung des Projekts „Persönlichkeit und Computer" war es, die Ergebnisse dieser Forschung unter Einbezug aktueller Projekte in einer Bestandsaufnahme systematisch zu erfassen und unter den Kriterien einer sozialverträglichen Technikgestaltung zu bewerten. Die Bestandsaufnahme erfolgte einerseits nach theoretischen Ansätzen, andererseits nach den gesellschaftlichen Bereichen Arbeit/Beruf, Bildung, Familie/Freizeit. Ein vierter Bereich, „Frauen und Computer" beziehungsweise richtiger „geschlechtsspezifischer Zu- und Umgang mit dem Computer", erfaßt entsprechende Untersuchungen zu allen drei genannten gesellschaftlichen Bereichen. Eine solche Bestandsaufnahme erlaubt eine Verknüpfung einzelner Forschungsergebnisse hinsichtlich der Auswirkungen der Computertechnologie auf die Persönlichkeit der Betroffenen und ermöglicht ihre systematische Auswertung im Hinblick auf Praxisprobleme in den einzelnen Bereichen.

Eine Reihe sozialisationstheoretischer, technik- und industriesoziologischer Forschungsergebnisse hat einerseits Zusammenhänge aufgedeckt, die auf einen eher negativen Einfluß der Computertechnologie auf die Individuen und ihre sozialen Lebenszusammenhänge schließen lassen. Andererseits liegen aber auch

Ergebnisse von Fallstudien vor, die — zumeist im Rahmen von Aktionsforschungen — positiv das Handlungs- und Gestaltungspotential der Individuen betonen. Aus diesen Gründen war es wichtig, in theoretischer wie in empirischer Hinsicht nach positiv oder negativ sozialisierenden Komponenten im Verhältnis von Persönlichkeitsentwicklung und Computer zu fragen. Darüber hinaus wurde die Programmatik einer sozialverträglichen Technikgestaltung als Bewertungskriterium der Forschungslage mit einbezogen. Die zentralen Fragestellungen lassen sich in vier Themenkomplexen bündeln:

Individuelle Betroffenheit und Nutzungsformen

- Wie kann die individuelle Betroffenheit vom Computer beziehungsweise von computergestützten Systemen erfaßt werden?
- Welche Sinn- und Motivationsstrukturen liegen den unterschiedlichen Nutzungsformen des Computers zugrunde?

Persönlichkeitsstrukturen und soziale Kommunikation

- Welche sozialisatorischen Wirkungen hat die Computertechnologie auf die Persönlichkeitsstrukturen der betroffenen Kinder, Jugendlichen und Erwachsenen?
- Welche Veränderungen individueller Handlungskompetenzen und Identitätsstrukturen aufgrund des Computereinsatzes sind in verschiedenen gesellschaftlichen Bereichen festzustellen?
- In welcher Weise tangiert und verändert der Computereinsatz die sozialen Beziehungen und die zwischenmenschliche Kommunikation?
- Inwieweit werden eher an technischer Rationalität orientierte Persönlichkeitsstrukturen und Handlungsmuster ausgebildet, in denen die Ziele einer sozialverträglichen Technikgestaltung bzw. eines sozialverträglichen Technikumgangs nicht aufgenommen werden?

Geschlechtsspezifische Differenzen im Zugang zum und Umgang mit dem Computer

- Inwieweit sind geschlechtsspezifische, auf unterschiedlichen Sozialisationsmustern beruhende *Zugangsweisen* erkennbar?
- Gibt es geschlechtsspezifische Differenzen im *Umgang* mit der Computertechnologie?
- Führen solche Unterschiede auch zu geschlechtsspezifisch unterschiedlichen Handlungsorientierungen und Gestaltungsperspektiven?

Ansatzpunkte für eine sozialverträgliche Technikgestaltung bzw. einen persönlichkeitsförderlichen Umgang mit dem Computer

- Wo liegen Ansatzpunkte für die Entwicklung persönlichkeits- beziehungsweise sozialverträglicher Lebens- und Arbeitsbedingungen?

— Welche Durchsetzungsmöglichkeiten einer sozialverträglichen Technikgestaltung beziehungsweise eines persönlichkeitsförderlichen Technikumgangs sind erkennbar?

— Wie müßten Ansatzpunkte für eine Bildungskonzeption aussehen, die technizistischen Sozialisationsprozessen durch Einbezug positiver, möglicherweise auch schon praktisch erprobter Gestaltungsansätze entgegenwirkt? (Diese Frage bezieht sich in gewisser Weise auf die Möglichkeiten einer „Gegensozialisation": Das Bewußtsein für heute schon realisierbare Möglichkeiten einer alternativen Technikgestaltung wäre schon so früh wie möglich, d.h. in der Familie, der Schule beziehungsweise in der Berufsvorbereitung zu schaffen.)

Die Systematisierung und Evaluierung orientiert sich an den Kategorien „Persönlichkeit", „Sozialverträglichkeit" und „Gestaltungsspielräume", die sowohl normativ als auch empirisch zu bestimmen sind. Der normative Gehalt des Begriffs „Persönlichkeit" liegt in der positiven Vorstellung einer Entwicklung und Entfaltung des Menschen, wie sie in Begriffen wie „gelungene Subjektivität", „personelle Identität" zum Ausdruck kommt. Gerade die Übernahme menschlicher Fähigkeiten und Tätigkeiten durch die „intelligente" Maschine hat die Frage nach „dem Menschlichen" und die Vorstellung eines ganzheitlichen Menschenbildes wieder aktuell werden lassen.

„Persönlichkeit" läßt sich theoretisch wie empirisch immer nur in bezug auf einen sozialen Kontext begreifen. Die Konstituierung von Persönlichkeit wird als ein Wechselwirkungsprozeß zwischen dem Subjekt und seiner Umwelt gesehen. Subjekt, dingliche (Computer) und soziale Umwelt bilden einen Wirkungszusammenhang, in dem sich die Persönlichkeit in einem intentionalen Handlungs- und Kommunikationsprozeß entwickelt. Thematisch einschlägige Untersuchungen und Forschungsprojekte wurden daher unter dem Blickwinkel von Handlungs- und Interaktionsstrukturen sowie deren subjektiver, sozialer und technologischer Prägung ausgewertet.

Das Kriterium der „Sozialverträglichkeit" rückt insbesondere die soziale Dimension der Technik in den Blickpunkt und soll dazu dienen, eine in dieser Gesellschaft verbreitete, bloß instrumentell-technische, den sozialen Zusammenhang ausblendende Sichtweise des Computers erkennbar zu machen und in ihren negativen Auswirkungen für den einzelnen und die Gesellschaft zu beurteilen. Sozialverträglichkeit wird zugleich als eine gesellschaftspolitische Handlungsorientierung verstanden, welche die Möglichkeit und Fähigkeit des einzelnen und sozialer Gruppen beinhaltet, die Arbeits- und Lebensbedingungen mitzugestalten. Sozialverträgliche Technikgestaltung impliziert dann insbesondere die Frage, ob und welche Alternativen die Betroffenen selbst zu der zumeist unter

Rationalisierungsgesichtspunkten entwickelten Technologie und ihrer jeweiligen Einbindung in die Lebens- und Arbeitswelt sehen.

Vor diesem Hintergrund war es ein weiteres Ziel des Projektes, die Möglichkeit und Bedeutung von „Gestaltungsspielräumen" für Arbeits- und Lebenswelt aufzuzeigen sowie Kriterien für persönlichkeitsförderliche Arbeits- und Lebensbedingungen zu benennen. Hierzu gehören auch Anforderungen, welche aus der Sicht einer positiven Persönlichkeitsentwicklung an Technikgestaltung und an Bildungsprozesse zu stellen wären.

Das Projekt hatte sich zum Ziel gesetzt, auf der Basis vorliegender Untersuchungen ein Konzept zu erstellen, das zum einen die neuen Gefährdungs- und Anforderungspotentiale für die Individuen identifiziert, zum anderen aber auch nach Entwicklungspotentialen und damit nach einem persönlichkeitsförderlichen Verhältnis von Persönlichkeit und Computer fragt. Die geschilderten Aufgabenstellungen verdeutlichen, daß das Projekt sowohl eine Defizitanalyse (Gefährdungspotentiale) vorgenommen hat als auch Entwicklungsmöglichkeiten im Rahmen einer sozialverträglichen Gestaltung von Arbeit und Technik und eines persönlichkeitsförderlichen Computerumgangs aufzeigt. Zudem wurden Ansatzpunkte einer Bildungskonzeption entwickelt, die zur Vermittlung von Handlungskompetenzen und damit zur Wahrnehmung vorhandener Handlungsspielräume und Entwicklungsmöglichkeiten beitragen könnte und nach Möglichkeit bildungsorientiert umsetzen will.

Bevor das methodische Konzept ausgeführt wird, soll zunächst das Selbstverständnis des Projekts als Verbundprojekt erläutert werden, aus dem sich wesentlich die Arbeitsschritte bestimmten.

C. Projektorganisation: Zum Selbstverständnis des Projekts als „Verbundprojekt" im Rahmen des Programms „Mensch und Technik — Sozialverträgliche Technikgestaltung"

Das Projekt „Persönlichkeit und Computer" wurde als Verbundprojekt organisiert. Zu den oben entwickelten Fragestellungen wurden u.a. fünf Werkverträge vergeben, die es ermöglichten, spezielle Fragestellungen innerhalb der einzelnen Problembereiche zu vertiefen. Damit sollte in einem vergleichsweise weiten Umfeld der leitenden Fragestellungen der aktuelle Forschungsstand aufgearbeitet und in das Projekt eingebracht werden.

Zum zweiten hatte das Projekt die Aufgabe, unter der Projektfragestellung und unter Einbeziehung der Ergebnisse der Werkverträge ausgewählte Projekte des SoTech-Programms bezüglich ihrer theoretischen Ansatzpunkte und Ergebnisse zu untersuchen. Die Auswahl der Projekte aus dem Gesamtprogramm orientierte sich dabei daran, ob dort implizit oder explizit den Fragestellungen nach dem Verhältnis von Persönlichkeit und Computer nachgegangen wurde. Dabei wurden in Absprache mit dem Projektträger, dem Rhein–Ruhr–Institut (RISP), insbesondere der normative Bezug sowie die Herangehensweise zum Thema „Persönlichkeit und Computer" berücksichtigt. Hierzu war es notwendig, Fragestellung und theoretisches Fundament dieser Projekte in die Untersuchung miteinzubeziehen.

Aus diesem Doppelcharakter des Projekts, einerseits Verbundprojekt mit der Vergabemöglichkeit von Werkverträgen, andererseits auf bestimmte SoTech-Projekte bezogenes Auswertungsprojekt, ergaben sich die folgenden Arbeitsschritte: Wesentliche Entwicklungslinien der Diskussionen und Forschungsergebnisse zu dem Problem Persönlichkeit und Computer mußten aufgenommen und für verschiedene Bereiche dargestellt werden. Dazu wurden verschiedene, schwerpunktmäßig handlungstheoretische Ansätze verfolgt, die das Verhältnis von Individuen, Gesellschaft und Technik beschreiben und für empirische Untersuchungen operationalisierbare Kategorien bereitstellen.

Auf dieser Basis wurden Analysekategorien entwickelt, die das Verhältnis von Persönlichkeit und Computer in verschiedenen gesellschaftlichen Bereichen erfassen und gleichzeitig Perspektiven eines alternativen Umgangs mit Technik beziehungsweise einer alternativen Technikgestaltung von Arbeit und Technik in Lebens- und Arbeitsbereichen aufzeigen können.

Schließlich wurde der Frage nachgegangen, wie eine technikkritische Konzeption als Bestandteil eines Bildungskonzepts sowohl im allgemeinbildenden als auch im berufsbildenden Bereich fruchtbar gemacht werden könnte.

Diese Arbeitsschritte, die neben Literaturauswertung auch Experteninterviews beinhalteten, mündeten in einem Rahmenkonzept, das folgenden Anforderungen gerecht werden sollte:

— die das Projekt leitenden Forschungshypothesen zu präzisieren und zu operationalisieren;
— Ansatzpunkte eines theoretischen Verständnisses von Computer und Persönlichkeit zu entwickeln;
— die Untersuchungs- und Problemfelder darzustellen, die eine Einordnung in die aktuelle Diskussion ermöglichen sollen;
— schließlich die Untersuchungskategorien auszuformulieren und in einen systematischen Zusammenhang zu stellen.

Das Rahmenkonzept wurde auf einem Workshop mit ExpertInnen verschiedener Fachdisziplinen diskutiert und hinsichtlich der Fragestellungen und Untersuchungskategorien sowie der theoretischen Grundlagen anhand der im Workshop vorgetragenen Kritik überarbeitet (Gut/Schumacher/Witthaus 1988). Auf der Grundlage dieses verbesserten Konzepts wurde dann über eine Sichtung von Arbeitspapieren von Projekten des SoTech-Programms in Abstimmung mit dem Projektträger die Auswahl der zu untersuchenden Projekte vorgenommen. Parallel dazu begann die Vergabe der Werkverträge unter Rückgriff auf die erkenntnisleitenden Fragestellungen und das überarbeitete Untersuchungkonzept. Neben den SoTech-Projekten wurden vor allem in den Bereichen Familie/Freizeit und Allgemeinbildung aktuelle, externe Projekte zusätzlich ermittelt und in die Auswertung einbezogen.

Ein erster Überblick über die Ansätze der in Frage kommenden Projekte des SoTech-Programms machte deutlich, daß in der Regel Fragen nach dem Verhältnis von Persönlichkeit und Computer nicht explizit in den Forschungvorhaben formuliert waren. Für die nachfolgenden Interviews mit den ausgewählten Projekten wurden deshalb Fragestellungen entwickelt, die mit sehr offenen Kategorien und Persönlichkeitsdimensionen operierten, um so in den Antworten implizite Ergebnisse und Annahmen der Projekte zum Verhältnis Persönlichkeit und Computer zu evaluieren.

Die interviewten ProjektmitarbeiterInnen hatten Gelegenheit, die bearbeiteten Interviews Korrektur zu lesen. Bei der Darstellung und Einordnung dieser Projekte innerhalb der entsprechenden sozialen Bereiche wird auch auf dieses autorisierte Interviewmaterial zurückgegriffen. Soweit aus dem Interviewmaterial in diesem Bericht zitiert wird, ist es entsprechend gekennzeichnet. Das weitere Auswertungsmaterial bestand aus nicht veröffentlichten Arbeitspapieren oder aber schon veröffentlichten Beiträgen.

Die Auswertungen der Interviews und der Werkverträge wurden dann wieder zusammengeführt. Mit den Werkvertragsnehmern gab es in zwei Closed-Shops intensive Diskussionen über die vorgelegten Gutachten. Erste Teilergebnisse des Projekts wurden schließlich Gegenstand eines Workshops, auf dem sowohl die Werkvertragsnehmer als auch die Projektmitarbeiter ihre Ergebnisse vorstellten.

Die im Projektantrag und im Rahmenkonzept angestrebte Bildungskonzeption ist in Grundzügen in Gesprächen mit dem Technik-sozialwissenschaftlichen Forschungsinstitut TESOF (Berlin) während der Projektlaufzeit entwickelt und in einem Arbeitspapier ausgeführt worden.

II. Persönlichkeit und Computer: Methodisches Konzept und Entwicklung von Forschungshypothesen

Eine Analyse des Verhältnisses von Persönlichkeit und Computer erfordert die Entwicklung eines methodischen Konzepts, welches auf einer Konkretisierung der Begriffe Persönlichkeit und Computer basiert und zudem die methodische Ebene definiert, von der aus in einer weiteren Analyse der Einbezug der Mensch–Computer–Interaktion möglich ist. Auf der Grundlage eines handlungstheoretisch ausgerichteten Konzepts wird im folgenden eine Präzisierung des Verhältnisses von Persönlichkeit und Computer vorgenommen, das die sozial–kontextuelle Einbettung des computerbezogenen Handelns berücksichtigt. Während in Kapitel A. zunächst eine Bestimmung des Persönlichkeitsbegriffs unter Berücksichtigung der dem Projekt zugrunde liegenden Fragestellungen erfolgt, wird in Kapitel B. die Spezifik der Computertechnologie herausgearbeitet. Aufgrund der Komplexität des Forschungsgegenstandes wird nachfolgend eine erste Literaturübersicht über die wichtigsten Forschungshypothesen und Argumentationsstränge der wissenschaftlichen Diskussion zum Thema Persönlichkeit und Computer gegeben (Kapitel C.). Ergebnis dieser Literaturanalyse ist eine begriffliche Präzisierung der Interaktionsbeziehung von Persönlichkeit und Computer. Auf dieser Grundlage lassen sich dann spezifische computerbezogene Handlungsstrukturen und — bezogen auf die Persönlichkeit — deren positive wie negative Wirkungspotentiale definieren (Kapitel D.).

A. Persönlichkeit, Sozialisation und soziale Interaktion

Die Entwicklung eines der Projektfragestellung angemessenen Persönlichkeitsbegriffs stößt in mehrfacher Hinsicht auf Schwierigkeiten. Zum einen existiert derzeit kein theoretisches Konzept, daß die Komplexität der menschlichen Persönlichkeit, die Entwicklung ihrer „inneren Organisation" hinreichend erklären könnte. Dies wirkt sich auch für die aktuelle theoretische und empirische Forschung zu Wirkungen der Computertechnologie aus, die von einer Vielzahl von Ergebnissen und Thesen zu Teilaspekten der menschlichen Persönlichkeit gekennzeichnet ist (vgl. Kapitel C.). Zum anderen kann die „innere Organisation" des Menschen und ihre Entwicklung nicht allein für sich betrachtet werden. Zu berücksichtigen ist zugleich der Gesellschaftsbezug, im weiteren Sinne Umweltbezug, in dem sich die menschliche Persönlichkeit entwickelt. Aus beiden Aspekten ergeben sich bezüglich des Verhältnisses von Persönlichkeit und Computer Probleme der kausalanalytischen Zuordnung von Wirkungen auf die Persönlichkeit durch eine spezifische Technologie wie den Computer (Abschnitt 1).

In der neueren, handlungstheoretisch ausgerichteten Sozialisationstheorie wird derzeit zumindest auf einer formalen Ebene der Versuch gemacht, die innere Komplexität der menschlichen Persönlichkeitsstruktur und die Wechselbeziehung von Individuum und sozialer wie dinglicher Umwelt zusammenzuführen. Dieser Ansatz scheint daher am ehesten geeignet für die Fragestellung über Wirkungen eines spezifischen Dinges in der Lebensumwelt der Individuen, des Computers (Abschnitt 2.). Bezüglich des Forschungsgegenstandes des Projekts — einer Analyse der aktuellen wissenschaftlichen Forschung zum Thema Persönlichkeit und Computer — ist dieser Ansatz von Vorteil, da sich die vielfältigen, theoretisch unterschiedlich begründeten Persönlichkeitsdimensionen zumindest formal unter einer handlungstheoretischen Begrifflichkeit subsumieren lassen (vgl. Kapitel C.).

1. Philosophische und gesellschaftliche Aspekte des Persönlichkeitsbegriffs

Die Analyse des Verhältnisses von Persönlichkeit und Computer sieht sich mehreren Problembereichen gegenüber, die im folgenden knapp dargestellt werden. Dabei handelt es sich um

– philosophische Implikationen des Persönlichkeitsbegriffs und die Frage seiner empirischen Fundierung (1.1),
– den Zusammenhang zwischen Gesellschaft und Persönlichkeit (1.2),
– Probleme der kausalanalytischen Zurechnung von wechselseitigen Wirkungsverhältnissen zwischen Computer und Persönlichkeit und damit zusammenhängend um Probleme der sozialen und technischen Kontextualisierung des Computers (1.3).

1.1 Philosophische Implikationen des Persönlichkeitsbegriffs

Der Persönlichkeitsbegriff, wie er sich vor allem im deutschen Idealismus herauskristallisiert hat, ist geprägt vom freien und vernünftig handelnden Menschen im Sinne einer sich selbst bestimmenden Subjektivität (vgl. hierzu Habermas 1985, S. 26f.). Dieser ideologieverdächtig gewordene Begriff von Persönlichkeit kann heute seinen kritischen Gehalt nur auf der Basis empirisch gehaltvoller sozialwissenschaftlicher Theoriebildung aufrechterhalten.

So hat Adorno in seiner „Glosse über Persönlichkeit" (Adorno 1969) den fragwürdigen, der bürgerlichen Ideologie entspringenden Gehalt des Persönlichkeitsbegriffs herausgestellt. Zugleich hat er versucht, unter anderem mit Rekurs auf Humboldt, einen kritisch gewendeten Persönlichkeitsbegriff zu bewahren. Adorno grenzt sich einerseits von dem Persönlichkeitsideal des deutschen Idealismus und seiner Verfallsgeschichte ab, andererseits ist er aber auch nicht bereit, auf den Gehalt eines kritisch gewendeten Persönlichkeitsbegriffs in der heutigen Zeit zu verzichten. Gegen eine vulgarisierende Rezeption des Humboldt'schen Bildungsideals hält er an einem kritischen Persönlichkeitsbegriff fest. „Organ dessen, was einmal ohne Schande Persönlichkeit hieß, wurde das kritische Bewußtsein." (Adorno 1969, S. 56) Adornos Bemerkungen zum Problem der Persönlichkeit können als Leitfaden für die Konzeption dieses Projekts gelten: Einerseits kann ein konsistenter Begriff der Persönlichkeit im Sinne des deutschen Idealismus beziehungsweise der Subjektphilosophie nicht mehr vorausgesetzt werden. Andererseits aber wird am Begriff der Persönlichkeit insofern festgehalten, als er den Anspruch auf die Entwicklung von Integrität und Identität von handelnden Personen erhält.

Der kritische Impetus von Adornos Rettungsversuch wäre heute aber nicht nur auf der Ebene einer Bewußtseinskritik zu rekonstruieren. An die Stelle der klassischen Subjekt- und Identitätsphilosophie sind nach dem Niedergang der idealistischen Philosophie eine Vielzahl soziologischer, entwicklungspsychologischer und sozialisationstheoretischer Ansätze getreten, die versuchen, die Strukturen der historisch-gesellschaftlichen Subjektkonstitution zu erklären.

1.2 Gesellschaftstheorie und Sozialisationstheorie

Die Interdependenzanalyse von einerseits die Gesellschaft konstituierenden und andererseits von der Gesellschaft konstituierten Individuen kann als das eigentliche Problem der Sozialwissenschaften bezeichnet werden. Entwicklungspsychologische Theorie, Sozialisationsforschung, aber auch gesellschaftstheoretische Ansätze konvergieren in der Frage, wie Persönlichkeiten – näher spezifiziert durch das Handeln beziehungsweise Verhalten von Persönlichkeiten – in situativen Kontexten bestimmt werden können. Allen Theorien gemeinsam ist die Erkenntnis eines wechselseitigen Bedingungsgefüges von Persönlichkeit und Umwelt, wobei sich im Begriff der Handlung das Interaktionsverhältnis von Persönlichkeit und Umwelt ausdrückt (vgl. Leu 1985, Geulen 1977).

Gesellschaften können als „Handlungssysteme", das heißt als ein komplexes Gefüge individueller und kollektiver Handlungen und deren funktionale Vernetzungen begriffen werden. Die zwischen Handlungs- beziehungsweise Systemtheoretikern kontrovers diskutierte Frage dabei ist, inwieweit heute überhaupt noch auf den Begriff des (handlungsfähigen) Subjekts rekurriert werden kann und in welcher Weise sich individuelle oder kollektive Handlungen zu Systemen verknüpfen. Die Kontroverse zwischen Handlungs- und Systemtheoretikern ist allerdings auch eine Kontroverse darüber, inwieweit heute noch subjektbezogene Kategorien sinnvoll sind. Die Dualität von Handlung und System kann sicherlich nur als analytisches Konstrukt begriffen werden, denn die „... Individuallagen liegen quer zur Unterscheidung von System und Lebenswelt. Die Teilsystemgrenzen gehen durch Individuallagen hindurch. Sie sind sozusagen die biographische Seite des institutionell Getrennten ..." (Beck 1986, S. 218).

Während die Gesellschaftstheorie allgemein nach dem Zusammenhang von Individuum und sozialen Strukturen fragt, steht im Mittelpunkt der Sozialisationstheorie die Entwicklung und Veränderung der menschlichen Persönlichkeit (Tillmann 1989, S. 11). In der Sozialisationstheorie wird versucht, verschiedene Theorievarianten zu integrieren und zu einem „ganzheitlichen" Persönlichkeitskonzept zusammenzuführen. Dieses Integrationskonzept kommt daher am ehesten den hier verfolgten Intentionen nahe, Persönlichkeit im umfassenden Sinne zu erfassen: Die gegenwärtige Sozialisationsforschung[1] versucht, Persönlichkeit nicht nur im engen Sinne einer Bewußtseinskategorie zu fassen, sondern alle Dimensionen, das heißt auch affektive, emotionale, kognitive, interaktionistische und moralische Dimensionen von Persönlichkeit und Persönlichkeitsentwicklung im dynamischen Sinn zu berücksichtigen. Zugleich gehen alle auf Subjektivität und Persönlichkeit bezogenen Theorien davon aus, daß Persönlichkeitsentwicklung nicht im identitätstheoretischen Paradigma der Bewußtseinsphilosophie des deutschen Idealismus, sondern nur im sozialen Kontext vergesellschafteter Individuen denk- und analysierbar ist. Ein gemeinsames Kennzeichen dieser Theorieansätze kann darin gesehen werden, daß sie die Konstitution des Subjekts über Kategorien wie Identität und Handlungskompetenz zu erfassen suchen (vgl. dazu Geulen 1977, Tillmann 1989).

Hurrelmanns Konzeptualisierung des Zusammenhangs von Sozialstruktur und Persönlichkeit versucht in dieser Hinsicht, verschiedene theoretische Ansätze zu integrieren und auch für empirische Forschungen fruchtbar zu machen (vgl. dazu Hurrelmann 1986). So versteht Hurrelmann unter Persönlichkeit „die individuelle, in Interaktionen und Kommunikation mit Dingen wie mit Menschen erworbene Organisation von Merkmalen, Eigenschaften, Einstellungen, Handlungskompetenzen und Selbstwahrnehmungen eines Menschen auf der Basis der natürlichen Anlagen und als Ergebnis der Bewältigung von Entwicklungs- und Lebensaufgaben zu jedem Zeitpunkt der Lebensgeschichte." (Hurrelmann 1986, S. 71) Hurrelmann sucht damit, die „innere Organisation" des Menschen mit den sozialen Strukturen der Lebensumwelt in Beziehung zu setzen. Die Einflüsse der Lebensumwelt werden dabei nicht als zwangsläufig deterministisch prägend angesehen. Er nimmt paradigmatisch ein Subjekt an, das in der Lage ist, gesellschaftliche wie materielle Realität produktiv zu verarbeiten (ebd. S. 186). Bezüglich der Entwicklung der Persönlichkeitskategorie folgt das Projekt weitgehend dem Ansatz Hurrelmanns. Einschränkungen müssen allerdings dort vorgenommen werden, wo die Sozialisationstheorie eindeutig affirmative Tendenzen annimmt: in der bereits „gelungenen" Anpassung an das Bestehende.

Bestärkt wird diese theoretische Ausrichtung dadurch, daß auch in der Diskussion um die Wirkungspotentiale des Computers mehr und mehr versucht wird, ein ganzheitliches Bild vom Menschen zu berücksichtigen; so ist z.B. vom „Wesen des Menschen" (Mambrey/Oppermann/Tepper 1987) oder vom Menschen als „holistischem Subjekt" (Böhle/Milkau 1988) die Rede. Eine differenzierte Analyse des Verhältnisses von Persönlichkeit und Computer fordert eine

---

1 Einen umfassenden Überblick vermitteln Geulen (1977), Hurrelmann (1986) sowie Tillmann (1989).

umfassende Konzeption von Persönlichkeit geradezu heraus (vgl. auch Volpert 1988). Insofern kann die Kategorie der Persönlichkeit nicht auf bestimmte Dimensionen beschränkt werden, sondern muß die „Einheit von Intellekt und Gefühl" (Böhle/Milkau 1988, S. 17) berücksichtigen.

1.3 Probleme empirischer Analysen

Der Anspruch auf eine umfassende Bestimmung von Persönlichkeit steht im Widerspruch zu dem Versuch einer empirischen, kausalanalytischen Zurechnung von „Wirkungen" der Computertechnologie auf die Persönlichkeit. Das multifunktionale Wirkungsgefüge intersubjektiver und innerpsychischer Faktoren verbietet monokausale Erklärungs- und Interpretationsmuster: Wenn sich Persönlichkeiten nur in sozialen Kontexten herausbilden können, dann muß offenbleiben, inwieweit diese Kontexte oder der Computer persönlichkeitsprägend wirken.

Kann schon das Problem, für eine Interdependenzanalyse Persönlichkeit-Computer einen anthropologisch umfassenden Begriff vom Menschen zu entwikkeln, kaum gelöst werden, so scheint es noch problematischer zu sein, spezifische Dimensionen von Persönlichkeit (wie Sprache, Emotion, Affekte, Kognition, Reflexionsfähigkeit) isoliert zu betrachten. Dies gilt um so mehr, als die Anforderungen nach Integration („Wesen des Menschen") und Differenzierung (einzelne Dimensionen) gleichzeitig berücksichtigt werden müssen. Das theoretische Konzept eines umfassenden Persönlichkeitsbegriffs stellt dementsprechend kaum lösbare Anforderungen an eine empirisch verfahrende Sozialforschung. Als exemplarisch kann hier der Ansatz Geulens gelten, entwicklungspsychologische Theorie und empirische Sozialisationsforschung zu integrieren. Dieser Ansatz ist allerdings noch weitgehend in der konzeptionellen Entwicklung begriffen (vgl. Geulen 1987).

Eine weitere Schwierigkeit kommt hinzu: Insofern es sich beim Computer um eine universell einsetzbare Technologie handelt, der Computer also auch als Steuerungsmedium für andere Maschinen fungieren kann, ist der unmittelbare Zusammenhang Mensch-Computer oft gar nicht gegeben. Je sozial und technologisch komplexer die jeweiligen Situationen sind, in denen Individuen mittelbar oder unmittelbar mit dem Computer in Kontakt kommen, umso unsicherer und vager wird die Bewertung eines kausalen Wirkungsverhältnisses bleiben müssen.

1.4 Zusammenfassung

Der vorliegende Bericht kann sich nicht auf eine geschlossene Theorie der Persönlichkeitsentwicklung als Referenzsystem beziehen. Eine sozialisationstheoretische Ausrichtung des Persönlichkeitsbegriffs kann jedoch für die Projektfragestellung zum Verhältnis von Persönlichkeit und Computer fruchtbar gemacht werden, da die neuere Sozialisationstheorie sowohl die „Ganzheitlichkeit" wie den interaktiven Zusammenhang des Menschen zur sozialen wie dinglichen Umwelt zu berücksichtigen sucht. Die oben genannten Problemkonstellationen müssen als notwendige Relativierungen einer empirischen Analyse des Verhältnisses von Persönlichkeit und Computer in Kauf genommen werden. Aussagen über mögliche Persönlichkeitsveränderungen können im Hinblick auf die multivariablen Kontexte, in denen der Computerumgang stattfindet, notwendigerweise nur hypothetischen Charakter tragen.

2. Basiskompetenzen, Handlungskompetenzen und Identität

Im folgenden soll ein analytisches Gerüst vorgestellt werden, das vor allem heuristischen Aussagewert hat. Es soll in erster Linie die grundlegenden analytischen Kategorien explizieren und soweit konkretisieren, daß eine erste Hypothesenbildung möglich ist (vgl. Kap. II. D.). Wie oben begründet wurde, orientiert sich die hier vorgenommene Persönlichkeitsbestimmung am gegenwärtigen Stand der Sozialisationstheorie. Persönlichkeit wird dort als ein Ensemble aus Basiskompetenzen, Handlungskompetenzen und Identitätsmustern gesehen. In einem weiteren Sinn kann der Begriff des Kontrollbewußtseins unter die Identitätskategorie subsumiert werden. Der Begriff des Kontrollbewußtseins umfaßt dabei schärfer noch als Identität die Selbsteinschätzung der eigenen Handlungsmöglichkeiten.

Ausgehend von der Bestimmung von Basiskompetenzen sollen die wesentlichen Handlungskompetenzen unter Berücksichtigung ihres Bezugs zur Computertechnologie diskutiert werden. Hierbei wird auch die psychoanalytische Entwicklungstheorie zu berücksichtigen sein, die einen wesentlichen Beitrag zur Ausbildung spezifischer Basiskompetenzen leisten kann. Zur Konkretion und Präzisierung der folgenden Persönlichkeitsbestimmungen müssen allerdings die sozialen Kontexte einbezogen werden. Soziale Kontexte beinhalten Handlungsanforderungen an die Individuen, die diese in ihrer Persönlichkeitsentwicklung fördern oder aber behindern können.

2.1 Persönlichkeit und Basiskompetenzen

Unter Persönlichkeit wird hier eine spezifische Kombination von Eigenschaften, Einstellungen, Basis– und Handlungskompetenzen[2] und Handlungsorientierungen verstanden, die im Begriff der Identität kulminieren.

Hurrelmann unterscheidet zunächst zwischen Basis– und Handlungskompetenzen (Hurrelmann 1986, S. 161). Als Basiskompetenzen bezeichnet er eine Reihe grundlegender, sensorischer, motorischer, affektiver, interaktiver und intellektueller Fertigkeiten und Fähigkeiten. Eine adäquate Ausbildung von Basiskompetenzen kann dabei als die Voraussetzung für die ontogenetisch spätere Entwicklung einer stabilen Struktur von Handlungskompetenzen angesehen werden. Hurrelmann drückt diesen Aspekt in folgendem Schema aus:

Grundlegende Fähigkeiten und Fertigkeiten (als Voraussetzung der Entwicklung von Handlungskompetenzen):	Handlungskompetenzen (als Basis des sozialen und instrumentellen Handelns in verschiedenen Bereichen):
— sensorische — motorische — interaktive (z.B. Perspektivenübernahmefähigkeit, Kontaktbereitschaft) — intellektuelle (z.B. Informationsverarbeitungsfähigkeit, Wissensspeicherungskapazität) — affektive (z.B. Bindungsfähigkeit)	— sprachliche — moralisch–ethische — soziale — kognitive — ästhetische — emotionale

Abb. 6: Grundlegende Fertigkeiten und Fähigkeiten als Voraussetzungen für Handlungskompetenzen

(Hurrelmann 1986, S. 162)

---

2 Der Begriff der Handlungskompetenz stützt sich auf den Begriff des Handelns, der von Schwemmer wie folgt erläutert wird: „Zunächst verlangt ein Handeln ... ein Subjekt des Handelns, d.h. eine handelnde Person. Dieses Subjekt S bildet oder hat eine bestimmte Intention, die es durch ein bestimmtes Tun T realisiert beziehungsweise zu realisieren versucht. Das Tun T führt

Gerade im Begriff der Basiskompetenzen scheint eine wesentliche Dimension von Persönlichkeit zu liegen, die durch den Computer tangiert wird. Der Begriff der Basiskompetenzen klingt auch im Endbericht der Sachverständigenkommission Arbeit und Technik an, wenn er dort auch breiter im Sinne der Entwicklung eines Bedürfnis- und Motivationssystems gefaßt ist. „Das sind Forderungen nach Selbsterhaltung auf dem historisch erreichten Niveau gesellschaftlicher Subsistenz, Triebregungen im Hinblick auf Sexualität und sozialen Kontakt, Bemächtigungs- und Aneignungswünsche, Ausdrucksbedürfnisse sensomotorischer und emotionaler Art, Ansprüche auf kooperativen Austausch und soziale Anerkennung." (Sachverständigenkommission Arbeit und Technik 1987, S. 59, vgl. auch den Begriff der „humanspezifischen Grundausstattung" bei Becker-Schmidt 1986)

Bereits Kükelhaus (1979) hat darauf hingewiesen, daß die körperliche und sinnliche Erfahrung mit der technischen Entwicklung immer mehr zurückgedrängt wird und der zwischen Mensch und Arbeitsgegenstand vermittelnde Interventionsmechanismus immer abstrakter wird. An dieses anthropologische Grundproblem knüpfen Böhle und Milkau (1988) heute wieder an, indem sie das Problem der sinnlichen Erfahrung im Arbeitsprozeß in den Mittelpunkt ihrer Analyse stellen (vgl. Kap. III. C.).

Auch psychoanalytisch orientierte Interpretationsansätze haben in jüngster Zeit Deutungsmuster psychischer Verarbeitungsformen und -strukturen im Kontext des Computerumgangs entwickelt. Sie beziehen sich auf spezifische Bedürfnis- und Gefühlsstrukturen, die das Verhältnis des Menschen zur Maschine mitkonstituieren, beispielsweise die Polarität von Macht und Ohnmacht, Bedürfnisse nach Sicherheit und Kontrolle sowie nach Entgrenzung und Verschmelzung mit dem Objekt Computer (vgl. Johnson 1988; Turkle 1986; Pflüger/Schurz 1987). Obwohl sich Sozialisationstheorien kaum mehr an psychoanalytischen Theorien orientieren, können gerade diese Ansätze einen Beitrag zur Klärung unterschiedlicher individueller Motivationsstrukturen und Handlungsorientierungen im Umgang mit Computern leisten. Die psychoanalytische Theorie kann weiterhin zur Klärung der Entwicklung einiger Basiskompetenzen beitragen.

Forts. von letzter Seite

seinerseits dazu, daß die Wirkung W eintritt ... Damit ergibt sich ein Schema, in dem drei Phasen aufeinander folgen: Die Bildung der Intentionen, die Realisierung der Intentionen im Tun und das Eintreten bestimmter Wirkungen aufgrund dieses Tuns." (Schwemmer 1987, S. 198f.)

2.2 Psychoanalytische Beiträge zur Entwicklung von Basiskompetenzen

Müller–Braunschweig (1975) arbeitet in einer Analyse unterschiedlicher psychoanalytischer Erklärungsansätze die Bedeutung des Mutter–Kind–Dialogs für die Persönlichkeitsentwicklung des Kleinkindes heraus, in deren Mittelpunkt die Spiegelbeziehung von Mutter und Kind steht. In einem averbalen Kommunikationsprozeß fungiert die Mutter für den Säugling als ein „Hilfs–Ich", in dem sie die Signale des Kindes einem Spiegel gleich erwidert und damit dessen Bedürfnisse, Gefühle und Bewegungen verstärkt und konturiert (Müller–Braunschweig 1975, S. 72). Gelingt dieser erste Dialog, so entsteht in einer „Ur-Identifikation" des Säuglings mit der Mutter eine erste „primäre Identität", die als Kern der sich entwickelnden Persönlichkeit begriffen wird (ebd., S. 68). Als wesentliche Bestandteile dieses Persönlichkeitskerns bezeichnet Müller–Braunschweig (ebd, S. 72/73):

– ein Gefühlsgleichgewicht, das sich in einem Gefühl von Sicherheit, Wohlbehagen und Urvertrauen (Eriksson) ausdrückt;

– ein stabiles „Selbstgefühl", aus dem das Selbstwertgefühl hervorgeht;

– erste psychische Repräsentanzen der eigenen Person wie relevante andere Personen (genannt Selbst- und Objektrepräsentanten); die Repräsentanzen des Selbst und des Objekts werden dabei noch nicht als getrennt erlebt.

– Die Interaktionsbeziehung zur Mutter bildet sich als eine Beziehungsmatrix in der Psyche des Kindes ab, die die Grundlage für alle späteren Sozialbeziehungen darstellt.

Die Wahrnehmung der Mutter als Zentrum der eigenen Aktivität bedeutet die Aufspaltung der Mutter–Kind–Einheit. Nach Winnicott (1973) spielen in dem ersten psychischen Trennungsprozeß zwischen Mutter und Kind Gegenstände wie Teddys, Puppen oder Schnuller eine große Rolle. Sie werden sowohl als ein Teil des Selbst als auch als der erste „Nicht–Ich–Besitz" angesehen (Winnicott 1973, S. 11). Sie stellen „Übergangsobjekte" zwischen dem symbiotischen Beziehungsgeflecht zur Mutter und den als autonom wahrgenommenen, bedeutsamen anderen Personen dar.

Narzißtische Störungen drücken sich in folgenden Persönlichkeitsmerkmalen aus:

– ungenügende Trennung von Selbst und Nicht–Selbst;

– erschwerte Wahrnehmung der anderen Person als autonom und eigenständig;

– instabiles Selbstwertgefühl und damit einhergehende Abhängigkeit von ständiger Bestätigung aus der Umwelt;

– Abhängigkeit von der Außenwelt;

- Angst vor intimen Beziehungen;
- übersteigertes Kontrollbedürfnis.

Müller-Braunschweig betont, daß nicht aufgelöste Spannungen der primär-narzißtischen Entwicklung bis ins Erwachsenenalter fortbestehen können. Sie können dann eine Art „Subsystem" bilden, das relativ isoliert von der Persönlichkeitsentwicklung im späteren Alter steht oder diese späteren Entwicklungen selbst beeinträchtigt (vgl. Müller-Braunschweig 1975, S. 66).

Diese Überlegungen sind insofern bedeutsam, als nach der Theorie der Entwicklung des sozialen Verständnisses (Selman 1984) sich das Kind (im Alter bis zu 4 Jahren) wohl als physisch, nicht jedoch psychisch getrennte Einheit von Personen erlebt. Es herrscht eine egozentrische Bezugsweise zur Umwelt vor. Die gedankliche Differenzierung in Selbst und Andere wird erst ab etwa 5 Jahren vollzogen. Sie wird als wesentliche Voraussetzung zur Entwicklung sozial-kognitiver Handlungskompetenzen wie der Perspektivenübernahme beziehungsweise der Perspektivenverschränkung eingestuft (vgl. Abschnitt 2.3.2). Es ist anzunehmen, daß der narzißtische Persönlichkeitstyp diese Entwicklung nur eingeschränkt vollzieht und damit wesentliche Basiskompetenzen wie beispielsweise die psychische Trennung in Ego und Alter und ein stabiles Selbstwertgefühl unterentwickelt bleiben, die ein kognitives und empathisches Verstehen in sozialen Interaktionen erst ermöglichen.

Innerhalb der feministischen Theorie wurden in jüngster Zeit theoretische Überlegungen entwickelt, die von einer unterschiedlichen psychosexuellen Entwicklung von Mann und Frau ausgehen, die auf der Dominanz der Mutter-Kind-Beziehung im frühen Kindesalter beruht. Im Unterschied zur traditionellen psychoanalytischen Theorie wird diese frühkindliche Beziehungskonstellation als Folge der kulturell ausgeprägten „Struktur der Elternschaft" (Metz-Göckel 1988) mit der gesellschaftlichen Arbeitsteilung von Mann und Frau in den Bereichen Familie/Erziehung und Arbeit/Beruf gesehen.

Aus unterschiedlich verlaufenden Loslösungsprozessen von Mädchen und Jungen aus der Mutter-Kind-Symbiose leitet Chodorow (1985) die Herausbildung unterschiedlicher Persönlichkeitsstrukturen ab. Töchter lernen, sich im Hinblick auf kommunikative Beziehungen zu definieren. Sie bilden eher flexible „Ich-Grenzen" aus; damit kann die Schwierigkeit einhergehen, ein unabhängiges Selbst auszubilden, das heißt sich in sozialen Beziehungen auch abzugrenzen. Für die männliche Psychostruktur folgt das polare Muster: Herausbildung eines starken, autonomen Selbst in der ausgeprägten Abgrenzung in sozialen Beziehungen, damit einhergehend die Herausbildung von eher rigiden Ich-Grenzen und die Orientierung auf Sachen und Dinge. Männliche Identität beruht vor allem auf der Abgrenzung von „Weiblichkeit", deren flexible Ich–Grenzen als bedrohlich empfunden werden.

Zusammenfassend gesagt, werden in den frühen Kindesjahren grundlegende Basiskompetenzen erworben, auf denen die spätere Persönlichkeitsentwicklung aufbaut. Dazu zählen jene grundlegenden Basiskompetenzen, die die Grundlage für die Fähigkeit der Perspektivenübernahme und soziales Verständnis darstellen: die Unterscheidung von Ego und Alter, die Herausbildung von Ich–Grenzen, emotionale Kompetenzen wie Bindungsfähigkeit und Fähigkeit zu intimen zwischenmenschlichen Beziehungen und der Kern des Selbstwertgefühls, das dem sich entwickelnden Selbstbild unterliegt. Es werden grundlegende Muster der Abhängigkeit beziehungsweise der Autonomie gegenüber der Umwelt sozialisiert. Schließlich kann festgehalten werden, daß diese den Basiskompetenzen zuzurechnenden Bestandteile der Persönlichkeit geschlechtsspezifisch unterschiedlich ausgeprägt sind.

2.3 Handlungskompetenzen und Handlungsorientierungen im Kontext der Persönlichkeitsentwicklung

Im Gegensatz zu Basiskompetenzen sollen unter Handlungskompetenzen grundlegende Fähigkeiten verstanden werden, die es dem einzelnen ermöglichen, an gesellschaftlichen Lebenszusammenhängen teilzunehmen und sich die soziale und dingliche Umwelt anzueignen.[3]

Handlungskompetenz definiert Hurrelmann als den „Zustand der individuellen Verfügbarkeit und der angemessenen Anwendung von Fertigkeiten und Fähigkeiten zur Auseinandersetzung mit der äußeren Realität, also den sozialen und dinglich–materiellen Lebensbedingungen. ... In engerem Begriffsverständnis kann unter Handlungskompetenz der Zustand der individuellen Verfügbarkeit von Verhaltens–, Interaktions– und Kommunikationsstrategien verstanden werden, die ein angemessenes Agieren in konkreten Handlungssituationen und eine Koordination der Anforderungen verschiedener Handlungssituationen gestatten, die für die Person und/oder die Umwelt von Bedeutung sind." (Hurrelmann 1986, S. 160 f.) Ein Kriterium des gelungenen Aufbaus von Kompetenzen ist die Möglichkeit autonomen Handelns. „... Sobald die sensorisch–motorischen, interaktiven, intellektuellen und affektiven Fähigkeiten und Fertigkeiten nach Strukturmerkmalen der Differenziertheit und Komplexität und auch nach

---

3 Während die Formen sozialer Interaktion und Kommunikation in der Tradition Webers und Meads intensiv diskutiert werden, ist die Interaktion mit der gegenständlichen Welt in ihrer Bedeutung für die Persönlichkeitsentwicklung noch kaum erforscht.

dem Grad der Reflexivität so weit ausgeprägt sind, daß sie ein selbstgesteuertes und selbständiges Interagieren und Kommunizieren ermöglichen, kann von Handlungskompetenzen gesprochen werden." (Hurrelmann 1986, S. 161)

Der Aufbau von Handlungskompetenzen wird also als ein umfassender Strukturierungsprozeß begriffen, wobei Handlungskompetenzen das Niveau der individuellen Verfügbarkeit der oben genannten Fähigkeiten und Fertigkeiten ausdrücken. Die Struktur der Handlungskompetenzen ist zu unterscheiden vom Einsatz dieser Kompetenzen in Handlungssituationen. Handlungskompetenzen erweisen sich erst im realen Handeln als wirksame Fähigkeiten. Im Sinne der situationsspezifischen Aktualisierung von Handlungskompetenzen kann auch von der individuellen Handlungsfähigkeit (Performanz) gesprochen werden.

Grundlegend können Handlungskompetenzen danach unterschieden werden, ob sie sich in der Auseinandersetzung mit den dinglich-materiellen oder mit den sozialen Lebensbedingungen bilden. Während sich soziales Handeln prinzipiell auf andere Subjekte richtet, orientiert sich materielles Handeln an der Intervention und Veränderung der gegenständlichen äußeren Umwelt.

Unterschieden werden können prinzipiell drei Dimensionen der Handlungsorientierung:[4]

– Sachdimension: In der Sachdimension steht das Individuum den gegenständlichen Bedingungen seiner Umwelt gegenüber. Diese gegenständlichen Bedingungen sind zwar selbst wieder Produkte des Handelns anderer, sie erscheinen in der Situation selbst aber als „geronnene" Handlungsresultate. Das jeweilige technische Artefakt verändert sich historisch durch die Implementation anwendungsbezogener Wissenschaft in den Produktionsprozeß. Der Computer kann als eine besondere Form der gegenständlich-dinglichen Umwelt verstanden werden[5]. Er repräsentiert entweder eine Totalität der gegenständlichen Umwelt oder fungiert als ein Bestandteil dieser Umwelt.[6]

– Sozialdimension: In der Sozialdimension verhält sich das Individuum zu anderen Personen. Soziale Situationen lassen sich u.a. nach dem Grad ihrer Determiniertheit unterscheiden, d.h. danach, inwieweit sie Möglichkeiten für individuelle Handlungsspielräume bereitstellen.

– Individualdimension: Das Individuum verhält sich aber auch zu sich selbst, d.h. zu seinen eigenen Fähigkeiten, Bedürfnissen, Ansprüchen und Handlungsmöglichkeiten. Die Beschreibung der Individualdimension geht nicht in

---

4 Diese Systematisierung erfolgt vor allem in Anlehnung an Habermas, der zwischen einer objektiven, sozialen und subjektiven Welt differenziert (vgl. Habermas 1982, S. 149f.).

5 Eine nähere Analyse der Spezifik der Computertechnologie erfolgt in Kapitel B.

6 Als Illustration dieser Unterscheidung kann die Differenzierung in die hauptsächliche oder gelegentliche Verwendung programmgesteuerter Arbeitsmittel dienen, die die BIBB/IAB-Untersuchung (1987) vorgenommen hat.

den beiden anderen Dimensionen auf. Die individuellen Kompetenzen werden einer Selbstbewertung und Selbstwahrnehmung unterzogen, die wesentlich ist für den Aufbau von Identität. Die „Innensicht", die eine Person von sich selbst hat, ihr Selbstkonzept, ist dabei wieder stark geprägt von der Verinnerlichung der Perspektive anderer.

In diesem dreifachen Handlungs- und Weltbezug sollen persönlichkeitsbezogene Entwicklungsprozesse verstanden werden, auf die im folgenden eingegangen wird.

2.3.1 Sachdimension und materielles Handeln

An der gegenständlich-materiellen Umwelt orientierte Handlungskompetenzen sind vorwiegend Gegenstand der Handlungsregulationstheorie (Dunckel/Resch 1987). Die Verwendung dieses Konzepts in der Arbeitspsychologie (Hacker 1986, Volpert 1983 sowie Oesterreich/Resch/Krogoll 1987) und in der Arbeitspädagogik (Schelten 1986) basiert auf dem Modell vollständigen Handelns und versucht, die Handlungsrestriktionen für den Arbeitsbereich zu operationalisieren. Zwar spielt hier auch soziales Handeln eine wesentliche Rolle, Untersuchungsgegenstand sind jedoch hauptsächlich solche Handlungsabläufe beziehungsweise Handlungsrestriktionen, die sich auf gegenständliche operative Interventionen beziehen. Materielles und operatives Handeln sind nicht identisch. „Handlungen und Operationen sind unterschiedlicher Herkunft ... Die Genese der Handlung liegt in den Beziehungen des Austausches von Tätigkeiten: Jede Operation dagegen ist das Ergebnis der Umwandlung einer Handlung, die durch ihre Einbeziehung in eine andere Handlung und ihre ‚Technisierung' erfolgt." (Leontjew 1979, S. 107) In der Regelmäßigkeit der Durchführung von Operationen sieht Leontjew die Grundlage ihrer Automatisierung: „Überhaupt ist es das Schicksal der Operationen, daß sie früher oder später zu Funktionen von Maschinen werden."

Materielles beziehungsweise instrumentelles Handeln[7] richtet sich auf Gegenstände beziehungsweise auf Funktionsabläufe. Allerdings ist zwischen der sensomotorischen, der perzeptiv-begrifflichen und der intellektuellen Regulationsebene zu unterscheiden (vgl. Hacker 1986). Diese Ebenen der Handlungs-

---

7 „Eine erfolgsorientierte Handlung nennen wir instrumentell, wenn wir sie unter dem Aspekt der Befolgung technischer Handlungsregeln betrachten und den Wirkungsgrad einer Intervention in einem Zusammenhang von Zuständen und Ereignissen bewerten ... Instrumentelle Handlungen können mit sozialen Interaktionen verknüpft sein." (Habermas 1981, S. 385)

regulation wurden von Volpert und Oesterreich erweitert (vgl. dazu Resch 1988, S. 62 ff.).

In Ergänzung zum Konzept des materiellen Handelns haben Oesterreich und Resch versucht, zwischen materiellen und kommunikativen Handlungen zu unterscheiden. Sie unterscheiden Aktivitäten, deren Ausführung die Veränderung materieller Gegebenheiten zur Folge hat (materielle Handlungen) und Handlungen, „mit denen Informationen an den Handlungspartner übermittelt werden." (Oesterreich/Resch 1985, S. 5) Dieser Ansatz bietet somit die analytische Möglichkeit, materielles und soziales Handeln zu verbinden.

2.3.2 Soziales Handeln und Moralentwicklung

Der Begriff des sozialen Handelns ist seit Max Weber, Mead und Parsons Gegenstand der soziologischen Theoriebildung (vgl. Habermas 1982). Dabei stellt sich in gesellschaftstheoretischer Hinsicht die Frage, wie die Handlungsakteure ihre Handlungen koordinieren. Hier kommt der Sprache als handlungskoordinierendem Medium im Sinne kommunikativen Handelns zweifellos eine herausragende Stellung zu. Wesentlich für die Herausbildung sozialer Handlungsfähigkeit ist das im Rahmen der kognitivistischen Psychologie und des symbolischen Interaktionismus entwickelte Konzept der Perspektivenübernahme (vgl. Geulen 1982).

Die Frage der Entwicklung moralischer Normen in der Piaget/Kohlberg-Tradition bietet die Möglichkeit, die Entwicklungsdynamik der Persönlichkeit unter der Fragestellung des Aufbaus sozialkommunikativer Handlungskompetenzen zu sehen. Der Aufbau sozialkommunikativer Handlungskompetenzen realisiert sich durch die wechselseitige Perspektivenübernahme der Interaktionspartner. Dieses von Mead entwickelte Konzept der Perspektivenübernahme haben insbesondere Geulen (1982), Selman (1984) und Habermas (1983) auf der Basis der Kohlberg'schen Stufentheorie zur Entwicklung des moralischen Bewußtseins als wichtigste Sozialisationsinstanz theoretisch begründet. Edelstein und Keller verdeutlichen das Konzept der Perspektivenübernahme im Anschluß an Mead folgendermaßen: „Gemeinsame Bedeutung bzw. sozialer Sinn entsteht im Prozeß der Interaktion, in dem die Handelnden mittels Rollenübernahme (role-taking) ihre jeweiligen Perspektiven reziprok übernehmen, d.h. symbolisch die Position des anderen einnehmen. Mittels der Fähigkeit zum Perspektivenwechsel können die miteinander interagierenden Handlungspartner ihre Handlungen aufeinander abstimmen und ein gemeinsames Verständnis einer Handlungssituation gewinnen. Perspektivität wird damit zur zentralen Voraussetzung menschlichen Handelns." (Edelstein/Keller 1982, S. 12)

Die Konstruktion von Stufen moralischer Entwicklung ist aufgrund der spezifischen philosophischen Implikationen der Kohlberg'schen Forschungen zwar nicht unproblematisch (vgl. dazu Döbert 1987), sie bietet aber zumindest Anhaltspunkte für eine Problematisierung des Einflusses der Computertechnologie auf die moralische Entwicklung und damit auf die Persönlichkeitsentwicklung von Heranwachsenden. Insbesondere das von Piaget entwickelte und von Habermas im Rahmen der Theorie des kommunikativen Handelns weiterverfolgte Konzept der Dezentrierung mythischer Weltbilder kann Ansatzpunkte für eine mißlungene moralische Entwicklung bieten, indem es die Fixierung auf gegenständliche Strukturen und damit die Bedingungen für die Ausschließung sozialer Welten erklärt (vgl. Kap. D.).

2.3.3   Individualdimension: Identität und Kontrollbewußtsein

Handlungskompetenzen können nur dann aufgebaut werden, wenn gleichzeitig der Aufbau eines identitätsverbürgenden Selbstbildes beziehungsweise Selbstkonzeptes erfolgt. Ein realistisches Selbstbild (Selbstwahrnehmung, Selbstbewertung und Selbstreflexion) ist Voraussetzung der Entwicklung eines handlungsfähigen Subjekts. Identität in diesem Sinne bezeichnet den Umstand, daß „ein Mensch über verschiedene Handlungssituationen und über unterschiedliche lebensgeschichtliche Phasen hinweg eine Kontinuität des Selbsterlebens auf der Grundlage eines bewußt verfügbaren Selbstbildes wahrt. Verkürzt formuliert: Identität ist der Zustand der Kontinuität des situations- und lebensgeschichtlichen Selbsterlebens. Die Prozesse der Selbstwahrnehmung, Selbstbewertung und Selbstreflexion sind Voraussetzungen und Grundlage der Identität." (Hurrelmann 1986, S. 169)

Die vor allem Erikson entwickelte psychoanalytische Konzeption von Identität geht vom Konzept der Ich–Synthese aus, während der Begriff der balancierten Identität hat vor allem von Krappmann (1975) entwickelt wurde. Hurrelmann begreift Identitätsentwicklung als ein Geschehen, „auf dessen Verlauf und Ergebnis eine Person selbst in allen Abschnitten des Lebenslaufs Einfluß hat." (Hurrelmann 1986, S. 77) Persönlichkeitsentwicklung und die Entwicklung von Identität weisen damit keinen altersspezifischen Endpunkt auf. Die Fähigkeit zur bewußten Selbstregulation ist für Hurrelmann eine wesentliche Identitätskomponente und Voraussetzung des Aufbaus eines reflektierten Selbstbildes. „Der Mensch wird nicht nur wegen des Aufbaus der grundlegenden interaktiven und kommunikativen Handlungskompetenzen, sondern auch wegen des Aufbaus eines reflektierten Selbstbildes zu einem handlungsfähigen Subjekt. Das Bild von sich selbst ist eine innere Konzeption der Gesamtheit der Vorstellungen, Einstellungen, Bewertungen, Urteile und Einschätzungen, die ein Mensch im Blick auf die eigenen Handlungsmöglichkeiten besitzt." (Hurrelmann 1986, S. 79)

Identität könnte in diesem Sinne verstanden werden als eine Form subjektiver und selbstbewußter Behauptung und Bewahrung von Lebenschancen und Handlungkompetenzen unter variablen Situationsbedingungen. Empirisch faßbar wird der Begriff der Identität durch das Konzept des reflektierten Selbstbildes. Voraussetzung für den Aufbau eines reflektierten Selbstbildes ist die Fähigkeit, zwischen der eigenen und der anderen Person unterscheiden zu können. Die Wahrnehmung der eigenen Person vollzieht sich in der Verinnerlichung und Verarbeitung, d.h. Bewertung und Reflexion selbstbezogener Informationen in der Interaktion mit der sozialen und dinglichen Welt in bezug auf die eigene Körperlichkeit, die eigenen Interessen und Bedürfnisse. Der Identitätsbegriff enthält damit sowohl einen personalen, sozialen wie auch dinglichen Bezug und stellt eine subjektive Synthese dieser Dimensionen dar.

Als ein spezifisches Element dieses Selbstbildes, das die Handlungsfähigkeit gegenüber einer dinglichen und sozialen Umwelt beeinflußt und in der Mensch-Umwelt-Interaktion entsteht, wird insbesondere von der Forschergruppe um Lempert der Begriff des Kontrollbewußtseins thematisiert. Der Begriff des Kontrollbewußtseins drückt aus, in welchem Maße Personen sich als selbstbestimmt, als Subjekt, oder fremdbestimmt, als Objekt, begreifen. Hoff (1986) und Hohner (1987) entwickeln dabei eine über den monokausalen Ansatz der internalen oder externalen Kontrollüberzeugung hinausgehende Konzeption. Sie zeigen, daß bezogen auf verschiedene gesellschaftliche Bereiche differenzierte Mischformen des Kontrollbewußtseins entwickelt werden können. Dabei können auch gegenläufige, monokausale Überzeugungen internaler und externaler Art gleichzeitig existieren, die jedoch an unterschiedliche Erfahrungs- und Lebensbereiche geknüpft sind (deterministisch-additives Kontrollbewußtsein). Die differenzierteste Form des Kontrollbewußtseins bezeichnet Hoff als „interaktionistisch". Es beinhaltet „... den Gedanken einer reziproken kausalen Verknüpfung, einer wechselseitigen Beeinflussung innerer und äußerer Faktoren im eigenen Handeln. Personen begreifen sich selbst also nicht einseitig nur als Subjekt oder nur als Objekt, oder mal (in einem Bereich) als Subjekt und mal (in einem anderen Bereich) als Objekt; sie betrachten sich vielmehr immer zugleich als Subjekt und Objekt ihrer Umwelt." (Hoff/Lappe 1986, S. 11 f.)

Zusammengefaßt kann unter Identität zum einen die Kompetenz einer Person verstanden werden, sich als handlungs- und interaktionsfähige Person zu erweisen, die auf der Basis eines reflektierten Selbstbildes ihre Chancen und Möglichkeiten zu erkennen vermag. Identität kann darüberhinaus als ein normatives Konzept verstanden werden, „in dem zusammengefaßt ist, was man mit seinem Leben will, wie und wo man sich bei sich selbst fühlt ..." (Baethge u.a. 1988, S. 28). Die Entwicklung einer stabilen Identität stellt dabei einen Zielpunkt der Persönlichkeitsentwicklung dar.

Allerdings kann dieser Identitätsbegriff nicht lediglich die umstandslose Realisierung selbstgesetzter Zwecke bedeuten. Wenn man die Fähigkeit zur Perspektivenübernahme als Voraussetzung eines „gelungenen" Sozialisationsprozesses annimmt, dann muß der Blick auf die eigenen Handlungsmöglichkeiten eine realistische Wahrnehmung sozialer und gesellschaftlicher Probleme und ihre Berücksichtigung im eigenen Handeln enthalten. Hurrelmanns Konzept des produktiv realitätsverarbeitenden Subjekts berücsichtigt in dieser Hinsicht kaum das Problem des moralischen beziehungsweise des politischen Handelns und den damit verbundenen Identitätsdimensionen. Handlungen können aber – entsprechend ihren Absichten und entsprechend ihren Wirkungen – unter ethischen und politischen Gesichtspunkten beschrieben werden. Identität im Sinne moralischen Handelns kann somit durchaus in Konflikt zu den bestehenden Sozial- und Wirtschaftsstrukturen treten. Diese Frage einer eher politischen Identität stellt sich insbesondere im Kontext der Bemühungen um eine sozialverträgliche Technikgestaltung.

2.4 Persönlichkeitsentwicklung im sozialen Kontext: Handlungskompetenzen, Handlungsanforderungen und Handlungsmöglichkeiten

Persönlichkeitsentwicklung ist ein ontogenetischer und sozialer Prozeß, der in der Soziologie, Sozialisationstheorie und Entwicklungspsychologie üblicherweise in der Wechselbeziehung von Individuierung und Vergesellschaftung analysiert wird. In dieser Wechselbeziehung erwirbt das Individuum Fähigkeiten, Fertigkeiten und Kenntnisse in der Auseinandersetzung mit der gegenständlichen und sozialen Umwelt. Dieser Auseinandersetzungsprozeß, der zum Aufbau der Handlungskompetenzen führt, kann aus der Perspektive des sozialen wie dinglichen Lebenskontextes unter dem Aspekt von Handlungsanforderungen beschrieben werden, die sich dem Individuum objektiv wie subjektiv stellen. Der adäquate Umgang mit Handlungsanforderungen ist nach Hurrelmann auch nur dann möglich, wenn „eine angemessene Struktur von kognitiver, emotionaler, sprachlicher und sozialer Kompetenz gebildet wird." (Hurrelmann 1986, S.165)

Anforderungen werden an das sachbezogene und materielle Handeln gestellt, die zum Aufbau entsprechender Kompetenzen führen wie beispielsweise dem konkreten Umgang mit kulturellen Objekten, sei es Messer, Gabel, Auto oder Computer. Von diesen Handlungsanforderungen sind soziale und normative Anforderungen zu unterscheiden, mit denen sich Individuen auseinandersetzen müssen. Im Prozeß der Persönlichkeitsentwicklung werden „Entwicklungsaufgaben" an sie herangetragen, die einen je spezifischen Komplex von Handlungsanforderungen beinhalten. Entwicklungsaufgaben sind nach Hurrelmann in jedem Lebensalter verschieden. „Unter einer Entwicklungsaufgabe wird ... der spezifische Zuschnitt von Handlungsanforderungen verstanden, die für eine bestimmte Lebensphase charakteristisch ist." (Hurrelmann 1986, S. 163) Für Jugendliche in der Postadoleszenz stellt sich beispielsweise im Kontext der Identitätsausbildung die Frage der Berufswahl, die eine Auseinandersetzung beinhaltet mit dem Beruf, mit den mit dem Status der Erwerbstätigkeit verbundenen sozio–kulturellen Normen sowie mit der Verantwortlichkeit für das eigene Handeln.

Entwicklungsaufgaben weisen zudem nach Oerter eine subjektive und objektive Struktur auf. Während die subjektive Struktur sich auf das Individuum und den derzeitigen Entwicklungsstand seiner Handlungskompetenzen bezieht, beinhaltet die objektive Struktur die mehr oder weniger begrenzten Handlungsmöglichkeiten der sozialen, gesellschaftlichen wie dinglichen Lebensumwelt. „Die subjektive Struktur entspricht dem aktuellen Entwicklungsstand erreichter Handlungskompetenzen, die objektive Struktur bietet Ausschnitte von Handlungsmöglichkeiten an, die normativ mit bestimmten Lebensperioden verknüpft sind (soziokulturelle Entwicklungsnormen)." (Oerter 1987, S. 120)

Die objektiven Handlungsmöglichkeiten stecken damit quasi das Gebiet ab, innerhalb dessen das Individuum in einem aktiven Prozeß Kompetenzen ausbilden kann. Die personenspezifische Ausnutzung von Handlungsmöglichkeiten kann damit eine Grenze in den materiellen und sozialen Lebensbedingungen finden. Subjektive Handlungspotentiale müssen von daher nach gesellschaftlichen und situativen Kontexten unterschieden werden, die diese beschränken oder aber ihrer Entfaltung auch Raum geben können.

Bezogen auf die Frage von Wirkungen des Computers für die Persönlichkeit wird zu untersuchen sein, in welchem Maße die Computertechnologie gesellschaftliche Kontexte verändert hat, welche materiellen wie sozialen Handlungsanforderungen damit verbunden sind und welchen Raum den Individuen gegeben wird, ihre subjektiven Handlungspotentiale ausnutzen zu können, um Entwicklungsaufgaben angemessen bewältigen zu können (vgl. Kap. D.).

2.5 Zusammenfassung

In Rahmen der neueren Sozialisationsforschung ist derzeit am ehesten die Definition eines Persönlichkeitsbegriffs möglich, der sowohl die Komplexität von Persönlichkeitsstrukturen berücksichtigt als auch ihre Entwicklungsbedingungen in der sozialen, politischen wie dinglichen Lebensumwelt. Persönlichkeit meint dabei den lebenslangen Erwerb und die Ausübung von affektiven, sprachlichen, intellektuellen wie sozial-kognitiven Handlungskompetenzen. Der Aufbau einer je spezifischen Struktur von Handlungskompetenzen kulminiert in der Identitätsausbildung, als deren Basis ein reflektiertes Selbstbild angesehen wird. Identität, insbesondere unter dem Aspekt des Kontrollbewußtseins, wird dabei nicht nur als die Möglichkeit zur Erkennung und Bewahrung subjektiver Lebenschancen begriffen, sondern beinhaltet auch die Orientierung an und Auseinandersetzung mit moralischen und ethischen Aspekten sozial-gesellschaftlichen Zusammenlebens. Identität – so verstanden – betont die Rolle moralischer und sozial-kognitiver Handlungskompetenzen wie die Fähigkeit zur Perspektivenübernahme.

Eine stabile Struktur von Handlungskompetenzen und die Qualität eines reflektierten Selbstbildes beruhen jedoch in hohem Maße auf dem ontogenetisch früher stattfindenden Erwerb von Basiskompetenzen: Autonomie versus Abhängigkeit in sozialen Beziehungen, stabiles Selbstwertgefühl, die Ego-Alter-Differenzierung in Interaktionen, Kontakt- und Bindungsfähigkeit. Es wird zu prüfen sein, inwiefern der Umgang mit Computertechnologie gerade die Ausbildung dieser Basiskompetenzen tangiert.

Handlungskompetenzen und Identitätsstrukturen entwickeln sich in der Auseinandersetzung mit sozialen und materiellen Handlungsanforderungen, die sich lebensphasenspezifisch in Entwicklungsaufgaben bündeln können. Objektive Handlungsmöglichkeiten stecken dabei die Grenzen ab, in denen subjektive Handlungspotentiale entfaltet werden können. Bezogen auf die Frage der Wirkungen der Computertechnologie wird daher zu klären sein, welche spezifische Struktur von Handlungsanforderungen von ihr ausgehen. In dieser Hinsicht gilt es jedoch zunächst, die spezifische technologische Struktur des Computers zu verdeutlichen, bevor der Frage der Wirkungen im Interaktionsverhältnis Persönlichkeit-Computer nachgegangen werden kann.

B. Die Technisierung und Rationalisierung des Handelns

Die bisherigen Ausführungen zum Aufbau individueller Handlungskompetenzen erfolgten weitgehend ohne den Einbezug der für Gesellschaften konstitutiven Organisations- und Systemmechanismen. Gesellschaften müssen aber als „Handlungssysteme", d.h. als ein komplexes Gefüge individueller und kollektiver Handlungen und deren funktionaler Vernetzungen begriffen werden. Für die Techniksoziologie hat dies die Konsequenz, „... die aus der Spannung zwischen System und Lebenswelt erwachsenen Probleme im Hinblick auf die beteiligten sozialen Akteure und ihre materialen Rationalitätsstandards zu rekonstruieren, sie auf die ausdifferenzierten, stärker formalisierten Handlungssysteme zu beziehen und nach deren paradoxen Effekten der formalen Rationalisierung und der Systemdifferenzierung für die Lebenswelt zu befragen." (Rammert 1988, S. 170)

Die Unterscheidung von System- und Lebenswelt kann zwar für die Analyse universeller Entwicklungstrends von analytischem Wert sein, für die Erfassung individueller Problemlagen ist sie aber zu abstrakt (vgl. Beck 1986, S. 218). Dennoch läßt sich diese Unterscheidung, interpretiert man sie im Sinne Rammerts, für das Problem der Technisierung der Lebenswelt fruchtbar machen. So unterscheidet die Bremer Sachverständigenkommission Arbeit und Technik (Bremen 1986 und 1987) zwei unterschiedliche Rationalitätsprinzipien des Technikeinsatzes: einerseits eine an technischen Imperativen orientierte Gesellschaftsstrukturierung, andererseits eine an sozialen und ökologischen Kriterien orientierte Technikentwicklung. Der „technikimmanenten" Rationalisierungsstrategie stellt die Kommission ihr Konzept einer an lebensweltlichen Kriterien orientierten Technikentwicklung entgegen. In ihrer Argumentation rekurriert die Sachverständigenkommission implizit auf einen Gesellschaftsbegriff, der sowohl aus der Binnenperspektive handelnder Subjekte (Subjektperspektive) als auch aus der Perspektive sozialer Verhältnisse (Objektperspektive) konzipiert ist. Insofern geht die Sachverständigenkommission davon aus, daß sich gesellschaftliche Umwälzungen auf zwei Ebenen vollziehen: „... Soziale Verhältnisse verändern sich und mit ihnen auch menschliche Handlungspotentiale." (Sachverständigenkommission Arbeit und Technik 1985, S. 49)

Somit müßte die Frage nach menschlichen Handlungspotentialen in gesellschaftstheoretischer Hinsicht ergänzt werden. Gegenstand der theoretischen Anstrengungen müssen in Gesellschaft handelnde Individuen beziehungsweise die „... Vermittlungen und Schnittpunkte zwischen Subjektivem und Objektivem" (ebd., S. 50) sein. Die These der Technisierung beziehungsweise der Computerisierung der Lebenswelt und der daraus resultierenden Handlungskompetenzen und Identitätsstrukturen soll im Abschnitt C. nochmals aufgegriffen und problematisiert werden. Zunächst aber muß auf den Computer als eine Schlüsseltechnologie eingegangen werden.

1. Die Technisierung sozialen Handelns: Aspekte der Techniksoziologie

Die Diskussionen um die Rationalisierungspotentiale der Technik sind nicht neu. Seit Beginn der Industrialisierung ist die „Herrschaft der Mechanisierung" (Giedion) beziehungsweise die „Antiquiertheit des Menschen" (Anders) Gegenstand sowohl kritischer als auch kulturpessimistischer Reflexionen. Mit der massenhaften Verbreitung des Computers, die durch Preisverfall, Miniaturisierungs- und potentiell universellen Einsatzmöglichkeiten der Mikroelektronik in allen gesellschaftlichen Bereichen möglich wurde, ist deutlich geworden, daß das soziale Handeln der Menschen einer zunehmenden technischen Rationalisierung ausgesetzt ist.

Der Computer kann als die derzeit höchstentwickelte Technologie begriffen werden. Er ist manifester Ausdruck nicht nur eines technologischen, sondern auch eines gesellschaftshistorischen Entwicklungsprozesses der Vergegenständlichung und Objektivierung menschlicher Eigenschaften, Handlungen und Beziehungen. Technische Erfindungen und Entwicklungen sind Resultate menschlichen Denkens und Handelns. Technik muß begriffen werden als Resultat der Handlungsentwürfe von interessenorientierten sozialen Akteuren: „Technik ... ist das, was seine Entstehung dem menschlichen Handeln verdankt ..." (Ropohl 1985, S. 114, vgl. auch Rammert 1988). Der Computer muß zudem als Resultat einer spezifischen Form menschlichen Denkens und Handelns begriffen werden. Seine Grundlagen liegen in der abstraktifizierenden Methodik naturwissenschaftlichen Denkens, der formalen Logik und der Kybernetik.

Bezüglich der Mensch–Maschine–Beziehung muß allerdings unterschieden werden zwischen den mit dem Computer gegebenen Rationalisierungspotentialen in Arbeits- und Lebensbereichen einerseits, und den subjektiven Verarbeitungsstrukturen der Individuen andererseits. Die Form dieser Beeinflussung ist nun abhängig:

- von der spezifischen Struktur der Technik,
- von der Einbettung der Technik in soziale Handlungskontexte und den jeweiligen Nutzungspotentialen in verschiedenen gesellschaftlichen Bereichen, schließlich
- vom Symbolgehalt der Technik.

Diese drei Dimensionen der Technikanalyse sollen im folgenden näher betrachtet werden. Dabei ist allerdings zu berücksichtigen, daß die folgenden Strukturbeschreibungen der Computertechnik sich nicht aus der Technologie als solcher ableiten lassen, sondern immer schon eine bestimmte Beziehung zum menschlichen Denken und Handeln voraussetzen. Die Bestimmungen von Persönlichkeit und Computer können daher nur als wechselseitige Konstitutionsprinzipien begriffen werden.

2. Die Trennung von Hard- und Software: Der Computer als universelle Maschine

In Technologien als Produkten menschlichen Denkens und Handelns verkörpert sich eine spezifische Form des akkumulierten gesellschaftlichen Wissens. Jede Maschine repräsentiert einen Komplex von zweckgerichteten und eindeutig festgelegten Funktionen und Regelsystemen, die für bestimmte Zwecksetzungen geschaffen worden sind. Während die klassische Maschine die physische Verkörperung einer genau festgelegten Funktionseinheit ist, hat sich mit dem Computer eine Technologie entwickelt, die diesen Determinismus der mechanischen Maschine nicht mehr aufweist. Manifestation dieser Struktur ist der Algorithmus. Der Algorithmus ist eine eindeutige und determinierte Abfolge von formalisierten Handlungsschritten und Handlungsvorschriften, die die Möglichkeit bietet, beliebig viele Maschinen darzustellen. So sehen Bammé u.a. den Unterschied zwischen alter und neuer Maschine vor allem darin, daß die klassische Maschine die materielle Realisierung eines ganz bestimmten Algorithmus war: „Die alte Maschine ist die Verkörperung eines Algorithmus. Algorithmus und materielle Beschaffenheit des Geräts fallen zusammen. Eine Unterscheidung ist nicht notwendig. Heute jedoch ist diese Unterscheidung zwingend. Denn was ein bestimmtes Gerät, ein vor uns stehender Computer macht, was er kann, hängt ab von dem Algorithmus, nach dem er gerade arbeitet. Der Algorithmus ist die Maschine, und das Gerät ‚Computer' kann eine unbegrenzte Anzahl verschiedener Möglichkeiten darstellen." (Bammé u.a. 1983 b, S. 150)

Die logische Struktur des Algorithmus bietet somit die Möglichkeit der Realisierung beliebiger Maschinen. Der Algorithmus selbst kann beschrieben werden als ein determiniertes formales Ablaufsystem, das bestimmte Handlungen des Menschen in eine Reihe genau definierter und nacheinander abzuarbeitender Schritte umsetzt. Das Spezifische am Computer ist gerade die Trennung von Handlungsanweisung (Programm) und physischem Maschinenkörper. Der Computer als Gerät (Hardware) ist aufgrund seiner materiell–logischen Struktur in der Lage, beliebige Programme (Software) zu realisieren. Die Software selbst kann verstanden werden als eine über den Computer vermittelte Handlungsanweisung an den Benutzer.

3. Unterschiedliche Anwendungsbereiche von Software

Eine grobe Unterteilung der derzeit angebotenen Computerprogramme ermöglicht eine Differenzierung in Software als:

a) „Spielzeug",

b) „Lernzeug",

c) „Werkzeug",

d) „Systemzeug" (beziehungsweise Kontrollpotential des Computers),

e) „Denkzeug" im Sinne künstlicher Intelligenz (vgl. dazu Haefner 1987) und

f) Variationsmöglichkeiten im Sinne „integrierter Softwarepakete".

Zu a): Software als „Spielzeug" hat die Funktion, unterschiedliche Spiele darzustellen, die teilweise mit großen Eingriffsmöglichkeiten ausgestattet sind. Während die meisten Spiele früher einfach strukturiert waren, sind heutige Spiele aufwendiger (z.B. Schachspiele). Eine PC-gängige Variante sind auch relativ realistische Simulationsspiele (z.B. Flugsimulator als Spiel).

Zu b): Software als „Lernzeug" soll den Lernenden z.B. in Form von Teachware bei Lernprozessen unterstützen. Dieser Software-Typ spielt insbesondere im Bildungsbereich eine große Rolle. Immer häufiger werden gängige Programme mit Selbsterklärungskomponenten ausgestattet, wodurch sie gleichzeitig den Charakter als Lern- und Arbeitszeug erhalten.

Zu c): Software als „Werkzeug" bezeichnet alle Anwendungen als Arbeitsmittel, unabhängig davon, ob sie an CNC-Maschinen oder Textverarbeitungsgeräten eingesetzt werden. In der Fortsetzung des Verständnisses vom klassischen Werkzeug als Verlängerung der Körperfunktionen wäre Software somit als Verlängerung der geistigen Funktionen zu begreifen.

Zu d): Software als „Systemzeug" bezieht sich auf das Kontrollpotential des Computers, das sich aus den Möglichkeiten der permanenten Prozeßkontrolle durch die Informationstechnik ergibt. Das bekannteste Beispiel sind Personalinformationssysteme.

Zu e): Software als „Denkzeug" (vgl. dazu Haefner 1987) setzt den Computer in erster Linie nicht als Datenspeicher beziehungsweise Rechner ein, sondern im Sinne künstlicher Intelligenz als Instrument, das menschliches Denken ersetzen soll. Obwohl ernsthafte Ansätze hierzu noch in den Kinderschuhen stecken, sind Vorformen im Sinne von Expertensystemen in verschiedenen Bereichen schon im Einsatz (vgl. hierzu den Exkurs in Kap. III. C.). Allerdings muß hier genau unterschieden werden, ob Programme selbstlernfähige Systeme darstellen oder ob diese Programme lediglich komplexe Prozesse simulieren können.

4. Die Rationalisierung menschlichen Denkens, Sprechens und Handelns

Die Abbildung menschlicher Handlungen durch den Algorithmus bezieht sich sowohl auf materielle als auch auf semantisch relevante Handlungen beziehungsweise Sprechakte. Die „Übersetzung" dieser Handlungen in Programmstrukturen bedeutet aber gleichzeitig ihre Verdoppelung. Real ablaufende Prozesse erhalten ein abstraktes Äquivalent, sie werden zu Realabstraktionen (vgl. Sohn–Rethel 1970).

Der Algorithmus bildet menschliches Handeln allerdings als Schrittfolge genau festgelegter Entscheidungsstrukturen ab. „Algorithmisierung" menschlicher Handlungen heißt somit nichts anderes als die Ausführung von Handlungen nach eindeutigen und redundanzfreien Vorschriften beziehungsweise Befehlsstrukturen, die im Vorgang des Programmierens allerdings in sprachanaloger Form definiert werden müssen. Insofern „... läßt sich ... nachweisen, daß prinzipiell jede Handlung, die sich durch einen Algorithmus beschreiben läßt, auch durch eine Maschine realisiert werden kann." (Bammé u.a. 1983 b, S. 145) Das abstrakt-formale Regelsystem des Algorithmus' repräsentiert damit nicht nur das Ergebnis eines historischen Abstraktionsprozesses, sondern verkörpert gleichzeitig die Eliminierung von Handlungskontingenz. Handeln wird zum Automatismus, zu einem scheinbar überindividuell ablaufenden „autopoietischen" Prozeß.

Der Algorithmus basiert auf der Transformation von Information, wobei der für die Kybernetik grundlegende Informationsbegriff die immaterielle und mathematisch-abstrakte Struktur des Handelns verkörpert. „Information ist, informationswissenschaftlich betrachtet, ein ideelles Handlungsmodell." (Steinmüller 1983, S. 263) Obwohl aber Information „weder Geist noch Materie" (Wiener) ist, ist sie von Sprache als einem Verständigungsmedium abhängig (v. Weizsäcker). Information ist die Form einer auf Eindeutigkeit reduzierten Sprache. Sie ist insofern Ausdruck einer bestimmten „Denkökonomie" (Bammé) beziehungsweise „Sprachökonomie", weil Sprache auf zweckrationale Informationsverarbeitung reduziert wird.

Diese Grundstruktur der Information wird besonders immer dann zum Problem, wenn Verständigungsprozesse sprach- und damit kontextabhängig werden. Im Begriff des lebensweltlich strukturierten „impliziten Wissens" (Polanyi 1985, Searle 1984, Habermas 1982) beziehungsweise des Erfahrungswissens (vgl. dazu die Diskussion über die Schwierigkeiten einer Strategie der Vollrationalisierung bei Brödner 1986) wird zum Ausdruck gebracht, daß Verständigungsprozesse immer holistisch strukturierte und kulturell kontextabhängige Prozesse sind.

Die durch den Algorithmus gegebene Reduktion von Handlungen auf eindeutige Strukturen steht aber im Gegensatz zu der im Begriff des Handelns implizierten Freiheitsdimension. „Handeln vermag sich nur dort zu vollziehen, wo die Dinge auch anders sein können ... Die Entscheidung für eine bestimmte Möglichkeit des Handelns, die durch den vollziehenden Akt selber dann in Wirklichkeit überführt wird, setzt voraus, daß es überhaupt einen Spielraum offener Möglichkeiten gibt." (Bubner 1984, S. 38) Im Extrem bedeutet die Algorithmisierung sozialer Lebensverhältnisse eine zunehmende Formalisierung, Strukturierung und Abstraktifizierung von Handlungen.

5. Der Symbolgehalt des Computers

Eine in der Diskussion der letzten Jahre hervorstechende Bedeutung hat der Computer als symbol-besetzte Maschine erhalten, insofern sein Symbolgehalt individuelle und gesellschaftliche Spiegelfunktionen erfüllt. Insbesondere macht die Möglichkeit der Repräsentation von Zeichen sowohl in sprachanaloger Form als auch z.B. im Rahmen von Computersimulationen oder -animationen den Computer zu einem für symbolische Kommunikation geeigneten Medium. In der Funktion eines derartigen Mediums wird der Computer zur "Wunschmaschine" (Turkle) und zum geeigneten Objekt emotionaler und affektiver Besetzungen und Selbsterfahrungsmöglichkeiten.

Auf dieser Ebene ist es strittig, inwiefern der Interaktion mit dem Computer gegenüber der klassischen Maschine eine spezifisch neue Qualität zukommt. Es kann allerdings davon ausgegangen werden, daß sich aufgrund der semantischen Dimension der Mensch-Maschine-Interaktion "...die innere Natur des Menschen gegenüber dem technischen Objekt (erschließt)..." (Johnson 1988, S. 28). Daraus kann die Schlußfolgerung gezogen werden, daß der symbolischen Bedeutung des Computers eine größere Relevanz gegenüber der klassischen Maschine zukommt.

6. Der Computer als Informations- und Kommunikationstechnik

Die Anwendungspotentiale des Computers werden erst deutlich durch die Verbindung von Computertechnik mit anderen technischen Entwicklungen wie Nachrichtentechnik beziehungsweise Kommunikationstechnik (vgl. dazu Kubicek/Rolf 1985 sowie Wersig 1985). Insbesondere die Verbindung von Mikroelektronik und Nachrichtentechnik eröffnet die Möglichkeit einer umfassenden Vernetzung von Computern in beruflichen und außerberuflichen Lebensbereichen. Zu betonen ist, daß der Computer im Rahmen dieser Techniken reale Prozesse unterstützende und verstärkende Funktionen hat. Die relativ nüchterne Begriffsbestimmung bei Dunckel/Resch lautet: „Der Computer ist eine Maschine oder ein Arbeitsmittel. Mit diesem Arbeitsmittel werden keine Materialien bearbeitet oder transportiert, keine Kräfte verstärkt oder ähnliches, sondern mit Computern werden Daten verarbeitet (aufgenommen, bearbeitet, gespeichert, ausgegeben). Computer sind deshalb Hilfsmittel zur elektronischen Datenverarbeitung (...), Datenverarbeitungsmaschinen ..." (Dunckel/Resch 1987, S. 22).

Daten sind kleinste Informationseinheiten, die wiederum auf „bits" als den kleinsten Einheiten der Datendarstellung basieren. Ein bit kann genau einen von zwei Zuständen − 0/1, wahr/falsch, ja/nein − annehmen. Erst in aggregierter Form stellen Daten Informationen dar, die einen bestimmten Wissenstyp repräsentieren. Insofern ist die Möglichkeit der Wissensdarstellung, −verarbeitung und −transformation die entscheidende Funktion des Computers, die auch seine Nutzungspotentiale festlegt. „Computer sind keine Maschinen zur direkten Veränderung einer greifbaren Realität, vielmehr sind sie Maschinen zur Bearbeitung von Realitätsabbildungen." (Kubicek/Rolf 1985, S. 18).

Für unsere Erkenntnisinteressen lassen sich die Anwendungsbezüge des Computers nach den Interventionsmöglichkeiten der Betroffenen (wobei die Konstrukteure der Systeme zunächst nicht berücksichtigt werden) unterscheiden:

− Im Sinne der Kommunikationstechnik hat der Computer die Funktion, Daten für den menschlichen Zugriff verfügbar zu halten und menschliche Kommunikationsprozesse technisch zu vermitteln. Die Kommunikation mit dem Computer geschieht über Eingabe-, Ausgabe- und Dialoggeräte. Erst die Dialogfähigkeit macht den Computer zum „Interaktionspartner" für den Menschen.

— Im Sinne der Informationstechnik hat der Computer die Funktion, Daten und Informationen aufzunehmen, zu speichern und zu transformieren. Dabei ist allerdings die Dialogfähigkeit des Computers mit dem Menschen beziehungsweise dem Benutzer nicht gegeben, da der Computer hier die Funktion hat, andere Maschinen zu unterstützen.

Die Unterscheidung zwischen Kommunikationstechnik und Informationstechnik ist allerdings fließend: sie soll deutlich machen, daß computergestützte Systeme in erster Linie danach unterschieden werden sollen, inwieweit der Mensch in der Lage ist, mit dem System zu kommunizieren.

7. Die Grenzen der Einsatzmöglichkeiten des Computers

Einsatzmöglichkeiten des Computers sind immer dort gegeben, wo der Computer in der Lage ist, menschliches Handeln nach– beziehungsweise abzubilden, d.h.:

— wo sachliche beziehungsweise soziale Probleme oder Beziehungen bereits auf eindeutige und formalisierbare Strukturen reduziert sind oder aber
— wo diese Prozesse formalisierbar gemacht werden können.

Die häufig zitierte „universelle Einsetzbarkeit" des Computers hat dort ihre Grenze, wo sich Prozesse oder Strukturen einer Formalisierung entziehen. Grenzen der Einsatzmöglichkeiten der Datenverarbeitung sind deshalb dort zu sehen, wo tatsächliche (semantische oder materielle) Handlungsabläufe nicht mehr imitierbar sind. So liegen die „Grenzen der künstlichen Intelligenz" (Dreyfus 1985) in jenen Lebensbereichen, die aufgrund ihrer sozialen beziehungsweise kommunikativen Komplexität nicht mehr formalisierbar (Dreyfus/Dreyfus 1987) sind oder, wo der Informationsverlust durch Formalisierung zu groß wird.

Zusammenfassend kann der Computer als eine Maschine bezeichnet werden,

— die Wissen auf der Basis binärer Logik Daten und Informationen transformiert;
— die in der Lage ist, strategisch verwertbares und standardisierbares Wissen zu repräsentieren und zu verarbeiten;
— die auf dieser Grundlage als abstraktes Steuerungsmedium sowohl Synthesen mit anderen, konventionellen Maschinen eingehen, aber auch mit anderen informationsverarbeitenden Maschinen „kommunizieren" kann;
— deren konkrete Anwendungsbezüge in verschiedenen sozialen Bereichen aufgrund der vielfältigen Software–Konstruktionen nur bezüglich der jeweiligen gesellschaftlichen Bereiche zu bestimmen sind;
— die in besonderem Maße als symbolische Maschine Bedeutung hat.

Die oben entwickelten Funktionsbestimmungen des Computers setzen einen historisch vorgängigen Abstraktionsprozeß menschlichen Denkens und Handelns voraus, andererseits manifestiert sich dieser Abstraktionsprozeß im aktuellen Umgang der Menschen mit dem Computer.

C. Sichtweisen des Verhältnisses von Persönlichkeit und Computer in der aktuellen Diskussion

Ein Großteil der vorliegenden Forschungsarbeiten geht von der Annahme aus, daß die Komplexität der menschlichen Persönlichkeit, ihre grundlegende Verbundenheit mit vielfältigen sozialen Beziehungen und Strukturen kausalanalytische Zuweisungen von „Wirkungen" des Computers kaum zulassen, zumal die Technologie selbst ja Teil dieser Beziehungstrukturen ist. Gerade dieser Sachverhalt schlägt sich in der bisherigen Forschung zu Auswirkungen der Computertechnologie nieder. Zum einen beziehen sich die vielfältigen Hypothesen je nach theoretischem Hintergrund auf Teilaspekte der Persönlichkeit. Dies ist als Folge der Tatsache zu sehen, daß keine einheitliche Theorie der Persönlichkeitsentwicklung existiert, die spezifische Wirkungen der Computertechnologie theoretisch erfassen und erklären könnte (vgl. Geulen 1985, S. 258). Zum anderen lassen sich in der derzeitigen Forschung drei grundsätzlich unterschiedliche Betrachtungsweisen des Verhältnisses von Persönlichkeit und Computer feststellen, die für die Beurteilung der Wirkungsfrage unterschiedliche Ergebnisse zur Folge haben. Die Perspektiven können danach systematisiert werden, welcher Aspekt im Verhältnis Persönlichkeit und Computer als zentral und damit als wirkungskonstituierend angesehen wird. Danach lassen sich drei Sichtweisen unterscheiden:

— der Vergleich von Mensch und Computer in den Dimensionen Sprache, Denken und Handeln, Interaktion und Kommunikation sowie Abstraktion und Sinnlichkeit (Abschnitt 1.);

— die Verschränkung von psychischen Aspekten der Persönlichkeit mit Spezifika der Computertechnologie (Abschnitt 2.) oder

— die Hervorhebung der sozialen Bezüge und soziologischen Deutungsmuster der Computertechnologie und deren Einfluß auf die Konstruktion von und den Umgang mit Computern (Abschnitt 3.).

Im folgenden wird zunächst, systematisiert anhand dieser drei Grobstrukturierungen, auf einige der maßgeblichen in der Literatur vorfindlichen Forschungshypothesen eingegangen. Abschließend werden Konsequenzen für das in den Kapiteln A. und B. entwickelte methodische Konzept aufgezeigt (Abschnitt 4.).

1. Der Vergleich von Mensch und Computer

Bei dieser in der Regel technikkritischen Herangehensweise werden die Gefährdungspotentiale als der Technologie quasi inhärent begriffen, die die menschliche Persönlichkeit unvermeidlich prägen. Als VertreterInnen einer radikal-kritischen Position können beispielsweise Eurich (1985; 1988), Müllert (1984) und in der feministischen Diskussion Maria Mies (1985) gelten, die von der Zerstörung des Menschlichen überhaupt ausgehen. Stichworte in diesem Argumentationsstrang sind Algorithmisierung des Denkens, Verlust ganzheitlich-intuitiver Denkformen, Zerstörung zwischenmenschlicher Kommunikation, Verlust von Emotionalität und Sinnlichkeit.

Innerhalb des wissenschaftlichen Diskurses wird diese Position mittlerweile als kulturpessimistisch „gebrandmarkt" (Hejl u.a. 1988, S. 16). Ihnen wird ein zu kausal-deterministisches Verständnis des Verhältnisses von Persönlichkeit und Computer vorgeworfen. Verwiesen wird auf frühere pessimistische Prognosen, die nahezu mit jeder Verbreitung eines neuen Mediums wie des Buches und des Fernsehens einhergingen (siehe Rogge 1988; Hejl u.a. 1988). Für Six (1988) stellen diese Thesen gar ein Feld für die „Vorurteilsforschung" dar, zumal sie auf eher phänomenologischen Beobachtungen beruhten, als daß sie empirisch fundiert seien (beispielsweise Volpert 1985). Empirische Befunde, die sich auf die Computerbegeisterung von Kindern und Jugendlichen bzw. "zwanghafte Programmierer" (Weizenbaum) beziehen, werden zudem häufig als generalisierbare Beispiele herangezogen.

Die Forschungshypothesen, die der solchermaßen kritisierten Literatur zugrunde liegen, enthalten jedoch zwei wichtige Aspekte, welche bei ihrer umfassenden Zurückweisung verlorengehen könnten. Den Analysen liegt implizit oder explizit die Frage nach „dem" Menschlichen beziehungsweise „dem" Maschinellen zugrunde, die mit der radikalen Verschiedenheit beider „Denkformen" beantwortet wird. Eine Beantwortung dieser Frage kann jedoch helfen, zumindest auf einer theoretischen Ebene strukturelle, das heißt vom Computer ausgehende Wirkungspotentiale zu definieren. In neueren Analysen steht daher der Vergleich zwischenmenschlicher Interaktions- und Kommunikationsstrukturen mit der spezifischen Mensch-Computer-Interaktionsform, der Vergleich von menschlichem und maschinellem Denken im Vordergrund. Diese gemäßigtere Position unterscheidet sich von der radikal-kritischen insofern, als sie Wirkungen nicht als unausweichlich darstellt, sondern Zusatzbedingungen angibt, die — in der Regel — negative Effekte des Computers für die Persönlichkeit wahrscheinlicher werden lassen. Im folgenden sollen aus dieser Diskussion die Thesen zu Wirkungen der Computertechnologie auf die Persönlichkeitsdimensionen ganzheitliches Denken, Sprache und Bewußtsein, Interaktion und Kommunikation sowie Abstraktion und Sinnlichkeit in unterschiedlichen theoretischen und kontextuellen Perspektiven weiterverfolgt und hinsichtlich ihrer Bedeutung für die Persönlichkeitsentwicklung untersucht werden.

1.1 Ganzheitliches Denken

In der Auseinandersetzung mit der Künstlichen–Intelligenz–Forschung (KI) wird die Gefahr des Verlustes spezifisch menschlicher Fähigkeiten betont. Beispielsweise bedeutet für Volpert „... die Anpassung des Menschen an die formal–rationale Struktur des Computers (...) einen Verlust ganzheitlicher Denk- und Wahrnehmungsformen wie Intuition, übergreifendes und integratives Denken..." (Volpert 1985 a, S. 64; 1987). Vor dem Hintergrund der Gestaltung von computerisierten Arbeitsplätzen fordert er eine „kontrastive Analyse des Verhältnisses von Mensch und Rechner" (Volpert 1987, S. 150), die die spezifisch menschlichen Handlungs- und Entscheidungsspielräume betont. Erst wenn man diese menschlichen Fähigkeiten berücksichtige, könne man überlegen, „welche Prozeduren sinnvollerweise von Menschen auf den Rechner übertragen werden sollen ..." (Volpert 1985 a, S. 79).

Volpert stellt damit die Frage, von welchem Bild menschlichen Denk- und Handlungspotentials die Planung und Gestaltung computerisierter Arbeitsplätze geleitet wird, eine Frage, die er insbesondere an die Software–Gestalter stellt. Gegenüber der Annahme der Strukturgleichheit von menschlicher und maschineller „Intelligenz" stellt Volpert aufgrund der Arbeiten von Neisser und Dreyfus unter Einbezug der neueren Evolutionstheorie folgende Unterschiede fest (Volpert 1985 a, S. 81ff.):

— Das Prinzip der Koevolution: Die prozeßhafte Entwicklung von Körper und Geist in der engen Verbundenheit mit der Lebens–Umwelt;
— die Verwobenheit und ständige Gegenwart dieses Kontextes im Denken, Fühlen und Handeln, das sich durch eine intentionale Zielgerichtetheit aufgrund einer „Vielfalt gegenwärtig wirksamer Motive" auszeichnet;
— der grundlegend ganzheitliche und intuitive Weltbezug: „Zuerst ... erfassen wir die Situation ganzheitlich und schätzen sie gefühlsmäßig ein. Dann werden einzelne Bestandteile ... als Gestalten hervorgehoben und genauer bedacht. Dabei verschwindet der ganzheitlich–emotionale Gesamtbezug nicht, er bleibt gewissermaßen als kontrapunktischer Hintergrund." (ebd., S. 82);

- Die flexible Grundstruktur menschlichen Denkens und Handelns, die im Erkennen der Wiederkehr von „Invarianten" zum Ausdruck kommt;
- die grundsätzliche Sozialbezogenheit der menschlichen Existenz.

Davon ausgehend fordert Volpert, daß bei der Gestaltung von Arbeitsplätzen diese menschlichen Aspekte der Kontextgebundenheit, der ganzheitlich-emotionalen Erfassung von Situationen, der flexiblen Grundstruktur und der Sozialbezogenheit erhalten bleiben müssen (1985 a, S. 83; vgl. auch Volpert 1987).

Volpert argumentiert als Arbeitspsychologe aus der Perspektive von ArbeitnehmerInnen, den AnwenderInnen von Softwaresystemen. Vor dem Hintergrund eigener Forschungen zur Konstruktion von Software stellt Molzberger (1985; 1988) innerhalb des Software-Engineerings Entwicklungspotentiale menschlichen Denkens fest. Molzberger kommt aufgrund von Fallstudien über die Arbeit von Spitzenprogrammierern zu dem Schluß, daß die Komplexität der zu konstruierenden Programmstrukturen kreative Denkleistungen herausfordere, die erst die Effizienz und die Stabilität eines Programms begründeten.[8]

Kennzeichnend für den kreativen Prozeß des Programmierens seien folgende Merkmale (Molzberger 1988, S. 192ff.):
- Eine dominierende Rolle des intuitiv-bildhaften Denkens;
- ein Denken in drei- und vierdimensionalen Bildstrukturen;
- eine intuitiv-ganzheitliche Orientierung an einer „Ästhetik" und „Schönheit" des Programms, Denkfehler werden als Störung dieser harmonischen Ästhetik empfunden;
- ein hoher Grad an Identifikation in der Modellierung der Programmstrukturen, die in Zuständen der Selbstvergessenheit mündet.

Molzberger interpretiert seine Ergebnisse im Kontext der Vorstellung der unterschiedlichen Funktionen der menschlichen Hirnhälften, wobei er die These vertritt, daß Programmieren eine Synthese des analytischen und kreativ-intuitiven Denkens darstellen könnte: „ ... für mich steht fest, daß hervorragendes Programmieren in allen Phasen eine Tätigkeit ist, die mit Kreativität und Intuition genauso viel zu tun hat wie mit rationalem Denken. Ich sehe darin ... eine Synthese von Funktionen, die wir nach Orenstein (1972) der linken (rationalen) und rechten (intuitiven) Hirnhälfte zuordnen." (Molzberger 1988, S. 206)

Molzbergers Ausführungen widersprechen Volperts These des Verlustes von ganzheitlich-intuitiven Denkformen, wobei bei Molzberger eher ein formaler Begriff des Denkens im Sinne von Informationsverarbeitung vorliegt. Dennoch

---

8 Aus seinen Ergebnissen leitet Molzberger die Forderung der Umgestaltung der Informatikerausbildung ab, die „starke Aspekte in Richtung Persönlichkeitsentfaltung beinhalten müßte". Er stellt die provozierende Frage: „Warum soll Programmieren nicht zur Persönlichkeitsentwicklung führen?" (Molzberger 1988, S. 213).

können beide Thesen Gültigkeit beanspruchen, denn sie werden innerhalb verschiedener gesellschaftlich-kontextueller Rahmenbedingungen und für unterschiedliche Tätigkeiten aufgestellt. Der Unterschied liegt in der Anwendung von Softwaresystemen, die Arbeitsprozesse strukturieren, und der Konstruktion dieser Systeme. Die Kreativität des Software-Architekten könnte somit die Einschränkung von Denk- und Handlungsspielräumen des Anwenders implizieren (Auf die soziale Bedingtheit der Konstruktion von computertechnologischen Systemen wird im Abschnitt 1.3 noch einmal eingegangen).

1.2 Sprache und Denken

Geulen versieht auf der Ebene sozialisationsrelevanter Entwicklungstheorien des Denkens und der Sprache den Begriff des Denkens mit einem anderen Akzent, insofern er darunter das intersubjektive, moralische und sinnhafte Denken versteht, das wiederum Teil der zwischenmenschlichen Interaktionen ist. Kognition steht in engem Zusammenhang mit der Ausbildung sozialer Handlungsfähigkeit. Geulen vertritt die These, daß „... zukünftige Generationen so zu denken lernen, wie ihre Computer es ihnen vorschreiben, und daß das zu einem Verlust an sozialer Handlungskompetenz führt ...". Er begründet dies mit den Unterschieden zwischen sprachlichen Handlungen in zwischenmenschlichen und Mensch-Computer-Interaktionsformen (Geulen 1988, S. 11). Grundlegende theoretische Annahmen dieser These sind:
- Die impliziten Sinnstrukturen der Subjekte konstituieren sich in einer idealtypisch gesehenen Informationsgesellschaft im wesentlichen über Mensch-Computer-Interaktionen.
- Traditionelle Erziehungsinstanzen treten in ihrer Bedeutung zurück.
- Das intersubjektive, moralische und intentionale Denken konstituiert sich im wesentlichen durch Sprache in zwischenmenschlichen Interaktionen.

In Verbindung mit der linguistischen Unterscheidung der unterschiedlichen Sprachebenen (Semantik, Pragmatik und Syntax) nimmt Geulen an, daß „... Sprache zumindest schon auf der semantischen, besonders aber auf der sprachpragmatischen Ebene die jeweilige historische Lebenswelt und ihre institutionalisierten Möglichkeiten sozialen Handelns (widerspiegelt) beziehungsweise (diese) konstituiert" (Geulen 1988, S. 17). Die symbolisch-sprachliche Handlung mit Computersystemen kennzeichnet er vor diesem Hintergrund als einen „allgemeinen Direktiv" (1985, S. 266), der gegenüber der zwischenmenschlichen Sprachhandlung folgende Defizite aufweist:

- Fehlen para-linguistischer Aspekte wie Körpersprache, Akustik, Gestik
- Fehlen affektiver Sinngehalte
- Fehlen der Kontextgebundenheit sprachlicher Bedeutungen
- Reduktionen sprachlicher Bedeutungsvielfalt auf eindeutige Sinndefinitionen, Verlust konnotativer Sinnbedeutungen
- Fehlen intentionaler und normativ-moralischer Gehalte der Sprachhandlungen, die im Computer als Interaktionspartner keinen Bezugspunkt finden (Geulen 1988, S. 13 f.).

Menschliches Denken und damit soziale Handlungskompetenz konstituiert sich somit in der Verinnerlichung der begrenzten Sprachhandlungen mit Computersystemen. Geulen bezieht seine Thesen ausdrücklich auf eine zukünftige computerisierte Gesellschaft. Seine und ähnliche Prognosen berücksichtigen aber — notwendigerweise — weder die politischen Prozesse der Technikgestaltung noch die technische Entwicklung selbst. Einzuwenden ist darüber hinaus, daß die Mensch-Computer-Interaktion auf technischer Ebene zwar systematisch moralischer und normativer Gehalte entbehrt; weil die computerbezogene Handlung jedoch immer auch in sozialen Zusammenhängen vollzogen wird — und damit auch auf der Basis normativ geprägter Intentionen — ,werden diese Aspekte schließlich wieder eingeholt. Der Sinn einer sozialverträglichen Technikgestaltung kann gerade darin liegen, daß Technikgestaltung und Technikumgang nie für sich thematisiert werden können, sondern immer nur in ihrem intentionalen und normativen Kontext.

Der Herausstellung systematischer Unterschiede von Sprachhandlungen könnte im Hinblick auf die zukünftige Technikentwicklung jedoch eine größere Bedeutung zukommen. In einer Analyse der natursprachlichen Kommunikation mit Softwaresystemen kommt Johnson (1984) in Anlehnung an Chomsky zu dem Schluß, daß insbesondere das unbewußte, syntaktische Sprachvermögen durch den natursprachlichen Umgang mit Rechnersystemen berührt wird und Beeinträchtigungen erfahren könnte.

Johnson betont auf Grundlage linguistischer Sprachtheorie die sprach-syntaktischen Unterschiede zwischen der natürlichen Sprache und Rechnersprachen. Der Syntax natürlicher Sprache entspricht dabei auf seiten des Menschen eine entsprechende Regelkompetenz (Chomsky), die im wesentlichen in dem Sinn unbewußt ist, daß sie nicht vollständig explizierbar ist. Sie zählt also zum impliziten Wissen des Menschen (Polanyi). Die Aufgabe, mit dem Rechner in natürlicher Sprache zu kommunizieren, beschreibt er aus der Perspektive der AnwenderInnen als eine widersprüchliche. Einerseits müssen sie die Sprache *hinter* der Simulation von Sprache erfassen, andrerseits jedoch aufgrund des sprachsyntaktischen Unterschieds zur natürlichen Sprache auch ignorieren. Hiervon ausgehend, entwirft Johnson die Hypothese, daß eine unbewußt und gegenüber den herkömmlichen formalen Rechnersprachen subtiler verlaufende Anpassung an die sprachsyntaktischen Strukturen des Rechners das menschliche Sprachvermögen (Regelkompetenz) nicht unberührt lassen wird. „Dabei handelt es sich um eine Anpassung, Veränderung oder Modellierung von Objekten, die im linguistischen, wenn nicht im psychologischen Sinne unbewußt sind. Es ist das natursprachliche syntaktische und semantische Vermögen, das eine Modellierung erfährt, und dieses Vermögen ist ein unbewußtes im folgenden Sinne: Es stellt, wie Chomsky sagt, eine Regelkompetenz dar, die es den Menschen erlaubt, eine beliebige Anzahl von Sätzen sinnvoll auszusprechen und ausgesprochenen Sätzen einen Sinn zu verleihen. Eine Regelkompetenz allein schon deshalb, weil die Menge formulierbarer und verständlicher Sätze bei endlichem Vokabular praktisch unendlich ist, und eine *unbewußte* Kompetenz deshalb, weil der Sprecher in seinem Sprechen zwar nach Regeln verfährt, doch generell nicht in der Lage ist, sie zu formulieren." (Johnson 1984, S. 52)

Johnson belegt seine These anhand einer empirischen Untersuchung des menschlichen Nutzungsverhaltens von natursprachlichen Computersystemen, in der festgestellt wurde, daß die Anwender semantische Einschränkungen eher akzeptieren konnten als syntaktische. Erklärt wurde es daraus, „... daß syntaktisches Verhalten sehr viel weniger bewußt kontrolliert wird als das semantische Verhalten" (Zoeppritz 1983, zit. n. Johnson 1984, S. 55); zudem neigten Benutzer häufig zur „Überanpassung" (ebd., zit. n. Johnson 1984, S. 56).

Johnsons These der Modellierung unbewußter sprachsyntaktischer Kompetenzen des Menschen verleiht der Hypothese Geulens — Reduzierung der moralischen und intentionalen Sprachgehalte im menschlichen Denken — ein größeres Gewicht. Denn je näher die Mensch–Computer–Kommunikation der zwischenmenschlichen rückt, desto mehr werden „Tiefenschichten" des menschlichen Denk- und Sprachvermögens berührt.

1.3 Interaktion und Kommunikation

In unterschiedlichen Forschungszusammenhängen werden Vergleiche zwischen Mensch–Computer–Interaktionen und zwischenmenschlichen Interaktionen gezogen. Jazbinsek (1987) geht vom Computer als einem „Kommunikationsmedium" aus, das in seiner Gestaltung stark vom Systementwickler abhängt (vgl. Abschnitt 3.) Das Medium Computer erfordert dabei von den per Computer Kommunizierenden Anpassungsleistungen. „Der EDV-Benutzer muß die Mitteilungsform lernen, um verstehen zu können und verstanden zu werden. Er kann den Rahmen des formalen Modells nicht verlassen und muß sich an das Benutzerbild anpassen, das der Systementwickler dem System eingegeben hat." (Jazbinsek 1987, S. 19) Unabhängig von den Einflußmöglichkeiten des Systementwicklers auf die Gestaltung der Programmstruktur weist er jedoch auf systematische Unterschiede zur zwischenmenschlichen face-to-face-Kommunikation hin: Im direkten Gespräch kann eine Mitteilung schrittweise entwickelt und verstanden werden; Nachfragen, Mimik und Gestik unterstützen den Verständigungsprozeß.

Zwischenmenschliche Verständigung beruht auf der Mitwirkung der Adressaten, d.h. zwischen Mitgeteiltem und Verstandenem muß es nicht notwendigerweise zu einer Übereinstimmung kommen. Jazbinsek argumentiert mit Luhmann gegen ein quasi-physikalisches Maschinenmodell der sozialen Verständigung. Kommunikation sei „als eine Synthese dreier Selektionen als Einheit aus Information, Mitteilung und Verstehen" zu fassen (Luhmann 1984, S. 204). Übertragen auf die Mensch–Maschine–Kommunikation bedeutet es, daß die Bildschirminformationen nicht ohne subjektive Erwägungen, Assoziationen und spontane Entscheidungen der Computerbediener verstanden werden können.

Da non-verbale Kommunikationsformen wie Gestik, Mimik, Blicke, wie sie im direkten zwischenmenschlichen Gespräch bestehen, als emotionale Wahrnehmungs- und Ausdrucksformen in der Mensch–Computer–Kommunikation nicht von Relevanz sind (Alemann/Schatz 1987, S. 518), könnten diese darüberhinaus verkümmern. In diesem Sinne spricht auch Volpert von der Entwicklung zu „Gespensterformen des Handelns" (Volpert 1985, S. 51).

Beisenherz (1988) und Noller/Paul/Ritter (1988) wenden sich der interaktiven Handlungsstruktur mit Computern im Bereich der Freizeitforschung zu und vergleichen diese mit Prozessen in zwischenmenschlichen Interaktionen. Beisenherz (1988) untersucht in einer Re-Analyse der Forschungsergebnisse Turkles emotionale Wirkungen des Computers in der Interaktionssituation von Kindern und Jugendlichen mit Video- und Computerspielen. Da seine Analyse jedoch von grundsätzlichen Defiziten der Mensch–Computer–Interaktion sowie von allgemein sozialpsychologischen Dispositionen des Menschen ausgeht, können die Ergebnisse auch auf andere Anwendungsformen übertragen werden.

Beisenherz nimmt die von Turkle festgestellten Identifikationsprozesse in der Interaktion mit Computerspielen zum Ausgangspunkt eines strukturellen Vergleichs zwischen sozialbezogenen und computerbezogenen Identifikationsprozessen. Vor dem Hintergrund entwicklungspsychologischer Erkenntnisse stellt er fest, daß die soziale Identifikation auf der Überwindung einer wahrgenommenen Differenz zwischen den Handlungspartnern Ego und Alter beruht, in dessen Verlauf eine Perspektivenübernahme von Alter stattfindet. In dieser Perspektivenübernahme werden soziale und kulturelle Normen internalisiert; gleichzeitig differenziert sich dadurch das emotionale Innenleben der Persönlichkeit aus (Beisenherz 1988, S. 274; vgl. Piaget 1972)

Den identifikatorischen Prozeß im Handeln mit Computerspielen bezeichnet er demgegenüber als eine projektive Identifikation „des sich an die Stelle des Anderen Setzens", das im Unterschied zu zwischenmenschlichen Identifikationsprozessen jeglicher normativer und interessensregulierender Aspekte entbehre (Beisenherz 1988, S. 276 f.). Es besteht keine Differenz zwischen Ego und Alter, da in der Identifikation die eigene Befindlichkeit auf die Figur des Spiels projektiv übertragen wird. Beisenherz bezeichnet diese Struktur der Identifikation auch als eine „narzißtische Projektion" (ebd., S. 280). Die Emotionen des Spielers spiegeln sich in seinem Erleben ungebrochen wider, sie erfahren keinerlei Differenzierung seitens eines menschlichen Interaktionspartners, der eine normative Ebene vertreten könnte. Davon ausgehend zieht Beisenherz den Schluß, daß „... das Gefühlserleben bei Computerspielen sich weder differenziert ... noch entwickelt sich ein in sachlich fokussierter Interaktion eingebettetes Austauschverhalten von emotional–affektiven Mitteilungen und darauf bezogenen Prozessen des Einfühlens und Verstehens. Gefühlserleben und –expression verharren so auf einem Niveau des primitiven Autismus" (Beisenherz 1988, S. 281).

Die projektive Struktur der Mensch-Computer-Interaktion nehmen auch Noller/Paul/Ritter zum Ausgangspunkt ihrer Analyse der Mensch–Computer-Interaktionssituation. Im Gegensatz zu Beisenherz und auch Geulen nehmen sie jedoch an, daß normative Aspekte sehr wohl Bestandteil der Interaktion zwischen Mensch und Computer sind. Diese normativen Aspekte sind für sie jedoch nicht in der Technik des Computers selbst zu suchen, sondern resultieren aus dem sozio-kulturellen Hintergrund des Computers, der mit sozialen Deutungen, Erwartungen und gesellschaftlichen Wertorientierungen besetzt ist (vgl. Abschnitt 3.). Problematisch ist danach nicht die Abwesenheit von Normativität, sondern ihre unbewußte Verinnerlichung und Abspaltung in der spezifischen Form der Mensch-Computer-Interaktion. Von der Habermasschen Unterscheidung von Sprache und Interaktion ausgehend, sprechen sie von einer defizitären Form der Interaktion, die anders als die zwischenmenschliche Interaktion keine Entscheidung für oder wider normative Ansprüche verlange. „Anders als in der Interaktion mit einem sozialen Objekt, in der normative Einstellungen und Ansprüche angeboten, aufgenommen, bejaht oder negiert werden können, ist die Interaktion mit dem Computer einseitig. Die Sprechakte einer sozialen Interaktion zwischen zwei Subjekten erzwingen eine Entscheidung für oder gegen die Anerkennung der unterstellten und/oder geäußerten normativen und evaluativen Ansprüche."

(Noller u.a. 1988, S. 98). Die in sozialen Interaktionen enthaltene Zwiespältigkeit ist im direkten Dialog mit dem Computer aufgehoben. Normative Besetzungen sind damit nicht thematisierbar. Sie werden in Anlehnung an Beisenherz quasi ungebrochen widergespiegelt, verinnerlicht und gleichzeitig abgespalten. Mit der Nicht-Thematisierung normativer Besetzungen wird „... der soziokulturelle Hintergrund, der in jedem alltäglichen Interaktionsvorgang unausgesprochen in Gestalt des ‚generalized other‘ gegenwärtig ist, abgespalten" (ebd., S. 98). Die Kommunikation mit Computern gerät so zu einem selbstbezüglichen Gespräch (vgl. ebd., S. 99).

In den letztgenannten Analysen wird die spezifische Mensch-Computer-Interaktion nicht als alleinige Ursache von Wirkungen des Computers gesehen. Soziale Bezüge wirken danach mit einer spezifischen und defizitären Interaktionsform zusammen. Beisenherz (1988) spricht hinsichtlich der Wirkungen von Computerspielen auf die emotionale Entwicklung von Kindern von einem Sozialisationspotential, das nicht zwangsläufig auf auf ihre Persönlichkeitsentwicklung durchschlagen muß. Entscheidend in dieser Hinsicht wären gleichzeitig die Qualität der menschlichen Beziehungen im unmittelbaren sozialen Kontext (Beisenherz 1988, S. 281).

Die Ausführungen von Noller/Paul/Ritter lassen den Schluß zu, daß sich ein „technisches", normativ entleertes Bewußtsein in der Interaktion mit Computern durch die Abspaltung des sozio-kulturellen Hintergrundes erst herstellt. Aber auch hier stellt sich ähnlich wie bei der These Geulens die Frage, inwiefern nicht gerade eine Aufbrechung der Nicht-Thematisierung der normativen Besetzung des Computers im zwischenmenschlichen Diskurs erreicht werden kann.

1.4 Computerumgang als Manipulation von symbolischen Objekten

Computerinteraktionen sind wesentlich vom immateriellen Charakter der Technologie geprägt, der sich in der Manipulation von Symbolen ausdrückt, die nicht auf einer physischen Ebene „begriffen" werden können. Davon ausgehend versteht Möller (1988) den Computer im Anwendungsbereich als vermittelnde Instanz zwischen Mensch und Gegenstandswelt. Den AnwenderInnen weist sie dabei eine konstruktive und intervenierende Funktion zwischen Computer und Anwendungsbereich zu. Computerumgang wird zu einer mittelbaren Bearbeitung symbolischer Objekte. Hierbei lassen sich zwei Möglichkeiten unterscheiden: Zum einen ist das Programm (Daten, Texte etc.) selbst Gegenstand der Manipulation, zum anderen kann diese Manipulation Mittel sein für die Manipulation anderer in der Gegenstandswelt. Unter Rückgriff auf den Schütz'schen Handlungsbegriff unterscheidet Möller vier Phasen der Handlung: Intention, Selektion, Aktion und Evaluation. Für das computerbezogene Handeln stellt Möller nun fest: „Handlungen am Computer zeichnen sich durch eine Reduzierung der aktiven Phasen aus. Sie beruhen auf der Aktualisierung von Wissensbeständen, die nicht einsehbar aus den physischen Komponenten der Handlung resultieren" (Möller 1988, S. 154).

Handlungen am Computer sind immer mit Transferleistungen zwischen dem zu bearbeitenden Problem und der Übersetzung in die Systemlogik verbunden. Damit werden die ausgeführten Handlungen zu mittelbaren Handlungen, d.h. aus der Aktion wird ein zu vernachlässigender Akt. Die Handlungen werden zudem symbolbezogen abstrakt. Es müssen nicht nur die für die Alltagswelt relevanten Zwischenziele vom Anwender bei der Problemlösung formuliert werden, sondern auch die „… für die Bearbeitung mit dem Computer notwendige(n) Zwischenziele (…). Er muß also Intentionen für zwei disjunkte ‚Welten' formulieren, d.h. er befindet sich in einem permanenten Übersetzungsprozeß: Die ihm alltagspraktisch vertraute Handlungskette zum Erreichen des Handlungszieles in seiner Welt muß in eine an die Logik und an die Möglichkeiten, die ihm der Computer zum Erreichen dieses Zieles zur Verfügung stellt, angepaßte Kette übersetzt werden." (ebd., S. 156) Computer setzen damit ein abstraktes Handlungswissen voraus und verändern bestehende Wissensbestände.

Lyotard hat die Veränderung des Wissens in der postmodernen Gesellschaft hypothetisch umrissen (vgl. Lyotard 1982) und zum anderen gerade das Verhältnis von Mittelbarkeit beziehungsweise Unmittelbarkeit der Menschen zur Welt thematisiert. Für ihn verändert sich im computerbezogenen Handeln nachhaltig das Verhältnis der Subjekte zur Materie. Wirklichkeit verschwindet hinter Bildschirmen in Codier- und Decodiervorgängen. „Der manuelle, visuelle und geruchsmäßige Kontakt mit dem Material geht verloren. Man muß mit Maschinen und Apparaten umgehen, auch wenn man nicht weiß, wie sie funktionieren. Körperliche Fähigkeiten sind weniger wichtig als intellektuelle." (Lyotard 1985, S. 10) Lyotard verbindet also in dieser These der Immaterialität Überlegungen zur zunehmenden Abstraktifizierung menschlichen Handelns mit Vermutungen über eine nachlassende Nähe und Sinnlichkeit zum Material.

Angesichts einer umfassenden Abstraktifizierung von Tätigkeiten, vor allem zunächst im Bereich *Arbeit/Beruf*, stellt sich für Becker-Schmidt (1986) die Frage nach dem Verhältnis intellektuell-kognitiver zu emotional-sinnlichen Fähigkeiten des Menschen. Aus einer Übergewichtung kognitiver Anforderungen bei gleichzeitiger Reduzierung der Erfahrung emotional-sinnlicher Bezugsweisen zur Umwelt leitet sie die Ursachen psychischer Krankheiten und damit Gefährdungen für die Persönlichkeit ab.

1.5 Persönlichkeitsentwicklung in der computerisierten Gesellschaft

Die Forschungsliteratur der letzten Jahre geht vor allem davon aus, daß die Umweltbedingungen einer computerisierten Gesellschaft soziale Beziehungen beziehungsweise das soziale Handeln der Menschen einer zunehmenden technischen Rationalisierung unterworfen werden. In der Regel gehen die Analysen von Umweltveränderungen aus, die mit den Begriffen „Abstraktifizierung" und „Formalisierung" von Handlungssituationen und Tätigkeiten umschrieben werden (Kubicek/Rolf 1985, S. 259; Alemann/Schatz 1987, S. 513). Negative Sozialisationseffekte werden vor allem dann erwartet, wenn auf Computertechnologie bezogene Kommunikation die direkten zwischenmenschlichen Beziehungen überlagert beziehungsweise ersetzt (Geulen 1985, S. 255; Alemann/Schatz 1987, S. 530; Kubicek/Rolf 1985, S. 263). Mettler-Meibom sieht beispielsweise in ihrem Szenario der zukünftigen Entwicklung der neuen Informations- und Kommunikationstechnologien die direkte zwischenmenschliche Kommunikation als Bestandteil alltäglicher Tätigkeiten gefährdet, da sie entweder überflüssig, in Mensch-Maschine-Interaktionsformen überführt oder aber unter sach- und inhaltsbezogenen Gesichtspunkten optimiert werde (Mettler-Meibom 1988, S. 6).

In diesem Prozeß der „technischen Kolonialisierung der Lebenswelt" wird dann die Mensch-Computer-Interaktionsform zu einer dominierenden, sozialisationsrelevanten Alltagserfahrung. Auch wenn die These der Kommunikationszerstörung auf der Annahme zukünftiger gesellschaftlicher Entwicklungen fußt (vgl. Mettler-Meibom 1987; 1988; Geulen 1988), muß sie sich an der empirischen Gegenwart messen lassen. Wenn sich die symbolische Kommunikation mit *Dingen* erweitert (Rammert 1989), stellt sich natürlich auch die Frage nach dem Verhältnis dieser beiden Kommunikationsformen. In der bisherigen Forschung dominieren die Positionen, die davon ausgehen, daß strukturelle Wirkungspotentiale durch soziale Beziehungen kompensiert werden (beispielsweise Bertram/ Beisenherz/Leu 1988 im Zusammenhang von familialer Sozialisation und Computeraneignung von Kindern und Jugendlichen). Strukturelle Wirkungen des Computers sind demnach zunächst nicht als zwangsläufige Folgen zu betrachten. Sie stellen einen Sozialisationsfaktor dar, für dessen Einfluß die Qualität der Interaktions- und Kommunikationsbeziehungen des sozialen Kontextes eine entscheidende Rolle spielt.

2. Die Verschränkung von Persönlichkeits- und Computerstrukturen

Während die computergeprägte Sichtweise strukturelle Wirkungspotentiale im Interaktionsverhältnis Mensch-Computer betont, stehen in der Perspektive der Verschränkung von Persönlichkeits- und Computerstrukturen die Subjektseite, die individuellen Zugangsweisen, Bedeutungszuschreibungen und Motivationsstrukturen, die die Interaktionsbeziehung zum Computer gestalten, im Mittelpunkt des Interesses. Aus dieser Sicht ergibt sich auch die Frage, inwiefern es Persönlichkeitstypen und -strukturen gibt, die eine psychische Affinität zu der Interaktionsform Mensch-Computer entwickeln. Ziel der Untersuchung von Pflüger/Schurz war es, in der phänomenologischen Bestimmung des „maschinellen Charakters" Persönlichkeitsdispositionen zu definieren, die „eine Nähe zum mechanischen Denken bestimmen lassen, was sich zunächst in der Form der Begeisterung für Computertechnologie (ausdrückt)" (Pflüger/Schurz 1987 a, S. 50).

Wirkungspotentiale des Computers werden demnach vermittelt durch die spezifischen subjektiven Aneignungs- und Umgangsmuster unterschiedlicher Persönlichkeiten, die die Interaktionssituation mit dem Computer prägen. Inwiefern sich der Umgang als gefährdend beziehungsweise als positiv entwickelnd für die Persönlichkeit auswirkt, hängt somit von der subjektiv bestimmten Art der Herangehensweise ab, die auf gewachsenen Persönlichkeitsstrukturen beruht. So stellt Turkle im Kontext des Computerumgangs von Kindern fest: „Der Computer schafft nicht dort ein neues Problem, wo es vorher keines gab, aber bei einer bestimmten Art von Kindern scheint er Grundstrukturen der Isolierung und Vereinsamung zu verstärken ..." (Turkle 1986, S. 159).

Dementsprechend gilt es, psychologische Konstellationen festzustellen, an denen Computertechnologie anzusetzen vermag und in der Lage ist, diese zu verstärken. Turkle wendet sich damit explizit gegen die Annahme deterministischer Wirkungsverhältnisse im Interaktionsverhältnis Mensch-Computer. Dennoch sieht sie die Wirkungspotentiale nicht losgelöst von der Besonderheit der Technologie. „Auf die Frage ‚Welche Auswirkungen auf das Denken der Menschen hat der Computer?' kann es keine einfache ‚eindimensionale Antwort' geben. ... Doch die Vorstellung, daß all das, was sich verändert, allein ‚im Denken' stattfindet, läßt sich ebenfalls nicht aufrechterhalten. Die Wirkung des Computers ist untrennbar verbunden mit den physischen Realitäten." (Turkle 1986, S. 21)

Zu diesen Merkmalen der Technologie zählt Turkle zu einen die Undurchschaubarkeit, die sich aus dem „unsinnlichen" Charakter komplexer, formaler Operationen ergibt, die darüber hinaus — miteinander verknüpft — einen

beliebigen Komplexitätsgrad erreichen können, und zum anderen den interaktiven, auf sprachlich-symbolischer Ebene verlaufenden Kontakt, d.h. die simulierte Kommunikation. Dadurch wird der Computer zu einem „Grenzobjekt"
zwischen Natur und Kultur, ein Stück unbelebte Materie, die doch so etwas tut
wie Denken, d.h. sie führt geistige Operationen aus, die zuvor der Mensch
allein ausführte. Daraus bezieht der Computer sein evokatorisches Potential
(Turkle 1986, S. 21).

2.1 Subjektivität und individuelle Zugangsweisen

Die subjektive Bestimmtheit des Mensch-Computer-Interaktionsverhältnisses
faßt Turkle in den Kategorien „Metaphysik", „Beherrschung", „Identität". Sie
sieht diese Kategorien zum einen in chronologischer Betrachtung als Folge der
Sozialisation, zum anderen jedoch auch in der synchronen Perspektive der
Nutzungsformen, die mit unterschiedlicher Gewichtung alle drei Kategorien
umfassen kann. „Diese Modi schließen einander nicht aus − Menschen können
sich in allen drei Arten gleichzeitig auf die Maschine beziehen. Doch für viele
wird die eine oder andere Art vorherrschend sein − ein selektiver Effekt, der
eine Funktion von Alter und Persönlichkeit, aber auch eine Funktion des sozialen Umfeldes darstellt, in dem jemand dem Computer begegnet" (Turkle 1986,
S. 397).

Während Turkle in ihrer Studie die Verschränkung von Subjektivität und
Technologie differenziert nach Alter und Persönlichkeitstypen herausarbeitet,
wird der sozial-kontextuelle Hintergrund nicht in dem Maß mit thematisiert. Im
folgenden werden einige ihrer zentralen Thesen wiedergegeben, die die Diskussion in der Bundesrepublik um Auswirkungen von Computertechnologie stark
beeinflußt haben.

Unter dem metaphysischen und Identitäts-Aspekt stellt Turkle die These auf,
daß der (intensive) Computerumgang das Denken der Menschen über sich selbst
beeinflußt. Bei Kindern bezieht es sich auf die Frage von Lebendigkeit beziehungsweise Nicht-Lebendigkeit eines Computers, bei Erwachsenen erscheint es
als das Experimentieren mit der Vorstellung des menschlichen Geistes als
Maschine.

Sich an der Piagetschen Theorie und Methode der Entwicklung des animisti-
schen Denkens orientierend, stellt Turkle fest, daß Kinder in der Regel eine an
psychologischen Kriterien orientierte, differenzierte Vorstellung zur Nicht-
Lebendigkeit von Computerobjekten herausbilden, die selbst jedoch als „so
etwas ähnliches wie lebendig", als ein psychologisches, aber nicht-mensch-

liches Wesen begriffen werden (Turkle 1986, S. 71 ff.). Als häufigstes Unterscheidungskriterium stellte sie die Trennung zwischen Kognition und Emotion fest: Während dem Computerobjekt Kognition zugebilligt werde, wird die Emotion als die Verkörperung des wesentlich Menschlichen begriffen. „Meine Haupterkenntnis in diesem Zusammenhang ist die, daß bei traditionellen (nicht mit dem Computer im Zusammenhang stehenden) Objekten die Diskussion um ihre Lebendigkeit von physikalischen Kriterien beherrscht wird, bis diese irgendwann von allgemein anerkannten biologischen Kriterien (Atmen, Wachstum, Stoffwechsel) abgelöst werden, während *psychologische Kriterien die Diskussion über Computerobjekte bestimmen, und zwar vom Kleinkindalter an bis hinein in eine Altersstufe, in der Kinder bei der Diskussion über die Lebendigkeit traditioneller Objekte längst eine konsistent biologische Terminologie benutzen.* Bei meiner Gruppe von 88 Kindern im Alter zwischen vier und vierzehn Jahren benutzten beispielsweise 68% physische und 11% psychologische Kriterien, um die Lebendigkeit traditioneller Objekte zu diskutieren. Bei Computerobjekten sind die Verhältnisse genau entgegengesetzt: 17% benutzten physische und 67% psychologische Kriterien." (Turkle 1986, S. 402 f.) Von den über 8jährigen gaben 88% der Kinder das Unterscheidungskriterium „Emotionalität" an (Turkle 1986, S. 405).

Vor diesem Hintergrund sieht sie weniger die Gefahr, daß Computerumgang eine mechanistische Auffassung des menschlichen Geistes nach sich ziehen könnte, als die Gefahr einer strikt dichotomen Betrachtungsweise der menschlichen Psyche (ebd., S. 73). Eine ähnliche Tendenz stellt sie im intensiven Computerumgang von Erwachsenen fest, die sie der Peripherie der KI-Computerkultur zurechnet. Die Vorstellung vom Menschen als vernunftbegabtem, rationalem Wesen wird so in einer zukünftigen Computer-Kultur möglicherweise abgelöst von dem Bild des Menschen als einer „emotionalen Maschine" (Turkle 1986, S. 387).

Turkle stellt fest, daß der Computer sowohl von Jugendlichen wie von Erwachsenen als ein Instrument der Welt- wie Selbstdeutung verwendet wird. Sie hebt hervor, daß der Computer als Katalysator von Ängsten vor Kontrolle und Determination der eigenen Persönlichkeit fungieren kann. Die Faszination und sein evokatorisches Potential liegen darin, daß er Möglichkeiten bietet, „... über das nachzudenken, was wir als den Maschinenaspekt unseres Wesens erleben. ... Das Selbst als eine Maschine zu betrachten, schließt das Gefühl ein, von außen ‚gesteuert' zu sein, keine Kontrolle zu haben ..." (Turkle 1986, S. 370). Der Computer kann somit auch als Erkenntnismittel oder Spiegel für den Maschinenaspekt sozialer Beziehungen dienen (vgl. Bammé u.a. 1983 b).

Kontrolle ist für Turkle auch ein Schlüsselbegriff zur Charakterisierung geschlechtsspezifischer Programmierstile. Sie unterscheidet zwischen „harter" und „sanfter" Programmierung, wobei sie den „sanften Stil" eher Mädchen, den „harten" eher Jungen zuordnet. Die harte Beherrschung zeichnet sich nach ihr folgendermaßen aus:

- Ziel der Handlungen ist es, vollständige Kontrolle über den Computer zu bekommen; der Maschine wird keine Selbständigkeit zugestanden, sie wird als Ding erlebt.
- Systematisch wird ein vorher festgelegter Plan umgesetzt.
- Angestrebt wird die vollständige Fehlerfreiheit des Programms.
- Das Interesse gilt dem formalen System.
- Die Identifikation in der Interaktion mit dem Programm über den Cursor verbleibt abstrakt.
- Die Persönlichkeit des „harten" Programmiertyps weist eher ein internales Kontrollbewußtsein auf, d.h. er sieht sich eher als Handelnder und Kontrollierender seiner Umwelt (Turkle 1986, S. 415, Anm. 7).

Interaktionsstil und Persönlichkeit der „sanften" Programmierer weisen dagegen folgende Merkmale auf:

- Der Computer wird eher als ein psychologisches Wesen betrachtet, dem Programm wird eine gewisse Selbständigkeit zugesprochen, es wird eine persönliche Beziehung hergestellt.
- Unsystematisches Vorgehen: Sie entwickeln eher impressionistische als abstrakte Ideen, die sich im Prozeß des Programmierens verändern.
- Die Identifikation ist eine bildhaft-sinnliche, verschmelzende mit den Computerobjekten.
- Der Computer wird eher als Verhandlungspartner betrachtet, dem Programm werden Fehler zugestanden.
- Die Persönlichkeit zeichnet sich eher durch ein externales Kontrollbewußtsein aus, d.h. sie erlebt sich eher als auf die Umwelt reagierend (Turkle 1986, S. 415).

Turkle zieht zwei Erklärungsansätze zur Herausbildung geschlechtsspezifischer Programmierstile heran. Zum einen vermutet sie aufgrund unterschiedlicher psychosexueller Entwicklung von Jungen und Mädchen (vgl. Kap. II. A. 2.2), daß Mädchen eher die Nähe und Verschmelzung zum Computerobjekt suchen und zu einer subjektiven Aufladung des Computers neigen, während Jungen ein größeres Bedürfnis nach Objektivität ausbilden (Turkle 1986, S. 135).[9]

---

9 Dies stellt in der Diskussion einen Erklärungsansatz zur Genese geschlechtsspezifischer Umgangsweisen dar; ein weiterer Erklärungsansatz geht von der sozialen Konstruktion von Geschlechtsrollenstereotypen aus, die — in sozialen Prozessen herausgebildet — den Zugang zum

Zum anderen sieht sie die Herausbildung von geschlechtsspezifischen Kontrollverhältnissen zum Computer als eine Funktion des sozialen Kontextes. Nach Turkles Angaben wurde ihre Studie im Rahmen eines Schulversuchs durchgeführt, dessen Ziel die Entstehung und Simulation einer zukünftigen Computerkultur war. Dieser unter der Leitung von Papert durchgeführte Schulversuch basierte im wesentlichen auf der Erziehungsphilosophie Paperts, dessen materieller Kern die Computersprache Logo ist. Die schulischen Bedingungen waren gekennzeichnet durch unbeschränkten Zugang zum Computer, Freistellung des Lernprozesses von klassischen Schulerwartungen wie Leistung, durch offene Klassen und flexible Stundenpläne.

Der psychodynamischen Interpretation von geschlechtsspezifischen Umgangsweisen unterliegt bei Turkle die psychoanalytisch begründete Vorstellung der Mensch-Computer-Interaktionssituation als der einer Spiegelbeziehung. Turkle explizierte damit einen Interpretationsrahmen, der auch in Fallstudien über die Arbeit von Programmierern thematisiert wurde (vgl. Johnson 1988). Molzberger beschreibt die Mensch-Computer-Beziehung im Zusammenhang mit kreativen Aspekten der Programmiertätigkeit ebenfalls als eine Spiegelbeziehung und vergleicht das emotionale Verhältnis zwischen Programmierer und Computer als das eines Kindes mit seinem Teddy (Molzberger 1984, S. 299f.). Psychoanalytisch läßt sich die These aufstellen, daß die symbolische und algorithmisierte Form der Mensch-Maschine-Interaktion insbesondere die narzißtischen Persönlichkeitsanteile zu stimulieren vermag. Da dieser Diskussionsstrang einen Teil der Diskussion um die Wirkungspotentiale bestimmt, werden im folgenden die wesentlichen Thesen zusammengefaßt (zu den theoretischen Grundlagen vgl. Kap. II. A. 2.2).

2.2 Psychoanalytische Aspekte der Computernutzung

Vor dem Hintergrund psychoanalytischer Theorien der frühkindlichen Entwicklung wird vermutet, daß die symbolische Kommunikation mit Softwaresystemen möglicherweise Erfahrungs- und Beziehungsweisen wachrufen kann, die den frühkindlichen „Weltbezug" prägten (Turkle 1986, S. 146). Danach kann der Computer die Funktion eines „Übergangsobjekts" einnehmen. In der intensiven Computerarbeit wird auf geistiger Ebene quasi eine Verschränkung von Gedankenwelt des Computernutzers und einer auf sprachlichen Symbolen beruhenden Programmstruktur hergestellt. Im subjektiven Erleben äußert sich dies in einem

---

Forts. von letzter Seite

Computer bestimmen (vgl. Abschnitt 3.).

Verschmelzungserleben, in der Identifikation mit Programmoperationen auf der Basis der Manipulation von Symbolen (vgl. Huebner 1988, S. 221f.).

Die These vom Computer als Übergangsobjekt (Turkle, Beland) beruht auf einer Übertragung narzißtischer zwischenmenschlicher Kommunikationsstrukturen auf die Mensch-Maschine-Kommunikationsform. Für Beland (1988) stellt diese Übertragung zunächst nur einen Vergleich dar, der zu einer Gleichsetzung von Begriffen führt, in diesem Fall des Begriffs der Spiegelbeziehung, deren Inhalt jedoch sehr unterschiedlich ist (Beland 1988, S. 70 Anm. 4).

Die Bewertung der Anteile narzißtischer Erfahrungsweisen im Umgang mit dem Computer ist in der Literatur sehr unterschiedlich. Turkle interpretiert die Spiegelbeziehung von Mensch und Maschine als Chance, in der Selbsterfahrung von Aspekten der eigenen Persönlichkeit diese Anteile zu integrieren. Sie kann jedoch auch eine Quelle des Sich-Verlierens in einer symbolischen Welt darstellen. Ebenso wie Molzberger (1988) interpretiert sie dies als (notwendigen) Teil des intuitiv-metaphorischen Denkens in der kreativen Verwendung oder Konstruktion von formalen Systemen. Insbesondere vor dem Hintergrund geschlechtsspezifischer Programmierstile ist ihrer Ansicht nach der kreative Zugang im metaphorisch-intuitiven Denken nur über den „sanften" Weg der Beherrschung möglich (Turkle 1986, S. 146).

Beland (1988) arbeitet ebenfalls eher positive Elemente heraus, die er der „normalen" Computerfaszination zurechnet (Beland 1988, S. 66):

– Selbstidealisierung, indem die Computerleistung der eigenen Person zugerechnet wird; diese muß nicht unbedingt leistungsvermittelt, sie kann auch besitzvermittelt sein (ebd., S. 64);

– Stimulierung des Gefühls, „... mächtig und nicht ohnmächtig zur Wunscherfüllung zu sein" (ebd., S. 64);

– Möglichkeit der Wiedergutmachung von Fehlern im Prozeß der Fehlersuche im Programm: „Die entscheidende emotionale Erleichterung besteht nun darin, daß grundsätzlich jeder Fehler restlos zu beseitigen ist. Ich vermute, daß die entlastende Wirkung auf das Selbstgefühl beträchtlich ist." (Beland 1988, S. 66 f.)

– Befriedigung eines Bedürfnisses nach „Einsamkeit als vorübergehende Entlastung von Objektbeziehungen" (Beland 1988, S. 60).

Turkle definiert wiederum die „Sucht" des Computer-Anwenders als das Experimentieren mit der Möglichkeit, vollständige Kontrolle auszuüben. Sie stellt dieses Element insbesondere bei der „Hackerpersönlichkeit" fest, die zusammenfassend anhand folgender Merkmale beschrieben werden kann (Turkle 1986, S. 256ff.):

- Kontrolle und Beherrschung wird zum wichtigsten Teil der Selbstdefinition;
- Erfahrungen von Grenzenlosigkeit am Computer, Identifikation mit der Maschine als Teil des Prozesses des Programmierens; Experimentieren mit der Möglichkeit, Kontrolle auszuüben, bis zum physischen Zusammenbruch;
- Zwanghafte Beschäftigung, das System (Programm) zu verbessern;
- Fluchtbewegungen weg vom Menschen, insbesondere von Frauen, und Hinwendung zu Maschinen;
- Meidung von Sexualität und Sinnlichkeit, da sie das nicht Kontrollierbare verkörpern. Die fehlende Intimität in zwischenmenschlichen Beziehungen wird auf die Intimität mit der Maschine verschoben;
- soziales Anerkennungsbedürfnis, das über die Kompetenz des Programmierens befriedigt wird; die Vorstellung, einer Elite anzugehören.

In dieser Bedeutungsebene der Nutzung wird der Computer funktionalisiert, um — nach Turkles Worten — „... die Schmerzen auszugrenzen, die das Zusammensein mit anderen Menschen verursacht." (Turkle 1986, S. 292) Der Computer kann dann als Rückzugs- und Zufluchtsort von menschlichen Beziehungen dienen, denn er bietet eine „einmalige Mischung von Gefühlen allein und doch nicht allein zu sein" (Turkle 1986, S.180). Diese Fluchtmöglichkeit kann für Persönlichkeiten anziehend wirken, die sich durch eine widersprüchliche psychische Konstitution auszeichnen: Die Angst vor nahen zwischenmenschlichen Beziehungen bei gleichzeitiger Angst vor Einsamkeit. Diese widersprüchliche psychische Verfaßtheit hat ihre Wurzeln in einer Störung der primär-narzißtischen Persönlichkeitsentwicklung (vgl. Turkle 1986, S. 140). Die empirischen Ergebnisse Turkles relativieren damit die positive Vorstellung Belands vom Computer als vorübergehendem Rückzugsort, weil dieser Zufluchtsort für bestimmte Persönlichkeitstypen auf Kosten zwischenmenschlicher Beziehungen ein dauerhafter werden kann.

Für Huebner (1988) stellen die formal-logischen Strukturen des Programms das „maschinelle Gegenstück" zum narzißtisch gestörten, auf Sicherheit bedachten Persönlichkeitstyp dar. Als Sozialisationspotential vermutet Huebner daher, daß „speziell die narzißtische Konstellation eine Verbindung von individueller Selbstwahrnehmung mit Strukturen instrumenteller Technik (fördert)." (Huebner 1988, S. 232)

Johnson (1988) stellt die These auf, daß mit narzißtischen Erfahrungsweisen eine Modellierung der motivationalen Basis des Menschen selbst einhergeht, indem eine Spaltung von Bedürfnis und Wunsch vollzogen wird. Komplexe Programme beschreibt er als eine eigene „symbolische Totalität", die sich gegenüber der lebensgeschichtlich-gewachsenen Erfahrungswelt „höchst abgeschlossen verhält" (Johnson 1988, S. 34). Der Wunsch wird seines Inhalts (des konkreten Bedürfnisses) entleert, indem das Wünschbare mit dem geichgesetzt wird, was in dieser „symbolischen Totalität" erreichbar ist (ebd. S. 42). Das (narzißtische) Versprechen in der Tätigkeit des Programmierens liegt in der Erfüllung des Bedürfnisses nach absolut sicherer Wunschbefriedigung, dem infantilen Bedürfnis nach der Identität von Wunsch und Wunschbefriedigung, (eine Identität, die in der frühkindlichen Mutter-Kind-Beziehung in der Tat bestand). Im Prozeß des Programmierens kann sie − auf Kosten des Wunschinhalts selbst − hergestellt werden, denn die kognitiven Fertigkeiten des Programmierers können eingesetzt werden, um gerade diese harmonische Verschränkung von Ego und Umwelt wiederherzustellen.

Für Johnson entsteht hier eine Pathologie, die sich sehr mit der Ideologie der Leistungsgesellschaft verträgt. „Es handelt sich nicht um Totalitäten von Dingen, sondern um Totalitäten von Symbolen. Das Programm ist eine solche Totalität und erlaubt eine alternative Organisation der Erfahrung, die in einem merkwürdigen Sinn mit der Ideologie der Leistungsgesellschaft verträglich ist: Weder an der neuen Realität noch an den infantilen Bedürfnissen nach absolut sicherer Wunschbefriedigung müssen Abstriche gemacht werden. Jede kompetente Leistung ... wird ihrer Belohnung zugeführt" (Johnson 1988, S. 43).

Nach Pflüger und Schurz kann der Computer in der narzißtischen Besetzung zu einem Ich-Ideal und damit zu einem Teil der moralischen Struktur der Persönlichkeit werden. Der Computer bietet sich insofern als Ideal-Bild an, als er immer identisch mit sich selbst ist. „Diese vollständige Souveränität und Integrität wäre ein Leitbild für das Ich, also Ich-Ideal. Der Computer ... behauptet sein Dasein mit allem seinem Tun in voller Identität. Man kann dies Einsparung der narzißtischen Arbeit oder Ambivalenz nennen." (Pflüger/Schurz 1988, S. 90) Der „maschinelle Charakter", den sie in ihrer Untersuchung zu definieren suchten, sozialisiert sich in der Angleichung an das bewunderte Objekt Computer beziehungsweise die Metapher, für die die Maschine steht. Dies bedeutet Reglementierung und Reduzierung all jener menschlichen Bereiche, die diese Integrität durch ihre potentiell widerspruchsvolle und ambivalente Verfaßtheit in Frage stellen: Emotionalität, Sinnlichkeit/Sexualität und soziale Beziehungen.

Die Untersuchung von Pflüger/Schurz ist insofern von Bedeutung, als sie den Zusammenhang von Persönlichkeitsdispositionen und Computerbegeisterung in einer phänomenologischen Beschreibung zu definieren suchen. Dabei unterscheiden sie zwei Typen der Rechnerbegeisterung, die zum einen von einer irrationalen mystifizierenden und aggressiven Haltung zum Computer geprägt ist, in der dieser auch personifiziert wird, und zum anderen von einer nüchternbewundernden Haltung. Dieser zweite Typus ist zudem von einer konservativen

Technologiegläubigkeit und Distanzlosigkeit zum Computer geprägt, „... man bringt dem Rechner wenig Skepsis entgegen und glaubt eher dem System (beziehungsweise der Maschine) als sich selbst." (Pflüger/Schurz 1987, S. 257) Beiden Typen ist jedoch der Versuch der Systematisierung und Regulierung ihrer Lebensumstände und sozialen Beziehungen zu eigen. Beide Typen unterscheiden sich darüber hinaus durch unterschiedliche Kontrollüberzeugungen. Während der irrational-mystifizierende Typus sich kontrolliert fühlt, will der nüchtern-bewundernde Typus alles kontrollieren (Pflüger/Schurz 1987 b, S. 46). Darüber hinaus definieren sie den maschinellen Charakter anhand experimenteller Situationen über eine unpersönliche Sprachverwendung und mangelnde Empathiefähigkeit (Pflüger/Schurz 1987 b, S. 48). Umgekehrt extrahierten sie Persönlichkeitsmerkmale, die ein kritisch-distanziertes Verhältnis im Umgang mit Computertechnologie nach sich ziehen. Als Wurzeln dieser kritischen Distanz benennen Pflüger/Schurz: „Spontanes Bedürfnis nach Sozialkontakten einerseits und eine nüchterne Rationalität andererseits" (Pflüger/Schurz 1987, S. 257).

Die Schwierigkeiten der Interpretation der Ergebnisse von Pflüger/Schurz liegen in dem Anspruch des Projekts, mit quantitativ-statistischen Erhebungs- und Auswertungsmethoden einen systematischen Zusammenhang von Rechnerbegeisterung und Persönlichkeitsdisposition abzusichern. Die statistisch konstruierten Persönlichkeitstypen sind Fiktionen, sie beschreiben keine realen, individuellen Persönlichkeiten. Pflüger/Schurz können damit auch keine Aussagen darüber machen, inwiefern mit der Ausbreitung von Computertechnologie die Sozialisation dieses dominanten Sozialtyps einhergeht.

Andererseits stellen sie einen statistischen Zusammenhang zwischen einem distanzlosen, emotional besetzten, von Bewunderung, Technologiegläubigkeit und Mystifikation geprägten Umgang mit dem Rechner und sozialen Beziehungen her. „Die Unfähigkeit humaner Kommunikation, Ambivalenzen auszutragen" (Pflüger/Schurz 1987 b, S. 51), stellt den psychischen Boden für Computerbegeisterung dar, die dann zu einer Verregelung der als ambivalent empfundenen Lebensbereiche (zwischenmenschliche Beziehungen, Sexualität, Emotionen) führen kann. Positiv gewendet trägt die Ausbildung der Fähigkeit zu spontaner zwischenmenschlicher Kommunikation zu einem distanzierten Verhältnis zum Computer bei.

Pflüger/Schurz setzen damit bezüglich der These der Veränderung von sozialen Beziehungen durch den Computer dahingehend einen anderen Akzent, weil sie keinen quantitativen Verlust sozialer Beziehungen, sondern qualitativ eine Verringerung an Spontaneität durch Verregelung und damit eine Verarmung der sozialen Beziehungen annehmen.

2.3 Kritik des psychoanalytischen Ansatzes

Innerhalb der wissenschaftlichen Diskussion sind die Thesen über den psychoanalytischen Gehalt der Mensch–Computer–Interaktion umstritten. Baacke (1988) stellt die These vom Computer in der Funktion des Übergangsobjekts insofern in Frage, als in dieser Sichtweise das Spezifische der Computertechnologie verschwindet. Baacke wendet sich vor allem gegen eine Übertragung der Ergebnisse von Analysen der Mensch–Computer–Interaktion, die anderen Kontexten entstammen, auf die jugendliche Computernutzung im Familien/ Freizeitbereich, wie es beispielsweise mit den Thesen Johnsons geschieht (Paul 1986; Volpert 1986).

In der Tat muß bei einer Interpretation der Thesen Johnsons berücksichtigt werden, daß sie im Kontext des Berufprogrammierers entstanden, dessen programmierende Tätigkeit eine andere, mit komplexeren Programmieraufgaben verbundene ist, als dies im Jugendbereich der Fall ist. Daß die „symbolische Totalität" des Programms nicht vollständig von der Erfahrungswelt des Subjekts abgeschlossen sein muß, beweisen die Studien Turkles. Danach holen Computernutzer in der Reflexion und assoziativen Verbindung der Computererfahrungen mit dem persönlichen Erfahrungskontext diese Abgeschlossenheit wieder ein. Es muß also davon ausgegangen werden, daß subjektive Nutzungsformen auch dem Einfluß sozial–kontextueller Bedingungen unterliegen (wie es Turkle ebenfalls in bezug auf geschlechtsspezifische Programmierstile feststellt).

Moser (1988) bestreitet den Stellenwert des narzißtischen Persönlichkeitstypus im Kontext der Computernutzung überhaupt und sieht dieses Phänomen eher als Ausdruck der Einführungsphase der intensiven Computernutzung im privaten Bereich. Im Verlauf der Veralltäglichung der Computertechnologie wird nach seiner Ansicht eher ein Nutzungstypus heranwachsen, dessen Einstellung sich nicht durch narzißtische Faszination, sondern durch eine nüchterne, „neue Pragmatik" auszeichnet (Moser 1988, S. 29). Geulen (1985) stellt den psychoanalytischen Erklärungsansatz zur Erklärung von Sozialisationseffekten dahingehend in Frage, als diese „für andere Bedingungen und Kontexte beziehungsweise Persönlichkeitsvariablen gelten ..." (Geulen 1985, S. 259). Er weist jedoch den Ergebnissen insofern Bedeutung zu, als sie den motivationalen Hintergrund von Lernprozessen im Umgang mit dem Computer bilden und daher „Sozialisationseffekte relativ stark sein werden" (ebd., S. 259).

Die Analogie der Mensch–Computer–Beziehung im Sinn einer Spiegelbeziehung ist in der Tat in Frage zu stellen. In Anlehnung an die Überlegungen von Beisenherz zu formalen Identifikationsprozessen in der Mensch–Computer–Interaktion kann man jedoch von einer formalen Spiegelbeziehung ausgehen, die nur die Form, nicht aber den Inhalt teilt. Der narzißtische Gehalt der Mensch-Computer-Interaktion resultiert aus der selbstbezüglichen Struktur. Ziel der Interaktion ist es, den bestätigenden Einklang zwischen Ego und Alter herzustellen. Potentiell kann der Nutzer immer identisch mit sich selbst, den Intentionen seiner Handlungen und deren Resultat sein. Dieses hängt prinzipiell von der Kompetenz und dem Leistungsvermögen des Nutzers ab, das man vor diesem Hintergrund als ein Kontrollvermögen bezeichnen kann. Die narzißtische Spiegelung äußert sich in dem Streben nach dem vollkommenen Produkt. Das Ziel der Handlungen besteht darin, die Fehlerfreiheit dieser Handlungen und des dahinter stehenden Denkens und damit das imaginäre Selbstbild einer „vollkommenen" Persönlichkeit gespiegelt zu bekommen. Damit einher geht ein Macht- und Stärkeerleben. Es findet eine Selbstidealisierung statt, die aus der Selbstzuschreibung der Computerleistung zur eigenen Person resultiert und daher starke stimulierende Auswirkungen auf das Selbstwertgefühl hat.

3. Der Sozialbezug im Verhältnis Persönlichkeit und Computer

Familien-/Freizeitbereich

In der neueren Forschung über die Computernutzung Erwachsener und Jugendlicher im Familien- und Freizeitbereich konzentriert sich die Untersuchung individueller Zugangsweisen auf die sozialen Bedeutungs- und Sinnzusammenhänge der Computernutzung. Strukturelle Analysen werden in der Frage der Wirkungspotentiale nicht mehr für relevant gehalten. Baerenreiter/Fuchs drücken es bezüglich der Computernutzung jugendlicher Computerfans folgendermaßen aus: „Wenn die Bedeutung des Computers für Jugendliche weder aus der Substanz der Maschine, inneren Logik, technischen Struktur u.ä., noch aus der psychischen Struktur der Jugendlichen ... abgeleitet werden kann, so ist es das Ziel empirischer Forschung, im Interaktionsfeld alltäglicher sozialer Handlungen jugendlicher Computerfans die Bedeutung zu verstehen, die sie dem Computer zuweisen." (Baerenreiter/Fuchs 1988, S. 2)

Das computerbezogene Handeln erhält in dieser Perspektive seine Bedeutung erst aus der Sozialbezogenheit. Der Computer wird in sozialen, gesellschaftlich-kulturellen Auseinandersetzungsprozessen funktionalisiert; er wird zu einem „bedeutungsträchtigen Kulturobjekt" (Noller/Paul 1987), das als ein Symbol für sozialen Aufstieg, Männlichkeit, Modernität, Fortschritt, berufliches Fortkommen, Intellektualität steht. Das Selbstbewußtsein, „programmieren zu können", kann dann als ein normativ aufgeladener gesellschaftlicher Soll-Wert verstanden werden.

In der Jugendforschung dominiert die Fragestellung, welchen Einfluß die Computernutzung bei Jugendlichen auf die Entwicklung einer *kulturellen Identität* hat. Der Computer erlangt hier Bedeutung, losgelöst von den technologischen Grundlagen, aufgrund seiner symbolischen, gesellschaftsbezogenen Relevanz und als Auseinandersetzungs- und Individuierungsgegenstand in den sozialen Beziehungen zwischen Heranwachsenden und der Erwachsenenwelt. Jugendliche Computerfaszination speist sich demnach nicht aus narzißtischen Persönlichkeitsanteilen, sondern aus der gesellschaftlichen Symbolfunktion und Bedeutung des Computers.

Der Begriff der kulturellen Identität stellt sich derzeit als theoretisch unscharf dar. Er beinhaltet zunächst die Notwendigkeit der Aneignung von Computertechnologie zur Wahrung von Zukunftschancen. Er dient zur Erklärung gesellschaftlicher Differenzierung beziehungsweise zur Bezeichnung von Individuationsprozessen im Jugendalter (so beispielsweise bei Rosemann 1986). Im Kontext dieser Forschung wird es als eine noch offene Frage bezeichnet, welche Sozialisationseffekte mit der Entwicklung einer kulturellen Identität in der intensiven Beschäftigung mit Computertechnologie einhergehen (vgl. Bruder/Bruder-Bezzel 1988, S. 248). Im Kontext der Identitätsentwicklung in jugendkulturellen Lebenszusammenhängen wird von produktiven, subjektiven Aneignungsformen der Technologie ausgegangen (vgl. Rogge 1988, S. 101). Bruder/Bruder-Bezzel problematisieren die These des jugendkulturellen Aneignungspotentials, weil der „Preis" dieser Entfaltung jugendlicher Aneignungsformen eine stärkere und unmittelbarere Identifikation mit herrschenden gesellschaftlich-kulturellen Tendenzen, einer höheren Annahme ihrer Werte und Normen sein könnte (Bruder/Bruder-Bezzel 1988, S. 247 f.).

Bereich Arbeit/Beruf

Im Bereich Arbeit/Beruf wird insbesondere die soziale Gestaltung von computerunterstützten beziehungsweise -gestützten Arbeitsabläufen problematisiert, die auch die Gestaltung von Softwaresystemen einschließt. Kupka charakterisiert beispielsweise die Mensch-Computer-Interaktion als eine spezifische Form zwischenmenschlicher Kommunikation, an der „... die Systementwickler und die Benutzer ... über räumliche und zeitliche Distanz hinweg kooperieren ..." (Kupka 1981, S. 25 ff.). Der Computer übernimmt nach dieser Auffassung ihm zugewiesene Aufgaben, erscheint als Handelnder und wird zur Vermittlungsinstanz von sozialen Handlungsketten. Davon ausgehend stellt sich die Frage, nach welchen Kriterien Softwaresysteme konstruiert werden, die im Arbeitsbereich gleichzeitig auch die Gestaltung von Arbeitsstrukturen bedeuten (vgl. Baumgartner 1988 a).

Nach Möller übernimmt der Systementwickler „die Verstehensleistung des Nutzers und reduziert die Komplexität der Maschine Computer durch eine entsprechende Benutzerschnittstelle zumindest optisch auf ein Niveau, das intellektuelle Anstrengungen des Anwenders scheinbar überflüssig macht." (Möller 1988, S. 41) Baumgartner kritisiert in dieser Perspektive die „geheiligte Kuh" der Informatik, dessen Gestaltungsziel die sogenannte „Benutzerfreundlichkeit" von Computersystemen sei. Er konstatiert, daß dieses Konzept von einem Menschenbild geleitet werde, das den Anwender hauptsächlich als mögliche Fehlerquelle betrachtet. Daraus resultiert aber das Bemühen, Arbeitshandlungen mehr und mehr an die Maschine zu delegieren, was eine Dequalifizierung der menschlichen Kompetenzen zur Folge hat. „Das dem Konzept der Benutzerfreundlichkeit zugrunde liegende Menschenbild geht von der Fehlerquelle Mensch aus, die möglichst beseitigt beziehungsweise vom System abgefangen werden soll. Statt dem Anwender Qualifizierungsprozesse bewußt zu übertragen, wird alle ‚Intelligenz' an die Software delegiert. Immer komplexere, undurchschaubarere und damit vom Benutzer nicht mehr gestaltbare Software ist die notwendige Folge" (Baumgartner 1988 a, S. 6).

Die daraus resultierende Technikgestaltung beinhaltet wiederum *kognitionspsychologische* Folgen für den Anwender:

— Es wird eine Reduzierung von Informationen angestrebt, die Verfügbarkeit über Informationen wird eingeschränkt. Damit werden jedoch auch die Wahrnehmungsprozesse des Anwenders eingeschränkt. Sein Verhältnis zur Maschine erschöpft sich in der Reaktion „.... auf eine genau festgelegte Folge und Menge von Reizen/Signalen." (Baumgartner 1988 a, S. 5)

— Die Verkettung der Daten und ihre Interpretation wird der Maschine übertragen, der Anwender kennt den Zusammenhang der Daten nicht mehr. Als Folge tritt für den Anwender eine „systematische Reduktion kognitiver Anforderungen" auf. „Der für die menschliche Erkenntnis wichtige Sprung zur Begrifflichkeit wird durch die Ausschaltung interpretativer Wahrnehmungsprozesse vernachlässigt" (Baumgartner 1988 a, S. 5).

Die solcherart strukturierte Mensch-Computer-Interaktion stellt den Menschen, wie Alemann/Schatz feststellen, in das Schema eines Reiz–Reaktions-Systems. Als Sozialisationspotential vermuten sie wie Baumgartner eine Bedrohung „... der auf die Wahrnehmungsprozesse aufbauenden Denkprozesse." (Alemann/Schatz 1987, S. 518 f.)

Während Alemann/Schatz diese Interaktionsstruktur als eine der Technologie möglicherweise inhärente verstehen (ebd., S. 518), interpretiert Baumgartner sie als einen Ausdruck sozialer Machtprozesse. Die Interaktionsstrukturen Mensch–Computer müssen als Resultat gesellschaftlicher Machtkonstellationen gewertet werden, die hinter der Arbeitsteilung von Systementwicklern und Anwendern verborgen liegen.

Geschlechtsspezifische Zugangsweisen

Die Forschung zu geschlechtsspezifischen Zugangsweisen orientiert sich an Erklärungsansätzen der empirischen Sozial- und Sozialisationsforschung zur Ausbildung von geschlechtsspezifischen Persönlichkeitsmerkmalen, Einstellungen, Verhaltensweisen und Geschlechtsrollenstereotypen. Geschlechtlichkeit wird als eine sozial–gesellschaftliche Kategorie begriffen, die sich an der gesellschaftlichen Arbeitsteilung von Mann und Frau funktional orientiert (vgl. Metz-Göckel 1988; Schiersmann 1987).

Während Turkle geschlechtsspezifische Umgangsweisen vor allem an unterschiedliche psychosexuelle Entwicklungen von Jungen und Mädchen rückbindet, dominiert in der bundesrepublikanischen Forschung eher die soziologische Betrachtung. Es wird die These vertreten, daß in der geschlechtsspezifischen Sozialisation von Persönlichkeitsmerkmalen, Einstellungen und Verhaltensweisen Potentiale eines unterschiedlichen Zugangs und Umgangs von Jungen und Mädchen zur Technologie liegen, die sich auch in einer unterschiedlichen Bewertung von Computertechnologie niederschlägt. An den „weiblichen" Zu- und Umgang knüpft sich die Hoffnung, daß dieser die negativen Folgewirkungen des Computereinsatzes und des Umgangs mit Computertechnologie kompensieren soll. Zusammenfassend werden folgende unterschiedliche Zugangs und Umgangsstile festgestellt:

– pragmatisch–distanzierter versus „technikverliebter", faszinierter Umgang (Metz-Göckel/Hahn 1987)
– Sozialorientierung (Betonung der Bedeutung kommunikativer Beziehungen, der sozialen Einbindung der Technik, Frage nach sozialen Folgewirkungen) versus Technikorientierung (Interesse an technischen Details, Bedienerkompetenz etc.)
– Kooperativere Arbeitsform versus konkurrenzbezogene Arbeitsform.

Die Frage spezifischer Sozialisationspotentiale von Computertechnologie wird in der Suche nach dem „Weiblichen" in der Gestaltung von und im Umgang mit Computertechnologie ausgeblendet, insofern diese zunächst als gestaltungsoffen angesehen wird (vgl. Schelhowe 1988, S. 7). Darüber hinaus wird jedoch Technikgestaltung und Technikumgang als eine Domäne des Männlichen überhaupt in Frage gestellt, worauf sich u.a. die Ungleichverteilung von Macht gründet. „Die Negativentwicklung ist also nicht den Technologien selbst anzulasten, sondern Folge sozio-ökonomischer Entscheidungsmuster, die verstärkt Frauen diskriminieren. Bisher wurden diese Entscheidungen von Männern getroffen. Frauen hatten zwar immer schon mit der Bedienung und Anwendung von technischen Geräten zu tun, jedoch überwiegend in ausführenden, wenig qualifizierten Tätigkeiten im Erwerbsbereich oder im privaten Haushaltsbereich, so gut wie nie dagegen in der Entwicklung der Technik oder der Entscheidung über ihren Einsatz. Die damit einhergehende gesellschaftlich ungleiche Verteilung von Macht und Chancen wird zunehmend von Frauen nicht mehr akzeptiert." (Faulstich–Wieland 1985, S. 148, zit. n. Schelhowe 1988, S. 8)

Somit stellt sich die Frage nach männlichen oder weiblichen Zugangs- und Umgangsweisen doppelt: Sie betrifft zum einen das auf Arbeitsteilung und insbesondere Technik gegründete Machtverhältnis der Geschlechter. Zum anderen wird die Frage der Sozialisationseffekte der Technologie des Computers an die Dominanz und Machtstellung „männlicher" Gestaltungs- und Zugangsorientierung geknüpft. Schiersmann (1987) vermutet, daß „... eine Polarisierung zwischen kognitiv orientierten Persönlichkeiten einerseits und auf Emotionalität und Soziabilität ausgerichteten Charakteren andererseits jedenfalls bei extensiver Computernutzung nicht auszuschließen ist" (ebd., S. 45). Schiersmann bindet die Frage der geschlechtsspezifischen Umgangsweisen an die Wirkungsfrage zurück, indem sie diese Wirkungspotentiale insbesondere mit einer männlich geprägten Herangehensweise in Zusammenhang setzt. „Es wird dabei insbesondere zu beobachten und zu erforschen sein, inwieweit es Frauen gelingt, mit der Aneignung von Technik nicht zugleich die männlich bestimmte Herangehensweise zu übernehmen." (Schiersmann 1987, S. 45)

4. Methodische Konsequenzen der aktuellen Forschungslage

In der bisher referierten Forschungsliteratur sind eine Reihe von Hypothesen entwickelt, die in mehrfacher Hinsicht den methodischen Ansatz des Projekts präzisieren helfen:
— Persönlichkeitsentwicklung wird zumeist in einem interaktionistischen Verhältnis zur sozialen und dinglichen Umwelt gesehen, in der die Computertechnologie zunehmend an Bedeutung gewinnt.
— Die Frage nach den Wirkungen „des" Computers wird vor dem Hintergrund sehr unterschiedlicher Persönlichkeitskonzepte vollzogen, deren theoretische

Grundlagen kaum miteinander zu vereinigen sind. Betroffen in der Mensch–Computer–Interaktionsform scheint jedoch die „ganze" Persönlichkeit: Sprache, Kognition, Emotion und soziales Handeln, die im unterschiedlichen Verhältnis zueinander stehen können.

— Die unterschiedlichen Herangehensweisen in der bisherigen Forschung zeigen, daß die Untersuchung der Wirkungen „des" Computers nicht eindimensional auf Computer, Subjekt oder Sozialbezug reduziert werden können. Erste Forschungsansätze weisen in Richtung einer zumindest Teilintegration dieser unterschiedlichen Dimensionen.

— Auf handlungstheoretischer Basis bietet das bislang ausgearbeitete Konzept die Möglichkeit, sowohl die unterschiedlichen Persönlichkeitsebenen, ihre intra–psychische Organisation als auch die interaktive Dimension zur dinglichen (computertechnologischen) und sozialen Umwelt zumindest unter einem formalen Gesichtspunkt zu integrieren. Der handlungstheoretisch fundierte Persönlichkeitsbegriff stellt damit ein kategoriales Raster zur Verfügung, das zum einen eine Einordnung der wissenschaftlichen Ergebnisse erlaubt und zum anderen in der Lage ist, die unterschiedlichen Herangehensweisen und Forschungsergebnisse zu integrieren.

Ein — möglicherweise notwendiges — Defizit eines großen Teils der bisherigen Forschung besteht darin, daß Teilelemente des Beziehungsgeflechts von Persönlichkeit und Computer überbetont werden und gegenseitige Interdependenzen vernachlässigt oder gar ignoriert werden. Dies führt zum Teil auch zu ungenauen und übertriebenen Beurteilungen der Wirkungen „des" Computers.

Sowohl die Analyse struktureller Wirkungen des Computers als auch die individualistische Betrachtung des Mensch–Computer–Interaktionsverhältnisses läuft allzu leicht Gefahr, sozial–kontextuelle Bestimmtheiten der Computernutzung aus dem Auge zu verlieren. Während die Annahme struktureller Wirkungen dahin tendiert, in einen technologischen Determinismus zu münden, kann sich die Untersuchung psycho–dynamischer Aspekte der Computernutzung schnell in der Interpretation intra–psychischer Prozesse verlieren. Ebenfalls kann jedoch auch nicht davon ausgegangen werden, daß sich Effekte der Computertechnologie nur in der gesellschaftlich–symbolischen Bedeutungsebene, losgelöst von dem spezifischen Charakter der Technologie entfalten. Sprache und Interaktion stellen zwei zentrale Sozialisationsebenen der Persönlichkeit in zwischenmenschlichen Beziehungen dar. Davon ausgehend muß die Frage, nach möglichen Auswirkungen einer symbolischen Interaktionsform gestellt werden, die diese Ebenen nur in reduzierter Form aufweist.

Die Interaktionsbeziehung von Mensch und Computer stellt sich als eine Beziehung auf drei Ebenen dar, in der sich Wirkungen gerade aus dem Zusammenwirken dieser Ebenen ergeben.

Interaktion Persönlichkeit und Computer

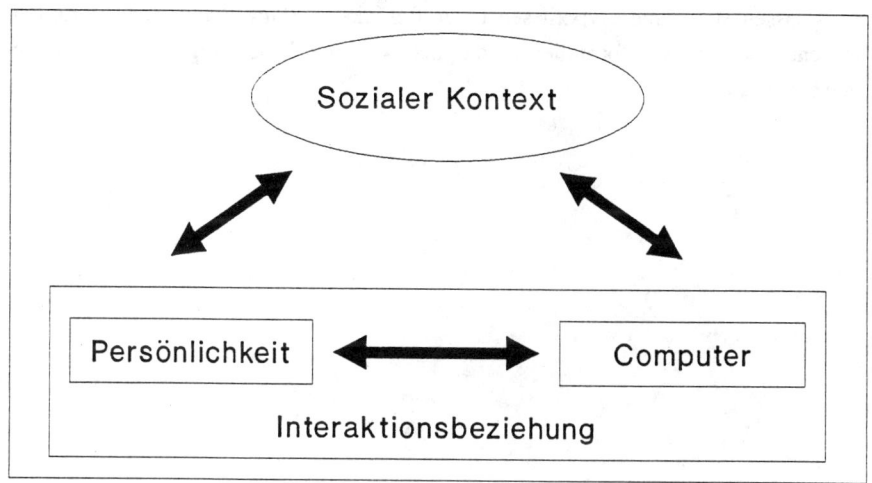

Schema I

Die Analyse des Verhältnisses von Mensch und Computer hat insbesondere die jeweiligen Beziehungen der Elemente Persönlichkeit und Computer zu den Kontextbedingungen zu klären. Ansatzpunkte für die Diskussion um eine sozialverträgliche Technikgestaltung bieten sich dabei sowohl auf der Ebene der Subjekte wie der Technik als auch der Kontexte. In dieser Hinsicht bedarf es jedoch einer weiteren Präzisierung der handlungstheoretischen Begrifflichkeit.

In der bisherigen Forschung werden negative wie positive Auswirkungen der Technologie angenommen und zum Teil empirisch belegt. Aufgrund der oftmals zu beobachtenden Widersprüchlichkeit dieser Forschungsergebnisse scheint es auch angesichts des derzeitigen methodologischen Stands der Forschung eher angemessen, von Wirkungspotentialen im Kontext der Computernutzung zu sprechen. Diese können zunächst formal nach Gefährdungs- und Entwicklungspotentialen für die Persönlichkeit unterschieden werden.

Im Abschnitt D. wird zunächst eine weitere handlungstheoretische Präzisierung der Beziehung von Persönlichkeit und Computer vorgenommen. Auf dieser Basis lassen sich dann Hypothesen unter Berücksichtigung der bisher referierten Forschungsergebnisse formulieren, die der weiteren Forschungsarbeit zugrunde gelegt werden.

D. Die Interaktionsbeziehung von Persönlichkeit und Computer

In den vorangegangenen Abschnitten wurde die Relation Persönlichkeit und Computer insofern konkretisiert, als nähere Bestimmungen sowohl von Persönlichkeit als auch von Computertechnologie entwickelt wurden. Eine erste Literaturanalyse hat ergeben, daß diese Interaktionsbeziehung in der wissenschaftlichen Diskussion sehr unterschiedlich dargestellt wird, je nachdem welches Element — Persönlichkeit, Computer, sozialer Kontext — als wirkungskonstituierend angenommen wird. Unter der bisher ausgearbeiteten handlungstheoretischen Prämisse werden nunmehr die bisherigen Argumentationsstränge zusammengeführt.

1. Computerbezogene Handlungsstrukturen

Nach der Literaturanalyse kann zunächst festgehalten werden, daß sich die theoretische wie empirische Forschung überwiegend dadurch auszeichnet, jeweils nur Einzelelemente des komplexen Beziehungsgeflechtes von Persönlichkeit, Computer und sozialem Kontext hervorzuheben und darauf Thesen zu gründen. Dagegen wird hier davon ausgegangen, daß sich die Interaktionsbeziehung Persönlichkeit und Computer über Wechselwirkungen zwischen allen drei Elementen konstituiert. Für die weitere Analyse wird angenommen, daß dieser Mensch–Computer-Interaktion computerbezogene Handlungsstrukturen zugrunde liegen, die Wirkungspotentiale für die Persönlichkeitsentwicklung beinhalten. Der Begriff der computerbezogenen Handlungsstrukturen sucht dabei das faktisch erkennbare computerbezogene Handeln in den drei Dimensionen — Persönlichkeit, Computer und sozialer Kontext — abzubilden und folgt damit analog der Ausdifferenzierung von allgemeinen Handlungsorientierungen menschlichen Handelns, die in einer sozialen, individualen und sachlichen Dimension beschrieben werden können (vgl. Kap. II. A.).

Der Gegenüberstellung von Lebenswelt und System entspricht auf der Ebene des Individuums das Verhältnis von Kompetenz- und Identitätsstrukturen und Handlungsanforderungen beziehungsweise Entwicklungsaufgaben (vgl. Kap. II. B.). In Anlehnung an die sozialisations- und entwicklungspsychologische Terminologie sollen daher Wirkungspotentiale unterschieden werden, die aus unterschiedlichen Verhältnissen zwischen Handlungskompetenzen und Handlungsanforderungen beziehungsweise Entwicklungsaufgaben begründet werden. Wirkungspotentiale resultieren dann nicht allein aus der Spezik des Computers, sondern erwachsen aus jeweils spezifischen Konstellationen von Persönlichkeit, Computer und sozialem Kontext.

Bezieht man in das allgemeine Verhältnis von Handlungskompetenzen beziehungsweise Identität und Handlungsanforderungen den Computer mit ein, so ist davon auszugehen, daß mit dieser Technologie, welche zu einer weiteren Technisierung der Arbeits- und Lebenswelt führen wird, neue, computerbezogene Handlungsanforderungen entstehen. Die Analyse der Interaktionsbeziehung von Persönlichkeit und Computer kann daher zunächst von einer Definition von Anforderungspotentialen ausgehen, die im Kontext computerbezogenen Handelns entstehen.

Anforderungen ergeben sich beispielsweise aus den technologischen Eigenschaften des Computers und aus den veränderten Lebens- und Arbeitsbedingungen aufgrund der Diffusion dieser Technologie, in deren Verlauf der Computer immer mehr zu einer Alltagstechnologie im familialen, schulischen und beruflichen Alltag wird. Mit diesen historischen Prozessen einher gehen soziale und kulturelle Anforderungen (z. B. im Falle neuer technologischer Qualifikationsanforderungen, die im Zeitverlauf zu „normalen" Qualifikationsanforderungen werden), die den Individuen als soziokulturelle Entwicklungsnormen entgegentreten. Die objektive Anforderungsstruktur hat dabei für die Subjekte jedoch nicht in allen Kontexten den gleichen Grad an Verbindlichkeit. So ist es in Kontexten, die einen großen Freiheitsgrad im Handeln zulassen (z.B. im Freizeitbereich), eher möglich, subjektiv nur bestimmten Anforderungen nachzukommen.

Zugleich ist davon auszugehen, daß mit der Verbreitung der Technologie computerbezogene Handlungskompetenzen ausgebildet werden beziehungsweise ausgebildet werden müssen. Die Individuen stehen in den verschiedenen gesellschaftlichen Bereichen vor der Aufgabe, mit computerbezogenen Handlungsanforderungen umgehen zu müssen, für die adäquate Kompetenzstrukturen — und das heißt nicht nur ein spezifisches Bedienerwissen — erst ausgebildet werden müssen. Es ist somit zunächst von einem mehr oder weniger unausgeglichenen Verhältnis zwischen Anforderungen und Kompetenzen auszugehen, das sich in einem „Diskrepanzerlebnis" (Rosemann 1986, S. 12) ausdrückt.

Wirkungspotentiale des Interaktionsverhältnisses von Persönlichkeit und Computer lassen sich daher unter Einbezug der sozialen Kontexte bestimmen über:

1. das Verhältnis von Handlungsanforderungen und Handlungskompetenzen (Anforderungsstruktur versus Kompetenzstruktur),
2. das Verhältnis von computerbezogenen und sozialen Handlungsanforderungen (interne Struktur der Handlungsanforderungen),
3. das Verhältnis von computerbezogenen und sozialen Handlungskompetenzen (interne Struktur der Handlungskompetenzen).

Das weiter vorne entwickelte Schema I zum Interaktionsverhältnis von Persönlichkeit und Computer läßt sich durch diese Handlungsanforderungen und Handlungskompetenzen konkretisieren.

Interaktion Persönlichkeit und Computer
Handlungsanforderungen und Handlungskompetenzen

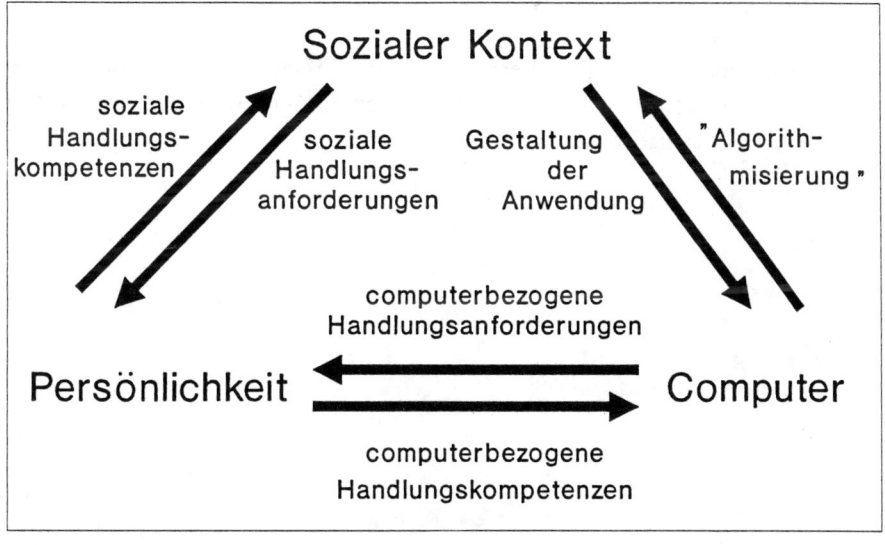

Schema II

Wirkungspotentiale im Kontext computerbezogenen Handelns werden also immer aus einer Beziehung von Persönlichkeits-, Technik- und sozial-kontextueller Dimension erklärt. Computerbezogene Handlungsstrukturen lassen sich über Analysen des Verhältnisses von sozialen und computerbezogenen Handlungsanforderungen und Handlungskompetenzen als Entwicklungs- oder als Gefährdungspotentiale für die Persönlichkeitsentwicklung einstufen.

Gefährdungspotentiale können entstehen, wenn die Individuen in ihrem körperlichen und psychischen Befinden, in ihrer materiellen und sozialen Handlungsfähigkeit, ihrer Kommunikation und Identität bedroht sind oder sich bedroht fühlen. Gefährdungspotentiale sind auch dann gegeben, wenn es zu einem verstärkten Aufbau instrumenteller Handlungskompetenzen und Handlungsorientierungen bei gleichzeitiger Vernachlässigung affektueller und kommunikativer Kompetenzen kommt. Entwicklungspotentiale bieten sich, wenn über den Computereinsatz und die damit verbundenen Anforderungen, eine gleichmäßige Entwicklung von affektuellen, emotionalen, kognitiven und sprachlichen Kompetenzen möglich ist.

Für die Entwicklung des Verhältnisses von Handlungsanforderungen und Handlungskompetenzen durch den Einsatz von Computern lassen sich formal vier Varianten unterscheiden:

Wirkungspotentiale

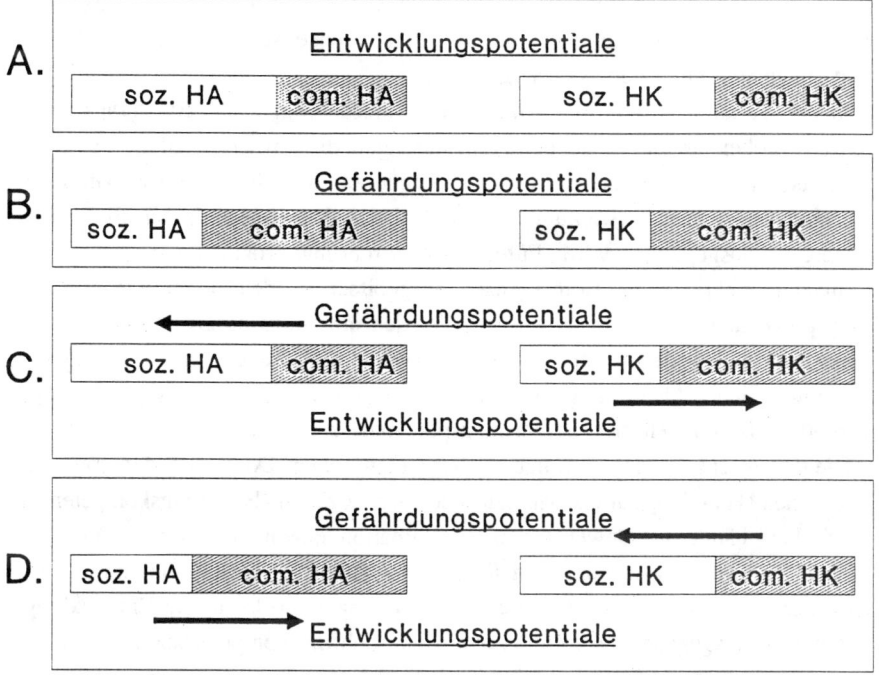

soz. = soziale
com. = computerbezogene
HA = Handlungsanforderungen
HK = Handlungskompetenzen

Variante A bildet eine relativ gleichmäßige Struktur von Handlungsanforderungen und Handlungskompetenzen ab, wobei soziale Handlungsanforderungen und -kompetenzen gegenüber computerbezogenen Anforderungen und Kompetenzen dominieren. Es kann davon ausgegangen werden, daß unter diesen Bedingungen eine alle Dimensionen betreffende Persönlichkeitsentwicklung möglich ist.

Variante B weist gleichfalls eine ausgeglichene Struktur von Anforderungen und Kompetenzen auf, allerdings dominieren hier die computerbezogenen Anforderungen und Kompetenzen über die sozialen. Eine solche Struktur beinhaltet Gefährdungspotentiale für die Persönlichkeitsentwicklung, weil diese Schieflage sich auf Dauer verfestigen kann.

In der Variante C divergieren Handlungsanforderungen und Handlungskompetenzen, wobei auf der Seite der Anforderungen die sozialen, auf der Seite der Kompetenzen die computerbezogenen dominieren. Inwiefern diese Situation nun Gefährdungs- oder Entwicklungspotentiale beinhaltet, hängt davon ab, wie die Divergenz ausgeglichen wird. Führt die Anforderungsstruktur dazu, daß bei den Subjekten mehr soziale Kompetenzen ausgebildet werden, kann von Entwicklungspotentialen ausgegangen werden. Werden allerdings aufgrund der ausgebildeten, dominierenden computerbezogenen Kompetenzen die Anforderungen in Richtung einer Ausweitung der computerbezogenen Handlungsanforderungen verändert, lassen sich hier Gefährdungspotentiale ausmachen.

Die Divergenz in der Variante D beruht auf einer Dominanz der computerbezogenen Handlungsanforderungen und der sozialen Handlungskompetenzen. Auch hier hängt die Bewertung dieser Situation davon ab, welchen Verschiebungen Anforderungsstruktur und Kompetenzstruktur im Zeitverlauf unterliegen. Erweitern sich die sozialen Handlungsanforderungen, so kann von Entwicklungspotentialen ausgegangen werden. Entwickeln sich die computerbezogenen Handlungskompetenzen im gleichen Verhältnis wie die Anforderungen, so muß dieses als Gefährdungspotential eingeschätzt werden.

Computerbezogenes Handeln ist also nach verschiedenen Variationsmöglichkeiten von Handlungskompetenzen und -anforderungen zu differenzieren, denen jeweils hypothetisch die Bewertung als Gefährdungs- oder Entwicklungspotential zugeordnet wurden. Aus dieser Bestimmung computerbezogenen Handelns lassen sich nun vier Fragekomplexe ableiten, die der weiteren Analyse vorliegender Forschungsergebnisse zugrunde liegen:

1. Welche Anforderungspotentiale lassen sich im Kontext des computerbezogenen Handelns formulieren?
2. Welche Kompetenz- und Identitätsstrukturen werden in der Auseinandersetzung mit diesen Anforderungspotentialen beeinflußt, verändert oder auch neu erworben?
3. Welche spezifischen computerbezogenen Handlungsstrukturen bringen diese Wirkungen hervor?
4. Inwiefern sind diese Wirkungen als Gefährdungs- beziehungsweise als Entwicklungspotentiale einzustufen?

Im folgenden werden gemäß dieser Problemstellung die Anforderungs- und Wirkungspotentiale computerbezogener Handlungsstrukturen zusammengefaßt, soweit sie sich aus dem bisher referierten Forschungsstand rekonstruieren lassen. Diese Aussagen haben dabei zunächst noch hypothetischen Charakter und werden anschließend anhand weiterer Forschungsarbeiten für die gesellschaftlichen Bereiche — Familie/Freizeit, Allgemein- wie berufliche Bildung, Arbeit/Beruf — überprüft.

2. Anforderungs- und Wirkungspotentiale der Mensch–Computer–Interaktion

Zum Ausgangspunkt der Analyse wird zunächst die aus der technologischen Spezifik des Computers resultierende Anforderungsstruktur computerbezogenen Handelns genommen. Computerbezogenes Handeln auf dieser Ebene beinhaltet, als materiell Handelnder mit informationsverarbeitenden Systemen umzugehen beziehungsweise in symbolischen, algorithmisch strukturierten „Welten" zu agieren, deren Merkmale folgendermaßen zusammengefaßt werden können:

— Das *interaktive* Prinzip ermöglicht dem Nutzer als aktiv Handelnder symbolische Vorgänge zu beeinflussen. Jede Aktion des Computernutzers erfährt eine sofortige Antwort.

— Das *algorithmische* Prinzip beinhaltet die logische, komplexe Durchstrukturiertheit und Eindeutigkeit logisch–kausaler Befehlsketten.

— Das *formale* Prinzip umfaßt die inhaltliche Beliebigkeit dessen, was im Symbolnetz des Programms repräsentiert wird.

— Das *semantische* Prinzip beinhaltet die Bedeutung computerbezogenen Handelns als sprachliches Handeln. Zudem impliziert es den Umgang mit immateriellen Objekten.

Diese Aspekte der Technolgie führen zu computerbezogenen Anforderungspotentialen, die, wie die vorangegangene Literaturanalyse gezeigt hat, in mehrfacher Hinsicht für die Persönlichkeitsentwicklung der Individuen von Bedeutung sind. Zum einen können computerbezogene Anforderungspotentiale in der subjektiven Verarbeitung mit psychologischen Mechanismen der Persönlichkeit in Beziehung treten. Computerbezogenes Handeln kann zum anderen als eine Form defizitärer Interaktion begriffen werden.

2.1 Kognition und Körperlichkeit

Der Computeranwender wie der Programmierer muß immer Übersetzungsleistungen vollbringen; die Realisierung von Handlungsabsichten geschieht nur dadurch, daß sie in die Systemlogik des Programms transferiert werden. Wenn die Interaktion gelingen soll, muß der Computeranwender lernen, die Konsequenzen von Anweisungen geistig vorwegzunehmen. Aus dem immateriellen Charakter, der dem Umgang mit semantischen Symbolen entspringt, ergibt sich, daß ein abstraktes computerbezogenes Wissen aufgebaut werden muß. Aus dem Charakter dieser Technologie als informationsverarbeitende und damit „intelligente" Maschine ergeben sich kognitive Anforderungspotentiale. Die Diskussion um neue Qualifikationen zeigt, daß der Computer vor allem in den Bereichen Bildung und Arbeit/Beruf mit neuen und abstrakten Denkanforderungen zusammengebracht wird. Zugleich entstehen aber auch Anforderungen interaktiver, emotionaler und sozialer Art.

Diese Anforderungsstruktur verlangt — je nach Komplexität der Computerprogramme — formal-kognitive Handlungskompetenzen wie eindeutiges, logisch-kausales Denken, räumliches Vorstellungsvermögen und die Fähigkeit zur Visualisierung formaler Programmstrukturen. Demgegenüber verlieren sensorische und motorische, den Basiskompetenzen zuzurechnende Handlungskompetenzen an Bedeutung. In der direkten Mensch-Computer-Interaktionssituation können sie nur auf einer sehr reduzierten Ebene aktualisiert und — unter dem Entwicklungsaspekt — kaum mehr erworben werden.

Inwiefern das computerbezogene Handeln auf dieser Ebene Entwicklungspotentiale beinhaltet, kann je nach Anwendungskontext und Softwaretyp sehr unterschiedlich ausfallen. Wie die Analysen von Baumgartner und Alemann/Schatz zeigen, beinhaltet es Gefährdungspotentiale, wenn sich die Anforderungsstruktur im Arbeits- und Berufsbereich auf einige wenige Befehle reduziert und der zusammenhängende Charakter des Arbeitsprozesses verloren geht. Gefährdet wird dann das integrative und Daten interpretierende Denken des Anwenders. Es ent- und besteht eine Abhängigkeit des Menschen vom Computer, in der die wesentlichen Entscheidungen vom Computer beziehungsweise den dahinterstehenden hierarchisch höher angesiedelten Entscheidungsträgern getroffen werden.

2.2 Identität und Kontrollbewußtsein

Die algorithmische Form der Interaktion bedingt ihre selbstbezügliche Struktur. Aus dem Bewußtsein über die algorithmische Struktur des Programms kann der

Anwender als Selbstzuschreibung folgern: Wenn ich den logischen Zusammenhang begreife und herstelle, kann ich Erfolg haben. Fehler resultieren potentiell aus ungenügend ausgebildeten computerbezogenen Kompetenzen. In der eindeutigen Selbstzuschreibung der Resultate der eigenen Handlungen kann man identitätsstärkende Wirkungspotentiale vermuten. Bei Erfolg beziehungsweise ausreichender Computerkompetenz geht damit eine leistungsvermittelte Selbstbestätigung einher.

Das Sich–Bewußtsein der algorithmischen Struktur von Programmen selbst kann als eine kognitive Kompetenz im Sinne computerbezogener Wissensstrukturen begriffen werden, die ein logisch–kausales Denkvermögen voraussetzen. Mit dem Erwerb dieser kognitiven Kompetenz kann damit eine Beeinflussung weiterer Persönlichkeitsdimensionen, im vorliegenden Beispiel Identität und Kontrollbewußtsein, erfolgen. Inwiefern ein solcher Einfluß als ein Entwicklungs– oder Gefährdungspotential zu bewerten ist, hängt dabei sowohl von der am Computer handelnden Persönlichkeit als auch vom sozialen Kontext, in dem diese Handlung erfolgt, ab.

In engem Zusammenhang mit Identitätsstrukturen steht der Kontrollaspekt der Interaktionssituation, der zunächst zu computerbezogenen Kontrollkompetenzen führt. Die Interaktion im Computerspiel, in der Textverarbeitung sowie beim Programmieren funktioniert nur in dem Maße, wie der Nutzer in der Lage ist, die Programmstruktur zu kontrollieren. Die Entwicklung computerbezogener Kontrollkompetenz geschieht demnach in der Anpassung an vorgegebene Strukturen der Handlungsanforderungen, die sich aus der algorithmischen Struktur des Programms ergeben. Auch die Tätigkeit des Programmierens unterliegt dem Erfordernis der Anpassung an das Prinzip des Algorithmus. Im Unterschied zum Anwender hat der Programmierer jedoch die Chance, unterschiedliche algorithmische Handlungsstrukturen zu konstruieren. Der Anwender hingegen muß sich an die vom Programmierer gestaltete Handlungsstruktur anpassen.

Hieraus resultierende Wirkungspotentiale sind gleichfalls ambivalent, denn sie können sowohl als Gefährdungs– als auch als Entwicklungspotential betrachtet werden. So kommt es darauf an, ob computerbezogene Kontrollkompetenzen eine überhöhte Bedeutung für die Persönlichkeit erlangen oder nicht. Die Entwicklung dieses Wirkungspotentials ist dabei auch von der psychischen Struktur der Persönlichkeit des Anwenders abhängig. Innerhalb narzißtischer Persönlichkeitsstrukturen erlangt beispielsweise das Bedürfnis nach Kontrolle eine herausragende Bedeutung. Die Qualität des Kontrollbewußtseins kann zum Beispiel im Zusammenhang geschlechtspezifischer Umgangsweisen mit dem Computer eine Rolle spielen. Die positive oder negative Entwicklung des Wirkungspotentials computerbezogenen Handelns in bezug auf Kontrollbewußtsein und –kompetenzen unterliegt also auch der subjektiven Struktur der Persönlichkeit. Es ist zu vermuten, daß der Computer mit seiner Anforderungsstruktur als Verstärker subjektiver „Beschädigungen" fungieren kann. Man kann jedoch davon ausgehen, daß diese in der Regel ihre Ursachen in bereits „beschädigten" Beziehungsstrukturen innerhalb der unterschiedlichen sozialen Kontexte haben.

Es ist also anzunehmen, daß die sozial-kontextuelle Dimension computerbezogener Handlungsstrukturen einen wesentlichen Einfluß darauf hat, inwiefern Gefährdungs- oder Entwicklungspotentiale im Zusammenhang mit Computereinsatz und -nutzung be- und entstehen. Relevant sein kann die Qualität sozialer Beziehungen und Lebensbedingungen, so kann computerbezogenes Handeln beispielsweise zur Kompensation sozialer Ohnmachtserfahrungen dienen. Kontrollerfahrungen im Bereich von Arbeits und Beruf können sich vollkommen von denen im Freizeit- und Familienbereich unterscheiden, da die individuellen Freiheitsgrade computerbezogenen Handelns im Freizeitbereich ungleich höher einzustufen sind als in der Arbeitswelt. Bezüglich der Wirkungen auf die jugendliche Identitätsentwicklung stellt sich die Frage, mit welchen Normen und Werten die Computertechnologie besetzt wird, welche gesellschaftlichen Projektionen damit einhergehen und inwiefern — in Verbindung mit dem technologischen Aspekt der Interaktion — ein technizistisches, normativ entleertes Bewußtsein sozialisiert bzw. angeeignet wird (vgl. Kap. II. C.).

2.3 Soziale Handlungsfähigkeit

Die Mensch-Computer-Interaktion weist systematische Unterschiede gegenüber der zwischenmenschlichen Interaktion auf, sowohl hinsichtlich sprachlicher als auch interaktiver Aspekte. Die Hauptdefizite sind dabei:
— das Fehlen para-linguistischer Handlungsanforderungen wie Körpersprache;
— das Fehlen affektiver Sinngehalte;
— die fehlende Kontextualität sprachlicher Bedeutungen;
— das Fehlen intentionaler und normativ-moralischer Gehalte der Sprechhandlungen;
— reduzierte interaktive und kommunikative Gehalte.

Hieraus resultiert eine reduzierte Anforderungsstruktur, auf die der Computernutzer seine Handlungen abstellen muß. Selbst wenn der Computeranwender bereits über entsprechende soziale Handlungskompetenzen verfügt, kann er sie in der direkten Mensch-Computer-Interaktionssituation nicht aktualisieren. Verfügen Individuen, wie z.B. Heranwachsende, noch nicht über eine ausgebildete Kompetenzstruktur sozialer Handlungsfähigkeit, so können sie diese im computerbezogenen Handeln auch nicht erwerben. Diese Defizite scheinen von zentraler Bedeutung für die Persönlichkeitsentwicklung zu sein, da sie die Fähigkeit zu sozialen Handlungen auf emotionaler, sozial-kognitiver und moralischer Ebene berühren.

Ein wechselseitiges Aushandeln einer Situationsdefinition ist mit dem Computer nicht möglich. Die selbstbezügliche Struktur der Mensch-Computer-Interaktion läßt keine Verhandlung zwischen Interaktionspartnern zu. Diese Selbstbezüglichkeit computerbezogenen Handelns verlangt und ermöglicht damit keine Auseinandersetzung für oder wider normative und interessensgebundene Bestandteile des Interaktionsprozesses. Damit sind empathische und sozial-kognitive Prozesse des Verstehens, die im Moment der Perspektivenübernahme stattfinden in der Mensch-Computer-Interaktion irrelevant.

Wenn die Fähigkeit zur Perspektivenübernahme als Voraussetzung eines „gelungenen" Sozialisationsprozesses bezeichnet werden kann, dann stellt sich die Frage, welche Konsequenzen es hat, wenn an die Stelle des menschlichen Interaktionspartners der Computer tritt. In diesem Fall liegt die Hypothese nahe, daß die Herausbildung „sozio-moralischer" Perspektiven (vgl. Colby/Kohlberg 1986, S. 145) einen veränderten Verlauf nimmt und möglicherweise erschwert wird. Folgt man dabei dem von Habermas begründeten Konzept der Integration von Welt- und Sprecherperspektive (Habermas 1983, S144ff.), dann kann weiterhin vermutet werden, daß die Herausbildung sozialer zugunsten instrumentalistischer Kommunikationsformen zurückbleibt.

Die sozial-kognitive Fähigkeit der wechselseitigen Betrachtung von Perspektiven ist im Interaktionsprozeß in hohem Maß abhängig von einer gewissen kognitiven Distanz zur eigenen Rolle wie der Rolle des Handlungspartners. Die selbstbezügliche Interaktionsstruktur Mensch-Computer kann jedoch gerade mit narzißtischen Persönlichkeitsanteilen in Verbindung treten, in der diese Distanz aufgehoben ist (vgl. Kap. II. C.). Es wird dann eine Beziehungsstruktur nahegelegt, die weniger einem Dialog mit einem äußeren Gegenstand ähnelt als einer identifikatorischen Verschmelzung mit dem Computerobjekt (vgl. Turkle 1986, S. 82). Die Herausbildung einer dieser interaktiven Anforderungsstruktur analogen Kompetenzstruktur hätte somit eine Persönlichkeit zur Folge, deren soziale Handlungsfähigkeit auf ein Minimum reduziert ist. Damit einhergehen kann aber durchaus die Entwicklung spezifischer formal-kognitiver Handlungskompetenzen.

Computerbezogenes Handeln beinhaltet in dieser Perspektive im wesentlichen Gefährdungspotentiale für die Persönlichkeitsentwicklung: Den Anforderungsstrukturen computerbezogenen Handelns entspricht auf seiten der Persönlichkeit eine Struktur von Handlungskompetenzen, in der sprachliche, interaktive, moralische und emotionale Handlungskompetenzen in ihrer Entwicklung zurückbleiben, während dem Computer angepaßte, formal-kognitive Handlungskompetenzen aufgebaut werden. Inwiefern jedoch generell soziale Handlungskompetenzen bzw. deren Aufbau gefährdet sind, hängt vom relativen Verhältnis von direkter sozialer Kommunikation und sozialen Beziehungen und computerbezogenem Handeln ab. Je stärker computerbezogenes Handeln die soziale Interaktion dominiert, desto eher und häufiger werden oben beschriebene Gefährdungspotentiale zu beobachten sein.

3. Handlungsanforderungen sozialer Kontexte

Wie die bisherigen Ausführungen zeigen, wird ein weitgehender Einfluß der sozial-kontextuellen Dimension computerbezogener Handlungsstrukturen auf die Interaktionsbeziehung Persönlichkeit und Computer angenommen. Aus diesem Grund bedarf es zur Klärung der Wirkungspotentiale im Zusammenhang computerbezogenen Handelns des Einbezugs der sozialen Kontexte, in denen sich der Umgang mit Computern konkretisiert. Es muß dabei der Frage nachgegangen werden, in welcher Weise soziale Kontexte eine ausgeglichene Struktur von Handlungsanforderungen, d.h. Handlungsanforderungen, die aus computerbezogenen Interaktionen wie aus sozialen Interaktionen resultieren, aufweisen. Eine ausgeglichene Anforderungsstruktur läßt dabei langfristig auf eine gleichmäßige Aktualisierung und auf einen gleichmäßigen Erwerb von Handlungskompetenzen schließen.

In nach gesellschaftlichen Bereichen zu differenzierenden situativen Kontexten sind daher die jeweiligen Handlungsanforderungen zu untersuchen. Insbesondere aber ist die Frage zu stellen, wie die Individuen selbst ihre Betroffenheit durch Computereinsatz und -nutzung einschätzen. Betroffenheit wird daher sowohl als objektive Kategorie als auch als Selbstkonzept beziehungsweise als eine spezifische Form von Kontrollbewußtsein aufgefaßt.

Insofern Situationen selbst wieder aktuelle Ausschnitte sowohl aus den Lebensgeschichten der handelnden Personen als auch aus den „Strukturgeschichten" der jeweiligen Systeme, also Aktualisierungen lebens- und systemgeschichtlicher Kontexte darstellen, können sie als analytische Ausgangspunkte dienen, die einen Zugang zum Interaktionsverhältnis von Persönlichkeit und Computer bieten. In der Untersuchung werden auf dieser begrifflichen Grundlage unterschiedliche soziale Bereiche (Familie/Freizeit, Bildung und Arbeit/Beruf) hinsichtlich des Computereinsatzes und der daraus resultierenden Folgen für die Subjekte als auch für die Kontexte selbst analysiert. Im folgenden wird daher ein kurzer Überblick über die bisherige Bedeutung des Computers in den einzelnen gesellschaftlichen Bereichen gegeben.

Familie/Freizeit

Wir gehen davon aus, daß der Grad der Computerisierung des Familien- und Freizeitbereichs – verglichen mit dem des Arbeitsbereichs – noch relativ niedrig ist. Im Vordergrund stehen hier die folgenden Aspekte der Nutzung:
– Gestaltung der Freizeit,
– Bewältigung von Alltagsaufgaben,
– Computerheimarbeit und
– Auswirkungen durch computerisierte Arbeitsplätze.

Bedeutung hat die Computertechnologie also unmittelbar als Medium der Freizeitgestaltung und Werkzeug zur Bewältigung von Alltagsaufgaben und mittelbar bezüglich der Auswirkungen einer computerisierten Arbeitswelt. Szenarien über zukünftige Entwicklungen weisen jedoch daraufhin, daß der Vernetzungscharakter der neuen Technologien das Leben der Familie, z.B. durch Telekommunikation, grundlegend umgestalten könnte (vgl. Kubicek). Von besonderer Bedeutung ist, daß Computer in diesem Bereich mit ihren Wirkungspotentialen präsent sind, auch wenn die Hardware selbst nicht vorhanden ist.

Bildung

Im Bildungssystem ist seit Mitte der 80er Jahre ein enormer Bedeutungszuwachs des Computers beziehungsweise computerbezogener Bildungskonzepte zu verzeichnen. Während jedoch im Bereich der beruflichen Bildung der Umgang mit dem Computer vielfach bereits als „normale" Anforderung gilt, gewinnen computerbezogene Kenntnisse und Fähigkeiten in den allgemeinbildenden Schulen erst allmählich an Bedeutung, insbesondere im Zusammenhang mit Modellversuchen zur informationstechnischen Grundbildung, wie sie in allen Bundesländern durchgeführt werden (vgl. hierzu Bartels 1987).

Obwohl der Großteil informationstechnischer Grundbildungskonzepte von der Notwendigkeit einer sozialen und kulturellen Einbettung informationstechnischen Wissens im Sinne einer kritischen Aufklärung ausgeht, hat dies bisher nicht die institutionell-strukturelle Verfassung des Bildungswesens erkennbar in Frage gestellt oder gar verändert. Für die Zukunft jedoch werden Veränderungen auf der inhaltlichen, der methodischen und der Beziehungs-Ebene (im Sinne einer

Neudefinition des Lehrer–Schüler–Verhältnisses) erwartet. Veränderungen sollen sich dabei ergeben aus den Einsatzmöglichkeiten des Computers als
- Lerngegenstand,
- Lernmedium bis hin zu tutoriellen Funktionen und
- Verwaltungsinstrument.

Arbeit/Beruf

Ausmaß und Geschwindigkeit der Verbreitung der Computertechnologie im Arbeitsbereich sind nur schwer einzuschätzen. Dennoch lassen sich folgende, das arbeitsbezogene Handeln und Denken der Menschen betreffende Hypothesen aufgrund der aktuellen Forschungsdiskussion formulieren. Im Arbeits- und Berufsbereich kommt es zu Rationalisierungsprozessen, die zu einer Reorganisation beziehungsweise logistischen Vernetzung innerbetrieblicher Funktionsabläufe führen. Industriesoziologen sprechen angesichts dieser Veränderungen von einem „neuen Rationalisierungstyp" (Altmann u.a. 1986) beziehungsweise von „systemischer Rationalisierung" (Baethge/Oberbeck 1985). Die Konsequenzen werden allerdings je nach arbeitsorganisatorischer Nutzungsform der Computertechnologie für die jeweiligen Beschäftigtengruppen sehr unterschiedlich eingeschätzt.

Zum einen wird vermutet, daß berufliches Handeln unter den gegenwärtigen arbeitsorganisatorischen und technologischen Bedingungen den Strukturen mehr und mehr technologiebasierten–zweckrationalen Handelns unterliegt, das mit Individualisierung (Beck), Isolierungstendenzen (Baethge/Oberbeck 1986) und (in Anlehnung an Habermas) einer Kolonialisierung der Arbeits- und Lebenswelt einhergeht. Zum anderen wird von einer Requalifizierung von Facharbeitern (Kern/Schumann) oder einer Integration von Sachbearbeitung (Baethge/Overbeck) eine Erweiterung individueller Handlungskompetenzen und -möglichkeiten erwartet. Insgesamt wird also von einer uneinheitlichen Entwicklung ausgegangen.

4. Zusammenfassung

Faktische Wirkungen computerbezogenen Handelns werden als Folge spezifischer computerbezogener Handlungsstrukturen erklärt, die analog den Handlungsorientierungen menschlichen Handelns eine sachliche (Computer), individuale (Persönlichkeit) und soziale Dimension (sozialer Kontext im weitesten Sinne) aufweisen. Persönlichkeitsentwicklung im Kontext computerbezogenen Handelns wird als die Ausübung und der Erwerb von Kompetenz- und Identitätsstrukturen in Auseinandersetzung mit spezifischen Anforderungspotentialen der Computertechnologie aufgefaßt. Inwiefern die Anforderungspotentiale computerbezogenen Handelns Gefährdungs- bzw. Entwicklungspotentiale beinhalten, hängt im wesentlichen von der spezifischen Gestalt des Beziehungsgeflechts Computer, Persönlichkeit und sozialer Kontext ab.

Im Kapitel III. wird die Tragfähigkeit der oben diskutierten Hypothesen durch eine Analyse der aktuellen Diskussion in den Bereichen Familie/Freizeit, Bildung und Arbeit/Beruf überprüft. Vor allem stellt sich hier die Frage, mit welcher Begründungslage die Anforderungs-, Gefährdungs-, und Entwicklungspotentiale des Computers diskutiert werden.

III. Das Verhältnis von Persönlichkeit und Computer in sozialen Kontexten

A. Familie/Freizeit

Eine grundlegende Veränderung von Lebensbedingungen durch die Implementation von Computertechnologie wird im Bereich der Familie/Freizeit erwartet. Dabei steht im besonderen der Vernetzungscharakter der Neuen Informations- und Kommunikationstechnologie im Vordergrund, der private Haushalte, Arbeits- und Berufsbereich und den Bereich der öffentlichen Dienstleistungen wie des wirtschaftlichen Warenverkehrs miteinander verknüpft. Die Computertechnologie im Haushalt erscheint auf diesem Hintergrund als eine Rationalisierungstechnologie, die die schon bestehende Informatisierung und Mediatisierung der Familie wesentlich erweitert. Das Terminal in der Familie kann somit zu einer Technisierung der zukünftigen Außenkommunikationsbeziehungen der Familie führen oder, wie Mettler-Meibom es ausdrückt: „Der Bildschirm ist der ‚Zugang zur Welt', und ‚die Welt holt man sich über den Bildschirm ins Haus'." (Mettler-Meibom 1987, S. 97)

Diese sich heute abzeichnende Entwicklung, deren technische Voraussetzungen schon angelegt sind, wird als Grundlage einer umfassenden technisch–ökonomischen Rationalisierung angesehen, die auch den Alltagsbereich durchdringt. Eine derartige Entwicklung könnte Lebensbedingungen schaffen, in der die Dominanz von Mensch–Computer–Beziehungen gravierende Gefährdungspotentiale für die Persönlichkeitsentwicklung beinhalten würde. Angesichts dieses Ausblicks ist es verwunderlich, daß der Vernetzungscharakter der Computertechnologie in der aktuellen empirischen Forschung kaum unter dem Aspekt der Persönlichkeitsentwicklung thematisiert wird. Computerbezogenes Handeln ist vor allem Freizeithandeln, der Computer wird als ein singuläres Medium der Freizeitgestaltung behandelt.

Im Abschnitt 1. werden zunächst quantitative wie qualitative Bedeutungsebenen des computerbezogenen Handelns untersucht. Wirkungspotentiale des computerbezogenen Handelns werden schwerpunktmäßig im Kontext der Persönlichkeitsentwicklung von Heranwachsenden untersucht, da sich der größte Teil der empirischen Forschungen im Bereich Familie/Freizeit auf diese beziehen. Danach wird zunächst das computerbezogene Handeln innerhalb der Familie dargestellt (2.), bevor das computerbezogene Handeln von Heranwachsenden dann losgelöst von den familialen Beziehungen untersucht wird (3.). Ein großer

Teil der Empirie befaßt sich insbesondere mit dem computer*spiel*bezogenen Handeln von Heranwachsenden und folgt damit der gegenwärtigen Hauptnutzungsform des Computers als Freizeitmedium (3.2). Einen weiteren Schwerpunkt der empirischen Forschung stellt die Untersuchung der Entwicklung sozio-kultureller Identität der Heranwachsenden in der Phase der Adoleszenz dar (3.3). Die abschließende Zusammenfassung wird die wichtigsten Ergebnisse aufgreifen und miteinander in Beziehung setzen (4.). Insbesondere wird dabei das Zusammenwirken der unterschiedlichen Ebenen computerbezogener Handlungsstrukturen hervorgehoben (4.2). In diesem Kontext muß jedoch zuvor noch einmal auf die Bedeutung der unterschiedlichen Forschungsansätze bezüglich der Wirkungsfrage hingewiesen werden, da diese gerade hinsichtlich der widersprüchlichen Ergebnisse zur sozio-kulturellen Identitätsentwicklung von Jugendlichen eine maßgebliche Rolle spielen (4.1).

Wesentliche Grundlage zur Diskussion der empirischen Forschung bildet darüber hinaus die Literaturanalyse von Rogge (1988), die im Auftrag des Projekts durchgeführt wurde. Seine Ergebnisse werden ergänzt, weil seine Analyse, ausgehend von einer vorwiegend sozialbezogenen Betrachtung computerbezogenen Handelns, kaum strukturelle Wirkungspotentiale der Mensch-Computer-Interaktion berücksichtigt. Bei der Analyse der Forschung wurde auch auf ältere Forschungsprojekte zurückgegriffen, da die meisten der aktuellen Projekte von ihrem methodischen Ansatz her die Komplexität des Beziehungsverhältnisses von Persönlichkeit und Computer nicht angemessen berücksichtigen.

1. Quantitative und qualitative Bedeutungsebenen des computerbezogenen Handelns

Wie einschlägige Untersuchungen belegen, hat die Verbreitung von Computertechnologie für den Familie/Freizeit-Bereich bisher keine dominante Bedeutung. Nach dem Media-Micro-Zensus 1988 besitzen 7% der Haushalte einen Heimcomputer und 9% sind mit Telespielgeräten ausgestattet. Eine Media-Analyse des Jahres 1987 nennt dagegen nur eine Zahl von 4% (zit. n. Rogge 1988, S. 8). Rogge/Jensen (1986) wie Herzberg (1987) stellen jedoch fest, daß der Anteil von Homecomputern nach Haushaltstyp unterschiedlich ist. So besitzen nur 11% aller Haushalte mit Kindern im Vorschulalter einen Homecomputer beziehungsweise ein Telespielgerät, während es jedoch 24% der Familien mit 14-18jährigen Kindern sind (Herzberg 1987, S. 10/11).

Diesen gegenwärtig eher niedrigen Zahlen entspricht eine niedrige Nutzungshäufigkeit und Nutzungsdauer von Computertechnologie bei den meisten Heranwachsenden, die anzeigt, daß die Computer- und Telespielnutzung – zumindest im Erhebungszeitraum 1984–87 – für die meisten Jugendlichen eine untergeordnete Rolle spielt (vgl. Rosemann 1986; Hejl u.a. 1988). Spanhel resümiert in einer für Bayern repräsentativen Studie zur Computernutzung von Jugendlichen: „Nur relativ wenige, insbesondere Realschüler und Gymnasiasten lassen sich intensiver auf das Gerät ein … und die Computerfans, die in der Öffentlichkeit so viel Aufsehen erregen, … bilden tatsächlich nur eine kleine Gruppe unter den Jugendlichen. So konnten wir z.B. feststellen: Von den 350 Jugendlichen der Gesamtstichprobe (1784) sind es … in absoluten Zahlen nicht mehr als 75 junge Leute, die länger als 1 Stunde vor dem Gerät sitzen". (Spanhel 1987, S. 118)

Spanhel bestätigt ebenfalls die in anderen Untersuchungen festgestellte Bildungsschere. Homecomputer weisen in Familien mit höherem Bildungsniveau einen höheren Verbreitungsgrad auf als in Familien mit niedrigeren Bildungsabschlüssen (vgl. a. Herzberg 1987). Über das Computerspiel hinaus wird der Computer intensiver vor allem von Jugendlichen genutzt, die die Realschule beziehungsweise das Gymnasium besuchen (vgl. Spanhel 1987; Sander/Vollbrecht 1987).

Hejl u.a. berichten über eine Befragung von Lehrern an nordrhein-westfälischen Schulen, „daß ab der Klassenstufe 7/8 die durchschnittlichen Anteile dieser Schüler (deren computerbezogenes Handeln intensiver ausgeprägt ist, Anm. d. Verf.) in den Realschulen und vor allem in den Gymnasien um einiges höher ausfallen als in den Gesamtschulen und in den Hauptschulen" (Hejl u.a. 1988, S. 39).

In einer Repräsentativstudie von Emnid (1987) wird in einer Befragung von über 1000 Jugendlichen zwischen 13 und 24 Jahren festgestellt, daß 8 % der Jugendlichen den Computer als ein regelmäßiges Hobby und 7 % sich selbst als einen Computerfreak bezeichnen. 41 % geben an, daß sie den Computer zur Zeit benutzen oder benutzt haben; 59 % benutzen den Computer nicht (zit. n. Six 1988, S. 10).

Aus diesen Zahlen ist zu folgern, daß die Verbreitung und Nutzung von Computertechnologie im Bereich Familie/Freizeit nicht in dem Maß fortgeschritten ist, wie angenommen wird. Insofern kann nicht erwartet werden, daß Wirkungspotentiale der Computertechnologie als ein Breitenphänomen auftreten. Mit der zunehmenden Mediatisierung von Lebensumwelten wird jedoch auch der Umgang mit Computern im Familie/Freizeitbereich zunehmen. Hurrelmann u.a. stellen in einer Untersuchung über das Dortmunder Kabelpilotprojekt fest, daß Haushalte mit Kabelanschluß einen höheren Ausstattungsgrad mit neuen Medien aufweisen, auch mit Computern, als Haushalte ohne Kabelanschluß (Hurrelmann u.a. 1988, S. 73). Ebenso stellen sie eine vergleichsweise hohe Nutzungsfrequenz des Computers fest. Generell besteht in Kabelhaushalten ein höheres Interesse insbesondere an audiovisuellen Medien (Hurrelmann u.a. 1988, S. 73). Möglicherweise zeichnen sich hier Entwicklungslinien familialer Lebenswelt in einer zukünftigen Informationsgesellschaft ab.

Um die gegenwärtige Bedeutung von Computertechnologie als ein Freizeitmedium bestimmen zu können ist es sinnvoll, diese zunächst in bezug auf die „alten" Medien zu betrachten. Gerade für den Familie/Freizeitbereich impliziert die Universalität des Computers, daß die Art der Anwendung als Spiel-, Lern- oder Arbeitsinstrument nicht festgelegt ist. Die Nutzungsweisen zeichnen sich vielmehr durch eine „Gestaltungsoffenheit" (Rammert 1987, S. 2) aus.

In der medienpädagogischen Forschung wird davon ausgegangen, daß die Computernutzung an *bestehende Wissens- und Erfahrungskonzepte*, das heißt an Handlungskompetenzen, die im Umgang mit den alten Medien erworben wurden, anknüpft (vgl. beispielsweise Rogge 1985; 1988; Hengst 1985). Greenfield betont eine enge psychologische Verknüpfung von Fernsehen, Film und Home-Computer (Greenfield 1987, S. 108), die sie vor allem in der Entwicklung der visuellen, dynamischen Bewegungsaspekte sieht. Mit der graphischen Gestaltung der Figuren in den Computerspielen wird für Hengst eine Fortsetzung der Buchtradition des Comics deutlich (Hengst 1985, S. 16). Solche Anknüpfungspunkte an vorhandene Erfahrungskonzepte werden als wesentliche Voraussetzung für eine rasche Akzeptanz des Computers durch Kinder und Jugendliche gesehen.

Ist diese Akzeptanz gegeben, erweitern sich für die Nutzer die medienbezogenen Handlungsmöglichkeiten durch den interaktiven Charakter der Computertechnologie; die medienbezogenen Kompetenzen erweitern sich im Handlungsprozeß.

Hengst folgend lassen sich Computerspiele, darüber hinaus ebenso andere Computeranwendungen im Freizeitbereich, als ein „integriertes Medienverbundsystem" (Hengst 1985, S. 16) ansehen, das gegenüber den „alten" Medien einen höheren Grad an Handlungsmöglichkeiten durch Interaktion mit symbolischen Welten bietet.

Die Medienintegration wirkt sich jedoch nicht nur auf bestehende medienbezogene Handlungskompetenzen aus. Aufgrund des *Vernetzungscharakters* der Technologie findet in der Nutzung neuer und alter Medien eine reale Integration statt, wie es die Möglichkeiten der computergestützten Videofilmgestaltung oder der Computeranimation anzeigen. Die zukünftige technologische Entwicklung greift diese Medienintegration auf. So beschreibt beispielsweise Turkle die Entwicklungslinien von Computerspielen, bei denen sich die Komplexität der

Handlungsstruktur der Spiele Erzählstrukturen des Romans annähern soll (Turkle 1986, S. 91/92). Computertechnologie im Familien- und Freizeitbereich ist daher als ein integriertes Medienverbundsystem zu betrachten, das auch die Nutzungs- und Wissenskonzepte der alten Medien verändert.

2. Computertechnologie und soziale Interaktion in der Familie

Um eine Einordnung der aktuellen Forschung in den bestehenden Diskussionszusammenhang zu Wirkungspotentialen des computerbezogenen Handelns in der Familie zu ermöglichen, erfolgt zunächst auf der Basis der Literaturanalyse von Rogge (1988) eine generelle Kritik der Forschungslage (2.1). Bei der nachfolgenden Analyse wird sowohl nach Auswirkungen auf das familiale System als auch nach computerbezogenem Handeln von Heranwachsenden innerhalb dieses Systems gefragt. Dabei wird auch der Stand der sich auf Informations- und Kommunikations-Technologien beziehenden Forschung wiedergegeben, da diese Ergebnisse als medienunabhängig eingestuft werden können und auch für die Nutzung der Computertechnologie in der Familie gelten. Anhand zweier aktueller Forschungsprojekte werden sowohl Ergebnisse wie Forschungsansätze der computerbezogenen Forschung in der Familie dargestellt und bezüglich der Wirkungspotentiale des Computers diskutiert (2.2). Ferner sind die Wirkungspotentiale einer computerisierten Arbeitswelt auf das familiale System einzubeziehen, die mittelbar über computergeprägte Arbeitsplätze und unmittelbar über die Teleheimarbeit Bedeutung für die Familie erlangen (2.3). Abschließend werden die wichtigsten Ergebnisse zum computerbezogenen Handeln in der Familie zusammengefaßt (2.4).

2.1 Kritik der empirischen Forschung

Die Diskussion um mögliche Auswirkungen der neuen Informations- und Kommunikationstechnologien auf die Familie als primäre Sozialisationsinstanz nimmt einen breiten Raum ein. Diesem Interesse steht jedoch eine empirische Forschungslage gegenüber, die in quantitativer wie qualitativer Hinsicht als äußerst dürftig anzusehen ist. Wie Rogge (1988) feststellt, bestehen „Ergebnisse" im wesentlichen aus „... Andeutungen, Spekulationen oder einer linearen Fortführung jener Ergebnisse ..., die schon für die Einflüsse alter Medien auf das Familienleben geltend gemacht wurden" (Rogge 1988, S. 15).

Zentral ist die These einer Kommunikationszerstörung innerfamilialer Beziehungen durch die neuen Informations- und Kommunikationstechnologien, eine Befürchtung, die auch schon die Diskussion um die Auswirkungen des Fernsehens kennzeichnete. Die zentrale Kritik Rogges an der auf alte wie neue Medien bezogenen Forschung lautet zusammengefaßt (Rogge 1988, S. 22 ff.):

- Die Forschung ist stimulusorientiert, d.h. Wirkungen werden aus der Analyse objektiver Medienrealitäten abgeleitet und nach einem Reiz–Reaktion–Schema auf das soziale Geflecht der Familie übertragen.

- Es wird mediumzentriert geforscht, d.h. ein Medium wie Radio, Comic, Videospiel oder Computer steht im Mittelpunkt der Analyse. Auf dem Hintergrund des Ansatzes des Medienensembles muß jedoch davon ausgegangen werden, daß Medienumwelten als Ganzes Wirkungspotentiale entfalten.

- Subjektive Deutungsleistungen sowie die Vielfalt des alltäglichen familialen Handelns, aber auch die gesellschaftlich begründete Problematik in der Mediennutzung werden nicht in Betracht gezogen.

Die behauptete Kommunikationszerstörung spiegelt nach Rogge
latente Ängste und Befürchtungen wider, die in historischer Perspektive im Kontext eines jeden neuen Mediums wiedergekehrt sind, diese Annahme also medienunabhängig formuliert wird (vgl. Six 1988; Hejl u.a. 1988). In diesem Sinn kann festgehalten werden, daß die bisherige Diskussion um Wirkungspotentiale von Computertechnologie in der Familie hinter den schon erreichten theoretischen wie empirischen Stand der medienpädagogischen Forschung zurückfällt.

2.2 Gefährdungs- und Entwicklungspotentiale computerbezogenen Handelns im familialen Kontext

In einem Resümee dreier empirischer Untersuchungen zur Fernsehnutzung in Kabel-Pilotprojekten hebt Rogge Gesichtspunkte hervor, die ebenso für die Nutzung von Computertechnologie in der Familie gelten können (Rogge 1988, S. 24 ff.):[10]

- Die Ergebnisse bestätigen die These der Verstärkerfunktionen vorhandener familialer Defizite durch die neuen Technologien, insbesondere bezüglich binnenfamilialer Defizite des kommunikativen Handelns.

---

10 Zusammengefaßt werden die Untersuchungen zum Kabelpilotprojekt Dortmund (vgl. Hurrelmann u.a. 1988), zum Berliner Kabelprojekt (vgl. Schmidt 1988) und zum Gestaltungsprojekt „Kabelfernsehen und Freizeit" an der Universität Mannheim (vgl. Kaase u.a. 1988).

– Es muß unterschieden werden zwischen Familien, die angesichts der Anforderungen über kommunikative Problembewältigungsstrategien verfügen, und denjenigen Familien, die die Medien eher kompensatorisch nutzen. Die neuen Kommunikationstechnologien beinhalten als Gefährdungspotential, daß sich diese Schere weiter öffnen wird.

– Das Erziehungs- wie Medienverhalten der Eltern übt Einflüsse auf die Entwicklung medienbezogener Kompetenzen bei Kindern und Jugendlichen aus.

– Medienbezogenes Handeln wird von objektiven Faktoren wie Schichtzugehörigkeit und Bildung bestimmt.

Daneben beziehen sich zwei empirische Projekte direkt auf das computerbezogene Handeln im familialen Kontext: Zum einen das Projekt „Computern von Kindern und Jugendlichen zwischen Familie und Arbeit", Deutsches Jugendinstitut München (Beisenherz/Bertram/Leu)[11], zum anderen das Projekt „Alte und neue Medien im häuslichen Alltag", am Ludwig-Uhland-Institut, Tübingen (Rogge/Jensen).

Beide Projekte gehen von einem alltagsorientierten Forschungsansatz aus, d.h. computerbezogenes Handeln wird als Teil einer umfassenderen Alltagsrealität bestimmt, die die subjektive Deutung des medienbezogenen Handelns beeinflußt. Beide Projektansätze betonen in der Frage der Wirkungspotentiale vorrangig die Bedeutung des sozialen Kontextes vor der der strukturellen Eigenschaften der Computertechnologie. „Sozialisationseffekte (resultieren) nicht unmittelbar aus den technologischen Eigenarten dieses Geräts, sondern (werden) durch die Einbettung dieser Tätigkeit in den familialen Kontext vermittelt und beeinflußt." (Beisenherz u.a. 1988, S. 1 f.)

Unterschiedlich sind sie jedoch in der Hinsicht, daß Leu analytisch ein strukturell auf computerisierte Mikrowelten bezogenes Handlungsmuster entwickelt und dieses als Teil alltagspraktischen Handelns bestimmt. In der Untersuchung von Rogge/Jensen wird dagegen ganz auf eine strukturelle Analyse verzichtet; der Blick richtet sich auf die familialen Beziehungen.

Im folgenden sollen zunächst Fragestellung, Forschungsansatz und Ergebnisse der Tübinger Studie vorgestellt werden. Daran schließt sich die Darstellung des Münchener Projekts an.

---

11 Da die Projektmitarbeiter in Einzelveröffentlichungen wie in gemeinsamen Arbeiten über ihren Ansatz und Ergebnisse berichtet haben, erscheinen verschiedene Literaturangaben. Sie beziehen sich jedoch immer auf das gleiche Projekt.

2.2.1 Das Projekt „Alte und neue Medien im häuslichen Alltag"

Die Forschung über Auswirkungen der Nutzung von alten und neuen Medien im familialen Alltag war Ausgangspunkt zweier Projekte, die am Ludwig–Uhland–Institut/Tübingen durchgeführt wurden. Sie können von der Projektanlage, den Ausgangsfragestellungen und der Forschungsmethodik als die bisher umfangreichsten Untersuchungen in der BRD angesehen werden.[12] In diesem Ansatz wird versucht, den Einfluß medienbezogenen Handelns historisch-medienbiographisch zu bestimmen und hinsichtlich der sozio–ökonomischen Rahmenbedingungen der Familie wie der subjektiven Deutungsmuster der Familienmitglieder zu untersuchen. Computerbezogenes Handeln wird vor allem in seiner Funktion innerhalb des familialen Systems interpretiert. Es wird davon ausgegangen, „daß alle Ereignisse (also auch medienbezogene) in einer Familie stets systemischen Charakter haben, d.h. unter (unterschiedlicher) Beteiligung aller Familienmitglieder vonstatten gehen" (Rogge 1988, S. 38).

Als entscheidend für die innerfamiliale Bewältigung von Anforderungen wird eine klare Abgrenzung der familialen „Subsysteme", d.h. der Familienmitglieder vorausgesetzt, die sich in den Beziehungen zueinander in einer vertikalen intergenerativen wie horizontalen intragenerativen Ebene konstituieren (Rogge 1988, S. 38).

Wirkungspotentiale der Computertechnologie resultieren aus der Bedeutung des computerbezogenen Handelns in den sozialen Beziehungen von Eltern-Kindern, Vater-Mutter etc. „Die Bedeutungs- und Handlungsrelevanz von Medien für das familiale Setting ergeben sich nicht aus den Medienspezifika, als vielmehr aus dem sozialen Kontext, in dem das medienbezogene Handeln stattfindet" (Rogge 1988, S. 29).

Das computerbezogene Handeln hat Einflüsse auf die Familiendynamik und das Familiensystem als einem Geflecht sozialer Beziehungen. Es unterliegt dabei generations- wie geschlechtsspezifisch unterschiedlichen Bewertungen. Rogge konstatiert insbesondere eine geschlechtsspezifische „Spaltung" familialer Beziehungen: Insbesondere bei Müttern und Töchtern löst das Computern in der Familie Unbehagen aus. Das Unbehagen am Computer entzündet sich dabei in dem Maß, wie die weiblichen Familienmitglieder vom Umgang mit dem Computer ausgeschlossen werden. „Dieser steht für unterentwickelte zwischen-

---

12 Insgesamt wurden in den Jahren 1981-1988 420 Familien befragt, die sich auf die drei häufigsten Haushaltstypen in der BRD (1- beziehungsweise 2-Generationen- sowie Einpersonen-Haushalte) konzentrierten. Das Forschungsinstrumentarium setzte sich aus standardisierten Fragebögen, qualitativen Interviews, teilnehmender Beobachtung sowie Medientagebüchern zusammen. (Rogge 1988, S. 35).

menschliche Beziehungen und zurückgehende innerfamiliale Kommunikation". (Rogge 1988, S. 51f.; vgl. auch Rogge/Jensen 1986)

Mütter stehen aufgrund fehlender computerbezogener Handlungskompetenzen in Form von Wissens- und Erfahrungskonzepten der Technologie mit besonderer Unsicherheit gegenüber. Der Computer wird von ihnen als ein „männliches Medium" begriffen (Rogge 1988, S. 48). Der Bewertung des Computers als männliches Objekt entspricht die Selbstzuschreibung von Computerkompetenz durch die männlichen Familienmitglieder (vgl. Hurrelmann u.a. 1988, S. 139).[13]

Anderseits, so stellt Rogge fest, müssen die Mütter traditionellerweise einen Großteil auch der medienbezogenen Erziehung tragen, da diese von den Vätern in der Regel als Erziehungsaufgabe der Mütter deklariert wird (Rogge 1988, S. 52). Dadurch sind Mütter faktisch unmittelbarer vom sozio-kulturellen Wandel in der Familie betroffen. „Die Mütter bekommen so den Gegensatz zwischen traditionellen Normen und Anforderungen in einem sich ständig wandelnden Erziehungsalltag stärker zu spüren." (Rogge 1988, S. 52)

Anders formuliert müssen sich die Mütter stärker mit den sozio-kulturellen Handlungsanforderungen der Computernutzung innerhalb der Familie auseinandersetzen; aufgrund fehlender computerbezogener Handlungskompetenzen entsteht für sie ein Diskrepanzerlebnis, das durch die Sicherung und Durchsetzung von Machtpositionen der männlichen Familienmitglieder innerhalb des familialen Systems verstärkt wird. Wie Rogge feststellt, werden daran die Kommunikationsdefizite in den familialen Beziehungen deutlich, die sich in dem Machtstatus des Computerexperten manifestieren. „Überdauernde Probleme können sich vor allem dann ergeben, wenn Väter über ihr computerbezogenes Wissen Macht und Autorität innerhalb des Familiensystems durchsetzen wollen. Kommunikationsdefizite, die sich am Computern festmachen beziehungsweise durch das Computern deutlich werden, sind nicht an den Computerspezifika festzumachen, vielmehr familiendynamisch zu interpretieren" (Rogge 1988, S. 53).

Gefährdungspotentiale familialer Beziehungsstrukturen durch das computerbezogene Handeln beruhen dementsprechend auf der Verstärkung schon vorhandener kommunikativer Problemstrukturen. Dabei verstärken sich ebenso traditionelle geschlechtsspezifische Rollenverteilungen des Erziehungsverhaltens. Welche Folgen das für die Entwicklung von Handlungskompetenzen für die Heranwachsenden hat, wäre eine weiter zu verfolgende Forschungsfrage.

---

13 Hurrelmann u.a. stellen fest, daß in der Frage medienbezogener Kompetenzzuschreibungen „die neuen Medien geradezu zu einem Attribut der männlichen Rolle in der Familie (werden)". (Hurrelmann u.a. 1988, S. 139) Bei den Heranwachsenden sind es 90% der Jungen, die in einer Selbstzuschreibung die Kompetenz über Computer(-spiele) für sich beanspruchen (ebd.).

Das computerbezogene Handeln der Heranwachsenden sieht Rogge in der Regel von einer Computerdistanz begleitet. Bezüglich der Intensität des Umgangs mit dem Computer beobachtet er, daß sich die Anfangsfaszination der Einstiegsphase, „die andere medienbezogene und außerhäusliche Aktivitäten in den Hintergrund drängt", nach einiger Zeit relativiert (Rogge 1988, S. 53). Dies gilt insbesondere dann, wenn der familiale Alltag „eine auf Vielfalt, Kommunikation und Unmittelbarkeit angelegte ... Medien- und Freizeitkultur" aufweist (Rogge 1988, S. 47).

Als eine sozial-kontextuelle Bedingung des computerbezogenen Handelns kann die Bedeutung einer kommunikativen und unmittelbaren Medien- und Freizeitkultur für das computerbezogene Handeln auch umgekehrt gelesen werden. Je weniger diese vorhanden ist, desto eher müssen Gefährdungspotentiale für die Persönlichkeitsentwicklung des Jugendlichen durch das computerbezogene Handeln angenommen werden. Je weniger in der Familie kommunikative Handlungsstrukturen ausgebildet sind, desto eher ist der Heranwachsende auf den Kommunikationspartner „Computer" verwiesen. Die Verstärkerfunktion der Computertechnologie für Kommunikationsdefizite in der Familie wirkt sich somit vermutlich auch auf das computerbezogene Handeln der Heranwachsenden aus.

Anlaß zu Konflikten in der Familie scheint computerbezogenes Handeln vor allem in der jugendspezifischen Phase der Identitätsentwicklung zu bieten. Aus der Sicht der Heranwachsenden stellt Rogge fest, daß der Umgang mit Computern von diesen benutzt wird, um Autonomie und Selbständigkeit innerhalb des familialen Systems auszudrücken. In diesem Zusammenhang wird der Computer insbesondere für Loslösungsprozesse vom Elternhaus in der Phase der Adoleszenz benutzt. Der Erwerb computerbezogener Handlungskompetenzen ist danach eingebettet in die altersspezifische Phase der Persönlichkeitsentwicklung, die sich an sozio-kulturellen Handlungsanforderungen orientiert. Für den Heranwachsenden beinhaltet computerbezogenes Handeln die Ausbildung kultureller Identität. Die Ausbildung von Computerdistanz sieht Rogge durch das Erziehungsverhalten der Eltern gefährdet, wenn es diesen entwicklungsspezifischen Aspekten nicht Rechnung trägt. „Kinder nutzen ihre Computerkompetenzen sehr häufig aus, um sich innerhalb des Familiensystems zu definieren. Dies gilt immer dann, wenn die Eltern versuchen, ihre Kinder an eine dominante Erwachsenenkultur zu binden. Umgang mit dem Computer bedeutet für die Kinder ein Stück kultureller Identität. Dies schließt Computerdistanz nicht aus. Sie wird umso weniger zugegeben, je mehr Eltern vor den Folgen des Computerns warnen." (Rogge 1988, S. 46)

Die den familialen Alltag untersuchende empirische Forschung kann eine Fülle von sozialen Einflußfaktoren des computerbezogenen Handelns aufzeigen. Die eingangs dieses Kapitels erwähnte pauschale These von der Kommunikationszerstörung familialer Binnenkommunikation läßt sich aufgrund dieser Forschungsergebnisse nicht halten. Der Computer fungiert jedoch als Katalysator vorhandener Kommunikationsdefizite. Die Forschung zeigt auch auf, inwiefern die sozialen Konflikte zwischen Eltern und Kindern, insbesondere Müttern und Söhnen, das computerbezogene Handeln überlagern und zu einem undistanzierten Umgang beitragen können.

In diesem Kontext muß die konkrete Tätigkeit am Computer selbst berücksichtigt werden. Rogge präsentiert anhand eines Fallbeispiels Interviewpassagen, die sich auf das computerbezogene Handeln des Jugendlichen beziehen. Sie machen die Notwendigkeit der Analyse des konkreten Handelns am Computer deutlich. Rogge zitiert Aussagen eines Jugendlichen, die sich auf einen computerbezogenen Konflikt zwischen Mutter und Sohn beziehen: „... Meine Eltern (wußten) gar nicht, was ich alles mit dem Computer mache. Die waren nur dagegen." Und: „Die können sich nicht vorstellen, wie es ist, wenn man davorsitzt. Das ist einfach interessant und spannend. Wenn ich gezwungen wäre, etwas anderes zu machen, würde ich den Computer vergessen. Aber das erste halbe Jahr wäre dann wirklich schwer ... Gut ist, daß man schnell weiß, ob man auf der richtigen Spur ist, Erfolg hat oder nicht. Und der Computer merkt schnell, ob ich was richtig mache oder nicht." (Rogge 1988, S. 41ff.).

Es ist die Frage, inwiefern die vom Sohn deutlich geäußerte Abhängigkeit vom computerbezogenen Handeln allein in bezug auf die Funktion innerhalb des familialen Beziehungsgeflechtes interpretiert werden kann. Die funktionale Erklärung – innerfamiliale Abgrenzung, Streben nach Selbständigkeit und Autonomie, Herausbildung einer kulturellen Identität – greift in der Frage der Wirkungspotentiale für die Persönlichkeitsentwicklung zu kurz.

Es wird nicht mehr danach gefragt, was die Interaktion mit dem Computer in einer Weise spannend macht, daß computerbezogenes Handeln als „unentbehrlich" empfunden wird. Es wird nicht mehr danach gefragt, welche psychodynamischen Prozesse den Gefühlen des Erfolg-haben-Wollens, Auf-der-richtigen-Spur-Seins etc., zugrunde liegen, welche Sozialisationspotentiale aus dem Empfinden des Computers als Interaktionspartner resultieren. Gefährdungs- und Entwicklungspotentiale, die aus der spezifischen Handlungsform des Computerns im Zusammenhang mit sozial-kontextuellen Bedingungen erwachsen, werden so nicht mehr definiert.

Es bleibt zu klären, inwiefern die entwicklungsbedingte Handlungsanforderung nach Emanzipation vom Elternhaus und Aufbau einer kulturellen Identität mit

Hilfe des computerbezogenen Handelns an sich schon als positiv und damit als ein Entwicklungspotential beurteilt werden kann. Im Kontext des computerbezogenen Handelns von Jugendlichen wird diese Frage wieder aufgegriffen.

2.2.2 Das Projekt „Computern von Kindern und Jugendlichen zwischen Familie und Arbeit"

Leu knüpft, auch wenn er dem sozialen Beziehungsgeflecht der Familie Vorrang vor dem computerbezogenen Handeln einräumt, an die strukturelle Qualität der Mensch–Computer–Interaktion an und kennzeichnet das Wirkungspotential computerbezogenen Handelns in der Dominanz einer pragmatisch–handelnden Orientierung, dessen Ziel die Manipulation „des jeweils ablaufenden Prozesses selber" ist (Beisenherz u.a. 1988, S. 9). Handlung bezieht sich in computerisierten Mikrowelten immer auf die Beeinflussung nichtgegenständlicher Abbilder von Objekten, Bewegungen und Ereignissen. Daraus resultiert eine Beliebigkeit der Handlungen selbst, da diese keine dauerhaften Spuren hinterlassen und die Ergebnisse der Handlung dementsprechend immer wieder verändert werden können.

Davon ausgehend kommt Leu zu dem Ergebnis, daß das computerbezogene Handeln strukturell der Realisierung von Subjektivität enge Grenzen setzt. Auf dem Hintergrund des Schützschen Subjektkonzepts, nach dem sich die subjektive Realität zugleich auf der Ebene der sinnlichen Wahrnehmung, der mentalen Aneignung und handelnden Aktivität konstituiert, kommt er zu dem Schluß, „daß die beim Computern ... realisierte Subjektivität ... in den einzelnen Aneignungsformen deutlich eingeschränkt und sowohl im Hinblick auf den sozialen als auch auf den individual biographischen Kontext abgeschottet ist. Die sinnliche Wahrnehmung konzentriert sich auf die visuelle Wahrnehmung von Zeichen, die außer der optischen keine weiteren Erfahrungsqualitäten mehr haben; die mentale Aktivität beschränkt sich auf den strategischen Umgang mit beziehungsweise die Entwicklung von Abfolgen von Programmsequenzen; das Handeln erschöpft sich darin, Abfolgen von Zeichen- oder Ereignissimulation auszulösen und zu manipulieren, ohne daß dadurch die intersubjektiv verbindliche Alltagswelt tangiert wird." (Leu 1988 a, S. 11)

Sozialisationseffekte werden von dem relativen Verhältnis von Computerdistanz und Computerkompetenz bei den Heranwachsenden abhängig gemacht. Dieses Verhältnis bestimmt, inwiefern das computerbezogene Handeln den Alltag des Jugendlichen vereinnahmt (Beisenherz u.a. 1988, S. 7). Deshalb war es ein grundlegendes Ziel der Studie, „unterschiedliche Konstellationen innerfamilialer Beziehungen und Formen der Computerbeschäftigung mit dem Computer in den Blick zu bekommen" (Beisenherz u.a. 1988, S. 5).

Die Untersuchung, die sich auf die Erstellung von Fallstudien des computerbezogenen Handelns in Mittelschichtsfamilien konzentrierte, dabei aber die Untersuchung ausgesprochener „Computerfreaks" ausschloß, kommt zu folgenden (vorläufigen) Ergebnissen.[14]

Der familiale Kontext beeinflußt die Computeraneignung entscheidend. Es werden eine Einführungsphase des Computers und eine Phase der Veralltäglichung unterschieden. Veralltäglichung meint, daß die Nutzungsintensität nach einer Einstiegsphase zurückgeht. Es kann in dieser Phase aber auch ein Prozeß der „Expertenbildung" einsetzen, der mit dem „Anspruch der ernsthaften Computerbeschäftigung", der Tätigkeit des Programmierens, verbunden wird (Beisenherz u.a. 1988, S. 15). Der Anspruch des Expertenstatus beeinflußt die familialen Beziehungen, insofern sich mit ihm ein Machtanspruch verbindet. „Realisiert und stabilisiert wird die Macht beispielsweise dadurch, daß der anerkannte Experte Zugangsbeschränkungen zu einzelnen Programmen einrichtet, bestimmte Tricks und Tips nicht weitergibt oder Vorrechte bei der Computernutzung für sich beansprucht, da er ja ernsthafter daran ,arbeitet'. Bei dem Nicht-Experten entspricht dem komplementär eine reservierte Haltung" (Beisenherz u.a. 1988, S. 15).

Die Linie der Auseinandersetzung läuft, wenn die Position des Experten nicht vom Vater besetzt wird, zwischen den Geschwistern ab (Beisenherz u.a. 1988, S. 15). Diese Feststellung wird aber dahingehend relativiert, daß die Möglichkeit, sich über den Computer als Spezialist zu definieren und damit Macht und Ansehen innerhalb der Familie zu erlangen, „nur von wenigen und auch nur für vorübergehende Zeit ergriffen werden kann" (Beisenherz u.a. 1988, S. 15).

Nun stellen Auseinandersetzungsprozesse um Machtpositionen innerhalb des familialen Beziehungssystems, wie sie Rogge und Beisenherz im Kontext des Computerumgangs feststellen, für die soziologische Forschung keine Besonderheit dar. Am computerbezogenen Handeln entzünden sich dieselben familiendynamischen Prozesse, wie sie auch ohne den Computer ablaufen würden. Andererseits kann auch gefolgert werden, daß mit der Einführung von Computertechnologie in die Familie spezifische Anforderungen einhergehen, da mit den Machtansprüchen ein Konfliktpotential vorhanden ist, das bewältigt werden muß.

---

14 Im Zeitraum von 1985 bis 1988 wurde der Einfluß des Computers in 15 Mittelschichtsfamilien untersucht. Die Ergebnisse können daher nicht repräsentativ sein, dies wurde jedoch auch nicht angestrebt. Es wurden 21 Heranwachsende im Alter zwischen 7 und 14 Jahren (7 Mädchen und 14 Jungen) befragt und ihr Handeln am Computer beobachtet. Die Datenerhebung umfaßte Familiengespräche wie Einzelgespräche mit Heranwachsenden und Eltern sowie teilnehmende Beobachtung (Beisenherz u.a. 1988, S. 8/9).

Inwiefern Gefährdungspotentiale für das familiale System daraus resultieren, muß nach den Ergebnissen Rogges (1988) von den zur Verfügung stehenden kommunikativen Handlungskompetenzen zur Bewältigung von Konfliktlagen abhängig gemacht werden.

Die Entstehung eines Expertenstatus selbst in Familien, in denen die Computernutzung noch nicht in besonderem Maß ausgeprägt ist, verweist auf gesellschaftlich vorhandene Vorstellungsmuster, die unhinterfragt in der subjektiven Vorstellungswelt auftauchen und sozialisationsrelevant werden. Dieser symbolische Status des Experten ist daran abzulesen, daß der „ernsthafte" Anspruch, der sich mit programmierenden Tätigkeiten verbindet, der subjektiven Vorstellung entspricht, d.h. es müssen nicht unbedingt die entsprechenden computerbezogenen Kompetenzen objektiv damit einhergehen. In der Regel bleibt die Computerkompetenz insbesondere bei Heranwachsenden bescheiden (Beisenherz u.a. 1988, S. 14).

Im computerbezogenen Handeln von Adoleszenten können Gefährdungspotentiale aus dem Umgang mit Computersimulationen resultieren. Für die Simulation von Alltagsabläufen wird bei der Nutzergruppe „eine beachtliche Zuversicht in die Möglichkeiten des Computerns" beobachtet und gefolgert: „Durch ihre Differenziertheit und zunehmende Verbreitung erhalten Simulationen aber offensichtlich eine Art eigener Mächtigkeit, die m.E. Beachtung verdient" (Beisenherz u.a. 1988, S. 11). Die Simulationsmöglichkeiten von realen Prozessen und Objekten wird von den Heranwachsenden überbewertet. Dies kann auch dahingehend verstanden werden, daß das Handeln in simulierten Welten aufgrund seiner Differenziertheit das Gefühl einer eigenen Realität erwecken kann. In dieser Unterscheidung von zwei Welten (vgl. Leu 1988 a) stellt sich die Frage nach dem Verhältnis beider, nämlich ob und wie computerbezogene Handlungskompetenzen den Erwerb von Wissensstrukturen in der realen Welt tangieren. Bei den untersuchten Heranwachsenden wird diesbezüglich festgestellt, daß keine „unangemessenen Maschinenmetaphern" auf den realen Alltag übertragen werden (Beisenherz u.a. 1988, S.15).

Ein weiteres Ergebnis ist, daß die Kriterien subjektiver Beurteilung der Qualität von Computerprodukten sich nicht am subjektiven Erleben orientieren, sondern an der effizienten Gestaltung. „Es geht nicht um die Frage, inwiefern bestimmte Gefühle, Situationen, Stimmungen getroffen und ausgedrückt werden, sondern darum, wie differenziert und gekonnt mit einem bestimmten Umfang an Speicherkapazität umgegangen wird und wieweit das Gerät dabei ausgereizt wird" (Beisenherz u.a. 1988, S. 12).

Das computerbezogene Handeln folgt somit eher instrumentellen Zielsetzungen, die sich an den technischen Möglichkeiten des Computers orientieren und nicht an der (subjektiven) Produktqualität. Dies gilt auch für geschlechtsspezifische Umgangsstile. Bei der Arbeit mit dem Computer steht beim „harten" Umgangsstil die Effizienz und Fehlerfreiheit des Programms im Vordergrund, der Inhalt des Programmierten wird gleichgültig, die computerbezogenen Handlungskompetenzen orientieren sich an Optimierung und effizienter Gestaltung der Programmstrukturen. Im „weichen" Umgangsstil spielt dagegen die subjektive Erfahrung in der konkret–bildlichen Identifikation eine große Rolle und nicht die instrumentelle Optimierung eines Prozeßablaufs.

Als entscheidend für die Entfaltung von Gefährdungspotentialen erweist sich der zeitliche Anteil computerbezogener Handlungsmuster am alltagspraktischen Handeln. Die vorläufigen Ergebnisse zusammenfassend, kommen Beisenherz u.a. zu dem Schluß: „In der Regel ist die nur bescheidene Computerkompetenz immer auch begleitet von einer Distanz, die einer Vereinnahmung der ganzen Alltagspraxis der Heranwachsenden durch den Computer deutlich entgegensteht" (Beisenherz u.a. 1988, S. 12). Beisenherz u.a. stellen zwar eine gewisse Anfangsfaszination bei den Heranwachsenden fest, insbesondere in der Einstiegsphase, die zu einem zeitlichen Anstieg des computerbezogenen Handelns führt. Verglichen mit den übrigen Zeitaufwendungen für andere Freizeitaktivitäten ist dieser Anteil, der sich nachher (in der Phase der Veralltäglichung) wieder relativiert, „nicht besonders auffallend" (Beisenherz u.a. 1988, S. 11).

2.3   Computer, Arbeit und Familie

Die zunehmende Integration der Arbeitswelt in den familialen Lebenskontext in Form der Heimarbeit wird in der Literatur überwiegend kritisch beurteilt. Insbesondere ist es strittig, ob dies zu einem Zuwachs an flexibler Arbeitszeitgestaltung und damit zu Möglichkeiten der Anpassung der Arbeitstätigkeit an dem familialen Lebensrythmus führen kann (Rogge 1988, S. 62), oder ob im Gegenteil familiale Zeitflexibilität weiter reduziert wird. Herlth (1986) nimmt nach einer Analyse der Literatur zur Familie in der Arbeitsgesellschaft eher letzteres an und verbindet damit Gefährdungspotentiale für die familiale Binnenkommunikation: „Die Integration der Familie in die Arbeitswelt reduziert zwangsläufig die Flexibilität der familialen Zeitnutzung, die Gemeinsamkeit der familialen Zeitnutzung und die Selbststeuerung der familialen Zeitnutzung. Diese Effekte behindern Prozesse binnenfamilialer Kommunikation ... und Entscheidungsfindungen." (Herlth 1986, S. 121; zit. n. Rogge 1988, S. 62)

Richter/Goldmann stellen in einer empirischen Studie zur Teleheimarbeit von Frauen fest, daß im Bewußtsein der Heimarbeiterinnen diese ein Anforderungspotential beinhaltet, das die Kompetenz zur „eigenständigen Strukturierung des Tagesablaufs" verlangt (Richter 1988, S. 34). Die Zeitplanung der Frauen muß sich dabei weniger an den familialen Belangen orientieren, als vielmehr an der Zeitplanung der Auftraggeber, die durch eine starke Schwankung der Auftragslage und der zeitlich unbeschränkten Verfügbarkeit der Arbeitskraft gekennzeichnet ist (Richter 1988, S. 35f.). Flexibilisierung der Arbeitszeit ist dann nicht nur individuelle Handlungsmöglichkeit, sondern ebenso objektiv erwartete Anforderung. Die zeitlichen Dispositionsspielräume der Familie werden eher eingeschränkt.

Rogge merkt darüber hinaus an, daß die mit der computertechnologischen Umgestaltung von Arbeitsplätzen einhergehende Erhöhung von Belastungsstrukturen das familiale Erziehungsverhalten der berufstätigen Eltern in mittelbarer Weise beeinflußt. „Zweifelsohne erzeugt der technische Wandel Streß und Belastung, die sich auf das psychosoziale Klima innerhalb der Familie auswirken. Die Durchdringung des Arbeitsalltags mit Computern und neuen Technologien bedeutet eben nicht nur Erleichterung, sondern geht mit physischen Anstrengungen und psychischen Belastungen einher. Soziale Isolation, nervliche Übermüdung und seelische Zerschlagenheit sind die Folgen." (Rogge 1988, S. 62f.)

Im Kontext der Thesen Baethge und Oberbecks über die Veränderung des kommunikativen Klimas durch die Automatisierung der Büroarbeit erscheint dies als realistisches Gefährdungspotential. „Man kann den Wandel der Büroatmosphäre vielleicht dadurch charakterisieren, daß ... das Arbeitsklima ... stärker konkurrenzhaft und zunehmend nur zweckgerichtet wird, daß die Poren des Arbeitstages auch für zweckungebundene Kommunikation immer mehr geschlossen werden. Dieses Klima und der Zwang zur konzentrierten Arbeit stellt neue Ansprüche an das Leistungsvermögen der Angestellten, erfordert mehr und mehr den hochflexiblen, stark belastbaren, Streß und Konkurrenzdruck ertragen könnenden Verhaltenstyp." (Baethge/Oberbeck 1986 a, S. 82)

Diese Anforderung, sozial-emotionale Bedürfnisse im Arbeitsalltag zunehmend auszuklammern, kann dann dazu führen, daß die Familie und insbesondere die Kinder eine Kompensationsfunktion übernehmen müssen, der sie nicht gewachsen sind. Seehausen u.a. (1986) weisen darauf hin, daß die psychische Belastung der Eltern am Arbeitsplatz Auswirkungen auf Einstellungen, Verhalten und Entwicklung der Kinder hat. „Es besteht die Gefahr, daß Eltern durch Verwöhnung die Liebe ihrer Kinder zu erkaufen suchen, die sie als zuwendungsbedürftige Berufstätige so dringend benötigen. Da sie nach der Arbeit zu erschöpft sind, um sich ihren Kindern aktiv und kreativ zu widmen, ‚zahlen' sie

für ihr gutes Verhältnis zu ihnen durch Nachgiebigkeit und Verhätschelung."
(Seehausen u.a. 1986, S. 16 ff; zit. n. Rogge 1988, S. 63)

Der Zusammenhang von Arbeitswelt und Familie macht auch hier die Notwendigkeit einer sozialverträglichen Technikgestaltung überdeutlich. Es ist nicht nur das computerbezogene Handeln in der Familie, was Auswirkungen auf die Familie und das Erziehungsverhalten von Eltern hat, sondern die computerisierte Arbeitswelt wirkt mittelbar in das familiale System hinein. Insbesondere wäre auf diesem Hintergrund zu fragen, inwiefern die Belastungen der Arbeitswelt das computerbezogene Handeln und die Auseinandersetzungen darum in der Familie selbst wiederum beinflussen.

2.4 Zusammenfassung

Die Forschungslage zu Wirkungspotentialen des computerbezogenen Handelns in der Familie ist derzeit als noch ungenügend anzusehen. Dies bezieht sich zum einen auf die eher schmale empirische Datenlage, die es auch für die amerikanische Forschung festzuhalten gilt (Rogge 1988, S. 54 ff.), zum anderen auf das Forschungsdesign, das Generalisierungen von Ergebnissen kaum zuläßt: Die Untersuchung von Beisenherz u.a. erlaubt keine Feststellung von schichtspezifischen Einflüssen. Das Auswahlkriterium, Familien zu befragen, die keine intensive Computernutzung aufweisen, läßt die Frage nach Wirkungspotentialen der intensiven Computernutzung offen. Immerhin kann jedoch festgestellt werden, daß die Einführung des Computers in der Familie nicht zwangsläufig die Heranwachsenden zum „Computerfreak" werden läßt. Sozialisationseffekte der Computertechnologie werden als geringfügig eingestuft, andererseits in langfristiger Perspektive auch nicht ausgeschlossen (Beisenherz u.a. 1988, S. 19).

In der Untersuchung Rogges wird vom familiendynamischen Forschungsansatz her die Spezifik des computerbezogenen Handelns ganz ausgeklammert. Somit können auch keine Aussagen über Wirkungspotentiale auf die Persönlichkeitsentwicklung der Heranwachsenden durch das konkrete computerbezogene Handeln getroffen werden. Gefordert wären hier weitere Untersuchungen, die – wie Leu es im Ansatz konzipierte – die Spezifik der computerbezogenen Handlung und die Beziehungsstrukturen der Familie zueinander in Beziehung setzen und das Ineinandergreifen von sozialen und computerbezogenen Handlungsprozessen beschreiben.

Dennoch lassen sich aufgrund der eher soziologisch ausgerichteten Forschungsansätze soziale Aspekte computerbezogener Handlungsstrukturen benennen, die das computerbezogene Handeln — zumindest in der Dimension

Computerdistanz – und damit seine Wirkungen beeinflussen. Computerumgang in der Familie beinhaltet einigen sozialen Konfliktstoff. Der Computer scheint dabei eine katalysatorische Funktion in der Verstärkung von vorhandenen Problemen einzunehmen. Mit der Anschaffung eines Computers gehen zunächst einmal für die Familienmitglieder höhere Anforderungen an kommunikative und interaktive Kompetenzen zur Konfliktbewältigung einher. So ist es kaum verwunderlich, daß der Computer als Katalysator gerade dort eine verstärkende Funktion besitzt, wo die familialen Kommunikationsstrukturen schon beschädigt sind. Vor diesem Hintergrund lassen sich folgende Ergebnisse aus den vorliegenden Untersuchungen festhalten:

– Gefährdungspotentiale des computerbezogenen Handelns für die familialen Beziehungen erwachsen dann, wenn computerbezogene Kompetenzen zur Absicherung oder Erlangung von Machtpositionen in der Sozialstruktur der Familie eingesetzt werden. Dem Status des Experten auf der einen Seite entspricht dabei auf der anderen Seite die komplementäre Rolle des „Unwissenden".

– Computerbezogenes Handeln in der Familie beinhaltet als Gefährdungspotential, daß traditionelle geschlechtsspezifische Rollenverteilungen vertieft werden. Sowohl von Frauen/Mädchen wie Männern/Jungen wird der Computer über Fremd- beziehungsweise Selbstzuschreibung als „männliches" Objekt wahrgenommen. Für die Frau in der Rolle der Mutter entstehen dabei widersprüchliche Handlungsanforderungen, die sozio–kulturell begründet sind. Zum einen wird Computerkompetenz von ihr – in der historischen Tradition der Gleichsetzung von Technik = Mann – als „männlich" eingestuft. Zum anderen werden ihr jedoch in der Elternrolle medienbezogene Erziehungsaufgaben zugeschrieben. Diese Diskrepanz führt zunächst zu einer Ablehnung des Computers in der Familie, die um so stärker ausfällt, je mehr Frauen von der Chance des Erwerbs computerbezogener Handlungskompetenzen ausgeschlossen werden. Dies kann zu einem unangemessenen Erziehungsverhalten führen, das bei den Heranwachsenden, besonders den Söhnen, zu einer problematischen Verringerung von Computerdistanz im computerbezogenen Handeln beiträgt.

– Gefährdungspotentiale des computerbezogenen Handelns bestehen in der Entwicklung von Computerdistanz um so weniger, je mehr die familialen Beziehungsstrukturen kommunikationsorientiert ausgebildet sind und die Familienmitglieder über kommunikative Strategien der Konfliktbewältigung verfügen.

– Aus den sozial-kontextuellen Bedingungen des computerbezogenen Handelns allein lassen sich die Gefährdungs- beziehungsweise Entwicklungspotentiale des computerbezogenen Handelns nicht bestimmen. An dem von Rogge ausgeführten Fallbeispiel wird auch deutlich, daß eine schwindende Computerdistanz und zunehmende Abhängigkeit vom computerbezogenen Handeln nicht allein aus der sozialen Funktion des Computers zu erklären ist. Computern besitzt als Handlung eine eigene Qualität, auch wenn sie mit den sozialen Strukturen der Familie in Beziehung steht. Generell wird jedoch bei den Heranwachsenden eine gewisse Computerdistanz festgestellt, die trotz einer Anfangsfaszination besteht.

— Auf einer phänomenologischen Ebene findet sich in den (nicht repräsentativen) Beobachtungen Beisenherz' eine Bestätigung bisher in der Literatur vorfindlichen Forschungsergebnisse (vgl. Kap. II. C.). Das computerbezogene Handeln mit Alltagssimulationen vermag den Anschein einer eigenen Realität zu vermitteln. Die Interaktion mit dem Computer kann das Gefühl vermitteln, mit einem Partner zu kommunizieren. Objektiv betrachtet entstehen Kontrollkompetenzen, d.h. es findet eine fortschreitende Anpassung der computerbezogenen Handlungskompetenzen an die Anforderungsstruktur des Computers statt.

— Anzeichen für ein Gefährdungspotential lassen sich in einem computerbezogenen Handlungsstil finden, der an der Optimierung und effizienten Gestaltung von Computerprogrammen orientiert ist, während das subjektive Erleben, die eigentliche „Erfahrung" bedeutungslos wird. Damit werden aber wesentliche kognitive Interpretationsprozesse der Aufarbeitung von subjektiver Realität ausgeklammert. Wird Alltagshandeln zunehmend von „computergeprägten" Handlungsstilen dominiert, entsteht ein Gefährdungspotential aufgrund der Reduktion subjektiver Handlungskompetenzen.

In der weiteren Forschung muß der Frage der sozio-kulturellen Bedeutung des Computers und ihr Einfluß auf das familiale System und das computerbezogene Handeln stärker nachgegangen werden. Hinsichtlich der Entwicklung kultureller Identität von Jugendlichen ist zu fragen, von welchen Handlungs- und Wertorientierungen diese geprägt ist. Es ist zu prüfen, in welcher Weise der Status des Experten das computerbezogene Handeln von Kindern und Jugendlichen beeinflußt und unter welchen Bedingungen eine Vereinnahmung des Alltags zustande kommt.

3. Gefährdungs– und Entwicklungspotentiale
computerbezogenen Handelns von Kindern und Jugendlichen

Gefährdungs– und Entwicklungspotentiale des computerbezogenen Handelns von Kindern und Jugendlichen sollen im folgenden anhand der Bedeutung der Anwendungsformen und hinsichtlich ihrer Bedeutung für die Kompetenzentwicklung der Persönlichkeit in emotionaler, kognitiver sowie sozialer Hinsicht systematisiert werden. Zunächst werden dazu die Anforderungspotentiale spezifischer Formen computerbezogenen Handelns bestimmt. Angesichts der Fülle von Anwendungsmöglichkeiten erfolgt hier eine Beschränkung auf die hauptsächlichen, bei Kindern und Jugendlichen vorherrschenden Formen des 'Computerns' (3.1). Danach werden die Wirkungspotentiale der Video–, Tele– und Computerspiele herausgearbeitet, da diese die dominierende Nutzungsform von Computertechnologie im Freizeitbereich für die Mehrzahl der Jugendlichen darstellen (3.2). Der intensive Umgang mit dem Computer beim Programmieren ist vor allem im Kontext der Entwicklung kultureller Identität Gegenstand der Diskussion. Damit wird der Bedeutung der Thematik in der gegenwärtigen Sozialforschung Rechnung getragen (3.3). Als ein Aspekt der Identitätsentwicklung kann die entwicklungsspezifische Aufgabe der Ausbildung einer geschlechtsspezifischen Identität im computerbezogenen Handeln gesehen werden. Da die intensive Computernutzung im Familien–/Freizeitbereich vorwiegend von männlichen Jugendlichen ausgeübt wird, wird diese Frage insbesondere unter dem Gesichtspunkt männlicher Identitätsentwicklung betrachtet (3.4). Am Anfang jedes Abschnitts werden die wesentlichen Thesen zusammengefaßt, um danach ihre empirische Relevanz zu überprüfen.

3.1 Anforderungspotentiale computerbezogenen Handelns im Bereich Freizeit/Familie

Das Wirkungsverhältnis von Persönlichkeit und Computer im Bereich Familie/ Freizeit wird durch Anforderungspotentiale bestimmt, die sich aus der Technologie selbst und ihrer Gestaltung und Anwendung im sozialen Kontext ergeben. Im folgenden sollen diese Anforderungspotentiale nach den in Kapitel II. ausgeführten Persönlichkeitsdimensionen sowie nach den drei wichtigsten Anwendungsformen:

- Video-, Tele- und Computerspiele
- Textverarbeitung
- Programmierung

unterschieden und dargestellt werden.

3.1.1 Video-, Tele- und Computerspiele

Fritz (1983) unterscheidet die Anforderungsstrukturen von Videospielen hinsichtlich der Anforderung an Konzentration, Wahrnehmung, Reaktionsvermögen und Reflexion, was beispielsweise das Vorausbedenken der eigenen Aktionen beinhaltet. Grob unterteilt lassen sich aus seiner differenzierten Typologie von Spielen zwei unterschiedliche Anforderungsstrukturen unterscheiden, die auch in Mischformen auftreten können: Zum einen „Action-Spiele", die vor allem Anforderungen an Konzentration, Wahrnehmung und Reaktionsvermögen stellen. Reflexive Kompetenzen bezüglich des Spielverlaufs werden nicht gefordert; zum anderen Spiele, die reflexive Kompetenzen im Sinne von Kombinationsvermögen, jedoch keine Ansprüche an Reaktionsvermögen stellen wie z.B. Fantasyspiele.

Greenfield (1987) kommt zu einer ähnlichen Unterteilung, in der sie bildorientierte (vorwiegend „action-Spiele") und sprachlich orientierte Spielkonzeptionen (Abenteuer- und Fantasy-Spiele) unterscheidet, die eine „unbegrenzte Zeit zum Nachdenken und zum Planen" erlauben (Greenfield 1987, S. 118).

Greenfield definiert in einer Analyse der gebräuchlichsten Videospiele kognitive Anforderungspotentiale: die im Programm festgelegte Regelstruktur der Spiele, die wechselseitig interdependente Verhaltensmuster der einzelnen Spielelemente festlegen, um ein Spiel erfolgreich bestehen zu können. Sie leitet folgende Anforderungen an kognitive Handlungskompetenzen ab:
- Förderung paralleler Informationsverarbeitung, da die einzelnen Spielelemente und ihre Beziehung zueinander im Auge behalten werden müssen;
- Förderung des räumlichen Vorstellungsvermögens und Förderung der Integrationsfähigkeit rasch wechselnder räumlicher Perspektiven durch Raumsimulationen (insbesondere bei den „action"-Spielen);
- induktives, d.h. mit zunehmender Spielerfahrung sukzessives Erkennen der Spielstrukturen (Greenfield, S. 100 ff.).

Die Anforderungsstrukturen von „action"-Spielen haben zur Konsequenz, daß reflexive und selbstreflexive Kognitionspotentiale in der Spielsituation selbst ausgeschaltet werden müssen (Greenfield 1987, S. 118; vgl. Spanhel 1987, S. 62). Die Spiele erfordern die augenblickliche Reaktion des Spielers auf die wahrgenommenen Informationen. Die Reaktionen müssen materiell über die sensomotorischen Leistungen, vor allem der Hand, ausgeführt werden. Die Hand agiert dabei losgelöst vom reflexiven Denken (Turkle 1986, S. 80). Von vielen Autoren werden in diesem Zusammenhang Anforderungen an sensomotorische Fähigkeiten herausgestellt (vgl. zusammenfassend Rogge 1988, S. 64; Greenfield 1987, S. 106).[15]

Die Analysen von Spielpräferenzen und -motivationen von Kindern und Jugendlichen der Mediennutzungsforschung legen die Schlußfolgerung nahe, daß es insbesondere die „action"-Spiele sind, die vorgezogen werden (siehe beispielsweise Hengst 1985, S. 16; Fritz 1983; 1984). Bei Kindern und Jugendlichen immer beliebter werden Spiele, in denen sich Phasen höchster Konzentration abwechseln mit kurzen Phasen der Entspannung (Spanhel 1987; S. 33). Zusammengefaßt kann dann gesagt werden, daß das Anforderungspotential einer verbreiteten und häufig genutzten Art von Video-, Tele- und Computerspielen geprägt ist von Anforderungen an die Entwicklung kognitiver Handlungskompetenzen, die sich auf die parallele Informationsverarbeitung und Integration visuell-räumlicher Perspektiven erstrecken. Diese Handlungskompetenzen sind Teil eines Vorgangs des Erkennens der Regelstruktur des Spiels. Darauf abgestimmt wird die Verfeinerung sensomotorischer Leistungen gefordert. Bei der Dominanz sensomotorischer Anforderungen müssen reflexive Fähigkeiten als Bestandteil kognitiver Handlungskompetenz mehr oder weniger ausgeblendet werden.

Die emotionalen Anforderungspotentiale ergeben sich aus einer ambivalenten Handlungsstruktur zwischen Spieler und Spielprogramm. Spanhel (1987) sieht die Interaktionssituation in sich selbst widersprüchlich, d.h. ambivalent strukturiert. Zum einen rufen Computerspiele starke Gefühlsreize hervor, sie erfordern aber zugleich auch eine Kontrolle der Gefühle. Die notwendige Affektkontrolle resultiert aus der Anpassung der Handlungen des Spielers an die vorgegebenen Handlungskonstellationen der Spielstruktur, die der Spieler, um erfolgreich sein zu können, beherrschen muß. „Der Ablauf in Videospielen spricht die Gefühle des Spielers unmittelbar und sehr rasch an. Sehr schnell baut sich ein recht hohes Erregungspotential auf, das der Spieler regulieren muß. Er darf sich keinesfalls von der Dramatik des Spiels hinreißen lassen, wenn er eine hohe Punktzahl erzielen will" (Fritz 1983, S.6).

Soziale Anforderungspotentiale entstehen aus der Funktion des computerbezogenen Handelns im sozialen Beziehungsgeflecht sowie aus spezifischen Phasen

---

15 In neueren Spielkonzeptionen wird der Einbezug sensomotorischer Kompetenzen dahingehend erweitert, daß Spielaktionen auf dem Bildschirm mit dem ganzen Körper über eine auf dem Boden liegende Matte gesteuert werden müssen (vgl. Fritz 1988).

der Persönlichkeitsentwicklung von Heranwachsenden. Für Jugendliche ergeben sich beispielsweise Handlungsaufgaben in der Phase der Identitätsbildung. Computerbezogenes Handeln beinhaltet damit die Ausrichtung auf sozio-kulturelle Handlungsanforderungen. In sozialen Prozessen, die das computerbezogene Handeln begleiten und beeinflussen, kann es beispielsweise das „Mitredenkönnen" in der jugendlichen Peer-group oder die Bewältigung von sozialen Konfliktlagen mit Eltern/Freunden umfassen (vgl. Rosemann 1986; Rogge 1985; Spanhel 1987). Diese sozialen Anforderungspotentiale gelten somit nicht nur für Video-, Tele- und Computerspiele, sondern betreffen alle Anwendungsformen der Technologie.

3.1.2 Programmierung und Textverarbeitung

Die Tätigkeit des Programmierens wird gesellschaftlich sehr viel höher bewertet als der Umgang mit Computerspielen (vgl. Spanhel 1987). Nach Greenfield verwischt sich in zukünftigen Entwicklungen von Computerspielen die Grenze zwischen Spiel und Programmierung, insofern der Anwender Möglichkeiten der Gestaltung von Handlungselementen des Spiels bekommt. Diese Gestaltbarkeit jedoch als Programmierung zu bezeichnen scheint unangebracht, da es eher einem Zusammensetzen der Elemente des Spiels aus vorgefertigten Teilen entspricht als einer Konstruktion derselben (vgl. Fritz 1985, S. 55).

Anforderungspotentiale ergeben sich aus den Unterschieden zwischen Umgang mit und Konstruktion von symbolischen Systemen. Greenfield bezeichnet den Vorgang des Programmierens als „Entwicklung einer symbolischen Repräsentation komplexer, interaktiver und dynamischer Systeme", die „im wesentlichen aus einem folgerichtig aufgebauten Satz von Anweisungen an den Computer" bestehen (Greenfield 1987, S. 140/141).

Pflüger (1988) beschreibt diese Tätigkeit konkreter als das Überbrücken einer „semantischen Differenz" zwischen einer informellen Problemformulierung und ihrer Lösung, die in Programmcodes verschlüsselt wird (Pflüger 1988, S. 2). Er hebt *den Vorgang* des Konstruierens eines Algorithmus hervor, dem der Prozeß der Partikularisierung des Problems vorangeht. „Aus unserer Sicht besteht das Wesentliche des Algorithmus nicht in seiner Funktion in Schritten, sondern in der Möglichkeit, ein Problem durch Partikularisierung zu spezifizieren und solcherart Welt als Symbolnetz zu repräsentieren". (Pflüger 1988, S. 2)

Die Forschungen Molzbergers (1988; vgl. Kapitel III. A.) verdeutlichen jedoch darüber hinaus, daß mit zunehmender Komplexität für die Programmieraufgabe immer stärker ein bildhaft-intuitives Denken verlangt wird, das die einzelnen Elemente des Programms in ihrer dynamischen Beziehung zueinander im Auge zu behalten vermag. Molzberger stellt dabei fest, daß beim Vorgang des Programmierens das intuitive Denken von komplexen drei- und vierdimensionalen Bildstrukturen geprägt ist.

Zusammenfassend gesagt ergeben sich die kognitiven Anforderungen zum einen aus der Reduktion und Aufspaltung der Vielschichtigkeit und Mehrdeutigkeit eines Problems, um es dann in eine algorithmische Form umsetzen zu können, die in einer Programmiersprache konkretisiert wird. Diese Anforderung kann als die Aufgabe der Konstruktion von symbolischen Räumen, deren Teile in eindeutiger Weise zueinander in Beziehung stehen beschrieben werden. Dabei werden Anforderungen an die intuitiv-kognitiven Handlungskompetenzen gestellt, die von einem visuell-räumlichen Vorstellungsvermögen geprägt sind.

In Anlehnung an die Analysen zu Videospielen kann weiterhin angenommen werden, daß die Tätigkeit des Programmierens eine körperliche wie emotionale Selbstdisziplinierung verlangt (vgl. Feuerstein 1985).

Textverarbeitung ist im wesentlichen ein Arbeitsinstrument zur Erstellung von Texten. Die bisher festgestellten Anforderungspotentiale der Textverarbeitung beschränken sich auf Anforderungen an kognitive Handlungskompetenzen, die sich auf das räumliche Gedächnis beziehen. Die Bedeutung visuell-räumlicher Denk- und Vorstellungsweisen kann generell als Voraussetzung für die Nutzung von Computersystemen angenommen werden. Greenfield (1987) führt amerikanische Untersuchungen an, die zeigen, daß die Schwierigkeit der Aneignung des Umgangs mit Textverarbeitungssystemen in erster Linie vom räumlichen Gedächtnis der Probanden abhing (Greenfield 1987, S. 138).

3.2 Die Wirkungspotentiale computerisierter Spielwelten

Kognitive Wirkungspotentiale werden in der Diskussion in der BRD vorwiegend unter dem Aspekt der Gefährdungspotentiale betrachtet. Schorb sieht im Computerspiel den „ausschließlichen Nachvollzug diktierter Handlungskonstellation", der „den gesamten Bereich der kognitiven Erarbeitung von Realität" ausschließt (Schorb 1983, S. 203). Leu streicht, wie in Kap. A. III.2.2.2 angeführt, die instrumentelle Handlungsorientierung im Umgang mit Computern heraus, in der nicht die Inhalte des Spiels interessieren, sondern die Manipulation des Spielprozesses selbst (Leu 1988 a, S. 8/9). Daraus läßt sich folgern, daß das kognitve Gefährdungspotential in der Sozialisation eines instrumentellen Denkens und Handelns besteht, das normative und ethische Fragen im Handeln ausklammert (vgl. Fritz 1983; 1985 a).

Liebel stellt darüber hinaus als Gefährdungspotential fest, daß die eindeutige Programmstruktur keine „Widersprüche und Uneindeutigkeiten in der Selbstwahrnehmung der Spieler" zuläßt (Liebel 1983, S. 26). Es entstehen somit Gefährdungspotentiale für die Entwicklung eines angemessenen reflexiven Selbstbildes, das als Grundlage für die Identität angesehen werden kann (vgl. Kap. II. A.2.).

Aus den Ausführungen Spanhels zum Zusammenhang der Entwicklung sprachlicher, kognitiver und emotionaler Kompetenzen lassen sich ebenfalls Gefährdungspotentiale dahingehend ableiten, daß Video-, Tele- und Computerspiele kaum zur integrativen Persönlichkeitsentwicklung beitragen. Der Erwerb sprachlicher Kompetenzen, die die Grundlage eines reflektierten Umgangs mit den eigenen Gefühlen bilden, wird durch das Computerspiel kaum gefördert. Anders als das Buch, stellt es keine sprachlichen Mittel zur Verfügung, Gefühlslagen zu benennen und damit kognitiv verarbeiten zu können (Spanhel 1987, S. 62).

Greenfield kennzeichnet die Kompetenzen und Wissensstrukturen, die Kinder und Jugendliche aus dem Umgang mit Computerspielen erwerben, ebenfalls als nicht-sprachliche Kompetenzstrukturen. Entwicklungspotentiale in dem Sinne, daß diese Kompetenzen auf andere Lebensbereiche übertragen werden können, sind jedoch von einer Versprachlichung abhängig (Greenfield 1987, S. 108). Ihre Aussagen zur Förderung kognitiver Handlungskompetenzen – Integration räumlicher Perspektiven, parallele Verarbeitung von Informationen, induktives Erkennen – betrachtet Greenfield insofern als ein Entwicklungspotential, als sie sich damit gegen das Vorurteil, Video- und Computerspiele seien „geistlos", wendet (Greenfield 1987, S. 101; vgl. Turkle 1986, S. 78).

Als Wirkungspotentiale der Tele-, Video- und Computerspiele, die von einigen Autoren gerade auf der emotionalen Ebene der Persönlichkeit gesehen (beispielsweise Spanhel 1987) werden, werden in der Literatur folgende Aspekte diskutiert:

— Kontrolle und/oder Unterdrückung von Emotionen
— Subjektives emotionales Erleben
— Verkümmerung von Emotionen als Bestandteil der empathischen Handlungskompetenzen
— Entstehung von Aggressionen

Die sozialen Gefährdungspotentiale resultieren aus der These des Verlustes beziehungsweise der Zerstörung von zwischenmenschlicher Kommunikation und der Förderung sozialer Isolation (beispielsweise Schorb 1983, S. 101; Schleicher 1984, S. 11). In der wissenschaftlichen Diskussion wird der Ersatz von zwischenmenschlicher Kommunikation durch Mensch-Computer-Kommunikationsformen als die Voraussetzung dafür angesehen, daß sich strukturelle Gefährdungspotentiale der computergeprägten Interaktionsbeziehung entfalten können (vgl. Kap. II. C.1.).

Rogge kommt in seinem Gutachten zunächst zum Schluß, daß bei dem derzeitigen Forschungsstand kaum Aussagen über langfristige Sozialisationseffekte zu treffen sind, denn „... für die Verallgemeinerung computerbezogener Einflüsse auf die Persönlichkeitsentwicklung von Kindern und Jugendlichen ist es noch zu früh" (Rogge 1988, S. 84). Zurückzuführen ist dies auch auf die unzureichenden methodischen Anlagen der Forschungsprojekte, die nicht auf das interaktive Wechselwirkungsverhältnis von Persönlichkeit und Computer unter spezifischen gesellschaftlichen Rahmenbedingungen abgestimmt sind (Rogge 1988, S. 82). Vor diesem Hintergrund kann es nur darum gehen einzelne subjektive, soziale und computertechnologische Bedingungen zu definieren, die Entwicklungsbeziehungsweise Gefährdungspotentiale beinhalten.

3.2.1   Kognition und Handlungskompetenz

Bezüglich o.a. Thesen muß festgestellt werden, daß einige der angesprochenen Wirkungspotentiale bisher kaum erforscht wurden. Dagegen treten andere, in der Diskussion nicht thematisierte Wirkungspotentiale der Mensch–Computer–Interaktion stärker hervor.

Die Aussagen Greenfields basieren auf eigenen Beobachtungen und der Analyse der Anforderungsstruktur von Computerspielen. Sie sieht ihre Analyse als Ausgangspunkt einer intensiven empirischen Forschungsarbeit an (Greenfield 1987, S. 119).

Turkle (1986) hebt in ihrer empirischen Studie[16] ebenfalls die komplexe Anforderungsstruktur der Spiele, die vom Spieler differenzierte Fertigkeiten verlangt, hervor. Über das intuitive Erfassen der Spielstruktur hinaus regt die zunehmende Verbesserung der kognitiven computerbezogenen Handlungskompetenzen, d.h. der Erwerb von Wissen über unterschiedliche Spielstrategien, zur Reflexion darüber an, „wie sich die Strategien auf andere Spiele übertragen lassen. Videospiele regen ein ‚Lernen, wie man lernt' an" (Turkle 1986, S. 78).

---

16 Turkle führte ihre Untersuchungen Anfang der 80er Jahre in den USA durch. Sie war zu der Zeit am MIT, Massachussets, dem „Hort" der künstlichen Intelligenz angestellt. Ihre Aussagen beruhen auf Befragungen von ca. 200 Kindern und Jugendlichen im Alter von 4-14 Jahren und ca. 200 Erwachsenen. Neben teilnehmender Beobachtung und qualitativer Interviews bediente sie sich insbesondere klinischer Befragungsmethoden, psychologischer Tests wie Rohrschach, TBT und Locus of Control, um die subjektive Bedeutsamkeit der Computernutzung herauszukristallisieren (vgl. Turkle 1986, S. 396 ff.). Sie untersuchte dabei ein breites Spektrum der Computernutzung (Videospiel, Textverarbeitung, Programmierung).

In diesem spezifischen Feld spielerischer Tätigkeit existieren empirische Befunde, die ein Entwicklungspotential kognitiver Handlungskompetenzen anzeigen. Diese sind jedoch an die Auseinandersetzung mit Computerspielen gebunden und daher nicht ohne weiteres auf andere Bereiche übertragbar (Greenfield 1987, S. 108). Bei der Beurteilung der Gefährdungs- und Entwicklungspotentiale der Computerspiele muß jedoch berücksichtigt werden, inwiefern sich der Erwerb von Computerkompetenzen, die eine Anpassung spezifischer kognitiver Handlungskompetenzen an die Anforderungsstruktur der Computerspiele darstellen, auf die Entwicklung der übrigen Kompetenzstrukturen der Persönlichkeit auswirkt.

Turkles Ergebnisse lassen die begründete Annahme von Gefährdungspotentialen für die Entwicklung empathischer und sozial-kognitiver Handlungskompetenzen zu, die sich aus strukturellen Unterschieden von sozialen und computerbezogenen Spielhandlungen ergeben. Videospiele erlauben demnach wohl eine handelnde Identifikation mit den Figuren auf dem Bildschirm, „... aber sie bieten kaum Möglichkeiten, deren Rolle zu spielen. ... Man identifiziert sich mit einem ‚alter Ego', wenn man seine Rolle im Verlies spielt, aber der Spielverlauf ist mathematischer und prozessualer Natur. Hinter der Phantasie stehen Regeln." (Turkle 1986, S. 99) Im sozialen Spielverhalten hingegen „müssen Kinder lernen, sich in eine andere Person hineinzuversetzen, sich vorstellen, was im Kopf eines anderen vor sich geht. Es gibt keine Regeln, es geht ausschließlich um Verständnis, Erkenntnis, Verhandlung und Konfrontation mit anderen." (Turkle 1986, S. 99)

Die Struktur des Computerspiels verlangt nicht die Perspektivübernahme der Position eines autonomen Handlungspartners und keine empathischen Handlungskompetenzen, um ein Verständnis der Position des anderen zu erreichen. Die narzißtische, d.h. selbstbezügliche Struktur der Kommunikation mit Computertechnologie erlaubt immer nur die Begegnung mit dem „anderen Ich" auf dem Bildschirm, die eine Projektion der eigenen Gefühle in der Identifikation mit den Objekten der Spielwelt und Widerspiegelung derselben darstellt (vgl. Beisenherz 1988; vgl. Kap. II. C. 1.2). Beisenherz stellt davon ausgehend Gefährdungspotentiale in der Nicht-Ausdifferenzierung der kindlichen Emotionen für eine Ausbildung von empathischer Kompetenz fest.

Dieses Gefährdungspotential wird dann relevant, wenn Kinder ein spezifisches Spielverhalten, eine Präferenz für Computerspiele ausbilden, diesen Vorrang gegenüber der „realen" Welt einräumen. Aufgrund ihrer Studien stellt Turkle die These auf, daß der vermehrte Umgang mit Computerspielen zu derartigen Spielpräferenzen führen kann. Dies stellt sie als Gefährdungspotential insbesondere auf dem Hintergrund fest, daß Kinder im vorpubertären Alter im Hinblick auf ihre kognitive Entwicklung noch nicht über ein gegebenes Zeitbudget für ihre Tätigkeiten planend verfügen.[17] Wenn das Computerspiel zu einer den Alltag vereinnahmenden Tätigkeit wird, müssen langfristig die o.a. Sozialisationseffekte angenommen werden.

Turkles Ergebnisse, die sie allerdings nicht anhand von quantitativen Untersuchungen, sondern mit Fallbeispielen belegt, wurden bisher nicht überprüft. Die Annahme Liebels, Videospiele ließen keine Widersprüche im Selbstbild zu, ist angesichts der Forschungen Turkles zu spezifizieren, weil in der narzißtischen Spiegelung der Widerspruch schon ausgeschlossen ist. Das narzißtische Selbstbild tendiert dahin, *per se* ein „vollkommenes", idealisiertes zu sein. Für weitere Forschungsarbeiten wäre es sinnvoll, innerhalb eines umfassenderen Forschungsansatzes nicht nur das computerspielbezogene Handeln der Kinder zu erheben, sondern dieses als Teil des alltäglichen Spielverhaltens von Kindern zu sehen. Es wäre empirisch zu überprüfen, ob das Spielen mit den neuen Medien zu einem Rückgang von sozialen Rollenspielen führt.

Die umfangreichsten empirischen Forschungsarbeiten über Videospielnutzung wurden in der BRD bislang von Fritz (1983; 1984; 1985 a) durchgeführt. In einer experimentellen Studie wurden emotionale, kognitive und soziale Wirkungspotentiale von Videospielen untersucht.[18] Aufgrund der experimentellen Anlage der Studie können jedoch keine Aussagen über langfristige Wirkungen gemacht werden. Die folgenden Ergebnisse können somit nur kurzfristige Wirkungspotentiale des computerbezogenen Handelns erfassen.

Kognitive Gefährdungspotentiale sieht Fritz in der Sozialisation einer funktional-instrumentellen Handlungskompetenz, die sich von konkreten Inhalten ablöst. So wird eine „instrumentelle Vernunft, für die Ereignisse, Lebewesen und Dinge zu austauschbaren Objekten werden", verinnerlicht (Fritz 1983, S. 56). Fritz schließt sich mit dieser Interpretation der Auffassung Leus an und stellt fest, daß die Faszination der Videospiele nicht in ihren Spielinhalten liegt sondern in der Spieldynamik. In der Orientierung des Spielers einzig am Erfolg beziehungsweise Mißerfolg der Spielaktionen wirken Computerspiele in ihrer funktionalen Realität entlastend (Dorst 1984, S. 28). In Verbindung mit der

---

17 Dazu ist die Entwicklung reflexiver Kompetenzen erforderlich, die jedoch erst in der Adoleszenz mit dem formal-operationalen Denken erworben werden (vgl. Piaget 1972).

18 Dieses Anfang der 80er Jahre durchgeführte Projekt untersuchte die Wirkungen des Computerspiels in einem experimentellen Verfahren: Schüler aus 7 Schulklassen vom 6. bis 12. Schuljahr wurden einen Vormittag lang eingeladen, Videospiele auszuprobieren. Ihre emotionale Befindlichkeit wurde in Vor- und Nachtest-Ratingverfahren erhoben (Fritz 1983, S. 30). Fragebogen und Gruppendiskussionsverfahren wurden zur Erhebung der Einstellungs- und Erlebnisdimension des Computerspiels verwendet (Dorst 1984, S. 24). Darüber hinaus wurden systematische Hard- und Softwarevergleiche durchgeführt, die Computerspiele (ca. 300) nach Handlungstypen klassifiziert (Fritz 1983, S. 57).

insbesondere bei älteren männlichen Jugendlichen festgestellten leistungsorientierten Nutzungsmotivation im Spiel wird nach Fritz potentiell ein instrumentelles, an Effizienz und Leistung orientiertes Denken und Handeln eingeübt.

In einer Analyse der Spielmotive von Heranwachsenden bemerken Rogge und Spanhel dagegen bei den Heranwachsenden differenzierte Beurteilungskriterien zum Inhalt und zur Gestaltung der Spiele. Spanhel betont, daß mit zunehmendem Alter differenzierte Ansprüche an Spielidee, Bildgestaltung und Ton entwickelt werden[19]. Er wertet dies als ein Indiz für ein distanziert–kritisches computerspielbezogenes Handeln und interpretiert es auf dem Hintergrund der Piagetschen Theorie als das „Ergebnis fortschreitender Dezentrierungsprozesse" im Jugendalter (Spanhel 1987, S. 114). Auch Rogge betont aufgrund seiner Erhebungen, daß die Heranwachsenden „höchst differenzierte Kommunikationsansprüche" an die Spielsoftware richten: „Beobachtungen und Interviews zeigen fundierte Kompetenzen bei der Beurteilung des Spielgeräts, veranschaulichen, wie differenziert unterschiedliche Medien zur Befriedigung vorhandener Bedürfnisse ... eingesetzt werden." (Rogge 1985, S. 102)

Es ist demnach nicht so, daß sich das computerspielbezogene Handeln zwangsläufig instrumentell auf Erfolg und Effizienz ausrichtet und der Spielinhalt beliebig wird, sondern sich auch an den Bedürfnissen und Ansprüchen der Heranwachsenden orientiert. Diese Ansprüche können als angemessene Reaktion darauf gewertet werden, daß Computerspiele aufgrund ihrer algorithmischen Struktur schnell veralten und an Reiz verlieren (Hengst 1985, S. 17). Allerdings besagen die Feststellungen Rogges und Spanhels zunächst nichts weiter, als daß die Jugendlichen nicht jedes Spieldesign akzeptieren. Instrumentelles Handeln schließt steigende technische Ansprüche nicht aus. Im Kontext des Dezentrierungskonzepts Spanhels wäre zu fragen, inwiefern nicht–technische Beurteilungskriterien in die Beurteilung der Software mit einfließen.

3.2.2 Emotion, Leistung und Kontrolle

Als ein allgemeines Wirkungspotential stellt Fritz einen Entemotionalisierungseffekt fest. Fritz spricht von emotionalen Abnutzungseffekten, die mit Zunahme der zeitlichen Intensivierung des computerspielbezogenen Handelns als ein Gefährungspotential für die emotionale Erlebnisfähigkeit angesehen werden müssen. Die Abnutzungseffekte betreffen „... mehr oder weniger alle Gefühls-

---

19 Spanhel führte 1985/86 eine Fragebogenerhebung in Bayern durch, die als repräsentativ für das Land Bayern angesehen werden kann.

bereiche: sehr stark die vitalen Antriebe, die Aktivität, die Streßfreiheit, die positive Sozialemotionalität und das Interesse" (Fritz 1985 a, S. 27).

Fritz hebt ebenfalls den altersspezifischen Aspekt in dieser Wirkungsfrage hervor: Je älter die Videospieler, desto mehr wirkt das Videospielen, unabhängig vom Spieltyp, entemotionalisierend (Fritz 1985 a, S. 89). Diesen emotionalen Abnutzungseffekt führt er auf mehrere Ursachen zurück:

– die ambivalente Anforderungsstruktur der Computerspiele, einerseits Emotionen zu stimulieren, andererseits sie beherrschen zu müssen (vgl. Kap. III. A.3.1);

– die strukturellen Grenzen des Spiels, das „Wünsche nach Vielschichtigkeit, Uneindeutigkeit, kreativer Mitbeteiligung und menschlichem Beziehungsreichtum unerfüllt (läßt)" (Fritz 1985 a, S. 86);

– die ausgesprochene Leistungsthematik, die Videospiele generell kennzeichnet. Verbunden mit der grundlegenden Interaktionsstruktur, die Erfolg oder Mißerfolg einer Spielsituation unmittelbar rückmeldet, sieht Fritz in Videospielen eine Herausforderung von „Leistungsmotivation, Ehrgeiz, Selbstbestätigung" auf Seiten der Spieler (Fritz 1984, S. 30; vgl.a. Spanhel 1987).

Das Potential an Selbstbestätigung resultiert dabei aus der Anpassung der sich entwickelnden computerspielbezogenen Handlungskompetenzen an die Anforderungsstruktur des Spielprogramms. Indiz dafür kann das Auswahlverhalten der Kinder und Jugendlichen sein. So dürfen die Spiele in ihrer Anforderungsstruktur weder zu einfach noch zu schwierig sein. Zu schwierige Spiele fielen im Auswahlverhalten der Spieler durch. Bevorzugt wurden Spiele mit einfachen Handlungsstrukturen, die schnell begriffen werden konnten und die dadurch ein erfolgreiches Spielen erlaubten (Fritz 1983, S. 61).

Der selbstgesteuerte, auf die Fähigkeiten der Heranwachsenden abgestimmte Erwerb computerbezogener Kompetenzen ermöglicht so eine fortwährende Bestätigung der eigenen Leistungsfähigkeit, die das Selbstwertgefühl stimulieren (Fritz 1983, S. 61; vgl. Rogge 1985). Dies ist als ein Entwicklungs– wie Gefährdungspotential zu begreifen. Kann diese Erfahrung den Heranwachsenden ein Gefühl der Kontrolle und Beherrschung vermitteln, so kann der Versuch, über Leistung am Computer Selbstbestätigung zu erhalten, sich im zwanghaften Spielverhalten verselbständigen. Fritz stellt fest, daß im computerbezogenen Handeln ein Aktivitätszirkel aufgebaut wird, aus dem auszubrechen vielen Spielern schwerfällt. Diese Form des zwanghaften Weiterspielens trotz Verlust von Spaß und Interesse am Spiel, sieht er als hauptsächliche Ursache für Erschöpfungszustände an (Fritz 1984, S. 30).[20]

---

20 Nach Rosemann kennzeichnet dieser computerbezogene Handlungsstil insbesondere das Spielverhalten des Dauerspielers (Rosemann 1986, S. 396).

Hierauf basiert Turkle zufolge die „emotionale" Macht von algorithmisierter Kommunikation überhaupt, in der Erfolg oder Mißerfolg vollständig von den eigenen computerbezogenen Handlungskompetenzen, der eigenen Leistung abhängig ist. Insofern ist dieser Aspekt übertragbar auf andere Anwendungsformen von Computertechnologie. „Da gibt es eine Maschine, die in ihrem Versprechen ... menschliche Kompetenz zu reflektieren, alles übertrifft. ... Es fällt schwer, sich von einem Videospiel abzuwenden, wenn man davon überzeugt ist, daß man in der nächsten Runde bessere Ergebnisse erzielen würde. Es fällt schwer, sich von einem Computerprogramm abzuwenden, in dem noch ein unentdeckter Fehler steckt. Es fällt schwer, von einem noch nicht Korrektur gelesenen Text auf dem Bildschirm eines Textverarbeiters abzulassen. Jeder Computer birgt in sich ein Versprechen, das den Anwender an ihn bindet: Wenn *er* alles richtig macht, dann wird auch der Computer es richtig machen und zwar auf der Stelle." (Turkle 1986, S. 107 f.)

Interaktionstheoretisch gesehen wird hier der *leistungsvermittelte* narzißtische Aspekt der Mensch–Computer–Interaktion deutlich. Das perfekte Produkt stimuliert das narzißtische Selbstbild, da seine „Makellosigkeit" auf den eigenen computerbezogenen Handlungskompetenzen beruht. Die Leistung des Computers wird darin der eigenen Person zugeschrieben. Daher ist es ungenau, wenn Leu schreibt, daß der Prozeß des computerbezogenen Handelns im Vordergrund steht. Dieses zielt immer auch auf die Erstellung dieses „perfekten" Produkts und damit im Spiegelungseffekt auf das idealisierte Selbstbild. Gerade dadurch kann die Tätigkeit tendenziell unabgeschlossen bleiben.

Die Ausbildung computerbezogener Handlungskompetenzen im Sinne der Entwicklung von Kontrollkompetenzen erfordert auf der anderen Seite Selbstkontrolle und Selbstdisziplinierung, die notwendig sind, um im Spiel bestehen zu können. Diese Spielmotivation steht, neben der Leistungsthematik, mit zunehmendem Alter der Jugendlichen im Vordergrund. Spanhel interpretiert seine Ergebnisse zu den Spielmotivationen von älteren Jugendlichen (17 Jahre und älter): „Wenn viele Jugendliche ‚Reaktion testen' und ‚Konzentrationstraining' ... als Spielmotive angeben, zeigt das, daß es ihnen wichtig ist, ihre Gefühle beherrschen zu lernen und sich ihrer Person zu vergewissern." (Spanhel 1987, S. 113)

Turkle beschreibt dies als ein Bedürfnis, „das Innere durch Aktionen im Äußeren zu kontrollieren" (1986, S. 107). Mit der Selbstkontrolle stelle sich „ein gesteigertes Gefühl der Autonomie, der Selbstachtung (ein), ein Gefühl, in seinem Leben selbst *der Akteur* zu sein" (Turkle 1986, S. 107). Die Ausbildung von Kontrollkompetenzen am Computer beeinhaltet somit die Entwicklung von Selbstkontrollkompetenzen und kann damit zur Entwicklung internaler Kontrollüberzeugungen beitragen. Computerbezogenes Handeln ist dann ebenso ein Mittel zur Erlangung von Selbstkontrolle, wie jeder andere Gegenstand, wie beispielsweise ein Musikinstrument, das beherrscht werden will. Allerdings muß gesagt werden, daß Computertechnologie als eine interaktive Technologie prädestiniert dafür ist, Kontrollkompetenzen zu entwickeln. Der interaktive Charakter beinhaltet die Steuerung einer komplexen, programmgesteuerten Verhaltensfähigkeit des Computers, und diese kann nur durch die Ausübung von computerbezogenen Kontrollkompetenzen geschehen. Die relative Ähnlichkeit der symbolischen Kommunikationsform zu zwischenmenschlicher Kommunikation stellt dabei möglicherweise einen zusätzlichen Anreiz dar.

Die Ausbildung von Kontrollkompetenzen wird als ein Entwicklungspotential eingestuft, das jedoch ambivalent ist. Nach Turkle läßt sich ein Gefährdungspotential festmachen, das dann gegeben ist, wenn die Bemühungen um Selbstkontrolle in der Beherrschung des Mediums sich verselbständigen und das Videospiel ein Mittel wird, „um sich (daran) zu messen" (Turkle 1986, S. 107). Turkle beschreibt als die subjektive Disposition, die eine solcherart geprägte Interaktionssituation vorbestimmt, folgendermaßen: „Je größer die Angst, keine Kontrolle über sein Leben zu haben, desto größer ist auch die Anziehungskraft von Mitteln, die perfekte Reaktionen versprechen." (Turkle 1986, S. 107).

Es wird vor allem im Kontext einer sozialverträglichen Technikgestaltung zu prüfen sein, welche sozialen Faktoren der Angst vor dem Kontrollverlust – und damit einhergehend die Angst vor externen Kontrollerfahrungen – Vorschub leisten.

3.2.3   Emotionales Fließen und Kontrolle

Das psychoanalytisch als partielle Regression interpretierte Erfahrungsmuster des Verlustes des Subjekt–Objekt–Schemas in der Mensch–Computer–Interaktion wird spieltheoretisch den „autotelischen" Tätigkeiten zugeordnet (Leu 1988 a, S. 12; vgl. Rheinberg 1985, S. 97ff; Turkle 1986, S. 414). Durch die zeitlich extrem verdichtete Abfolge von Handlungen entsteht dabei ein Gefühl des Fließens, das „flow–Erfahrung" genannt wird. Die Tätigkeit selbst wird als selbsterfüllend erlebt. Leu beschreibt diesen Zustand folgendermaßen: „Eine Handlung folgt auf die andere, entsprechend einer internen Logik, die anscheinend keine bewußte Intervention durch den Handelnden erfordert. Er erfährt dies als ein zusammenhängendes Fließen von einem Moment in den nächsten, in dem er seine Handlung unter Kontrolle hat." (Leu 1988 a, S. 12) Kennzeichen dieses Zustandes sind

- Verlust des Zeitgefühls,
- Verlust der Orientierung zwischen Innen und Außen, zwischen Selbst und Umgebung,
- partieller Ich-Verlust durch Ausschluß der Reflexion.

Dieser Bewußtseinszustand kann dann entstehen, wenn ein klar strukturiertes Anforderungsfeld, klare und eindeutige Rückmeldungen gegeben sind; eine Bedingung, die bei der Computertechnologie aufgrund ihrer logisch-algorithmischen Struktur erfüllt ist. Im Moment des „flow-Erlebens" sind demnach die computerbezogenen Kontrollkompetenzen den Handlungsanforderungen vollkommen angepaßt. Es kommt zu einer extremen Verdichtung von wahrgenommenen Anforderungen und computerbezogenen reaktiven Handlungen, in denen das reflexive Denken ausgeschaltet ist.

„Flow"-Erfahrungen können als ein „Erfahrungsangebot" der Technologie begriffen werden, das in Abhängigkeit von der subjektiven Art des Zugangs auf den Computer von Anwendern „genutzt" werden kann oder auch nicht. „Flow-Erfahrungen" sind weder als Computerspiel- noch sonstwie computerspezifisch anzusehen. Turkle beschreibt sie ebenso im Zusammenhang des Programmierens. Vergleichbare Erfahrungen können aber auch Bestandteil vieler Tätigkeiten werden, wie beispielsweise beim Tanzen oder Bergsteigen (vgl. Leu 1988 a). Leu sieht das Spezifische der Flow-Erfahrung am Computer darin, daß in der Interaktion mit Computern diese Erfahrung nicht mehr vom Zusammentreffen materieller, realer Bedingungen in der sozialen und physikalischen Welt abhängig ist. Geknüpft an die Beherrschung immaterieller, symbolischer Strukturen der Computertechnologie wird diese Erfahrung beliebig reproduzierbar (Leu 1988 a, S. 13).

In einer langfristigen Perspektive ist jedoch unklar, welche Wirkungspotentiale daraus entstehen können. „Flow-Erfahrungen" werden als ein Erklärungsansatz herangezogen, um die Faszinationskraft von Computerspielen wie des Computerumgangs überhaupt verstehen zu können. Sie stellen so zunächst eine phänomenologische Beschreibung dessen dar, was in der Interaktion mit dem Computer geschehen kann. Rogge (1988) und Leu (1988 a) sehen darin einen Beleg dafür, daß Computerumgang emotionales, lustvolles Erleben und Spaß nicht ausschließen muß, somit als ein Entwicklungspotential begriffen werden kann.

Interpretiert als Gefährdungspotential ist zu vermuten, daß derartige Erlebnisqualitäten Teil einer abhängigen Beziehungsstruktur zwischen Mensch und Computer werden können. Inwiefern solches Erleben also eine Gefährdung oder eine Entwicklung von Kompetenzen darstellt, kann nur anhand der Persönlichkeitsstruktur des Spielenden und seiner sozialen Lebenssituation entschieden werden. Psychoanalytisch betrachtet, können Gefährdungspotentiale daraus resultieren, daß die im wesentlichen auf kognitiven Fertigkeiten beruhenden Kontrollkompetenzen als Abwehrmechanismen betrachtet werden können, die zur Verdrängung psychischer Konflikte herangezogen werden (vgl. Huebner u.a. 1988; Becker-Schmidt 1988).

3.2.4 Computerspiel und Aggression

In einer 1983 durchgeführten empirischen Untersuchung zu emotionalen Wirkungen des Computerspiels stellen Schneekloth/Emsbach zunächst emotionale Reaktionen fest, die sie in den Dimensionen Freude, Begeisterung, Zufriedenheit, Ärger, Aggressivität beschreiben. Sie stellen eine gestiegene emotionale Gereiztheit nach dem Spielen fest, die sich aus den Gefühlsqualitäten „Erregtheit", „Ärger" und „Empfindlichkeit" zusammensetzt (1983, S. 2). Dieses Wirkungspotential wird jedoch auch wesentlich vom Alter der Heranwachsenden beeinflußt. Es gilt mehr für Jugendliche als für Kinder.

Auch Fritz stellt hinsichtlich der Aggressionsförderung durch Computerspiele ein gestiegenes „nervöses Gereiztsein" fest, das infolge einer „psycho-physischen Erschöpfung" auftritt (Fritz 1984, S. 30). Dies tritt vor allem bei Spielen auf, deren Anforderungsstruktur eine hohe Streßbelastung bedeutet, d.h. dem Spieler keine zeitlichen Handlungsspielräume einräumt und vom Inhalt her als existenzbedrohend erlebt wird. Allerdings muß es als strittig gelten, inwiefern diese emotionale Streßbelastung als aggressionsaufladend bezeichnet werden kann. Fritz spricht an anderer Stelle eher von einer entemotionalisierenden Wirkung.

Es muß aber wohl davon ausgegangen werden, daß bereits die mehr oder weniger solitäre Interaktionssituation selbst zu einer Steigerung des aggressiven Spiels beiträgt. Greenfield zitiert amerikanische Untersuchungen, die bei fünfjährigen Kindern „eine Zunahme des aggressiven Spiels und eine Abnahme sozialkommunikativen Spielverhaltens feststellen; interessanterweise geschieht das in beiden Richtungen mit gleicher Intensität" (Silvern u.a. 1983; zit. n. Greenfield 1987, S. 97). Andererseits wurde von derselben Forschungsgruppe festgestellt, daß aggressive Zweipersonenspiele zu einem Abbau von Aggressivität bei Kindern führten (Greenfield 1987, S. 97). Greenfield zieht daraus den Schluß, daß das Gefährdungspotential auch gewalttätiger Videospiele eher in der einsamen Spielsituation begründet liegt als im Spiel selbst (Greenfield 1987, S. 97).

Die Frage, inwieweit insbesondere gewalttätige Video- und Computerspiele ursächlich zu einer Steigerung von Aggression führen können, wird – ähnlich wie die Frage der Darstellung von Gewalt im Fernsehen und Video – kaum zu beantworten sein (vgl. Spanhel 1987). Auszugehen ist davon, daß die Wirkungen von mehreren Faktoren abhängig sind, wozu das Alter der Spieler, Geschlecht, Spielorte und die soziale Eingebundenheit der Spieltätigkeit gehören. Statt ursächlicher Wirkungszusammenhänge von Computerspiel und Aggressivität wird eher von einer „Ventilfunktion" der Computerspiele gesprochen. Das Aggressionspotential wird demnach in sozialen Zusammenhängen erworben und findet in der Interaktion mit dem Computer seine Entladung (vgl. beispielsweise Fritz 1983; Dorst 1984, S. 28; Rosemann 1986, S. 342; Spanhel 1987, S. 113/114).

3.2.5 Soziale Kommunikation und Persönlichkeitsentwicklung

Das Gefährdungspotential des Ersatzes von zwischenmenschlichen Beziehungen durch Mensch-Maschine-Beziehungen wird von der bisherigen empirischen Mediennutzungsforschung für die große Mehrheit der Kinder und Jugendlichen nicht belegt. Fritz stellt aufgrund seiner Experimentaluntersuchung fest, daß von der überwiegenden Mehrheit der SpielerInnen die soziale Spielsituation bevorzugt wird. „Die Vermeidung der einsamen Spielsituation, der Wunsch nach dem Austausch mit anderen und der Wettbewerbsansporn durch Konkurrenz waren für die Spieler die Hauptmotive für die soziale Spielsituation." (Fritz 1984, S. 30; vgl. Herzberg 1987, S. 46ff.) Dementsprechend wurden Spiele bevorzugt, die „vom Spieldesign her kooperatives Handeln gegenüber dem Computer ermöglichten". (Fritz 1984, S. 32)

Fritz kommt aufgrund seiner Analyse von Spielsoftware zum Schluß, daß die meisten Spiele dem Wunsch nach sozialer Einbindung der Spieltätigkeit nicht nachkommen (Fritz 1984, S. 32). Spanhel beurteilt die Video-, Tele- und Computerspiele daher auch als kommunikationshemmend (Spanhel 1987, S. 115). In Softwareanalysen müßte geprüft werden, inwiefern heutige Computerspiele von ihrem Spieldesign her dem Bedürfnis nach kooperativen Spielformen Rechnung tragen.

Spanhel stellt in der 1985/86 durchgeführten Erhebung fest, daß das Computerspiel eine ausgesprochene Gruppenaktivität ist und die soziale Spielsituation mit zunehmendem Alter bevorzugt wird (Spanhel 1987, S. 115). Dies verweist auf eine Einbettung der Spieltätigkeit in den jugendlichen Sozialzusammenhang der Peer-group. Fehlende sozial-kommunikative Handlungsanforderungen durch die Spielstruktur werden somit durch die Integration der Spieltätigkeit in die Peer-group kompensiert. Allerdings wird hier nicht nach der kommunikativen Qualität des Sozialzusammenhangs gefragt. Spanhel interpretiert das computerspielbezogene Handeln für Identitätsprozesse im Jugendalter und stellt fest, daß „... die Videospiele gerade im mittleren Jugendalter sich gut dazu eignen, sich von der Familie und von zu Hause abzulösen und Zugang zu der Altersgruppe zu finden, dort mitreden zu können und Anerkennung zu erhalten" (Spanhel 1987, S. 109).

In den auf die Alltagswelt bezogenen Forschungsansätzen, die den größeren Teil der Forschung bestimmen, erscheint der Computer zunächst weniger als ein die Persönlichkeit und ihre sozialkontextuellen Beziehungen dominierendes Instrument. Computererfahrung wird Teil des Prozesses der jugendlichen Identitätsausbildung. Aus dieser Perspektive zerstört das Spiel nicht zwischenmenschliche Beziehungen, sondern es wird Erkundungs- und Auseinandersetzungsgegenstand im sozialen Beziehungsgeflecht der Gruppe der Gleichaltrigen (vgl. Rogge 1988).

Die tendenzielle „Vereinnahmung" und Funktionalisierung des computer- und videospielbezogenen Handelns im Prozeß der Loslösung vom Elternhaus, der Abgrenzung von Erwachsenenkultur und damit der Suche nach einer eigenständigen Identität, wird als Beleg dafür genommen, daß das Computerspiel sich weder quantitativ noch qualitativ kommunikationszerstörend auswirkt (vgl. Rogge 1985; 1988).

Anzumerken ist jedoch, daß die meisten Untersuchungen sozial-kommunikative Auswirkungen der Video-, Tele- und Computerspiele nur auf der Ebene des Sozialkontakts untersuchen und dabei allenfalls die quantitativen Dimensionen sozialer Beziehungen erfassen. Es sind bisher keine Untersuchungen durchgeführt worden, die die qualitative Dimension computerbezogenen Handelns hinsichtlich der Entwicklung sozial-kommunikativer Handlungskompetenzen zum Gegenstand haben. Auch Spanhel, dessen Untersuchung im Gegensatz zu der bisherigen empirischen Forschung immerhin noch eine theoretische Fundierung auf dem Hintergrund des Piagetschen Dezentrierungskonzeptes aufweist, kann die Frage qualitativer Veränderungen von Handlungskompetenzen aufgrund des Forschungsdesigns nicht beantworten.

Darüber hinaus wird die Einbettung des computerbezogenen Handelns in die jugendspezifischen Entwicklungsaufgabe der Identitätsentwicklung als Entwicklungspotential an sich begriffen, ohne die kulturelle Dimension des computerbezogenen Handelns zu hinterfragen. Eine Ausnahme bildet die Untersuchung von Rosemann, die jedoch den Nachteil hat, daß ihre empirische Basis nicht offengelegt wird. Rosemann analysiert die Bedeutung sozio-kultureller Identitätsentwicklung im Kontext der Wirkungspotentiale computerbezogenen Handelns anhand der Kategorien der gesellschaftlichen Integrations- beziehungsweise Kompensationsfunktion des Umgangs mit Computerspielen. Dabei bestimmt das relative Verhältnis von Integration und Kompensation, welche Persönlichkeitsveränderungen, d.h. in unserer Terminologie: Gefährdungs- beziehungsweise Entwicklungspotentiale, auftreten können. Dieses relative Verhältnis wird durch die mehr oder minder großen sozialen Handlungsspielräume der Spieler bestimmt (Rosemann 1986, S. 346).

Die Integrationsfunktion des computerbezogenen Handelns bezieht sich auf die Internalisierung sozio-kultureller Normen der zukünftigen Informationsgesellschaft. Diese werden in dem spontanen und interessenorientierten Zugang zum Computerspiel von den Heranwachsenden verinnerlicht. Es werden Kompetenzen erworben, die den Handlungsanforderungen zukünftiger Arbeit entsprechen: Beanspruchung von Auge und Hand, Konzentrationsfähigkeit, verinnerlichte „Denkabläufe". Nach Rosemann orientiert sich das individuelle Handeln dabei an dem neuen Leitbild menschlicher Arbeit, daß eher „cooles" Verhalten fordert und die Unterdrückung von spontaner Gefühlsexpression und Beherrschung der Körperaktivitäten beinhaltet (Rosemann 1986, S. 348; vgl. Spanhel 1987, S. 120).

Das Bewußtsein der zukünftigen gesellschaftlichen Bedeutsamkeit von Computertechnologie impliziert das Empfinden für normative Orientierungen, die Verhaltensweisen in einer computerisierten Gesellschaft positiv sanktionieren, d.h. die Verinnerlichung der Verhaltensnorm bekommt die entsprechende soziale Anerkennung (Rosemann 1988, S. 348). Rosemann sieht dies als Entwicklungspotential an, da das computerbezogene Handeln Vorbereitungsfunktion für die Integration in die zukünftige computerisierte Gesellschaft hat. „Der Umgang mit dem Spielautomaten hat ... auch eine Art Vorbereitungsfunktion für die Eingliederung in die Zukunftsgesellschaft. Im Umgang ... eignen sie sich ... Voraussetzungen für die kommende Stufe verinnerlichter Arbeit an." (Rosemann 1986, S. 348/349)

Im Kontext der Entwicklung der abendländischen Zivilisation interpretiert Rosemann die Ausbildung spezifischer Selbstkontrollkompetenzen als einen weiteren Entwicklungsschritt der Vergesellschaftung des Individuums, der sich am Umgang mit Aggression manifestiert. Die zunehmende kulturelle Hemmung und normative Beschränkung von manifestem aggressiven Handeln zieht danach eine zunehmende Verinnerlichung aggressiver Energien nach sich. In diesem Prozeß der Verinnerlichung werden die Aggressionsenergien umgeformt und für gesellschaftliche Arbeit nutzbar gemacht: im Leistungswillen, im Konkurrenzgeist, in Konzentrationsarbeit, in der Ausbildung perfektionistischer Ansprüche. (Rosemann 1986, S. 349)

Die Kompensationsfunktion besteht für Rosemann in der Möglichkeit der Konstruktion einer Gegenwelt. Er begreift sie als „phantastische Handlungsräume", die sowohl die Möglichkeit einer konstruktiven Handlungserprobung beinhalten kann, wie sie zur Ersatzwelt werden kann. Dies passiert in dem Maße, wie soziale und gesellschaftlich gesetzte Grenzen dauerhaft die Handlungs- und Erfahrungsspielräume des Jugendlichen einschränken (Rosemann 1986, S. 359). Im Sinne der Verstärkung und Verfestigung individueller, sozialbezogener Problemlagen kann das Computerspiel „zum Aussteigen aus dem Alltagsdruck", zur Abfuhr von Frustration, Enttäuschung und Aggression genutzt werden. Rosemann nimmt an, daß das Computerspiel zur Verfestigung und Zementierung sozialer Problemlagen beiträgt. „Das Spiel verfestigt und zementiert in diesem Fall die relative Handlungsunfähigkeit, die Hilflosigkeit gegenüber den eigentlichen Lebensaufgaben." (Rosemann 1986, S. 345)

Nach Rosemann korrespondiert mit restringierten sozialen Handlungsspielräumen eine Persönlichkeitsstruktur, die den sozialpsychologischen Nährboden für einen nicht-distanzierten computerbezogenen Handlungsstil beinhaltet. Rosemann schildert die Persönlichkeit des *Dauerspielers* als im sozialen Alltag eher sanft und friedfertig, sich unterordnend, mit relativen Schwierigkeiten in zwischenmenschlichen Beziehungen, einer ausgeprägten Leistungsorientierung und Suche nach Anerkennung und Bestätigung (Rosemann 1986, S. 342). Die Erfahrungen von Ohnmacht, Hilflosigkeit, Demütigungen (Rosemann 1986, S. 359) in der realen Welt werden im Erleben eines Macht- und Omnipotenzgefühls in simulierten Welten kompensiert (Rosemann 1986, S. 341).

Gefährdungs- und Entwicklungspotentiale des computerspielbezogenen Handelns hängen also von den psychosozialen Rahmenbedingungen der Spieler ab, die die Nutzungsmotive und Erlebensweisen der Computerspiele dominieren. Hierzu stellt auch Rogge fest, daß durch das Computerspiel vorhandene soziale Rückzugstendenzen weiter verstärkt und Identitätsbrüche kaschiert werden können. „Freilich kann das Computerspiel – je spezifische psychosoziale Rahmenbedingungen (z.B. Gefühl von Machtlosigkeit, Sinnlosigkeit, Depression, Niedergeschlagenheit, Perspektivlosigkeit) vorausgesetzt – eskapistische Tendenzen, den Trend zum Rückzug und zur Isolation fördern. Es kann die Bildung einer gelungenen Identität stören beziehungsweise verhindern." (Rogge 1988, S. 101)

Rosemann und Rogge bestätigen hier subjektive Dimensionen der Computernutzung, die, wenn man ihre Aussagen mit denen Turkles vergleicht, gesellschaftliche Bezüge haben. Die Erfahrung und die Angst des Verlustes der Kontrolle über die eigenen Lebensbedingungen kann aus der Beschneidung und Einschränkung der objektiven Handlungs- und Lebensperspektiven resultieren.

Je mehr die Kontrollüberzeugungen der Jugendlichen hinsichtlich ihrer sozial-gesellschaftlichen Perspektive externaler Art sind, desto eher muß das Bewußt-sein internaler Kontrolle von Computerwelten diese kompensieren.

Hinsichtlich langfristiger Auswirkungen ist zu vermuten, daß sich zwischen realer und simulierter Welt eine Wechselwirkungsstruktur verfestigt, die sich in stabileren Persönlichkeitsstrukturen niederschlägt. Es wäre zu untersuchen, inwiefern sich aus solchen gesellschaftlichen wie sozial-psychologischen Konstellationen langfristig ein rigides deterministisch-additives Kontrollbewußtsein herausbildet, das die soziale Handlungsfähigkeit der Heranwachsenden in Frage stellt.

3.2.6 Zusammenfassung und Auswertung

Hinsichtlich der Wirkungspotentiale von Video-, Tele- und Computerspielen für die Persönlichkeitsentwicklung von Kindern und Jugendlichen sind folgende Aspekte festzuhalten:

Gefährdungspotentiale für die Entwicklung empathischer und sozial-kogniti-ver Handlungskompetenzen bei Kindern entstehen aus der selbstbezüglichen Anforderungsstruktur von Computerspielen. Da diese Interaktionsstruktur der Technologie inhärent ist, muß sie für computerbezogenes Handeln überhaupt gelten. Für eine Entfaltung dieser Gefährdungspotentiale ist jedoch entscheidend, in welcher Weise das computerspielbezogene Handeln den Alltag des Kindes dominiert. Eine weiter zu untersuchende Forschungsfrage ist in diesem Kontext, inwiefern computerspielbezogenes Handeln soziale Rollenspiele des Kindes ersetzt.

Unter dem Aspekt kognitiver Informationsverarbeitung kann das computer-spielbezogene Handeln Entwicklungspotentiale für die Entwicklung kognitiver Handlungskompetenzen beinhalten wie Integrationsfähigkeit visuell-räumlicher Perspektiven, parallele Informationsverarbeitungen und Entwicklungen eines induktiven Erkenntnisstils, der sich auf regelhafte Spielstrukturen richtet. Diese kognitiven Handlungskompetenzen, die im computerspielbezogenen Handeln ausgebildet werden, sind jedoch nicht-sprachlicher Natur. Um diese Kompe-tenzen auf andere Bereiche übertragen zu können, ist die sprachliche Reflexion und damit eine bewußte Aneignung notwendig. In Bildungsprozessen wäre auch die sprachliche Reflexion emotionaler Befindlichkeiten miteinzubeziehen, um die Grundlage für einen bewußten Umgang mit den eigenen Erfahrungen legen zu können.

Emotionale Gefährdungspotentiale entstehen, je leistungsorientierter und sozial isolierter sich das computerspielbezogene Handeln darstellt. Dies berührt dann auch insbesondere sozio-emotionale Gefühle und hat daher starke Auswirkungen auf soziale Bedürfnisse. Generell wird als kurzfristiges Wirkungspotential eine Verminderung des gefühlsmäßigen Erlebens festgestellt. Dem stehen jedoch Interpretationen von Erlebnisweisen gegenüber (Flow-Erleben), die emotionales Erleben im Computerspiel nicht ausschließen. Um eine Bewertung als Entwicklungs- beziehungsweise Gefährdungspotential vornehmen zu können, müssen jedoch die Persönlichkeit des Spielers und die psycho-sozialen Rahmenbedingungen mit berücksichtigt werden.

Die bisherigen Untersuchungen der medienpädagogischen Forschung widerlegen derzeit für die Mehrheit der Heranwachsenden die These der Vereinnahmung des Alltags durch das computerspielbezogene Handeln. Die Feststellung fundierter computerbezogener Kompetenzen in der Beurteilung der Spiele sowie die Bevorzugung sozialer Spielsituationen deuten auf eine gewisse Distanz hin, was der Annahme einer Vereinnahmung des Heranwachsenden durch das Computerspiel entgegenstehen. Das Auswahlverhalten der Heranwachsenden ist dabei von einer realistischen Einschätzung der eigenen computerbezogenen Handlungskompetenzen und der computerspielbezogenen Handlungsanforderungen gekennzeichnet. So werden Spiele bevorzugt, die den eigenen Kompetenzen angemessen sind, d.h. ein zu diskrepantes Verhältnis von Kompetenz und Anforderung vermieden. Hierin muß ein Entwicklungspotential gesehen werden, indem Kinder im Computerspiel Kontrollkompetenzen erwerben, die mit der zunehmenden Erfahrung im Sinn von Meisterung der Anforderungsstruktur des Spiels Selbstbestätigung vermitteln.

Mit der Ausbildung von Kontrollkompetenzen wird jedoch auch eine Selbstkontrolle sozialisiert, die internale Kontrollüberzeugungen stärkt. Außerdem hat der Erwerb von Selbstkontrollkompetenzen sozio-kulturelle Bedeutung in dem Sinn, daß normative Wertorientierungen einer zukünftigen High-Tech-Gesellschaft verinnerlicht werden und somit integrative Funktionen übernehmen. Inwiefern dieses als Entwicklungs- beziehungsweise Gefährdungspotential zu werten ist, sei an dieser Stelle offen gelassen. Der Erwerb von Kontroll- und Selbstkontrollkompetenzen ist natürlich nicht als etwas Computerspezifisches anzusehen, sondern beruht auf individuellen Entwicklungsphasen der Persönlichkeit. Das computerbezogene Handeln fügt sich hier in die Phasen der Persönlichkeitsentwicklung des Jugendlichen ein. Allerdings ist Computertechnologie aufgrund des interaktiven Charakters und der „Abgeschlossenheit" algorithmisch-symbolischer Spielwelten prädestiniert für die Entwicklung von Kontrollkompetenzen.

Gefährdungspotentiale können auf einer Überbesetzung der Kontrollkompetenzen basieren, die dann zum wichtigsten Bezugspunkt der Persönlichkeit werden. Diese können insbesondere dann entstehen, wenn externale Kontrollüberzeugungen das Bewußtsein des Heranwachsenden bestimmen. Die Ausbildung von Kontrollkompetenzen in der Interaktion mit dem Rechner muß dann die Ohnmachtserfahrung gegenüber der Umwelt kompensieren. In dieser Hinsicht ist jedoch in weiteren Forschungen der Zusammenhang von sozialen Handlungsspielräumen, Ausbildung von Kontrollüberzeugung und computerspielbezogenem Handeln weiter zu spezifizieren.

Langfristig ist bei einer Verfestigung der beschriebenen Wechselwirkungsstrukturen von sozialer Umwelt und Computertechnologie die Entwicklung eines deterministisch-additiven Kontrollbewußtseins bei Jugendlichen zu befürchten. Im Kontext sozio-kultureller Identitätsentwicklung können dann mit dem computerspielbezogenen Handeln Identitätsstörungen einhergehen. Dieses Gefährdungspotential scheint insbesondere für männliche Jugendliche in der Adoleszenz zu gelten.

3.3 Computerbezogenes Handeln im Kontext sozio-kultureller Identitätsentwicklung

Über die quantitative Dimension des Rückgangs beziehungsweise der Erweiterung von Sozialkontakten hinaus stellt sich die Frage, wie die Erfahrung des computerbezogenen Handelns die Identitätsentwicklung von Jugendlichen beeinflußt, welche Handlungsorientierungen und normative Wertsetzungen sich herauskristallisieren, welche Selbstbilder entwickelt werden. Turkle stellte zunächst fest, daß der Computer „als ein Gegenstand mit dem man denkt" Teil der Selbstreflexion wie Umweltwahrnehmung wird. Sie unterscheidet zwei Gruppen von Jugendlichen: In der ersten (kleineren) Gruppe wird der Computer zur Lebensform, der Jugendliche wird Computerexperte. Für den größten Teil der Jugendlichen gilt jedoch: „(Die meisten Heranwachsenden) integrieren vielmehr ihre Computererfahrungen auf eine Weise in ihre sich entwickelnden Identitäten, die nicht von der Absicht bestimmt ist, Computerexperten zu werden. Sie benutzen das Programmieren als Folie zum Ausdruck der Persönlichkeit, als Möglichkeit zur Selbsterfahrung. Der Computer ist für sie ein konstruktives und ein projektives Medium." (Turkle 1986, S. 170)

Die Computererfahrungen verweben sich mit den vielschichtigen Alltagserfahrungen der Jugendlichen und werden so Teil des Selbstbildes. Die Entwicklung computerbezogener Kompetenzen geht einher mit der Entwicklung reflexiver

Handlungskompetenzen, die über die instrumentelle Nutzung des Computers hinausgehen. Die relative Nähe des Computers zum menschlichen Denken bietet Erkenntnismöglichkeiten, die „maschinenhaften" Aspekte der menschlichen Persönlichkeit zu reflektieren. Der Computer kann als Spiegel der Selbsterkenntnis fungieren, indem eine Materialisierung und Entäußerlichung maschinenhafter Aspekte des menschlichen Denkens gesehen werden kann (vgl. Bammé u.a. 1983 a, b). Die Bedeutung von Regeln, von Kontrolle oder Nicht-Kontrolle über die eigenen Handlungen, die Frage nach Autonomie oder Determinismus des eigenen Denkens und Handelns können in der Gleichsetzung von menschlichem und maschinellem Denken reflektiert werden. Im gedanklichen Experimentieren mit den „maschinenhaften" Aspekten der menschlichen Persönlichkeit sieht Turkle ein Entwicklungspotential, das zu stabileren Persönlichkeitsstrukturen führen kann. (Turkle 1986, S. 370)

Die von Turkle benannte Dimension des Computers als Reflexionsgegenstand im Alltag wurde in der bisherigen Forschung in bezug auf Jugendliche nicht in systematischer Weise weiter verfolgt. Bisher existieren lediglich Hinweise aus Erfahrungsberichten aus Computerprojekten in der Jugendarbeit wie beispielsweise Voullième über ein Hamburger Projekt: „So fragen Jugendliche nach dem Verhältnis des eigenen Ichs zum Computer, nach der Macht des Computers oder warum sie überhaupt der Computer fasziniert oder ängstigt." (Voullième 1988, S. 51)

Die Forschungsfragestellung der Entwicklung sozio-kultureller Identität untersucht die Symbolik des Computers losgelöst von den technologischen Grundlagen. Im Mittelpunkt der Betrachtung steht der Computer als Auseinandersetzungs- und Individuierungsgegenstand in den sozialen Beziehungen zwischen Heranwachsenden und der Erwachsenenwelt. In einer Grobstrukturierung werden die Gefährdungs- und Entwicklungspotentiale des computerbezogenen Handelns von Jugendlichen mit einer jugendkulturellen Orientierung beziehungsweise einer Erwachsenenorientierung verknüpft. Während mit der jugendkulturellen Orientierung Entwicklungspotentiale verbunden werden, sehen einige Untersuchungen Gefährdungspotentiale in der Erwachsenenorientierung computerbezogenen Handelns. Im Mittelpunkt der Diskussion stehen dabei — in der Regel — männliche Jugendliche, die ein intensives Verhältnis zur Computertechnologie in der Aneignung von Computerkompetenzen entwickelt haben.

Als Entwicklungspotentiale der jugendkulturellen Orientierung werden folgende Elemente des computerbezogenen Handelns genannt, die bisher nur zum Teil empirisch belegt sind.

Computerbezogenes Handeln wird funktionalisiert, um sich von der Vereinnahmung durch Ansprüche der „Erwachsenenwelt" zu distanzieren und abzugrenzen. Es findet eine Solidarisierung innerhalb der jugendlichen Peer-group statt (vgl. Spanhel 1987; Rogge 1985; 1988). Die Solidarisierung führt zur Herausbildung einer an eigenen Wertmaßstäben orientierten jugendlichen Subkultur und beeinhaltet eine entsprechende soziale Aktivität. Es werden eigene Normen und Werte geschaffen, es findet eine Verletzung und Provokation herrschender Normen statt (vgl. Horx 1984; Hengst 1985; Bruder/Bruder-Bezzel 1988; Rogge 1988). Bruder stellt die These auf, daß in der Nutzung von elektronischen Mailboxen „... eine ganz neue Form der Kollektivität geschaffen (wird), ohne unmittelbaren direkten Kontakt der Mitglieder untereinander ... Hier finden sie, was ihnen außerhalb bestritten wird; Solidarität und – kollektive – Identität." (Bruder 1988, S. 64)

Computerkompetenz erlaubt die Umkehrung des Verhältnisses von Macht und Ohnmacht zu den Erwachsenen, wobei eine gesellschaftlich bedeutungsvolle Technologie als Medium dient und nicht Selbstzweck ist. Hier äußert sich konkret die Funktionalisierung des Computers für das Streben nach Autonomie und Loslösung von der primären Sozialisationsinstanz Familie. Bruder sieht darin darüber hinaus die Bedeutung des Computers nicht nur in individueller Perspektive und stellt die These auf, daß das computerbezogene Handeln der Computerfans eine „Gegenmacht" und Infragestellung von gesellschaftlichen Machtstrukturen beinhalten kann. Der Computerfan erliegt insofern nicht der Illusion von Macht in symbolischen Welten, als beispielsweise im Eindringen in fremde Datennetze die Möglichkeit besteht, „gegenüber dem scheinbar unangreifbaren großen Apparat ein Stück der ‚Macht' zu erringen" (Bruder 1988, S. 62).

Im computerbezogenen Handeln dominieren darüber hinaus Spaß, Erleben und Ausleben bedürfnisorientierter spielerischer Elemente, die der Kompensation von psychosozialen Defiziten und damit dem Ausleben von narzißtischen Omnipotenzphantasien entgegenstehen (vgl. Rogge 1988).

Die Forschung zu den jugendkulturellen Aneignungsformen der Computertechnologie steht derzeit noch am Anfang. Zwar wird die Abgrenzung von der Erwachsenenwelt, das Einsetzen computerbezogener Handlungskompetenzen zur Umkehrung des Verhältnisses von Macht und Ohnmacht und das Eingebundensein des computerbezogenen Handelns in Gruppenaktivitäten (zumindest für einen Teil der Jugendlichen) empirisch festgestellt (vgl. Hengst 1985; Rogge 1985; 1988; Rosemann 1986; Spanhel 1987), allerdings bewegen sich diese Feststellungen auf der Ebene der Quantität von Sozialkontakten. Es wurden bisher keine qualitativen Untersuchungen durchgeführt, die eine jugendkulturelle Orientierung des computerbezogenen Handelns belegen würden. Insbesondere noch nicht geführt worden ist der empirische Nachweis der Konstruktion eigener

Norm- und Wertmaßstäbe, die sich dann ja in einer Auseinandersetzung auch mit traditionellen normativen Orientierungen manifestieren müßten. Ebenso sind die „neuen" Formen jugendlicher Kollektivität, wie Bruder sie thematisiert, bisher kaum Gegenstand von Untersuchungen. Es bliebt also zu untersuchen, wie die Entwicklung der sozial-kognitiven, moralischen und emotionalen Handlungskompetenzen der Heranwachsenden beeinflußt wird, die auf einer computervermittelten kollektiven Identität aufgebaut und nicht in direkter zwischenmenschlicher Interaktion erworben wurden.

Der im computerspielbezogenen Handeln festgestellte altersspezifische Effekt der Wirkungspotentiale (Fritz 1984, Spanhel 1987, Schneekloth/Emsbach 1983) verweist darauf, daß die adoleszente Entwicklungsaufgabe der Individuierung einerseits und die Notwendigkeit des Hineinwachsens in den gesellschaftlichen Erwerbszusammenhang andererseits, das computerbezogene Handeln wesentlich beeinflußt. Umgekehrt stellt sich die Frage, inwiefern im computerbezogenen Handeln eine Auseinandersetzung mit herrschenden gesellschaftlichen Werten und Normen möglich ist oder diese (zwangsläufig) unhinterfragt akzeptiert und verinnerlicht werden (vgl. Noller u.a. 1988, S. 95/96).

3.3.1 Neue Pragmatik − Zum computerbezogenen Handeln von Berliner Jugendlichen

Im folgenden sollen drei empirische Studien zur sozio-kulturellen Entwicklung von Identität vorgestellt und hinsichtlich des o.a. Diskussionshintergrunds ausgewertet werden.

1987/1988 wurde vom IPN-Kiel (Lang/Lehmann) und dem IfM-Koblenz (Sinhart) eine Untersuchung sozio-kultureller Auswirkungen der Nutzung von Computertechnologie in der Schule und Freizeit mittels standartisiertem Fragebogen durchgeführt. In der Befragung von 600 West-Berliner SchülerInnen wurden sozio-kulturelle Wirkungspotentiale der Computernutzung hinsichtlich folgender Phänomene untersucht (Lehmann 1988, S. 34/35):

− Vereinzelung und Isolation;

− Verlust von Kreativität und Phantasie;

− Passivierung des Lebens;

− Zunahme des visuellen Lebensstils;

− Nachlassen gesellschaftlicher Problemorientierungen;

− Flucht in eine Scheinwelt.

Von der Anlage her zeigt die Studie jedoch die problematischen Aspekte quantitativ-empirischer Studien in der Hinsicht, daß komplexe Sachverhalte wie

Kreativität in Fragen nach „Musik machen, Nähen, Basteln, Häkeln, Weben, Bauen, Experimentieren" operationalisiert werden (vgl. Lehmann 1988, S. 38). Abgesehen davon, daß auch die Tätigkeit des Programmierens in der Konstruktion von Programmen Kreativität verlangt, wird hier eher Freizeitverhalten gemessen denn Kreativität. Gesellschaftliche Problemorientierung wird anhand der Wahrnehmung gesellschaftspolitischer Themen in Fernsehen/Zeitung und Einstellungen zu gesellschaftlichen Entwicklungen wie Arbeitslosigkeit, Umwelt etc. gemessen. Wie Lehmann selbst schreibt, müssen positive Antworten darauf nicht eine gesellschaftliche Problemorientierung ausdrücken, sie haben lediglich Indikatorfunktion (Lehmann 1988, S. 40).

Die Studie ist jedoch insofern interessant, als daß sie einen starken Einfluß computerbezogenen Handelns in der Freizeit auf den Umgang mit dem Computer in der Schule nachweisen kann (vgl. Kap. III. B.1.). Folgende Ergebnisse können aus dieser Studie festgehalten werden:

Zunächst wird festgestellt, daß zunehmende Computererfahrung in der Freizeit einhergeht mit steigenden computerorientierten Motivationslagen der Computernutzung. Computern wird als Freizeitaktivität gesehen, als ein Mittel, um soziale Kontakte zu knüpfen, „persönliche" Qualifikationen zu erlangen, d.h. Verbesserung beruflicher Chancen und Erwerb computerbezogener Kompetenzen, und soziale Anerkennung zu erhalten. „Mit zunehmender Computererfahrung in der Freizeit verstärken sich Motive, die auf den Faktoren ‚Computer-Kontakt', ‚persönliche Qualifikation' und ‚Anerkennung' hochladen. Der Faktor ‚Computerkontakt' bedeutet, daß Jugendliche beim Thema Computer mitreden wollen und mit Hilfe der Bildschirmmedien mit anderen Menschen in Kontakt treten wollen. Diese Motive werden spezifisch durch die Freizeitbeschäftigung ... hervorgehoben. Der Faktor der persönlichen Qualifikationen bedeutet, daß Jugendliche ihre beruflichen Chancen und ihr technisches Wissen über den Computer verbessern wollen. Diese Motive werden sowohl durch die Computererfahrungen in der Freizeit wie auch in der Schule verstärkt. Der Faktor Anerkennung durch Beherrschung des Computers wird positiv verstärkt durch zunehmende Computernutzung in der Freizeit..." (Lang 1989, S. 10)

Zunehmende Computerorientierung und Computererfahrung gehen wiederum nach Selbsteinschätzungen der Heranwachsenden einher mit sozialen Isolationstendenzen. „Mit zunehmender Computererfahrung in der Freizeit geben Jugendliche an, daß sie häufiger allein in der Freizeit computern wollen und es auch tun und überhaupt mehr allein in der Freizeit sind." (Lang 1989, S. 11) Ebenfalls auf die soziale Isolationstendenz verweist das Ergebnis, daß die Heranwachsenden mit steigendem (gegenwärtigen) computerbezogenen Handeln weniger über persönliche Probleme kommunizieren (Lehmann 1988 a, S. 19), die Sozialbeziehungen sich also distanzierter darstellen. Lehmann stellt allerdings fest, daß diese Ergebnisse sich in längerer zeitlicher Perspektive nicht stabilisieren. Die Studie kommt hier aufgrund unterschiedlicher Auswertungskriterien von Lang und Lehmann zu unterschiedlichen Ergebnissen.

Bezüglich der These der gesellschaftlichen Problemorientierung wird gefolgert, daß mit der Intensivierung der Computernutzung keine Verringerung von gesellschaftlichem Problembewußtsein einhergeht, denn „das Interesse an politischer Information nimmt sowohl mit der Dauer der schulischen und privaten ... Computernutzung klar zu." (Lehmann 1988, S. 40)

Hinsichtlich der medienpädagogischen Eskapismusthese kommt die Studie zum Schluß, daß mit der Tätigkeit des Programmierens die Neigung einhergeht, „vermehrt Literatur vom Typ Comics und Science Fiction zu lesen." (Lehmann 1988, S. 41) Sinhart interpretiert dies auch als einen Beleg dafür, daß die „computersozialisatorische Annahme vom Wirklichkeitsverlust beim computerfaszinierten Jugendlichen ... erneut Nahrung (erhält)." (Sinhart 1987, zit. n. Lehmann 1988, S. 35)

Nach dem von Moser geprägten Begriff der „neuen Pragmatik" sehen Lang/ Lehmann (1988) das computerbezogene Handeln der Heranwachsenden durch eine pragmatische Handlungsorientierung geprägt. Das computerbezogene Engagement gründet sich eher auf einer „Einschätzung des Kosten–Nutzen–Verhältnisses zur Wahrung eigener Interessen und Zukunftschancen für bessere Schulabschlüsse und Arbeitsplätze" (Lang/Lehmann 1988, S. 6; vgl. Hejl u.a. 1988, S. 46). Es existieren geschlechtsspezifische Unterschiede, denn diese pragmatische Einstellung gilt insbesondere für Jungen. „Diese ‚neue' Pragmatik zeigt sich besonders deutlich bei den Antworten der Jungen. Sie stimmt überein mit rollenspezifischen Erwartungen an Jungen, sich für einen Beruf vorzubereiten, sich für Technik zu interessieren, sich in Konkurrenz durchzusetzen und erfolgsmotiviert zu arbeiten" (Lang/Lehmann 1988, S. 6).

Zusammengefaßt kann gesagt werden, daß das computerbezogene Handeln der Jugendlichen sich an sozio–kulturellen Handlungsanforderungen orientiert. Auf dem Hintergrund des sozio–kulturellen Bezugs des Erwerbs von Computerkompetenz läßt sich folgern, daß Gefährdungspotentiale möglicherweise aus der verstärkten Ausrichtung des computerbezogenen Handelns auf sozio–kulturelle Anforderungen resultieren, die sich in der Einstellung der „neuen Pragmatik" widerspiegeln. Das Ansteigen sozialer Isolation und Computerorientierung mit zunehmender Computererfahrung, (der Computer dient dann als Mittel der Suche nach sozialem Kontakt und Anerkennung in der Freizeit, damit einher geht der Wunsch nach beruflicher und computerbezogener Qualifikation), spricht gegen die These „neuer" Formen jugendlich-kulturellen solidarischen Handelns. Es dominiert eher ein stärker von Konkurrenz geprägtes und individuell ausgerichtetes Sozialverhalten. Geschwächt werden dabei „nahe" Sozialbeziehungen, die auf Vertrauen und Offenheit basieren.

Nach den Ergebnissen der Untersuchung gilt die pragmatische Handlungsorientierung des computerbezogenen Handelns insbesondere für männliche Jugendliche und wird im Zusammenhang mit der Entwicklung einer männlichen Geschlechtsidentität gesehen (Lang 1989; Lang/Lehmann 1988). Zu vermuten ist, daß computerbezogenes Handeln an traditionelle, sozio–kulturell ausgebildete Geschlechtsrollenstereotypen anknüpft und zu deren Verinnerlichung beiträgt.

3.3.2 Die Einsteiger

Die Bedeutung der Untersuchung von Rosemann, die schon in Abschnitt 3.1 angeführt wurde, liegt darin, daß er das computerbezogene Handeln der Heranwachsenden in einer Verknüpfung von sozial–psychologischen und soziologischen Kategorien zu erklären versucht. Maßgeblich für die individuelle Mensch–Computer–Beziehung ist demnach das Diskrepanzerleben, das die Computertechnologie in den Heranwachsenden auslöst. Dieses Erleben beruht auf den biographisch gewachsenen Bedürfnislagen, Einstellungen, Urteilen, Handlungsorientierungen und Zukunftsperspektiven, die an das spezifische sozial–gesellschaftliche Umfeld, auf dem sie entstanden sind, rückgebunden sind (Rosemann 1986, S. 73f.). Davon ausgehend stellt Rosemann die These auf, daß Heranwachsende, die eine „innere" Nähe zum Computer aufgrund von technischen Vorerfahrungen beziehungsweise der Präsenz von Computertechnologie im familialen und sozialen Umfeld mitbringen und aufgrund ihres Bildungsstandes über entsprechende intellektuelle Kompetenzen verfügen, den Computer als eine Potenzierung ihrer kreativen und intellektuellen Kompetenzen erleben. Dies gilt vor allem dann, wenn das computerbezogene Handeln in bestehende Lebensentwürfe durch Eröffnung beruflicher Perspektiven integriert werden kann und dafür soziale Handlungsspielräume in Schule und Beruf zur Verfügung stehen (Rosemann 1986, S. 72f.). Computerbezogenes Handeln stellt demnach dann ein Entwicklungspotential dar, wenn eine Vertrautheit mit der Technik mit der Bewältigung sozio–kultureller Handlungsanforderungen einhergeht.

Umgekehrt entsteht aus Rahmenbedingungen wie begrenzten Zukunftsperspektiven und Handlungsspielräumen, sowie fehlender Vertrautheit zur Technologie aufgrund fehlender Vorerfahrungen ein zu großes Diskrepanzerleben, das sich in der Angst vor und Ablehnung der Computertechnologie niederschlägt. Langfristig besteht nach Rosemann hier das Gefährdungspotential einer „dequalifizierenden Vereinnahmung". Diese impliziert den Zustand der intellektuellen Ohnmacht und die fremdbestimmte Anpassung an die technologische Struktur des Computers (Rosemann 1986, S. 72ff.).

Rosemann (1986)[21] extrahierte aus seinen Forschungen den Nutzungstyp des „Einsteigers". Gegenüber der Mehrheit der nicht–computerinteressierten Jugendlichen grenzen sich Einsteiger Rosemann zufolge in folgenden Punkten ab.

„Äußere" Merkmale:

– Der soziale Lebensrahmen weist eine stärkere Computerisierung auf.

– Sie besitzen eine überdurchschnittliche Bildung.

– Sie entstammen eher der Mittelschicht.

– Die Nähe der Eltern zu technischen und kaufmännischen Berufen fördert das Computerinteresse.

„Innere" Merkmale:

– Einsteiger bringen ein Interesse für Technik, in geringerem Maße für Naturwissenschaft/Mathematik mit.

– Ausgeprägte Wertorientierung: Leistungs–, Erfolgsorientierung, soziale Aufstiegsambitionen beziehungsweise Streben nach Erhalt des sozialen Status.

– Ihre subjektive Zukunftserwartung ist optimistisch, soziale Folgeprobleme der Technologie werden weniger gesehen beziehungsweise nur insofern, als man aufgrund der Qualifikation hofft, nicht zu dem Personenkreis der „Dequalifizierten" beziehungsweise durch den Computer „Substituierbaren" zu gehören (Rosemann 1986, S. 304/305).

– Persönlichkeitsmerkmal ist eine ausgeprägte „informelle Flexibilität", die sich durch selbständiges Lernen und soziale Aktivität auszeichnet: „Sie verhalten sich durchsetzungsstark, sind kontaktfähig" (Rosemann 1986, S. 266).

Rosemann typisiert anhand der Verknüpfung der Dimensionen „Kompetenzerleben", „Kommunikation", und „Zielorientierung" zwei Gruppen von Jugendlichen, die auf dem Hintergrund unterschiedlicher sozialer Handlungsspielräume (definiert anhand „sozialer Berufshorizonte", sozialer Unterstützung, Bildungsstand) sich in unterschiedlicher Weise auf den Computer beziehen (Rosemann 1986, S. 267ff.).

---

21 Leider gibt Rosemann nicht die empirischen Grundlagen seiner Untersuchungen an, so daß diese nicht weiter überprüft werden können. Einen ähnlichen Nutzungstyp stellt auch Sander (1988) fest. Dennoch ist die Studie von Aussagewert, da sie differenzierende Einschätzungen soziokultureller Integration beinhaltet.

Rosemanns Beobachtungen des Kompetenzerlebens des „durchschnittlichen" Jugendlichen bestätigen bisher angeführte Forschungsergebnisse hinsichtlich psychodynamischer Faktoren computerbezogenen Handelns, worin die Quellen der Faszinationskraft des Computerns vor allem für Jugendliche zu sehen sind: Erfolgs- und Machterlebnisse, die als Potenzierung der eigenen Fähigkeiten erlebt werden, und ein emotionales Fließen in der Verdichtung der Mensch-Computer-Interaktion (1986, S. 270ff).

Ähnlich den Ergebnissen Turkles schildert er unterschiedliche Handlungsstile am Computer. Der Arbeitsstil des „durchschnittlichen Jugendlichen" ist davon gekennzeichnet, daß er nicht nach einem vorgefertigten Plan arbeitet, sondern sich von „Intuitionen" und „diffusen Empfindungen" leiten läßt. In dieser Offenheit für kognitiv-intuitive Handlungskompetenzen sieht Rosemann ein kreatives Potential, das die schrittweise und widerspruchsfreie Logik des Rechners im Erleben der Jugendlichen unterläuft (Rosemann 1986, S. 273f.). In der gleichen Richtung deutet er die beobachtete „Animisierung" des Rechners als den Versuch der Behauptung von Lebendigkeit in der Interaktion mit dem „kühlen" Rechner (Rosemann 1986, S. 274).

Das positive Kompetenzerleben führt Rosemann wesentlich auf soziale Bezüge des computerbezogenen Handelns zurück, indem am Rechner Anforderungen, die sich im Alltag den Jugendlichen stellen, im subjektiven Erleben der Jugendlichen auf effektivere und befriedigendere Weise gelöst werden. Diesen Jugendlichen gelingt es aufgrund ihrer Bildung, ihrer sozialen Herkunft und ihres Sozialstatus, die ihnen verfügbaren größeren Handlungsspielräume zu nutzen. Das hobbymäßige computerbezogene Handeln wird in konkretere Berufsbilder umgesetzt, die auf die „höherqualifizierten Berufskategorien" gerichtet sind (Rosemann 1986, S. 304/305). Ihre Computeraktivitäten geschehen zudem in kommunikativer Auseinandersetzung und unter Gewährung gegenseitiger Unterstützung mit Gleichaltrigen, jedoch erhalten diese Jugendlichen auch mehr Unterstützung von Eltern und anderen Erwachsenen. Handlungsspielräume, Zielorientierungen und kommunikatives Eingebundensein greifen nach Rosemann so ineinander, daß diese Jugendlichen sich den Computer in einer persönlichkeitsförderlichen Weise aneignen können.

Eine nach Rosemanns Angaben zahlenmäßig kleinere Gruppe von Einsteigern läßt sich von diesen „durchschnittlichen" Einsteigern unterscheiden. Vom Persönlichkeitstypus beschreibt er sie folgendermaßen:

− Ausgebildete starke Selbstkontrolle, ausgeprägtes Kontrollbedürfnis: „In seinem Bereich legt er Wert auf Ordnung, Genauigkeit und Pünktlichkeit. Hier muß alles funktionieren ..." (Rosemann 1986, S. 276)
− Die Aufmerksamkeit gilt der Technik, nicht der „sich entfaltenden Natur".

- Er möchte Erfolg haben, anerkannt sein, sich durchsetzen, andere übertreffen.
- Das Sozialverhalten ist auf Anpassung ausgerichtet, die soziale Integration wird über die Computerprodukte gesucht.

Rosemann sieht als entscheidend an, daß es diesen Jugendlichen nicht gelingt, ihre Lebenserwartungen und Ansprüche in der gegebenen gesellschaftlichen Realität umzusetzen. Die Computernutzung bekommt dann eine Kompensationsfunktion. Das Mißlingen des Bemühens um soziale Integration, die vergebliche Suche nach Erfolg, wird durch das übergroße Kontrollbedürfnis an der Maschine ausgeglichen (Rosemann 1986, S. 276). Dabei werden — so Rosemann — „aggressive Impulse" auf die Arbeit mit dem Computer umgeleitet (Rosemann 1986, S. 287). Der Arbeitsstil am Computer zeichnet sich dann aus durch „die stufenweise Umsetzung, die kontinuierliche und schrittweise Abarbeitung ... eines bewußten Planes" (Rosemann 1986, S. 277). Der Computer wird als Gegner erlebt, über den es Herrschaft zu erlangen gilt.

Die Handlungsspielräume dieser Jugendlichen sind eingeschränkter. Die kommunikative Einbindung des computerbezogenen Handelns ist geringer. Sie erleben die Gleichaltrigen eher als Konkurrenten und suchen im Konkurrenzkampf die soziale Integration. Diese Jugendlichen erfahren weniger soziale Unterstützung aus ihrem sozialen Umfeld. Der Computer wird so zu einem potentiellen Rückzugsort. Die Ursache für die tendenziell fehlende Sozialintegration sieht Rosemann jedoch nicht in der Computerbeschäftigung, sondern im sozialen Konflikt zwischen Ansprüchen der Jugendlichen einerseits und verschlossenen Möglichkeiten durch gesellschaftlich und sozial begrenzte Handlungsspielräume andererseits.

Für die sozio-kulturellen Handlungsanforderungen des Computers kann die These aufgestellt werden, daß eine einseitige Verstärkung von Computerkompetenzen und computerbezogenen Handlungsanforderungen aus einer fehlenden Sozialintegration resultiert, die auf eine Verengung von beruflichen Perspektiven und sozialen Handlungsspielräumen zurückgeführt wird.

Auch hier wird die sozialpsychologische Dimension des computerbezogenen Handelns deutlich. Das fehlende Kontrollbewußtsein hinsichtlich der Gestaltung der eigenen Lebensbedingungen wird in das Bedürfnis nach vollkommener Kontrolle über die Operationen des Rechners umgeleitet. Die Ausbildung von Kontrollkompetenz am Computer korrespondiert dabei mit der Ausbildung von rigiden internalen Selbstkontrollen.

Rosemann schildert computerbezogene Handlungsstile, die dem von Turkle geschilderten „harten" beziehungsweise „weichen" Programmierstil ähneln. Er bindet die unterschiedlichen Stile jedoch nicht an das Geschlecht, sondern an sozial-kontextuelle Bedingungen zurück. Entwicklungspotentiale eines persönlichkeitsförderlichen Handlungsstils am Computer, mit dem der Einsatz intuitiv-kreativer Handlungskompetenzen einhergeht, resultieren nach ihm aus der sozial-integrativen Einbettung des Computers sowohl durch die Peer-Group wie durch relevante Erwachsene der Umwelt und durch eine Anbindung an berufliche Perspektiven. Gefährdungspotentiale im Sinne einer ausschließlichen Technikorientierung resultieren aus dem Fehlen der sozial-gesellschaftlichen Integration.

Kritisch anzumerken ist jedoch, daß Rosemann „gesellschaftliche Integration" als einen Wert an sich begreift und deren gesellschaftliche Widersprüchlichkeit nicht berücksichtigt. Das Alltagsbewußtsein der Jugendlichen ist davon geprägt, sich zu arrangieren, die Existenz abzusichern, unter gegebenen Umständen Konkurrenzvorteile herauszuholen. Rosemann interpretiert das Verhalten der Einsteiger aus der gleichen Sichtweise, wie es subjektiv die Jugendlichen tun: Es gibt die „Opfer" und es gibt die „neue Elite", der man kaum einen Vorwurf machen könne, daß sie nur „ihre eigenen Interessen verfolgt und sich einen Dreck um die gesamtgesellschaftlichen Probleme gekümmert haben" (Rosemann 1986, S. 305).

Dieses polare Bewußtsein von neuen Eliten und den (substituierbaren) Opfern wird jedoch nicht in Frage gestellt. Es wird nicht problematisiert, inwiefern der Satz „Der Computer ersetzt die menschliche Arbeit, nur diejenigen, die den Computer beherrschen, gehören nicht zu den ‚Substituierbaren'", nicht einen gesellschaftlichen Mythos darstellt (der dann auch ein wissenschaftlicher Mythos — siehe Haefner 1982 — ist) und einen ideologischen Vorwand zur Absicherung privilegierter Positionen bietet.

Damit wäre auch zu fragen, inwieweit das computerbezogene Handeln nicht Mythen transportiert, die der Entwicklung eines kritisch-distanzierten Handlungsstils zum Computer entgegenstehen. Denn diese Mythen erzeugen eine affirmative Haltung zur Technologie, die die Möglichkeit einer sozialverträglichen Technikgestaltung in Frage stellt (Kuhlmann 1985, S. 102), da die Bedingungen der Technologie, ihre Ziele und Wertorientierungen der Technikgestaltung nicht mehr mitreflektiert werden. Dies wirkt umso schwerer, als diese Generation der jugendlichen Computerfans potentiell das Reservoir einer zukünftigen Informatiker- und Programmierergeneration darstellt.

3.3.3 Gesellschaftliche Mythen und computerbezogenes Handeln

Diese umfangreiche, am Frankfurter Institut für Sozialforschung durchgeführte Untersuchung über Computerfans[22] baut auf den Thesen Turkles auf und stellt diese in einen gesellschaftlich-kulturellen Gesamtzusammenhang. Die Autoren gehen von folgender Grundthese aus: „Einerseits machen Jugendliche die Interaktion mit dem Medium zum Teil eines Diskurses über sich selbst und die soziale Welt. Andererseits greifen sie die Projektionen einer hochtechnisierten ‚Informationsgesellschaft' auf und integrieren diese in ihre Lebensentwürfe ..." (Noller/Paul 1987, S. 2). Die *gesellschaftlichen Mythen*, die als das computerbezogene Handeln vorstrukturierende Orientierungen begriffen werden, verbinden sich mit der individuellen Computernutzung. Als gesellschaftliche Mythen bezeichnen Noller/Paul:

— Die auf gesellschaftlicher wie individueller Ebene vorgenommene symbolische Kopplung von Computer und Fortschritt: der Erwerb von Computerkompetenz bedeutet in diesem Sinn persönlichen wie gesellschaftlichen und industriellen Fortschritt (Noller/Paul 1987, S. 7).

— Die Verknüpfung von Computer und Zukunft: Computerkompetenz bedeutet dann eine sichere, kalkulierbare Zukunft (Noller/Paul 1987 S. 10).

— Eine technisch-wissenschaftliche Weltsicht: sie wird von einer Sachzwanglogik, instrumenteller Problemlösung, dementspechend hoher Bewertung des Expertenwissens und Abwehr von außen kommender, nicht-technikbezogener Bewertungen gekennzeichnet (Noller/Paul 1987, S. 8/9).

Die Ergebnisse beruhen auf folgenden Grundannahmen über Persönlichkeitsentwicklung in der Adoleszenz und die Struktur der Mensch-Computer-Interaktion. Zum einen gehen Noller/Paul von einer psychoanalytisch geprägten Auffassung der adoleszenten Entwicklungsphase des Jugendlichen aus. In ihr werden einerseits Konflikte der Primärsozialisation in der Loslösung von familialen Bindungen wiederbelebt, andererseits besteht die Anforderung, einen Identitätsentwurf zu erarbeiten und unter gegebenen gesellschaftlichen Bedingungen zu realisieren. Psycho-dynamische Struktur der Persönlichkeit und sozial-gesellschaftliche Integration sind danach die zwei Seiten der Identitätsentwicklung. „Identität ist also zugleich psychische Struktur und Aspekt des gesellschaftlichen Interaktionszusammenhangs." (Noller u.a. 1988, S. 94)

---

22 Die Untersuchung wurde vom Institut für Sozialforschung (IfS, Frankfurt) in den Jahren 1986 bis 1989 durchgeführt. Sie kann als die bisher extensivste Untersuchung in der BRD gelten, die zudem quantitative Erhebungsmethoden mit qualitativen zu verbinden sucht. Befragt wurden ca. 450 Computerfans in fünf deutschen Großstädten. Es wurden mit einem Teil der Probanden sowohl narrative Interviews wie Befragungen mit standardisierten Items durchgeführt, so daß beide Auswertungen miteinander verglichen werden konnten.

Zum anderen gehen sie, wie in Kap. II. C. ausgeführt, davon aus, daß die Wirkungspotentiale durch die spezifische Struktur der Mensch-Computer-Interaktion mitbestimmt werden. Die Zwiespältigkeit sozialer Interaktion wird in der Selbstbezüglichkeit der Interaktion mit dem Computer aufgehoben und damit die Widersprüchlichkeit des sozio-kulturellen Hintergrundes abgespalten. Entscheidungen für oder wider soziale Normen und Werte, die Bestandteile sozialer Interaktionen sind, müssen nicht mehr getroffen werden und sind in der Mensch-Computer-Interaktion auch nicht mehr thematisierbar. Noller u.a. nehmen deswegen an, daß die normative sozio-kulturelle Besetzung des Computers im Interaktionsvorgang mit dem Computer unmittelbar verinnerlicht wird: „Mit der Akzeptanz des Computers als Interaktionspartner hat der Jugendliche dessen normative Besetzung bereits prinzipiell anerkannt" (Noller u.a. 1988, S. 99). In Zwischenauswertungen ihrer Untersuchung kommen die Autoren zu folgenden Schlußfolgerungen:

Das computerbezogene Handeln ist von einer starken Erwachsenenorientierung gekennzeichnet, der Erwerb von Computerkompetenz geht einher mit der Übernahme traditioneller sozio-kultureller Normen, Werte und Konventionen. Dieses sind zum einen Mittelschichtsorientierungen wie Aufstiegs- und Leistungsdenken, zum anderen wird im computerbezogenen Handeln eine traditionelle ingenieursmäßige Weltsicht reproduziert.[23]

Danach ist für den Computerfan eine ausgesprochene Leistungs- und Erfolgsorientierung charakteristisch. Die am stärksten besetzten Items für die persönliche Lebensorientierung waren Erfolg im Beruf und persönliche Leistung. Die Definition des Selbstbildes resultiert im wesentlichen aus der Orientierung auf Arbeit und Karriere, wobei der Selbstwert vor allem auf der sozial-gesellschaftlichen Anerkennung beruht (Noller u.a. 1988, S. 99f.). Als einen weiteren Beleg für die Erwachsenenorientierung führen Noller und Paul in einer Reinterpretation der Shell-Jugendstudie[24] an, daß Computerfans die Spannung zwischen den Generationen weniger wahrnehmen als andere Jugendliche und sich selbst auch nicht in gleichem Maße im Gegensatz zu den Erwachsenen sehen.

Die kulturelle Leitfigur der Szene ist der „Computerexperte". Damit einher geht das Gefühl, einer gesellschaftlichen Elite anzugehören, das sich auf die Beherrschung des Computers in der Tätigkeit des Programmierens stützt. Diese Sichtweise begründet die Vorstellung von Leistungsfähigkeit und Erfolg. Die Macht

---

23 Von den objektiven Daten her korrespondiert diese Ergebnis mit dem hohen Bildungsstand und der Mittelschichtsherkunft der untersuchten Computerfans, wie Noller in einem Referat anläßlich der GMK-Jahrestagung im November 1988 anführte.

24 Sie interpretieren hier die Ergebnisse der Shell-Jugendstudie 1985, die Baerenreiter in bezug auf jugendliche Computerfans reanalysierte (Noller u.a. 1988 a, S. 25ff.).

über den Computer garantiert das Sicherheitsgefühl einer kalkulierbaren Zukunft, das sich auf die Vorstellung einer computerisierten Gesellschaft stützt, wie folgende Interviewpassagen belegen: „In der jugendlichen Lebenswelt der Computerfans bietet der Mythos Computer dem Einzelnen Sicherheit für die Zukunft, auch für die berufliche. ... Die Vorstellung, daß die Beherrschung des Computers durch das Programmieren eine gesicherte und kalkulierbare Zukunft bedeutet, drückt ein ... Jugendlicher so aus: ‚Wenn man selber etwas Macht über den Computer hat und nicht mehr abhängig ist, sagen wir, wenn jemand ... vom Computer Schreiben zugestellt bekommt und keinen Vorgesetzten mehr sieht, sondern da nur noch ein Computer steht‘ ... ‚Wenn ich aber Macht über den Computer habe, dann kann er mir nichts schaden, weil ich ihn beherrsche.‘“ (Noller/Paul 1987, S. 10/11)

In der Identifikation mit der Rolle des Computerexperten wird es den jugendlichen Computerfans möglich, entwicklungsbedingte, narzißtische Persönlichkeitsstrukturen und sozio-kulturelle Handlungsanforderungen in Einklang zu bringen. „... Durch diese Integration etablierter Anpassungsmechanismen wird es möglich, sowohl Allmacht- und Größenphantasien als auch ‚erwachsenes Verhalten‘ der herrschenden Kultur zu übernehmen“ (Noller u.a. 1988, S. 97). Noller u.a. sprechen daraus resultierend von einer Persönlichkeit, die durch eine relativ unflexible und starre Ich-Struktur gekennzeichnet ist. Als Indizien dafür sehen sie an, daß die Lebens- und Wertorientierungen der Jugendlichen wie beispielsweise „aus den vorgegebenen Bahnen einmal ausbrechen“, „Wunsch nach Veränderung“, „Entdeckung von Neuem“, bei weitem als das am wenigsten Wichtige angesehen wurden (Noller u.a. 1988, S. 97). Dies bestätigt damit die These Schurz/Pflügers, daß die Handlungsorientierung des „maschinellen Charakters“ sich auf die Vermeidung von *Ambivalenzen* im alltäglichen Leben richtet.

Die im computerbezogenen Handeln erworbene ingenieursmäßige Weltsicht geht mit der Herausbildung entsprechender instrumenteller, formal-logischer Problemlösungskompetenzen in der Reduktion komplexer Probleme einher. Hinweise bestehen in der Studie, daß diese Weltsicht auch auf die soziale Welt übertragen wird (Noller/Paul 1987, S. 9). Während in der Ausbildung dieser Handlungskompetenzen die simulierte Welt des Programms beherrschbar erscheint, steht dem die Vorstellung einer unbeherrschbaren, chaotischen realen Welt gegenüber. Es wird ein dichotomes Weltbild von beherrschbarer und unbeherrschbarer Welt aufgebaut. „Für viele Jugendliche liegt die Faszination des Computers ... in seiner ‚logischen Reaktion‘ und weil er ‚unfehlbar‘ ist. ... Seine Logik repräsentiert eine Welt ‚abstrakter Ordnung‘, die — wie ein Jugendlicher sagt — eben auch in dem Computer so drin und für ihn von der realen

Welt verschieden ist' ... So ermöglicht der Computer dem Jugendlichen die Welt in zwei Teile aufzuteilen: in eine beherrschbare und eine unbeherrschbare" (Noller/Paul 1987, S. 11/12). Und an anderer Stelle schreiben sie: „Fast alle Befragten zeigen eine gewisse thematische Selbstbescheidung auf ihr Computerwissen. Die übrige soziale Welt, die oft als ein undurchdringliches Chaos beschrieben wird, wollen sie weder verstehen, noch maßen sie sich an, sie zu erklären" (Noller/Paul 1987, S. 8). Das Gefährdungspotential computerbezogenen Handelns besteht hier weniger in einem Verschwimmen von simulierter und realer Welt, sondern in der strikten Aufteilung. Soziale Zusammenhänge werden im Bewußtsein der Jugendlichen ausgeblendet. Der Problemlösungsbegriff für soziale Probleme ist − wenn überhaupt vorhanden − ein instrumenteller, ingenieursmäßiger.

Die sozialen Beziehungsgeflechte der Computerszene sind im wesentlichen über den Computer und seine Beschäftigung mit ihm vermittelt (Noller u.a. 1988, S. 115ff.). Dies impliziert jedoch, daß sie im wesentlichen leistungsvermittelt sind und sich auf die Anerkennung als Computerexperte stützen. Computervermittelte Beziehungen geben dann das Gefühl, Teil eines gesellschaftlichen Ganzen, d.h. in ein Beziehungsgeflecht integriert zu sein, in dem man Funktionen und Aufgaben in einem hierarchisch gegliederten System übernimmt. Die Jugendlichen sind über die Computerkompetenz in ein gesellschaftliches Ganzes integriert. Die Beziehungen der Computerfans untereinander sind jedoch von Konkurrenz und Distanz geprägt (Noller u.a. 1988, S. 105) und, wie es die Autoren ausdrücken, von „Erfahrungslosigkeit", was sie anhand eines Fallbeispiels illustrieren, das im folgenden zitiert wird:

„Wie aber beschreibt er seine ausschließlich männlichen Computerfreunde, mit denen er am liebsten zusammen ist? ‚Nett, gesellschaftlich, kameradschaftlich. Wir haben eigentlich ein gutes Corps-Verhältnis, wie ’ne Truppe.‘ Die Antwort auf diese Frage fällt kurz und knapp aus und Andreas benutzt zur Charakterisierung seiner Freunde allgemein akzeptierbare Kriterien; auf gemeinsame Erfahrungen und Erlebnisse, die auf eine Auseinandersetzung mit den anderen Jungen zur Definition des eigenen Selbst verweisen würden, kann er auch in der weiteren Schilderung nicht zurückgreifen. Andreas ... definiert seine Beziehung zu den Freunden über die hierarchische Stellung, die er in der Gruppe einnimmt und über seine Leistungen am Computer, die ihm Respekt verschaffen. (Dieses Beziehungsmuster ohne ‚Erfahrung‘ trifft im übrigen auf fast alle Untersuchten zu.)" (Noller u.a. 1988, S. 116)

Dieses Ergebnis ist insofern interessant, als in der Entfaltungsthese jugendkultureller Aneignungsformen des Computers Kollektivität und Erfahrungsreichtum und daher die identitätsstiftenden Aspekte der Peer–group–Beziehungen hervorgehoben werden (vgl. Bruder/Bruder-Bezzel 1988, S. 261). Dies scheint nicht für den zum „Computerexperten" strebenden Jugendlichen und sein soziales Beziehungsnetz zu gelten.

Im folgenden sollen anhand von Interviewausschnitten und anderen Ergebnissen der Untersuchung Nollers u.a. Aspekte der Mensch-Computer-Beziehung herausgearbeitet werden, die die Thesen von Pflüger/Schurz (vgl. Kap. II. C.) in gewisser Weise stützen.

Aufgrund ihrer Fallstudie definieren Noller u.a. die Faszination der Schöpfung künstlicher Welten aus der Abspaltung sozialer Lebenswelt, die in ihrer Unstrukturiertheit als bedrohlich erlebt wird. Je distanzierter und „lebloser" die sozialen Beziehungen werden, desto „lebendiger" wird die Beziehung zum Computer. „Die emotionale Bindung von Andreas an die leblose Bewegung und die Rechenmaschine, die im Gegensatz steht zu den eher emotionslosen Beziehungen zu seinen Computerfreunden, läßt die Vermutung aufkommen, daß von der lebendigen Realität und der menschlichen Objektwelt für Andreas eine latente Bedrohung ausgeht." (Noller u.a. 1988, S. 116) Auch hier treffen sich die Aussagen mit den Feststellungen Pflügers und Schurzs; es findet ein Austausch statt: Das Mechanische wird lebendig, während das Lebendige mechanisiert wird. In der Systematisierung und Reglementierung aller Ambivalenz versprechenden „inneren" und „äußeren" Bereiche, insbesondere von Emotionalität, Sexualität, Sinnlichkeit und Sozialbeziehungen, so ihre These, entsubjektiviert der maschinelle Charakter sich selbst (Pflüger/Schurz 1987 b, S. 47/48). Der Prozeß der Entsubjektivierung geschieht dann real in der Ausbildung rigider internaler Kontrollen, die nach Noller die Persönlichkeit des zitierten Jugendlichen kennzeichnet. Kennzeichnend sind Verinnerlichung sozio-kultureller Normen wie beispielsweise Ordentlichkeit, Pünktlichkeit. Noller/Paul sprechen daher von einem „zwanghaft kontrollierenden Charaktertyp" (Noller u.a., S. 11). Inwiefern dies allgemein auf die Persönlichkeitsentwicklung von Computerfans zutrifft, kann an dieser Stelle nicht gesagt werden, da zum Zeitpunkt der Erstellung dieses Forschungsberichts die Auswertungsarbeiten der Studie dazu noch nicht abgeschlossen waren. Die Analyse dient hier jedoch als ein Fallbeispiel, um potentielle Zusammenhänge von psycho-dynamischen Prägungen der Persönlichkeit durch das computerbezogene Handeln, das wesentlich sozio-kulturell beeinflußt wird, zu rekonstruieren.

Der Prozeß der Entsubjektivierung zielt letztendlich auf den Ersatz der physischen wie psychischen Verfaßtheit des Menschen und sozialer Welt in der Repräsentation in formal-logischen, widerspruchsfreien Symbolwelten überhaupt. Prozesse werden erst in einem derartigen Symbolnetz repräsentiert und damit potentiell beherrschbar. Noller u.a. sprechen in der Schilderung des

Fallbeispiels auch von „Denaturierung" und „Entkörperlichung" (Noller u.a. 1988, S. 116). Sie zitieren den Computerfan Andreas: „Die Grafik, der Sound, all die Möglichkeiten ... das fasziniert mich eigentlich, wie man's schafft, den Ton zu konzipieren. Normalerweise braucht man ja ... alle Tiere haben Stimmbänder. Also man schafft's, den Ton, die Stimmbänder zu ersetzen. Und das fasziniert mich." Und weiter: „Weil es mich fasziniert, was man mit dem Computer alles machen kann. Grafik, Design und die Rechenmöglichkeiten. Man kann einen Papierflieger durch ein Zimmer fliegen lassen auf dem Bildschirm. Wenn ich das Zimmer digital aufnehme, ... kann ich einen Papierflieger dadurch steuern." (Noller u.a. 1988, S. 116) Die Entbindung der realen Objekte von ihrer materiellen Gebundenheit und ihre symbolische Repräsentation in Simulationen kann jedoch in Anlehnung an Johnson als die Konstitution einer eigenen symbolischen Realität interpretiert werden. Die Beziehung zwischen Bezeichneten und Bezeichnenden konstituiert sich beliebig neu, da diese in simulierten Welten vollkommen willkürlich ist.

Der psychologische Mechanismus des Gefährdungspotentials der Entsubjektivierung liegt dabei in der Suche nach sozial-gesellschaftlicher Anerkennung, die Selbstbestätigung beinhaltet und damit wesentlich das Selbstwertgefühl stützt. Diese Anerkennung ist ausschließlich leistungsvermittelt. Hier korrespondiert das Streben nach sozialer Anerkennung, (die auch erreicht wird) mit der Struktur des computerbezogenen Handelns, in der jedes einmal gesetzte Ziel potentiell immer erreichbar ist, da der Erfolg einzig auf der Computerkompetenz des Heranwachsenden beruht. Die Selbstbestätigung, die aus der konkreten Tätigkeit des Programmierens resultiert, wird im subjektiven Bewußtsein durch die soziale Gratifikation getragen. Drastisch ist dies in Gedanken ablesbar, die der von Noller u.a. interviewte Computerfan Andreas bei der Vorstellung eines „Computerentzugs" entwickelt. „Wenn im Computerraum (an der Schule, d. Verf.) eingebrochen wird und alle Computer geklaut würden ... weil ich dann eigentlich die Grundlage weg habe ... es würde eine abgrundtiefe Lücke geben. ... Ich würde vermissen, daß ich nicht mehr mit ihm arbeiten kann, daß ich keine Selbstbestätigung habe, wenn ich jetzt irgendwas schaffe am Computer, ... wenn ich irgendein bestimmtes Ziel erreiche oder wenn ich programmiere, daß ich was bestimmtes mach, daß ich — meine Selbstbestätigung würde ich vermissen." (Noller u.a. 1988, S. 115)

Sichtbar wird hier, wie auch in dem von Rogge zitierten Fallbeispiel (vgl. Kap. III. A. 2.2), daß die leistungsvermittelte soziale Anerkennung im computerbezogenen Handeln ein kritisch-distanziertes Verhältnis immer weniger zuläßt, je mehr die Persönlichkeit auf den Computer verwiesen ist. Somit entsteht eine Abhängigkeitsstruktur in der Mensch–Computer–Interaktion: Der Herrscher ist der eigentlich Beherrschte.

Diese Ergebnisse beziehen sich auf Jugendliche, die sich intensiv mit Computertechnologie beschäftigt haben. Sie stellen nach quantitativen Nutzungserhebungen aber nur eine kleine Minderheit der Computernutzer dar (vgl. Spanhel 1987; Hejl u.a. 1988). Die Computerfans heben sich daher von der Mehrheit der Jugendlichen ab (vgl. Rosemann 1986; Spanhel 1987; Hejl u.a. 1988). Insofern können die Ergebnisse der Frankfurter Untersuchung nicht als generalisierbare Wirkungspotentiale jugendlicher Computernutzung betrachtet werden. Sie verdeutlichen jedoch, daß das Gefährdungspotential der intensiven Computernutzung gerade im Zusammenspiel von psychischer Struktur, gesellschaftlichen Normen und technologischen Faktoren *real* vorhanden ist.

3.3.4 Computerbezogenes Handeln und geschlechtsspezifische Identitätsentwicklung

Die Interpretation von Lang/Lehmann (1988) zur jugendlichen Computernutzung deutet darauf hin, daß die Entwicklung geschlechtsrollenspezifischer Selbstbilder im computerbezogenen Handeln einen wesentlichen Teil der sozio–kulturellen Identitätsentwicklung von Jugendlichen darstellt. Auf diesem Hintergrund läßt sich auch die Frage stellen, inwiefern in der Identitätsentwicklung traditionelle sozio–kulturelle Geschlechtsrollenbilder von den Jungen und Mädchen verinnerlicht werden. Die Frage der Entwicklung einer geschlechtsspezifischen Identität im Familien–/Freizeitbereich im Zusammenhang mit dem computerbezogenen Handeln stellt sich insbesondere für die männlichen Computernutzer, da der intensive Umgang mit dem Computer dort in der Regel von Jungen gepflegt und von Mädchen abgelehnt wird (Fauser 1987, S. 25; Schiersmann 1987, S. 12). Die Gruppe der Computerfans, so stellen Noller u.a. fest, umfaßt nahezu ausschließlich männliche Jugendliche (Noller u.a. 1988, S. 105; Baerenreiter 1986; 1988 a).

Auf der Basis der Überlegungen Chodorows zu unterschiedlichen psychosexuellen, kulturell bedingten Entwicklungen von Mann und Frau (vgl. Kap. II. B.2.2) gehen Noller u.a. in ihrer Untersuchung der Frage nach, inwiefern im computerbezogenen Handeln eher traditionell männliche Geschlechtsrollenstereotypen reproduziert werden. Noller u.a. nehmen auf der Basis feministischer Kritik des männlichen Technikumgangs an, daß die unterschiedlichen psychodynamischen Strukturen von Männern und Frauen unterschiedliche Handlungsorientierungen und –muster zur Folge haben. Noller u.a. bezeichnen diese differenzierten Orientierungen als „objektivierenden versus kommunikativen Weltzugang". „(Wir) vermuten, daß die psychodynamische Grundstruktur der Abgrenzung dem männlichen Typ entspricht und mit Handlungs- und Interpretationsmustern korrespondiert, die sich als Zerlegen, Zergliedern, Trennen, Isolieren und Entscheiden von als konkurrierend wahrgenommenen Elementen beschreiben läßt. Im Interpretationsmuster des ‚objektivierenden Weltzugangs' erfolgt die Wahrnehmung des Selbst als von zweckrationalen Erwägungen geleitetes und entsprechend eingreifendes Handlungsobjekt. Soziale Objekte werden zu Variablen eines abstrakten Problemlösungsvorganges.

Demgegenüber steht die weibliche psychodynamische Grundstruktur des Sich-Beziehens, die sich auf der Ebene der Handlungsorientierungen als Muster des Abwägens, Ausbalancierens, Verschmelzens, Vereinheitlichens und Bündelns von Elementen fassen läßt. Diese Grundstruktur kann − in Analogie zum Vorangegangenen − als kommunikativer Weltzugang begriffen werden, der auf empathischem Verstehen und Kooperation basiert." (Noller u.a. 1988, S. 103/104)

Bezogen auf die Entwicklung geschlechtsspezifischer Identität im computerbezogenen Handeln gehen sie von der Fragestellung aus, welche Chancen für Heranwachsende bestehen, „sich mit den jeweils ausgeschlossenen männlichen beziehungsweise weiblichen Anteilen auseinanderzusetzen und neue Normen und Werte zu entwickeln, oder ob die gesellschaftliche Situation diese Auseinandersetzung verhindert und so die alten Typen reproduziert werden" (Noller u.a. 1988, S. 104).

Die Untersuchung kommt zu dem Ergebnis, daß computerbezogenes Handeln für die Gruppe der jugendlichen Computerfans zu einer Stabilisierung der männlichen Geschlechtsidentität durch Herausbildung von traditionellen Geschlechtsrollenstereotypen und durch Reproduktion psychodynamischer, spezifisch männlicher Beziehungsweisen beiträgt. „Die Beschäftigung mit dem Computer − so die bisherige empirische Auswertung − hat große Bedeutung für die Ausbildung der männlichen Identität bei den jugendlichen Computerfans, gibt ihr Inhalt und Stabilität." (Noller u.a. 1988, S. 99)

Die Computerfan-Kultur ist demnach eine männliche Kultur, die sowohl nach innen wie nach außen vom männlichen Beziehungsmodell der Distanz und Abgrenzung bestimmt ist. Die sozialen Beziehungen der Computerfans untereinander sind in der Ausbildung computerbezogener Kompetenz von Konkurrenz geprägt, es wird keine persönliche Nähe zugelassen (Noller u.a. 1988, S. 107). Ausdruck der „äußeren" Abgrenzung ist die Herstellung eines weiblichkeitsfreien „Handlungsraumes" innerhalb der Computerclique; so gaben nur 14 % der befragten Jugendlichen an, über den Computer regelmäßig Kontakt zu Mädchen zu haben (Noller u.a. 1988, S. 110). Die Ausgrenzung von „Weiblichkeit" und die „männliche" Besetzung des computerbezogenen Handelns erfolgt darüber hinaus über die Entwicklung von rigiden Geschlechtsrollenstereotypen, die sich in der Abwertung von Computerinteressen und -fähigkeiten von Mädchen manifestieren.

Auch die im vorherigen Kapitel festgestellte Leistungs- und Aufstiegsorientierung der Computerfans fügt sich hier in sozio-kulturell begründete männliche Identitätsbilder, indem die Selbstdefinition, die mit der entsprechenden sozialen Anerkennung einhergeht, über die Orientierung an Arbeit, Karriere und Leistung erfolgt.

In der Ästhetik des fehlerfreien Programms und in dem an Optimierung und Effizienz orientierten computerbezogenen Handlungsstil, den Noller u.a. anhand von Fallbeispielen schildern, äußert sich ihrer Ansicht nach nicht nur ein „harter" Programmierstil. Die Tätigkeit trägt in der Reproduktion männlicher Handlungsmuster psychodynamisch wesentlich zur Selbststabilisierung der männlichen Geschlechtsidentität bei (Noller u.a., S. 107). Die Bevorzugung des logisch-analytischen Denkens „im objektivierenden Blick" des Technikers als vorherrschendem Denkstil (Noller u.a. 1988, S. 107/108) beinhaltet dabei eine Abwehr von Unstrukturiertem, Unlogischem, daher Undurchschaubarem (vgl. Kap. 3.2.3). Insbesondere „Weiblichkeit" wird mit Unstrukturiertheit, Unlogik symbolisch gleichgesetzt. In der Konstruktion logisch eindeutiger Programme findet daher – neben der manifesten äußeren Ausgrenzung von Mädchen – eine innere Ausgrenzung des „Weiblichen" in der konkreten Tätigkeit statt und trägt so zur Stabilisierung der männlichen psychodynamischen Struktur bei.

Im folgenden soll eine längere Passage zitiert werden, die den Interpretationszusammenhang und die methodische Vorgehensweise der Untersuchung deutlich werden läßt. Noller u.a. entwickeln ihre Gedanken anhand von Fallstudien, die die Beziehung zwischen einem männlichen und einem weiblichen computerinteressierten Jugendlichen schildern.

„In dieser Rolle des Anwalts objektiver Problemlösungen, der mit überlegender Logik die schwierigsten Probleme löst, tritt er im sozialen Umgang Mädchen wie Michaela oder anderen gegenüber. Die Hochpreisung von Logik und logischem Vorgehen gegenüber dem Bedrohlichen, Unklaren entwickelt er im Interview nicht zufällig bei der Behandlung der Frage, wie sich die unterschiedlichen Computerinteressen von Mädchen und Jungen erklären lassen. Mädchen stehen symbolisch in besonderer Weise für unstrukturierte Situation und die Angst machenden menschlichen Gefühle; entsprechend müssen sie abgewertet und ausgegrenzt werden. Michaela bescheinigt er eher vordergründig gönnerhaft, sie sei ‚einigermaßen gut'. Dies wird gleich danach durch die Schilderung einer Episode, in der Michaela noch nicht einmal, ‚wie jeder normale Mensch‘ in der Lage war, Bildschirmaufforderungen nach Diskettenwechsel nachzukommen, desavouiert. Die Abwertung von Weiblichkeit steckt bereits in der Formulierung ‚wie jeder normale Mensch‘. ...

In Abgrenzung zu Michaela beschreibt er die Gründe für sein Computerinteresse so: ‚Na, ich weiß nicht, vielleicht ist es ja doch irgendwie ein Streben nach Logik und voller Faszination von Technik, ich weiß allerdings nicht äh, wie meine Eltern mich eigentlich erzogen haben, ob die, (ob, d.Verf.) ich ein ausgesprochener Junge bin. Aber vielleicht ist sie (gemeint ist Michaela, d.Verf.) ein ausgesprochenes Mädchen, also, mh, es liegt vielleicht auch an meinem technischen Interesse, oder an keinem (bzgl. Michaela, d.Verf.) technischem Interesse‘.

Neben der Problematik der ungesicherten Geschlechtsidentität (ich weiß nicht, ob ich ein ausgesprochener Junge bin) zeigt das Zitat den (unbestimmten) Rückgriff auf zwei von der Mehrzahl der Interviewten verwendeten Topoi für die Erklärung unterschiedlichen Technikinteresses: a) Es liegt an der Erziehung, b) Mädchen haben andere Interessen. Mit der Bereitschaft, Erklärungen für die Existenz grundsätzlicher Unterschiede bereitzustellen, und nicht erst einmal von intellektuell ähnlichen Ausgangslagen auszugehen, ist bereits ein Hinweis für die Existenz relativ starrer Geschlechtsrollensterotypen gegeben" (Noller u.a. 1988, S. 109).

Zur Frankfurter Untersuchung kann zusammenfassend gesagt werden, daß Gefährdungspotentiale des computerbezogenen Handelns in der unhinterfragten Übernahme sozio-kultureller Normen und Wertorientierungen entstehen, wobei keine Auflösung entwicklungsspezifischer narzißtischer Allmachtsphantasien stattfindet. Es findet keine konfrontative Auseinandersetzung mit herrschenden sozio-kulterellen Werten statt, da diese in einem affirmativen Verhältnis zum computerbezogenen Handeln stehen. Wie Noller u.a. schreiben, spielt dabei die Spezifik des computerbezogenen Handelns eine besondere Rolle. In der Mensch–Computer–Interaktion kann die den Handlungen unterliegende sozio-kulturelle Dimension aufgrund ihrer Selbstbezüglichkeit nicht thematisiert werden. Der Computer ist kein autonomer Partner. In der Interaktion mit dem Computer geschieht eine unmittelbare Verinnerlichung sozio-kultureller Normen.

Im Zusammenhang mit dem vorherigen Kapitel wird deutlich, daß die Gefährdungspotentiale wiederum aufgrund der fehlenden Diskrepanz zwischen der Entwicklung von computerbezogenen Handlungskompetenzen und spezifischen, sozio-kulturellen Identitätskonzepten entstehen, die eine bruchlose Anpassung an gesellschaftliche Handlungsanforderungen erlauben. Das computerbezogene

Handeln knüpft so an wesentliche Konzepte der Identitätsentwicklung von männlichen Jugendlichen an, ohne daß sich die Jugendlichen damit auseinandersetzen müssen. Traditionelle kulturelle Konzepte männlicher Identität wie Arbeit/Beruf, Technik, Experte werden unhinterfragt übernommen und verinnerlicht. Gefährdungspotentiale computerbezogenen Handelns resultieren aus der Anknüpfungsmöglichkeit an spezifische sozio-kulturelle Traditionen:

– Die Herausbildung einer ingenieursmäßigen Weltsicht setzt eine traditionelle kausal-linear geprägte technisch-wissenschaftliche Bezugsweise in der Naturbeherrschung fort. In dieser Entwicklung findet eine Prägung der kognitiven Handlungskompetenzen unter Bevorzugung des logisch-analytischen Denkens statt. Damit einher gehen dichotome Betrachtungsweisen von beherrschbaren Simulationen und unbeherrschbarer, als chaotisch empfundener sozialer Welt, die von den Heranwachsenden als bedrohlich empfunden wird. Daraus ist ableitbar, daß sich in der Beherrschung symbolischer Welten im computerbezogenen Handeln ein rigides internales Kontrollbewußtsein herausbildet, während in der intersubjektiv geteilten Welt potentiell externale Kontrollerfahrungen als subjektiv bedrohlich empfunden werden.

– Weiterhin geht die Übernahme der Rolle des Computerexperten mit der Herausbildung rigider Geschlechtsrollenstereotypen einher. Computerbezogenes Handeln wird als „männlicher Raum" beansprucht, indem Mädchen in der Abwertung ihrer Computerkompetenzen ausgegrenzt werden. Mit der Realisierung eines psychodynamisch abgeleiteten männlichen Weltzugangs wird darüber hinaus die These aufgestellt, daß das logisch-analytische Denken als eine männliche Bezugsweise sich ebenfalls im computerbezogenen Handeln niederschlägt und zu einer „inneren" Identitätsstabilisierung beiträgt.

– Die soziokulturell begründete Ideologie der Leistungsgesellschaft ist hier ebenso Teil des Selbstbildes des (männlichen) Computerexperten wie diese mit den konkreten Handlungsmustern der Mensch-Maschine-Interaktion korrespondiert. Normative Orientierung wie beispielsweise Erfolg haben, Effizienz und Leistungsvermögen werden in der Interaktion mit dem Computer dadurch auf den Punkt gebracht, daß das Erreichen eines jeden gesetzten Zieles nur von der Computerkompetenz des Nutzers abhängig ist. Die konkrete Selbstbestätigung im computerbezogenen Handeln entspricht der Gratifikation. Diese Leistungsideologie ist nicht mehr an spezifische Inhalte geknüpft. Sie ist formal und der Inhalt beliebig geworden. In dem instrumentellen Prozeß der Optimierung des Programms ist gleichgültig, was repräsentiert wird. Gerade darin besteht jedoch das Gefährdungspotential, weil die Fragen nach sinnvollem Einsatz und sinnvoller Anwendungsform der Computertechnologie vollkommen ausgeblendet werden (vgl. Johnson 1988).

– Die Spezifik der Computertechnologie in der Frage der Wirkungspotentiale scheint sich dabei auch in der Feststellung der „Erfahrungslosigkeit" des computerbezogenen Handelns zu manifestieren. Als ein „Reich der Erfahrung jenseits der Erfahrung" (Johnson) konstituiert sich im Programmieren eine eigene Symbolwelt von Bezeichnendem und Bezeichnetem. Der Zusammenhang von beiden, der in der realen Welt besteht und intersubjektiv geteilt wird, wird aufgelöst und konstituiert sich in der Semantik des Programms neu. Dort werden reale Prozesse dann beherrschbar. Hierin ist wohl auch das Gefühl der Eigenmächtigkeit von Simulation begründet.

– Es gibt Grund zu der Annahme, daß damit Prozesse der Entsubjektivierung der Persönlichkeit einhergehen. Sie manifestieren sich in der Entlebendigung von Sozialbeziehungen, in der Vermeidung von nahen Beziehungen, in der Unterdrückung von Emotionalität und Sinnlichkeit sowie in der Ausbildung rigider Selbstkontrollen.

4. Computerbezogene Handlungsstrukturen und jugendliche Identitätsentwicklung

Die Bedeutung sozio–kultureller Aspekte im computerbezogenen Handeln von Kindern und Jugendlichen stellt sich in der bisherigen Forschung widersprüchlich dar. Dies ist zum einen auf unterschiedliche normative Wertungen zurückzuführen, die sich mit dem Begriff der kulturellen Identität verbinden. Auf der einen Seite wird der Aufbau sozio–kultureller Identität im Erwerb computerbezogener Handlungskompetenzen als Entwicklungspotential gesehen, da diese Kompetenzen sich auf sozio–kulturelle Anforderungen einer zukünftigen computerisierten Gesellschaft beziehen (Rosemann 1986, Lang/Lehmann 1988). Auf der anderen Seite wird jedoch gerade die sozio–kulturelle Integration problematisiert, da das computerbezogene Handeln traditionelle Normen und Werte einer wissenschaftlich–technischen Weltanschauung, Mittelschichtsorientierungen wie Erfolg, Leistung, Aufstieg, und traditionelle Geschlechtsrollenbilder transportiert (Noller u.a. 1988).

Zum anderen beruhen diese unterschiedlichen Ergebnisse auch auf differierenden Forschungsansätzen in bezug auf die Wirkungen des Computers. So dominieren in der gegenwärtigen Forschung im Familie/Freizeit-Bereich Projekte, die die Bedeutung des Computers vor allem in seiner Funktion in sozialen Beziehungen wie in der Gesellschaft untersuchen. Die Etablierung dieser Forschungsschwerpunkte kann als eine Gegenreaktion auf technik–deterministische Betrachtungsweisen verstanden werden, wie sie beispielsweise Eurich und Mies vertreten. Mit dieser Schwerpunktverlagerung geht die Annahme einer weitgehenden „Gestaltungsoffenheit" (Rammert) computerbezogenen Handelns im Familie/Freizeit–Bereich und eine positive Bewertung der sozial–integrativen Funktion des Computers einher.

Ist der Grundgedanke der Sozialbezogenheit computerbezogenen Handelns richtig, so führt er jedoch zu falschen, in der Regel sehr positiven Beurteilungen des Computers, wenn strukturelle Aspekte der Mensch–Computer–Interaktion vom Ansatz her ganz ausgeklammert werden. Anhand einer Fallinterpretation aus dem Forschungsprojekt „Computernutzung/Alltag", das 1987 bis 1989 im Rahmen des Programms „Sozialverträgliche Technikgestaltung" an der Universität Bielefeld durchgeführt wurde, soll dieser Aspekt des Zusammenhangs von Forschungsansatz und Forschungsergebnis vertieft werden.

4.1 Zum Zusammenhang von Forschungsansatz und Forschungsergebnis

Das Projekt „Computernutzung/Alltag" untersucht aus techniksoziologischer Perspektive das computerbezogene Handeln als sozio–kulturelles Handeln. Der Forschungsansatz verfolgt die Rekonstruktion individueller Nutzungsstile computerbezogenen Handelns, die entscheidend durch Normen und Praktiken des sozio–kulturellen Milieus geprägt werden. Das Milieu, das als entscheidender Einflußfaktor für das computerbezogene Handeln angesehen wird, konstituiert sich dabei in intersubjektiven Zusammenhängen und bedeutet Auseinandersetzung über normative Ansprüche auf der Basis eines intersubjektiv geteilten Wirklichkeitsverständnisses (Böhm/Wehner 1988, S. 50). Wirkungspotentiale des Computers entstehen damit im Netz alltäglicher sozialer Interaktion. Im Gegensatz zur Annahme Turkles, daß sich die Sinnkonstruktion *auch* aus der technologischen Spezifik des Computers generiert, kann festgestellt werden, daß dem Projektansatz die Annahme zugrunde liegt, computerbezogene Sinnstrukturen konstituieren sich *vor allem* aus dem Sozialzusammenhang.

Im folgenden sollen anhand einer Fallstudie eines jugendlichen Computerfans, die von den Autoren erstellt wurde, die Konsequenzen dieses Interpretationsansatzes für Aussagen über Wirkungspotentiale des computerbezogenen Handelns aufgezeigt werden. Diese Fallstudie eignet sich besonders, da in ihr ähnliche Sachverhalte beschrieben werden, wie sie aus der Untersuchung Nollers u.a bereits dargestellt wurden. Geschildert wird der Fall A, 19 Jahre alt, der einem Elternhaus der gehobenen Mittelschicht entstammt. Mit 12 Jahren bekommt er

vom Vater einen Computer geschenkt in einer Phase, in der der Jugendliche —
am Beginn der Adoleszenz — unter Identitätsstörungen leidet. „Versetzungs-
probleme, mangelndes Konzentrationsvermögen sowie fehlendes Selbstvertrauen
führten zu einer Gefährdung A's schulischer Karriere." (Böhm/Wehner 1988 a,
S. 4 f.) Das computerbezogene Handeln verleiht dem Heranwachsenden Stabilität und Selbstbewußtsein. Die Aktivierung von „verborgen gebliebenen Lei-
stungsreserven" steigert das Selbstbewußtsein, es wird integraler Bestandteil
seines Selbstbildes. Die Autoren kommentieren daher: „Wir können für den Fall
A von einer quasi-sozialisatorischen Funktion des Computers sprechen, weil
hier jugendphasenspezifische Selbstverortungs- und Identitätsentwicklungspro-
bleme unter Einbeziehung dieser Technologie bewältigt werden." (Böhm/Weh-
ner 1988, S. 52) Diese Feststellung wird auf dem Hintergrund ihres Forschungsansatzes nicht weiterverfolgt und zunächst als positiv gewertet. Aus dem
Blickwinkel der Thesen Nollers u.a. können jedoch unter dem Aspekt der
Persönlichkeitsentwicklung aus dieser Konstellation — entwicklungsbedingte
Identitätsstörungen, Identitätsstabilisierung und Sozialintegration über das computerbezogene Handeln — Gefährdungspotentiale abgeleitet werden, wie im folgenden zu zeigen sein wird.

A entwickelt im Laufe seiner Computersozialisation die „typischen" Merkmale
eines Computerfans:

— Die (neu entdeckte) Leistungsfähigkeit steht im Zentrum seines Selbstbildes;
diese ist an das computerbezogene Handeln gekoppelt, er definiert sich in
sozialen Beziehungen über die von ihm erstellten Computerprodukte
(Böhm/Wehner 1988, S. 52).

— Er entwickelt das Selbstbild des Computerexperten, der sich gegenüber dem
reinen Anwender abgrenzt (Böhm/Wehner 1988, S. 56).

— Sozialintegration und soziale Anerkennung sucht er insbesondere über die
Computerprodukte; dieser Suche entspricht eine Nachfrage nach diesen
Produkten (Böhm/Wehner 1988, S. 61).

— Das computerbezogene Handeln ist stark erwachsenenorientiert.

Das intensive computerbezogene Handeln, das die Stabilität seiner Identität
begründet, führt zu einer Umstrukturierung sozialer Beziehungen. A kann sein
Computerinteresse in der gewachsenen Beziehung zu der Gruppe der Gleichaltrigen nicht mitteilen, da diese dem Computer mit Gleichgültigkeit, Distanz
und Abwehr gegenüberstehen. Die Autoren geben auf dem Hintergrund anderer
Fallstudien an, daß Computerinteresse generell Kommunikationsschwierigkeiten
mit sich bringt, da es den Computerfan ausgrenzende Deutungsschemata akti-
viert, die auch die öffentliche Diskussion bestimmen. „Wir haben es hier mit
einem Problem zu tun, das generell Computernutzer trifft ... In der Öffentlich-

keit gelten sie als sozial isoliert, gefühlsarm, logizistisch ... den vitalen und sozial geteilten Interessen und Bedürfnissen ihrer mitmenschlichen Umwelt entrückt, was ihnen im Extremfall den Status von Außenseitern ... einträgt." (Böhm/Wehner 1988, S. 58) In dieser Sichtweise wird die These vertreten, daß die Tendenz zur sozialen Isolierung auf soziale Ausgrenzungsprozesse zurückzuführen ist, die sich in der Ausbildung von stereotypen Vorurteilen über den Computerfan niederschlägt. Als soziale Deutungsmuster beeinflussen diese die sozialen Beziehungen. A muß eine soziale Isolierung fürchten, da die Gruppe der Gleichaltrigen als wesentliche Bewertungs- und Orientierungsinstanz seinem Bedürfnis nach sozialer Anerkennung seines Interesses nicht nachkommt.

A findet die Orientierungssicherheit seines Handelns in der Computerszene der „Cracker". Computerkompetenz stellt hier die zentrale Norm der Binnendifferenzierung der Gruppe dar. „Die Gemeinschaft hat nämlich eigene Leistungskriterien und Kompetenzstufen entwickelt und interne Kontrollmechanismen des Zugangs zu entsprechenden Meriten etabliert. Diese dienen als quasi-moralische Orientierungsmarken, indem sie eine intersubjektiv geteilte Interaktionsplattform für gemeinsames Handeln bereitstellen. Als solche vermitteln sie Orientierungssicherheit für die Differenzierung zwischen Wissenden und Nichtwissenden, Eingeweihten und Nichteingeweihten, kurzum, innen und außen. Zentrale Differenz ist hier das Kompetenzgefälle zwischen dem einfachen User und dem wahren Könner. Der permanente Abgleich von dem, was man kann und dem, was man können muß, um sich nicht mehr als gewöhnliches ‚Ordensmitglied' der User-Gemeinschaft, sondern als Mitglied eines exklusiven Klubs verstehen zu dürfen, wird hier zum zentralen Orientierungsmaßstab." (Böhm/Wehner 1988, S. 63) In dieser Sozialstruktur organisiert Computerkompetenz die soziale Differenzierung, indem sich eindeutige Hierarchien in den Stufen des Expertenwissens ausmachen lassen. Das Versprechen von Aufstieg in dieser Hierarchie der Wissenden beinhaltet einen entsprechenden Konkurrenzdruck gegenüber Gleichaltrigen und einen Perfektionszwang gegenüber der Erstellung von Computerprodukten. Auf dieser Basis entwickeln sich stark zweckrationale, auf den schnellen Erwerb von Computerkompetenz zielende Handlungsmuster, die die Beziehungen der Fans zueinander gestalten. „Typisch für das Verhältnis des ambitionierten ‚Aufsteigers' zur Masse der Anfänger ist das utilitaristische Begründungsmuster mit seinen Zeit-, Kosten- und Nutzenkalkülen. In dem Bemühen, sich von dieser User-Gruppe abzusetzen, wird das Interesse für tauschbare Wissensquanten übergroß". (Böhm/Wehner 1988, S. 65)

Die Orientierungssicherheit resultiert aus den eindeutigen Handlungsstrukturen im sozialen Beziehungsgeflecht, das sich hinsichtlich des Erwerbs von Computerkompetenz organisiert. Da einzig das „Expertenwissen" Anerkennung findet, ist es verständlich, daß computerbezogene Leistungsfähigkeit zentral für das Selbstbild des Computerfans ist. Die Sozialstruktur ist in einem gewissen Sinne als äußerst logisch zu bezeichnen. Dieser Sozialstruktur angepaßt sind strategische Handlungskompetenzen, die auf den schnellen Erwerb von Computerkompetenz abzielen; andere Personen werden unter dem zweckrationalen Nutzen–Kalkül des Wissenserwerbs eingeschätzt. Zusätzlich damit einher geht der Druck zur Perfektionierung der Computerprodukte, die die Position im System und Anerkennung garantieren.

In der Frage der Wirkungspotentiale der Computertechnologie wäre zu untersuchen, inwiefern die Sozialisation computerbezogenen Handelns innerhalb der geschilderten Sozialstruktur gravierende Gefährdungen für die Entwicklung von Handlungskompetenzen in der Rollenübernahme des „Computerexperten" beinhaltet. Die Autoren thematisieren nicht das unmittelbare computerbezogene Handeln selbst, was wahrscheinlich auf die milieutheoretische Ausrichtung des Forschungsansatzes zurückzuführen ist. In der Fallbeschreibung und in Interviews mit den Autoren finden sich jedoch Hinweise, daß Gefährdungspotentiale für die Entwicklung kommunikativer Handlungskompetenzen entstehen. Die Autoren beschreiben die Selbstwahrnehmung des Computerfans A hinsichtlich sozialer Beziehungen. „... A (nimmt) Zerfallserscheinungen in den Verständigungsformen mit relevanten Anderen wahr. A.'s Ausführungen zu diesem Problem lassen den Schluß zu, daß hier offensichtlich kontextuell entschlackte Informationsbedürfnisse seinerseits mit milieuhaft verschliffenen Interaktionspostulaten kollidieren. Das hat für A Probleme auf der durch kommunikative Verständigungsprozesse konstituierten Ebene sozialer Beziehungen zur Folge. Er überläuft nämlich die präreflexive Verständigungsplattform ‚natürlicher' Interaktion durch ein überkomplexes Denkmodell für die Wahrnehmung, Verarbeitung beziehungsweise Neuorganisation alltäglicher Routinen. ... A meint, im Alltag Logik aufbieten zu müssen, und torpediert gerade dadurch die auf Verständigungsroutine beruhende Orientierungssicherheit im Milieu." (Böhm/Wehner 1988 a, S. 8 f.)

Offensichtlich schlägt die Verinnerlichung der logischen Struktur der erworbenen Computerkompetenz und strukturell angepaßter Sozialbeziehungen auf kommunikative Handlungskompetenzen durch, indem „natürliche", implizite Verständigungsprozesse der alltäglichen Kommunikationsbeziehungen ausgeblendet werden. Dies beinhaltet das Bedürfnis nach Reduktion von Mehrdeutigkeit in kommunikativen Beziehungen, indem hochselektiv auf Situationen zugegriffen wird. Dies kann als ein Formalisierungsprozeß sozialer Beziehungen begriffen werden. Im Interview stellen die Autoren fest, daß einige Computernutzer das Bedürfnis nach „formalisierter Kommunikation" in sozialen Beziehungen entwikkeln: „Die Leute greifen z.T. hochselektiv auf Situationen zu, wo eigentlich in Aushandlungsprozessen so was wie eine gemeinsame Situationsdefinition, Problembewußtsein, Sensibilitäten erst hergestellt werden." (Interview)

Mit dem hochselektiven Zugriff und der Orientierung an regelhaften Verständigungsprozessen wird jedoch tendenziell das normative Spiel von Aushandlungsprozessen zwischenmenschlicher Beziehungen, der Bejahung und Ablehnung von Geltungsansprüchen, die in den Situationsdefinitionen enthalten sind, unterlaufen, empathische Prozesse der Situationsdefinition werden ausgeblendet. Der Vorrang bewußter Logik vor empathischen Handlungsprozessen läßt sich jedoch nicht allein aus den Sozialbeziehungen erklären, sondern muß auch auf die Verinnerlichung instrumenteller Computerkompetenzen zurückgeführt werden, die sicheren Erfolg und Anerkennung garantieren.

Vor diesem Hintergrund muß die Bildungs- und Erziehungsfunktion des computerbezogenen Handelns, die die Autoren anführen, als äußerst problematisch angesehen werden. In dem hier referierten Fallbeispiel zeigt sich deutlich ein Gefährdungspotential des computerbezogenen Handelns für die Persönlichkeitsentwicklung in der Adoleszenzphase, das sich gerade aus dem Zusammenwirken der jugendspezifischen Aufgaben der Entwicklung einer kulturellen Identität und der Anpassung an gesellschaftliche Normen und Anforderungen ergibt.

Dennoch lassen sich der sozialbezogenen Herangehensweise zur Bedeutung des Computers wichtige Hinweise auf soziale Aspekte computerbezogener Handlungsstrukturen entnehmen, die zur Entfaltung von Gefährdungspotentialen (in diesem Fall soziale Isolation) zumindest beitragen. Analog der konflikthaften Beziehung zwischen verständnislosen Eltern und computerbegeisterten Kindern in der Familie (vgl. Abschnitt 2.2.1), deuten sich hier Konflikte zwischen traditioneller Jugendkultur und „neuer" Computerkultur an (vgl. auch Rosemann 1986). Das Bild des „persönlichkeitsdeformierten" Computerfans besitzt bereits als gesellschaftliches Deutungsmuster den Charakter einer Vorverurteilung, die Jugendliche trifft, sobald sie sich intensiver dem Computer zuwenden. Es ist dann irrelevant, inwiefern dieses Bild der Realität entspricht, weil das Bild in sozialen Beziehungen in seiner stigmatisierenden Funktion verwendet wird.

Dieses gesellschaftliche Deutungsmuster schlägt sich, wie erste Forschungsergebnisse aus dem Projekt „Jugendliche Computerfans" bestätigen, in den Bemühungen der computerbegeisterten Jugendlichen um eine Selbstdefinition und damit Identitätsfindung nieder.[25] Das Projekt stellt ebenfalls fest, daß die

---

25 Das Projekt „Jugendliche Computerfans" wurde 1987 und 1988 im Rahmen des Programms „Sozialverträgliche Technikgestaltung" an der FernUniversität Hagen durchführt. Vom Forschungsansatz her ist es den sozialbezogenen Ansätzen computerbezogenen Handelns zuzuordnen.

öffentlichen, vorurteilsbehafteten Zuschreibungen für die Jugendlichen ein Problem darstellen. In der Computerszene entstehen erste Identifikationsmuster, die als Versuche der Bewältigung dieses Problems angesehen werden. „Für Computerfans gibt es die Freaks, die Computeranwender, aktive PC-Anwender, ernsthafte Anwender usw. Es sind Versuche, dem Klischee auszuweichen und es zu bewältigen. Besonders für Ältere wird die Frage ‚Wer bin ich als Computerfan', zum Problem." (Interview)

Soziale Ausgrenzungsprozesse in den alltäglichen Interaktionen zwischen Computerfans und computerdistanzierten Jugendlichen, in denen das gesellschaftliche Deutungsmuster des „persönlichkeitsdeformierten" Computerfreaks in einer stigmatisierenden Funktion verwendet wird, können damit zur sozialen Isolation und zum Übertritt in eine nach außen abgegrenzte Szene von Computerfans beitragen. An der Konfliktlinie zwischen traditioneller Jugendkultur und der sich entwickelnden Computerkultur müßte jedoch gerade die Relativierung der instrumentell-strategischen Orientierungen des Computerfans in der Aushandlung von normativen Ansprüchen stattfinden. Gerade hier ist jedoch ein Defizit an sozialer Kommunikation festzustellen, das die Entfaltung von Gefährdungspotentialen des Computers befördert.

4.2 Zusammenfassung: Beziehungsstrukturen computerbezogenen Handelns

Trotz der widersprüchlichen Bewertung der sozial-integrativen Funktion des Computers ist nach den vorliegenden Untersuchungen die positiv gewendete These der Entwicklung sozio-kultureller Identität im computerbezogenen Handeln als problematisch anzusehen. Die Ergebnisse der jugendkulturellen Forschung weisen, vor allem wenn das Zusammenwirken der unterschiedlichen Ebenen computerbezogener Handlungsstrukturen berücksichtigt wird, eher auf Gefährdungspotentiale denn Entwicklungspotentiale, zumindest für den computerbegeisterten Jugendlichen, hin.

Rosemann und Noller u.a. beschreiben zwar ähnliche Typen von Computernutzern (Mittelschichtsorientierung, höheres Bildungsniveau, ausgeprägte Leistungs-, Erfolgs- und Karriereorientierung, Zukunftsoptimismus, Elitebewußtsein), kommen aber aufgrund unterschiedlicher Wertung des Begriffs der sozio-kulturellen Identität zu unterschiedlichen Schlußfolgerungen. Während in

---

Forts. von letzter Seite
Die Bedeutung des Computers generiert sich danach nicht aus seiner technologischen Spezifik, sondern nur „aus dem Interaktionsfeld alltäglicher sozialer Handlungen". (Baerenreiter/Fuchs 1988, S. 2).

der Frankfurter Untersuchung die These aufgestellt wird, daß die gesellschaftliche Integrationsfunktion auf der Kopplung von narzißtischer Persönlichkeitsstruktur und bestehenden gesellschaftlichen Mythen in der Rolle des Computerexperten beruht, beschreibt Rosemann einen ähnlichen Typus (rigide internale Kontrollen, Machtverhältnis zum Computer, Konkurrenzverhältnis zu den Gleichaltrigen) als Resultat nicht verwirklichbarer Lebensansprüche. Diese führt Rosemann auf gesellschaftliche und sozial begrenzte Handlungsspielräume zurück. Die Sozialintegration des computerbezogenen Handelns geht bei ihm einher mit einem persönlichkeitsförderlichen Handlungsstil am Computer.

Tendenziell bestätigt die Berliner Untersuchung die Ergebnisse von Noller u.a., daß mit steigendem computerbezogenem Handeln und steigender Computerorientierung (zumindest gegenwärtig) Isolationseffekte, Konkurrenzbeziehungen und das Fehlen „naher" Beziehungen einhergehen. Während Lang/Lehmann die pragmatische Grundeinstellung der Jugendlichen zum Computer als Entwicklungspotential betrachten, da es „rollenkonform" sozio-kulturellen Anforderungen entspricht, müssen aus den Ergebnissen der Frankfurter Untersuchung Gefährdungspotentiale für die Identitätsentwicklung der Jugendlichen angenommen werden. Diese entstehen aus einer *fehlenden Diskrepanz* zwischen Identitätsentwicklung und sozio-kulturellen Handlungsanforderungen, aus der eine Überanpassung an spezifische sozio-kulturelle Identitätskonzepte resultiert.

Als einen computertechnologischen Faktor im Wirkungsverhältnis von Persönlichkeit, Computer und sozio-kulturellem Kontext betonen Noller u.a. dabei die Spezifik symbolischer Kommunikation mit dem Computer. Implizit vergleichen sie damit unterschiedliche symbolische Kommunikationsformen, zwischenmenschliche und Mensch-Computer-Kommunikationsformen. Danach läßt die Mensch-Computer-Interaktion in ihrer Selbstbezüglichkeit keine Austragung normativer Ansprüche zu. Die Entscheidung für oder gegen normative Ansprüche wie in zwischenmenschlichen Beziehungen muß nicht getroffen werden. Interaktion mit dem Computer beinhaltet in dieser Sichtweise eine prinzipielle Anerkennung sozio-kultureller Werte, die der Computer als gesellschaftlich symbolisch besetztes Objekt beinhaltet. Erscheint diese Interpretation zunächst zu sehr auf die Mensch-Maschine-Interaktion eingeschränkt, so muß dennoch beachtet werden, daß der jugendliche „Computerexperte" in einem Handlungsraum agiert, in dem von außen kommende normative Ansprüche abgewehrt werden. Die Ergebnisse Rogges, daß die Computerdistanz bei den Heranwachsenden sich um so mehr verringert, je mehr Kritik an der Technikorientierung geübt wird, lassen sich auch in diesem Licht betrachten.

Die Ergebnisse der Studien widersprechen der Annahme einer eigenständigen jugendkulturellen Orientierung, die eine Auseinandersetzung mit dem gewachsenen sozio-kulturellen Normensystem der Gesellschaft der „Erwachsenen" beinhaltet. Die Tendenz weist eher in Richtung eines weiteren Individualisierungsschubs von sozialen Beziehungen (Beck) als in Richtung neuer kollektiver, solidarischer Beziehungsformen der Jugendkultur. Inwiefern die Anonymität einer computervermittelten Sozialstruktur der Nährboden für neue Formen kollektiver Solidarität darstellt, sei dahingestellt. Es ist mehr als fraglich, ob diese Kommunikationsform zur Entwicklung der Fähigkeit zu Intimität (Eriksson) und Bindung beiträgt. Das Gegenteil ist zu vermuten, knüpft sie doch an ein sozial-psychologisches Syndrom an, das Mettler-Meibom „Angst vor Nähe" nennt und das auf die „Vermeidung intimer Beziehungen" gerichtet ist (Mettler-Meibom 1988).

Für die Identitätsentwicklung von Jugendlichen besteht die sozio-kulturell wie technologisch begründete Gefahr, daß der fast bruchlose Übertritt vom Jugendlichen- in den Erwachsenenstatus wesentlich zur Identitätsstabilisierung beiträgt, ohne daß grundlegende narzißtische Konflikte der Persönlichkeit gelöst werden. Hier wird die Unterscheidung zwischen computerspielbezogenem Handeln und programmierender Tätigkeit wichtig. Während das Computerspiel insbesondere bei Erwachsenen kaum Anerkennung genießt, wird durch die Ausübung von darüber hinausgehenden Programmier-Kompetenzen diese Überanpassung erst möglich.

Den Ergebnissen der milieutheoretisch beziehungsweise interaktionistisch ausgerichteten Projekte des SoTech-Verbundes (Böhm/Wehner; Baerenreiter), die Wirkungspotentiale des Computers aus sozialen Interaktionszusammenhängen heraus erklären, lassen sich in diesem Zusammenhang begründete empirische Hinweise entnehmen, daß zu dieser Überanpassung auch soziale Ausgrenzungsprozesse bezüglich der stark computerinteressierten Jugendlichen beitragen. Aus dem Konflikt zwischen „alter" und „neuer" Kultur resultiert eine Polarisierung, die zu gegenseitigen Aus- und Abgrenzungsstrategien führt. Diese können entweder zur manifesten sozialen Isolation des Heranwachsenden beitragen oder aber zu einer stärkeren Integration in der Subkultur der „Computercracks" führen, in der aber Arbeitsbezüge zur sozialen Umwelt erhalten bleiben können.

Gefährdungspotentiale des computerbezogenen Handelns resultieren dann nicht nur aus einer Überanpassung der Kompetenzstruktur des Jugendlichen an sozio-kulturelle und computerbezogene Handlungsanforderungen sondern auch − nach Rosemann − aus einem Mißlingen einer sozial-gesellschaftlichen Integration. Die Diskrepanz zwischen verfügbaren Handlungskompetenzen und sozio-kulturellen Anforderungen entsteht daraus, daß sich entwickelte Kompetenzen aufgrund begrenzter sozialer Handlungsspielräume nicht aktualisieren lassen. In beiden Fällen — der sozial-integrativen Überanpassung wie der fehlenden Sozial-Integration — findet dann eine Gleichrichtung von computer-bezogener Handlungskompetenz und computerbezogener Anforderungsstruktur in der Ausbildung eines instrumentellen, an Effizienz, Leistung und Optimierung orientierten Handlungsstils statt. Diese Gleichrichtung muß jedoch als eine Behinderung einer gleichmäßigen Entwicklung von Kompetenzstruktur und der Ausbildung flexibler und doch stabiler Identitätsstrukturen betrachtet werden.

Mit der Gleichrichtung von Computerkompetenz und Anforderungsstruktur wird eine emotionale Überbesetzung von Kontrollkompetenzen vorgenommen, die zum wichtigsten Bezugspunkt des Selbstbildes werden: In der sozial-integrativen Variante, weil die Sozialintegration und damit soziale Anerkennung ausschließlich darauf beruht; in der Isolationsvariante, weil Erfolgsbestätigung am Computer die soziale Bestätigung ersetzen muß. Die Faszination der Logik entfaltet sich dabei auf der Grundlage subjektiver Dispositionen von externalen Kontrollüberzeugungen. Diese können auf Erfahrungen aus und mit tatsächlichen sozialen Situationen beruhen, die nur begrenzte gesellschaftliche Handlungsspiel-räume bereithalten (Rosemann). Sie können jedoch auch aufgrund von Befürch-tungen entstehen, die sich z.B. in der Angst des Verlusts der Kontrolle über die eigenen Lebensbedingungen ausdrücken können (Turkle). Der Erwerb fundierter Computerkompetenzen bildet die wesentliche Grundlage zur Verwirklichung der Lebensziele soziale Integration, Erfolg, Karriere und damit soziale Anerken-nung. Computerkompetenz stellt daher das Mittel dar, die eigenen Lebensbedin-gungen in einer Gesellschaft kontrollieren zu können, deren sozialer Lebens-zusammenhang als bedrohlich, weil chaotisch erlebt wird. Dem subjektiv erleb-ten sozialen Chaos werden die instrumentellen computerbezogenen Kompetenzen entgegengehalten, die damit die starre Stabilität der Ich-Struktur garantieren.

Die Ideologie der Leistungsgesellschaft wird in der Gleichrichtung von Com-puterkompetenz und computerbezogenen Handlungsanforderungen ungebrochen in das Selbstbild dieser Heranwachsenden übernommen. Die Leistungsnorm korrespondiert dabei mit der algorithmischen Interaktionsstruktur des Computers, da in der Mensch-Computer-Interaktion der Erfolg in der Tat einzig von der Kompetenz des Anwenders abhängt. Diese ist in diesem Kontext an keine spezi-fischen Inhalte mehr geknüpft, da das instrumentelle Handeln vor der Frage nach den Inhalten steht. Hier besteht das Gefährdungspotential darin, daß Fra-gen nach Sinn oder Unsinn von Computeranwendungen nicht mehr gestellt werden. Diese Gefahr besteht umso mehr, je stärker die computervermittelte soziale Anerkennung das Selbstwertgefühl des Heranwachsenden trägt und somit dessen Selbstbild stützt. In der „Sucht" nach Anerkennung entsteht eine Struktur der Abhängigkeit zum computerbezogenen Handeln.

In dem Maß, wie sich derartige computerbezogene Handlungsstrukturen auf sozio-kultureller Basis verfestigen, findet eine emotionale Besetzung des Computerns statt, die mit einer Entemotionalisierung zwischenmenschlicher Beziehungen in distanzierten, konkurrenzbezogenen und „erfahrungslosen" Beziehungsformen einhergeht. Der ausgeprägte leistungsorientierte Handlungsstil am Computer hat dabei auch Auswirkungen auf die Entwicklung sozio-emotionaler Gefühle (Fritz). Diese Aspekte sind als Teil eines Prozesses der Entsubjektivierung zu betrachten, dem sich die Ausbildung rigider internaler Selbstkontrollen hinzufügt.

Die Logik des computerbezogenen Handelns korrespondiert dabei mit der spezifischen Sozialstruktur der Subkultur der „Cracks". Computerkompetenz ist die einzige Norm, nach der sich die Sozialstruktur organisiert und hierarchisch ausdifferenziert. Soziale Gratifikation wird in dem Maß gewährt, in dem die computerbezogenen Wissensstrukturen entwickelt sind. Computerbezogenes Handeln, der psycho-dynamische, narzißtische Aspekt sowie spezifische sozio-kulturelle Sozialstrukturen und Konzepte wirken in einer Weise ineinander, die deutliche Gefährdungspotentiale für die Entwicklung kommunikativer und empathischer Handlungskompetenzen beinhalten. Ausgebildet wird nicht die Fähigkeit, gegenseitige normative Ansprüche auszuhandeln, sondern zweckrationale Handlungsstrategien.

Das sozio-kulturelle Leitbild des Computerexperten beinhaltet somit gravierende Gefährdungspotentiale für die Persönlichkeitsentwicklung von Heranwachsenden. Insofern diese Generation als ein Reservoir für den Nachwuchs von zukünftigen Informatiker-Generationen gelten muß, ist hervorzuheben, daß bei der Reproduktion einer traditionell technisch-wissenschaftlichen Denk- und Sichtweise soziale Kriterien für die Gestaltung von Technologie ausgeblendet werden. Technologische, sozio-kulturelle und psycho-dynamische Faktoren können in einer Weise ineinandergreifen, die eher technikorientierte Sozialcharaktere hervorbringt. Das sozio-kulturelle Bild des Computerexperten wirkt dabei sowohl in das familiale System hinein, wie es die Beziehungen der Geschlechter zueinander beeinflußt. Computerbezogenes Handeln beinhaltet auf diesem Hintergrund einen Machtanspruch, der mit der Verstärkung traditioneller gesellschaftlicher Beziehungsstrukturen einhergeht.

B. Bildung

Der Frage nach dem Verhältnis von Persönlichkeit und Computer wird für den Bereich Bildung in den Teilbereichen Allgemeinbildung (1.) und Berufliche Bildung (2.) gesondert nachgegangen. Diese Trennung von allgemeiner und beruflicher Bildung hat jedoch keine bildungspolitischen Implikationen, sondern ist allein auf konzeptionelle Gründe zurückzuführen. Die Frage der geschlechtsspezifischen Zu- und Umgänge wird aufgrund der Forschungslage schwerpunktmäßig im Teilbereich Allgemeinbildung (1.4) behandelt. Der Schwerpunkt im Teilbereich Berufliche Bildung ist auf die Analyse neuer handlungsorientierter Konzepte (2.3) und Methoden (2.4) gelegt worden, die insbesondere im Zusammenhang mit der Neuordnung der Berufe diskutiert werden (2.5).

1. Allgemeinbildung

Der gesellschaftlichen Implementation von Computertechnologie im Arbeits- und Berufsbereich folgte schon bald der Einzug von Computertechnologie als Bildungsgegenstand wie -mittel in den Unterricht. Der Erwerb von Computerkenntnissen wurde wie das Lesen und Schreiben mit dem Schlagwort Computer-Literacy in den Rang einer Kulturtechnik erhoben. Dieser Anspruch wurde mittlerweile einer eingehenden Kritik unterzogen, weil es dabei im wesentlichen nur um die Vermittlung von Bedienungsfertigkeiten geht (Faulstich/Faulstich-Wieland 1988).

Das Bildungsziel „Computer-Literacy" zielt vor allem auf eine Anbindung des Systems der Allgemeinbildung an veränderte Qualifikationsanforderungen der Arbeitswelt (vgl. Bartels 1988, S. 14ff.). Von Kritikern der Computertechnologie (insbesondere Eurich, v. Hentig) wird dagegen die Notwendigkeit von Schule als einer Gegenöffentlichkeit propagiert, die einen Erfahrungsraum zum Erlernen wesentlicher sozialer Handlungskompetenzen der Persönlichkeit in einem computertechnikfreien Raum bilden soll (vgl. auch Alemann/Schatz 1987).

Auf der anderen Seite werden pädagogische Konzepte der Computeraneignung diskutiert, die die Gestaltung von Lernumgebungen als Voraussetzung für eine persönlichkeitsfördernde Aneignung des Computers sehen. Insbesondere das Konzept der „LOGO–Lernumgebung" Paperts richtet sich dabei gegen traditionelle schulische Organisationsformen, die eher dazu führten, daß der Computer das Kind programmiere als umgekehrt (Papert 1982, S. 150).

Neben der Frage nach Inhalt und Form der Integration des Computers in den Unterricht werden jedoch noch andere, damit zusammenhängende Aspekte des Computereinsatzes thematisiert, die jedoch nur angedeutet werden können. Zum einen stellt sich vor dem Hintergrund der Persönlichkeitsentwicklung von Kindern die Frage, ab welchem Alter der Computerumgang in der Schule sinnvoll und für die Persönlichkeitsentwicklung zuträglich erscheint (Becker–Schmidt 1988). Zum anderen stellt die sozio–kulturell begründete Ungleichheit der Zugangschancen von Jungen und Mädchen zur Computertechnologie das Prinzip der Koedukation in Frage.

Im folgenden werden hauptsächlich auf der Basis der Arbeiten von Bartels (1988) Wirkungspotentiale von Computertechnologie im Unterricht wie auch in spezifischen Mensch–Maschine–Interaktionssituationen aufgezeigt (1.1). Danach wird ein Resümee der bisherigen empirischen Forschung über Wirkungspotentiale von Computertechnologie unter traditionellen (1.2) wie nichttraditionellen Schulbedingungen gezogen (1.3). Der Aspekt des geschlechtsspezifischen Zugangs in der Schule wird anhand der Werkauftragsarbeit von Schelhowe (1989) und neueren Forschungen, insbesondere von Schiersmann diskutiert. Insbesondere wird die Frage eines persönlichkeitsförderlichen Umgangs mit dem Computer, der mit einem frauenspezifischen Umgangsstil beansprucht wird, erörtert (1.4).

1.1 Individuierung der Persönlichkeit oder Rationalisierung des Lernens?

Eines der dominanten Argumente für den Einsatz von Computertechnologie im Unterricht resultiert aus der Vorstellung der „Individualisierung des Lernens". Damit verbindet sich sowohl die Annahme einer effizienteren Förderung des Leistungsvermögens der Schüler wie der Entlastung des Lehrers von routinisierten Lehr–Lern–Prozessen (vgl. Deutscher Bundestag 1983, S. 117).

Die Idee der „Individualisierung des Lernens" impliziert die Gestaltung einer Handlungssituation im Unterricht, in der die Handlungsanforderungen für die Wissensvermittlung den Handlungskompetenzen des Lerners in der Mensch–Maschine–Interaktion angepaßt sind. Bartels (1988) stellt verschiedene Aspekte dieses Arguments zusammen. Individualisierung bedeutet demnach:

- Möglichkeit der Selbststeuerung des Lernprozesses; dabei wird die lerntheoretische Annahme zugrunde gelegt, daß ein selbstgesteuertes Lerntempo im Zusammenhang mit hoher Reizdichte visueller Darstellungen einen höheren Lernerfolg nach sich zieht (Bartels 1988, S. 40).
- Unabhängigkeit des Lernprozesses von einem räumlichen und zeitlichen Fixpunkt.
- Loslösung des Lernprozesses aus einem Sozialverbund. Dabei wird argumentiert, daß damit ein Arbeiten „ohne den Legitimations-, Erklärungs- und Sanktionsdruck einer Lerngruppe" möglich sei (Bartels 1988, S. 40); der Wissenserwerb werde durch etwaige negative soziale Prozesse nicht „behindert".
- Möglichkeit zur individuellen und „unpersönlichen" Lernbeurteilung des Schülers; im unpersönlichen Maschinenaspekt der Computerbeurteilung wird ein Entwicklungspotential gesehen, das dem Schüler soziale Abwertungserfahrungen in der Leistungsbeurteilung erspart; die „psychologischen Kosten" des Lernprozesses werden reduziert (Greenfield 1987, S. 125).
- Individualisierung des Lernweges.

Die Analyse dieser Argumente für den Computereinsatz in der Schule macht deutlich, daß bei der leistungsbezogenen Wissensvermittlung die am Lernerfolg orientierten Anforderungspotentiale im Vordergrund stehen. Demgegenüber treten die sozial-kommunikativen Handlungsanforderungen zurück. In der Leistungsorientierung werden Lehr-Lern-Prozesse technikzentriert gestaltet und eine Sozialorientierung wird systematisch ausgeblendet. Die Vorteile der Mensch-Maschine-Interaktion werden insbesondere für Schüler betont, deren kommunikative Handlungskompetenzen tendenziell nicht entfaltet sind. Bartels kommentiert die Ambivalenz dieses Arguments: „Es erscheint paradox, daß gerade schüchterne und introvertierte Schüler, die Schwierigkeiten haben, sich in einer Gruppe zu behaupten, nun an die Einzelarbeit mit dem Computer verwiesen werden. Hier werden ihre Probleme mit anderen nicht gelöst und ihre sozial-kommunikativen Kompetenzen werden nicht gestärkt." (Bartels 1988, S. 40)

In Anlehnung an Pflüger/Schurz (1987) kann gesagt werden, daß aus dieser Einstellung heraus institutionelle Grundlagen zur Produktion von „maschinellen Charakteren" gelegt werden, denn der Reiz symbolischer Kommunikation mit maschinellen Lernsystemen entfaltet sich erst aufgrund der Unfähigkeit, in der zwischenmenschlichen Kommunikation Konflikte oder — wie Pflüger/Schurz schreiben — „Ambivalenzen" auszutragen (vgl. Kap. II. C.).

Das Ziel der Individualisierung kann jedoch auch in sozial-kommunikativ organisierten Lehr-Lern-Prozessen erreicht werden, „wobei an eine Form der

Binnendifferenzierung gedacht wird, die eine gleichzeitige Aufrechterhaltung des Sozialverbandes beinhaltet." (Bartels 1988, S. 41) In einem sozial-orientierten Einsatz von Computertechnologie im Unterricht kann somit eine Anforderungs- struktur geschaffen werden, die in höherem Maß eine ausgeglichene Beanspru- chung von kommunikativen und kognitiven Handlungskompetenzen aufweist.

Welches sind jedoch mögliche Einsatzformen des Computers in der Schule? Bartels unterscheidet entsprechend des von ihm untersuchten Forschungsstandes folgende Anwendungsgebiete (Bartels 1988, S. 34):

— Programmiertes Lernen,

— Übungsprogramme,

— Simulation oder Simulationsspiele,

— Interaktives Programmieren.

Insbesondere an technisch anspruchsvolle tutorielle Lernprogramme knüpfen sich die behaupteten „Vorteile" eines individualisierten Lernprozesses. „In komplexeren Programmen werden die Antworten des Lerners mit denen eines fiktiven Experten verglichen und so das Verhalten des Lerners beurteilt. Ziel ist es, die Rückmeldung zum richtigen Zeitpunkt und in der richtigen Form zu bearbeiten." (Bartels 1988, S. 36)

Nach den Ausführungen Bartels ist jedoch festzuhalten, daß auch anspruchs- vollere Systeme immanente Grenzen der Informationsverarbeitung nicht über- winden können, und auch diese Systeme — wie die sehr viel anspruchsloseren Übungsprogramme — eher als Drillmaschinen angesehen werden müssen. Bar- tels nennt als immanente Grenzen (Bartels 1988, S. 41f.):

— Die Lernwege sind aufgrund der algorithmischen Struktur festgelegt; das System zeigt sich gegenüber allen anderen als der einzig richtigen Antwort „verständnislos"; unerwartete Fragen können nicht gestellt werden.

— Ein adäquates Modell des Lerners wie des Lehrers ist bei dem derzeitigen Forschungsstand zur künstlichen Intelligenz nicht realisierbar.

— Es findet auf den Sprachebenen — Semantik, Sprachpragmatik, Syntax — eine reduzierte sprachliche Kommunikation statt.

Aus diesen strukturellen Defiziten folgt, daß der Lernende — wie bei anderen Systemen auch — im wesentlichen eine Anpassungsleistung vollbringen muß. In Anlehnung an Kupka (1981) kann gesagt werden, daß der Lernende seine Hand- lungen nach dem im Programm repräsentierten Modell ausrichten muß. Diskre- panzen zwischen Handlungskompetenzen und Handlungsanforderungen müssen vom ihm durch Anpassung überwunden werden, d.h. auch durch momentane Nicht-Aktualisierung der ihm zur Verfügung stehenden Handlungskompeten- zen. Aus dieser Anpassung könnte langfristig als Gefährdungspotential entweder eine Reduktion oder eine Behinderung der Entwicklung von nicht computerbezogenen Handlungskompetenzen resultieren.

Mit dem Einsatz von Simulationsprogrammen und dem interaktiven Programmieren verbindet sich die Annahme weitgehender Entwicklungspotentiale für die Persönlichkeit, insbesondere hinsichtlich der Förderung kognitiver Handlungskompetenzen. Beiden Konzepten liegt die Zielsetzung zugrunde, durch eine spezifische Lernumgebung Handlungsanforderungen zu schaffen, die die Entwicklung entsprechender Kompetenzen anstoßen soll; insbesondere sollen sie „die Eigenaktivität des Lernenden ansprechen und Problemlösungsprozesse initiieren, da sie entdeckendes Lernen ... ermöglichen würden und ein experimentelles Vorgehen nahelegten." (Bartels 1988, S. 37)

Die Simulation realer Systeme (wie beispielsweise eines Biotops, Wirtschaftssystems etc.) erlaubt in der Interaktion mit dem Programm die Manipulation der einzelnen Systemparameter und damit die Überprüfung von Hypothesen über Auswirkungen auf das gesamte System bei Veränderung einer Variablen. Dadurch soll insbesondere ein besseres Verständnis der dynamischen Aspekte eines Systems gefördert werden.

Mandl/Hron (1984) empfehlen daher Simulationsprogramme für die Vermittlung komplexer Wissensstrukturen und dementsprechend die Förderung der darauf basierenden kognitiven Handlungskompetenzen und der entsprechenden Entwicklung von Problemlösungsstrategien. Als Entwicklungspotential wird insbesondere die Förderung des Verständnisses von den menschlichen Sinnen nicht zugänglichen naturwissenschaftlichen Phänomenen gesehen, weil am Bildschirm abstrakte Sachverhalte visualisiert werden können, die der Kontrolle des Computernutzers unterliegen. Gorny (1985) leitet daraus eine Förderung der kognitiven Kompetenz ab, „in Bildern zu denken und sich ‚bildlich‘ auszudrükken." (Gorny 1985, S. 76; zit. n. Bartels 1988, S. 37)

Empirisch nachweisbar sind diese angeführten kognitiven Entwicklungspotentiale aufgrund fehlender differenzierter Forschungsarbeiten derzeit nicht (vgl. Mandl/Hron 1984, S. 126). Bartels stellt demgegenüber strukturelle Gefährdungspotentiale fest, weil eine Simulation eben eine Simulation bleibt und nicht die Wirklichkeit selbst darstellt. Als eine beliebig manipulierbare „Scheinwelt" fördere sie daher ein instrumentelles Verständnis von Problemlösung, weil die kreative Problemlösung sich für den Schüler als „Variation von Parametern", „als technologische Operation" darstellt (Bartels 1988, S. 39). Der Begriff von Realität reduziert sich in der Gleichsetzung von Wirklichkeit und Abbildwirklichkeit auf die regelgesteuerte Ja–Nein–Logik datenverarbeitender Prozesse.

In gewisser Weise ist diese Realität einer Simulation somit objektiver als die Realität selbst, da sie subjektive Prozesse vollkommen ausblendet. Geulen sieht demnach auch ein Gefährdungspotential darin, daß die systematisch reduzierten sprachlichen Handlungsanforderungen von Computersystemen die Erfahrung vermitteln, „daß es in der Gesellschaft nur *ein* Wissen gibt, nämlich das Wissen, das quasi objektiv, widerspruchsfrei und mit der Garantie realen Erfolges aus dem Computer kommt. ... Verloren geht die Erfahrung, daß die Basis auch gesellschaftlichen Wissens allemal die Köpfe der Subjekte sind, daß Wissen relativ, kontextabhängig, pluralistisch ist, mit verschiedenen Wahrheits- beziehungsweise Geltungsansprüchen auftritt und von unterschiedlicher Relevanz ist ..." (Geulen 1988, S. 15f.) Menschliche Handlungskompetenzen sind somit vor allem dann gefährdet, wenn sie auf das Niveau der Anforderungsstruktur des computerbezogenen Handelns reduziert werden.

Die Diskussion um die Implementierung von Computertechnologie in den Unterricht wird auch geprägt von der Suche nach „anderen" pädagogischen Konzepten. Insbesondere die „LOGO–Lernumgebung" Paperts. Sein Konzept des interaktiven Programmierens und die damit verbundenen Thesen der kindlichen Persönlichkeitsentwicklung stehen im Mittelpunkt der Diskussion und lösten darüber hinaus Forschungsaktivitäten hinsichtlich ihrer Überprüfung aus. Die grundlegenden Linien und Thesen der Erziehungsphilosophie Paperts und ihre Materialisierung in der Computersprache LOGO sollen daher an dieser Stelle nachgezeichnet werden. Danach werden die Ergebnisse der auf dieser Basis erfolgten Forschung vorgestellt.

Papert entwirft die LOGO–Lernumgebung auf der Grundlage der Piagetschen Vorstellung vom Kind als aktivem Konstrukteur seines eigenen Denkens in der Erkundung seiner natürlichen Umwelt. In der LOGO–Lernumgebung will Papert eine quasi natürliche mathematische Lernumgebung herstellen, die dem Kind eine aktive Aneignung einer (mathematischen) Umwelt durch entdeckendes Lernen ermöglichen soll. Äußere Voraussetzung dafür ist die Freistellung der Aneignungssituation von traditionellen Leistungserwartungen und schulischen Unterrichtsorganisationen. Kern der Erziehungsphilosophie Paperts ist die Computersprache LOGO, die die kognitiven Handlungskompetenzen des Kindes im interaktiven Programmieren anregen soll (vgl. Bartels 1988, S. 48). Die Anforderungsstruktur der LOGO–Lernumgebung soll sowohl die emotionalen wie kognitiven Kompetenzen der Persönlichkeit des Kindes ansprechen. Die Computersprache LOGO zeichnet sich ihrem Anspruch nach durch folgende Merkmale aus:

– Sie bietet in höherem Maße Möglichkeiten des interaktiven Umgangs; Fehler im Aufbau des Programms werden unmittelbar in grammatikalisch ganzen Sätzen zurückgemeldet (vgl. Metzner 1985).

– Sie hat eine relative Nähe zur natürlichen Sprache.

– Sie bietet eine „erregende Machtquelle", die Papert in der Befehlsform der Anrede gegenüber der „Schildkröte" ausmacht und die die „Freude am Kommandieren" fördern soll (Papert 1982, S. 150); sie stellt eine persönliche, emotional besetzte Beziehung zur Tätigkeit her und vermittelt Identifikationsprozesse mit dem Computerobjekt der Schildkröte als steuerndem Element.[26]

– Die Synthonizität von Körper und räumlichen Bewegungen der Schildkröte auf dem Bildschirm: das Kind vollzieht die Konstruktion beispielsweise eines Kreises dadurch, daß es diesen erst selbst abschreitet und dann in einem zweiten Schritt die Schildkröte diesen Kreis „abschreiten" läßt.

Die Konstruktion von formalen Programmstrukturen geschieht also in der Identifizierung mit dem Computerobjekt „Schildkröte" und in dem körperlichen Nachvollzug räumlicher Dimensionen in den Programmierschritten.

Papert formuliert zu Entwicklungspotentialen zwei Hauptthesen:

1. Mathematische und physikalische Sachverhalte können stärker in einem intuitiven, sinnlich-begreifenden Verstehen angeeignet werden.

2. Die formal-operationalen Handlungskompetenzen des Kindes, wie es Piaget definierte, werden in der Tätigkeit des Programmierens dadurch gefördert, daß abstrakte Sachverhalte in konkret nachvollziehbare einzelne Arbeitsschritte zerlegt werden können (vgl. Greenfield 1987, S. 144).

1.2 Wirkungspotentiale des Computereinsatzes in der Schule – Ergebnisse der empirischen Forschung

Erkenntnisse über langfristige Wirkungen von Computertechnologie sind aufgrund der Entwicklung und des derzeitigen Stands der Implementation von Computertechnologie in Schulen der Bundesrepublik Deutschland kaum vorhanden. Insbesondere über Auswirkungen auf die Entwicklung von Identität und die Ausbildung von sprachlichen, kommunikativen Handlungskompetenzen können derzeit kaum Aussagen gemacht werden, da diese kein Gegenstand der aktuellen Begleitforschungsprojekte zur informationstechnischen Grundbildung sind. Aufgrund dieser unbefriedigenden Datenlage wird hier auf internationale Forschungen zurückgegriffen, die in Metaanalysen bereits zusammengefaßt worden sind. Jedoch sind auch hier die Ergebnisse als unbefriedigend anzusehen. Bezüglich der kognitiven und affektiven Wirkungen der Computertechnologie stellen

---

26 Der Cursor wird als Schildkröte als dreieckiges Symbol dargestellt, über das das Kind mit dem Programm interagiert. Auch diese Verlebendigung trägt nach Papert zur Förderung identifikatorischer Prozesse bei.

Lehmann/Lauterbach (1985) in einer Kritik der Meta-Analyse von Untersuchungen im anglo-amerikanischen Raum fest, daß langfristige Effekte, die mit der Computernutzung einhergehen, bislang nicht nachgewiesen werden können (Lehmann/Lauterbach 1985, S. 26; vgl. Lehmann 1988). Unter dem Begriff „kognitiv" werden dabei Aspekte des kurzfristigen Behaltens, der Problemlösung, Wiedererkennung und Wissen (über den Computer selbst, über Algorithmen, Programmiersysteme und Auswirkungen des Computers auf die Gesellschaft) verstanden. Die affektive Dimension bezeichnet Gefühle wie Streß beim Umgang mit dem Computer sowie das positiv besetzte Gefühl der Beherrschung des Computers (vgl. Lehmann/Lauterbach 1985, S. 24).

Lehmann reklamiert das Fehlen von Aussagen zu langfristigen Effekten der Computernutzung. Dieses Defizit ist vor allem auf ungenügende methodische Grundlagen der Untersuchungen zurückzuführen, die „von stundenweisem Einsatz über wenige Tage bis zu einigen Monaten" dauerten (Lehmann 1988, S. 33) und zudem völlig „theorielos" durchgeführt wurden (Lang/Lehmann 1987, S. 6). Daher schließen die Autoren Auswirkungen der Computertechnologie auch nicht aus, sie können aber nach ihren Einschätzungen aus der derzeitigen Datenlage nur nicht abgelesen werden (Lehmann/Lauterbach 1985, S. 27).

Smith/Keep (1986) deuten in ihrer Untersuchung zur Textverarbeitung im Unterricht an drei englischen Schulen soziale und sprachliche Entwicklungspotentiale an. Zum einen werde Kindern in den sozialen Interaktionen der Peer-Group die Erfahrung des Rollenwechsels vom Schüler zum Lehrer geboten, die sie als positiv ansehen; andererseits liege hier gegebenenfalls dann ein Gefährdungspotential vor, wenn der Rollenwechsel auf die Dominanz weniger Schüler hinauslaufe (Smith/Keep 1986, S. 85; vgl. Greenfield 1987). Zum anderen stellen die Autoren fest, daß Kinder das sich auf Textverarbeitung beziehende Handeln als eine „befreiende Erfahrung" empfinden (Smith/Keep 1986, S. 87). Hier scheinen größere Entwicklungspotentiale des computerbezogenen Handelns von Kindern und Jugendlichen zu liegen, die auch Greenfield (1987) in mehrfacher Hinsicht hervorhebt.

Greenfields Aussagen gründen sich auf eine Durchsicht von Forschungsprojekten, die im amerikanischen Raum durchgeführt wurden sowie auf eigene Beobachtungen.[27] Textverarbeitung kann die kooperative Sozialbeziehung insbesondere dann stärken, wenn sich mehrere Kinder die Nutzung des Computers teilen (Greenfield 1987, S. 132). Greenfield begründet darüber hinaus die These, daß geistige Arbeit, die ansonsten eine private Aktivität sei, am Bild-

---

27 Greenfield beruft sich insbesondere auf eine Untersuchung von Levin et al. (1983): Microcomputer-based enviroments for writings. In: Wilkonson, A.C. (ed.): Classroom computers and cognitive science. New York

schirm des Textverarbeitungsgeräts zu einer öffentlichen Aktivität und damit zu einer sozialen Handlung werden kann: In der Erstellung eines gemeinsamen Produkts können so sozial-kommunikative Handlungskompetenzen entwickelt und aktualisiert werden. Sie vermutet weiterhin, daß sich in der Benutzung eines Textverarbeitungssystems die schriftsprachlichen Kompetenzen der Kinder verbessern können (Greenfield 1987, S. 134).

Greenfield vertritt die These, daß die Nutzung von Textverarbeitungssystemen als Medium des Schreibens „bei einem größeren Teil der Bevölkerung zu einer verbesserten Leistungsfähigkeit bei formalen Problemen" führen kann (Greenfield 1987, S. 138). Diese kognitive Handlungskompetenz werde vor allem dann gefördert, wenn die Überarbeitungs- und Umstrukturierungsmöglichkeiten des Systems genutzt werden, was eine mentale Neuordnung des Textes implizieren würde (Greenfield 1987, S. 138). Bedeutsam ist danach die spezifische Nutzungsform des Textverarbeitungssystems.

Greenfield hebt in ihrer Analyse besonders die motivationale Basis des computerbezogenen Handelns hervor, die sie sowohl bei der Textverarbeitung wie beim Programmieren beobachtet. Diese beruhe auf der Möglichkeit der Kontrolle des Systems und damit der Erstellung von sauberen, fehlerfreien Texten (Greenfield 1987, S. 132/133; vgl. Smith/Keep 1986, S. 87). Dieser Leistungsanreiz dürfe insbesondere dann wirken, wenn die Handlungsanforderungen die Handlungskompetenzen in begrenztem Maß übersteigen. Es entsteht dann ein „Diskrepanzerlebnis" (Rosemann 1986), das im subjektiven Empfinden als bewältigbare Herausforderung erfahren wird. Kinder fordern die Wählbarkeit angemessener Schwierigkeitsgrade sowie die Möglichkeit zu einer Steigerung der Schwierigkeitsgrade (vgl. Smith/Keep 1986, S. 87; Greenfield 1987, S. 115).

In der 1987/1988 vom IPN-Kiel (Institut für Pädagogik der Naturwissenschaften) und dem IfM-Koblenz (Institut für Mediendidaktik) durchgeführten Untersuchung wurden im Bereich der Allgemeinbildung auch die Einflüsse des computerbezogenen Handelns in der Freizeit auf den Computerumgang in der Schule untersucht (vgl. Kap. III. A. 3.). Generell wurde zunächst davon ausgegangen, „daß der Einfluß der Nutzung des Computers in der Schule sich nur vermittelt und abgeschwächt auf das Schülerverhalten auswirkt." (Lang/Lehmann 1987, S. 4) Zu interpretieren seien diese Ergebnisse vor dem Hintergrund der derzeitigen Erscheinungsformen der Nutzung des Computers im Informatikunterricht, also in der informationstechnischen Grundbildung beziehungsweise in Computer-Arbeitsgemeinschaften. Als Anwendungsformen stehen nach Angaben der SchülerInnen einfache Tätigkeiten im Vordergrund, „wie einen Computer bedienen, ein kleines Programm schreiben oder den Computer als Rechenmaschine oder zur Textverarbeitung einzusetzen. Anwendungen des

Computers als Simulations-, Zeichen- oder Musikgerät werden im Unterricht nur selten vermittelt." (Lang 1989, S. 7) In dieser Untersuchung spielt also ein Großteil der von Bartels analysierten Einsatzformen kaum eine Rolle. Die weitere Forschung wird die Entwicklung der Integration von Computertechnologie im Unterricht auch von der Seite der Einsatzformen im Blickfeld behalten müssen.

Als Teilergebnisse halten die Autoren fest: Die zunehmende Computerorientierung wie Suche nach Kontakt und Anerkennung über das computerbezogene Handeln, Erwerb persönlicher Qualifikationen, deren Wurzel die Autoren im Freizeitbereich lokalisieren, spielen auch in sozialen Interaktionen im Unterricht eine Rolle. Die Jugendlichen, die in der Freizeit fundiertere Kenntnisse im Umgang mit dem Computer erworben haben, arbeiten in der Schule „in Konkurrenz zueinander und allein" (Lang 1989, S. 21). Generell gilt, daß kooperative Sozialbeziehungen wenig ausgeprägt sind, obwohl die Gemeinschaftsarbeit, d.h. das Arbeiten an gemeinsamen Projekten, dominiert. „Relativ selten lassen sich die Jugendlichen von anderen helfen oder geben Hilfestellungen ... entsprechend werden die anderen für wenig hilfsbereit im Computer–Unterricht eingeschätzt ..." (Lang 1989, S. 8)

Das Lehrer–Schüler–Verhältnis wird von den Autoren als vorwiegend „lehrerzentriert" eingestuft (Lang 1988, S. 8). Lehrer werden von den Schülern um Hilfestellung gebeten und greifen häufig in den Unterricht durch Anweisungen, Diskussionen und Kontrollen ein (Lang 1989, S. 21).

In der Frage geschlechtsspezifischer Zugangsweisen kommt die Studie zum Ergebnis, daß die Benachteiligung von Mädchen im naturwissenschaftlich-technischen Unterricht sich in der informationstechnischen Bildung fortsetzt (Lang 1989, S. 21).

Die Autoren heben die pragmatische Einstellung zur Computernutzung vor allem bei Jungen hervor, wodurch allerdings die Realisierung kritischer Bildungsziele in Frage gestellt wird. Die Beurteilung des Unterrichts durch die Schüler orientiert sich an Kosten-Nutzen-Erwägungen, die sich auf Fragen des Erwerbs beruflicher Qualifikationen, der Computerausstattung der Schule und Beschaffung von Konkurrenzvorteilen für den persönlichen Erfolg beziehen (Lang 1989, S. 22; vgl. Kap. III. A. 3.).

Diese insbesondere von männlichen Jugendlichen vertretene Einstellung, die die Autoren auch im Kontext der Entwicklung rollenspezifischer Selbstbilder interpretieren, muß in Zusammenhang mit der schulischen Vermittlung von computerbezogenem Problembewußtsein als problematisch angesehen werden. Bildungsinhalte, die auf eine kritische computerbezogene Handlungskompetenz zielen, laufen sozusagen ins Leere. So ist es kaum verwunderlich, daß die festgestellten Einstellungsveränderungen durch den Computerunterricht „hauptsächlich affirmativ" sind: „Die positiven Einstellungen werden positiv verstärkt. Bei den negativen Einstellungen werden Unsicherheiten und Erschrecken abgebaut, und soweit sie kritisch sind, entschärft. Letzteres betrifft die allgemeine Einstellung zur Arbeitslosigkeit und zur beruflichen Perspektive von Frauen. Mit vermehrter Computer-Erfahrung werden diese Probleme zunehmend verdrängt." (Lang 1989, S. 14)[28]

Zusammenfassend können der vorläufigen Auswertung der IPN/IFM-Studie folgende Aussagen entnommen werden:

- Die Handlungsanforderungen im Unterricht weisen keine Verschiebung von sozial-kommunikativen zugunsten von computerbezogenen Anforderungen auf. Andererseits werden dadurch nicht zwangsläufig sozial-kooperative Handlungskompetenzen gefördert. In dieser Hinsicht relativiert sich die These Greenfields über den sozialen Gehalt des Einsatzes von Textverarbeitung im Unterricht.

- Gefährdungspotentiale in Form sozialer Isolationstendenzen gehen mit steigender Computerorientierung einher und wirken in den schulischen Unterricht hinein, da solitäre Tendenzen sich auch dort fortsetzen.

- Die Jugendlichen orientieren ihr Handeln an sozio-kulturellen computerbezogenen Handlungsanforderungen, indem sie die Computernutzung in der Schule vor allem durch die Motivation der persönlichen Qualifikation (Erwerbs beruflicher wie technischer Qualifikationen) vollziehen. Gefährdungspotentiale zunehmender Computerorientierung können demnach als eine Überanpassung an sozio-kulturelle Handlungsanforderungen begriffen werden.

- Insbesondere für Jungen ist zu vermuten, daß das computerbezogene Handeln in kultureller Perspektive männliche Geschlechtsrollenstereotype verstärkt. Dies äußert sich auch darin, daß sich die Benachteiligungen von Mädchen im informationstechnischen Unterricht fortsetzen.

- Mit der Anpassung an sozio-kulturelle Handlungsanforderungen einher geht ein affirmatives Bewußtsein über Computertechnologie, das soziale

---

28 Positive Einstellungen beziehen sich dabei auf: Überzeugung von der Notwendigkeit des Computers im alltäglichen Leben, bei der Computerarbeit „alles unter Kontrolle zu haben", Lernerleichterung durch Computernutzung, Eindeutigkeit der Antworten, angenommene − dem Menschen analoge − Denkfähigkeit des Computers. Negative Einstellungsdimensionen sind: Befürchtungen von Kommunikationsverlust, Arbeitslosigkeit, Diskriminierung von Frauen und Mädchen. Alle positiven Einstellungen bis auf die Frage nach der Ähnlichkeit des Denkens zwischen Mensch und Computer verstärken sich, abgeschwächt werden dagegen alle negativen Einstellungen (Lang 1989, S. 13).

Problemlagen verdrängt. Insofern ist die pragmatische Einstellung zur Computertechnologie als Gefährdungspotential zu werten.

- Im Kontext weiterer Forschungsergebnisse muß festgestellt werden, daß Gefährdungs- oder Entwicklungspotentiale des computerbezogenen Handelns für die Persönlichkeitsentwicklung bisher kaum fundiert untersucht wurden. Auch können bislang keine Aussagen zu langfristigen Sozialisationseffekten gemacht werden, da dies die methodische Anlage der Projekte nicht zuläßt.

- Ein Entwicklungspotential kann in dem Wunsch der Kinder und Jugendlichen nach angemessenen computerbezogenen Handlungsanforderungen gesehen werden. Dieses Motivationspotential ist jedoch auch in einem weiteren sozio-kulturellen Zusammenhang zu betrachten: Wenn es mit steigender Computerorientierung einhergeht, kann es in ein Gefährdungspotential umschlagen.

1.3 Wirkungspotentiale der LOGO-Lernumgebung — empirische Befunde

Wesentliche Ergebnisse der Forschungen Turkles fußen auf der Lernumgebung Paperts. Die gestaltende Absicht Paperts läßt sich in den Studien Turkles in einigen Aspekten wiederfinden. Dazu zählt insbesondere die Entwicklung sensomotorischer Erfahrensweisen im Umgang mit formal-symbolischen Objekten und dem intuitiven Begreifen mathematischer Sachverhalte. Dieses emotional besetzte sinnliche Erleben von formalen Strukturen ordnet sie mehr dem „sanften" Programmiertyp zu. Sie sieht darin ein Entwicklungspotential insbesondere für den Mathematikunterricht (Turkle 1986, S. 150). LOGO stellt danach ein Entwicklungspotential mathematisch-technischer Handlungskompetenzen vor allem für Kinder dar, deren Zugang zur Welt eher ein intuitiver, sinnlich-begreifender ist.

Es ist demnach nicht unbedingt eine zwangsläufige Wirkung, daß intuitiv-sinnliche Kompetenzen in der Arbeit mit dem Computer ausgeblendet werden müssen. In Anlehnung an Schelhowe müßte dies als eine Funktion des sozialen Kontextes gesehen werden, dessen Handlungsanforderungen unterschiedliche subjektive Zugangsweisen stärken oder schwächen. Auch Bussmann/Heymann stellen fest, daß diese Erfahrung nur eine vermittelte ist (Bussmann/Heymann 1985, S. 251). Das Papertsche Konzept aktualisiert Kompetenzen, die schon in der Auseinandersetzung mit der real-gegenständlichen Welt ausgebildet wurden, und knüpft hier an die Piagetsche Theorie der Persönlichkeitsentwicklung an.

Piaget beschreibt die Entwicklung der sensomotorischen Intelligenz, in der die grundlegenden Kategorien von Raum, Zeit und Kausalität im frühen Kindesalter mit der Entwicklung sensomotorischer Handlungsschemata erworben werden. Man kann diese Handlungskompetenzen somit dem verinnerlichten „Körperwissen" (Dreyfus) zurechnen, die erst in einer späteren Phase eine mentale Repräsentation erfahren. Der Ausschluß der direkten körperlich-sinnlichen Handlungsmuster in der symbolvermittelten Tätigkeit am Computer scheint somit innerpsychisch zu einer Aktualisierung und Intensivierung von Wissensbeständen zu führen. Gerade die nicht-sinnliche Begreifbarkeit formaler Strukturen fordert eine Stimulierung des verinnerlichten Körperwissens in der mentalen, räumlich-visuellen Vorstellungskompetenz.

Bussmann/Heymann verweisen darüber hinaus auf „die absolute Unfähigkeit (der) Schildkrötenwelt zum fragestellenden und bedeutungsvoll interpretierenden Dialog." (Bussmann/Heymann 1985, S. 252) In dieser Form wird jedoch die strukturelle Mensch-Maschine-Beziehung zu isoliert betrachtet. Turkle stellte bei den Kindern fest, daß Computerumgang philosophische wie persönliche Fragestellungen aufwirft, die die Kinder zum Denken anregen. Die These vom Computer als evokatorischem Objekt besagt nichts anderes, als daß die Interaktion mit dem Computer das „bedeutungsvolle, interpretierende" Denken anregen kann. (Natürlich begründet die Mensch-Computer-Interaktion dieses Denken nicht.) Die Frage ist, inwiefern dieses Entwicklungspotential in Unterrichtskonzeptionen aufgegriffen wird oder nicht.

Am intensivsten wurde die These von der Förderung der formal-operationalen Handlungskompetenzen des Denkens bisher in der Nachbildung der LOGO-Lernumgebung untersucht. Bartels (1988) stellt zu entsprechenden Untersuchungen resümierend fest: „In den empirisch fundierten Studien von Pea und Kurland (1983 a, b 1984) ... konnten allerdings die optimistischen Erwartungen nicht bestätigt werden. Die Kinder hatten beim Gebrauch komplexer Befehlsfolgen und von Variablen erhebliche Schwierigkeiten. ... (sie) schließen aus ihren Untersuchungen, daß die unterstellten positiven pädagogischen Effekte des Programmierens (insbesondere von LOGO) nicht nur übertrieben, sondern wahrscheinlich falsch waren." (Bartels 1988, S. 54)

Zum gleichen Ergebnis kommen Mandl und Hron nach Einbezug weiterer empirischer Forschungen. „Die Vorstellung, Programmieren lernen fördere höhere geistige Leistungen oder diene der Entwicklung der Denkfähigkeit, ist bisher nicht eindeutig belegt worden." (Mandl/Hron 1984, S. 113)

Auch die Ergebnisse von Fritz (1985) aus in einer in der BRD durchgeführten Untersuchung zur LOGO-Lernumgebung weisen in diese Richtung. In zwei als Wahlpflichtfächer für Schüler der 5. Jahrgangsstufe angebotenen Kursen untersuchte er die Wirkungsweise dieser Lernumgebung insbesondere hinsichtlich der kognitiven, emotionalen und sozialen Auswirkungen.[29]

Hinsichtlich der kognitiven Kompetenzen stellt Fritz fest, daß die Schüler, „entgegen ihrer eigenen Wahrnehmung, über die Anfangsgründe des Programmierens nicht hinauskommen." Fritz weist darauf hin, daß die LOGO-Lernumgebung den Kindern trotz nachweisbarer Verständnisschwierigkeiten, das Gefühl vermittelt, den Computer beherrschen zu können, „gleichgültig, wieweit die Programmierkenntnisse gediehen sind." (Fritz 1985, S. 56) Hier kann man Paperts intendierten Effekt des „Machterlebens" und der „Freude an der Kontrolle" als bestätigt ansehen. Bezogen auf eine spezifische Tätigkeit kann daraus gefolgert werden, daß insbesondere die Interaktion mit der Computersprache LOGO die Möglichkeit bietet, Erfahrungen zur Entwicklung internaler Kontrollüberzeugungen zu vermitteln. Inwiefern dieses als Gefährdungs- beziehungsweise Entwicklungspotential zu werten ist, kann an dieser Stelle nicht gesagt werden. Dies hängt im wesentlichen von der Persönlichkeit der SchülerIn und deren Kompetenz zur Kontrolle der eigenen Lebensbedingungen ab (vgl. Kap. III. A. 3.).

Die Stimulierung des Kontrollgefühls führt jedoch nach Fritz nicht automatisch zur Durchführung komplexerer Programmieraufgaben, da diese stärkere kognitive Handlungskompetenzen erfordern würden. Hinsichtlich der Entwicklung von formal-operationalen Handlungskompetenzen stellt Fritz vielmehr fest, daß die Kinder mit Programmieraufgaben, die planendes, vorausschauendes Denken verlangten, überfordert waren (Fritz 1985, S. 58).

Der evokatorische Charakter des Computerumgangs wird auch von Fritz dahingehend bestätigt, daß das komplexe und für die Kinder oft überraschende Antwortverhalten des Computers zum Nachdenken über das „Wesen" des Computers anregt. Der intendierte Effekt der Computersprache LOGO, eine Kommunikationsbeziehung zu simulieren, trägt somit zu dem Diskrepanzerleben des Kindes in der Interaktion bei: der Computer ist ein Ding, zugleich antwortet er (fast) wie ein Mensch. „Andererseits scheint der Computer ein Eigenleben zu führen: ‚Der Computer gibt immer eine Antwort, so wie Menschen.' Viele Reaktionen des Computers sind für die Kinder überraschend. Damit ähnelt er dem, was Kinder mit lebendigen Wesen erfahren. ... Der Computer löst beim

---

29 Streng genommen kann diese Studie nicht als eine Vergleichsstudie zu Paperts Untersuchung genommen werden, da erstere nur über ein Schulhalbjahr ging. Der Computerumgang war darüber hinaus nicht in den schulischen Alltag integriert. Es wurden 12 wöchentliche 2stündige Kurse durchgeführt. Insofern können diese Kurse nicht als eine natürliche, jederzeit zugängliche Lebensumwelt betrachtet werden. Als Untersuchungsmethoden wurden eingesetzt: Einzel-, Gruppeninterviews, Fragebogen, teilnehmende Beobachtungen (vgl. Fritz 1985, S. 54).

Kind Denkprozesse aus, sich über das Wesen Klarheit zu verschaffen ..." (Fritz 1985, S. 57)

Dieses evokatorische Potential des Computerumgangs, das insbesondere durch LOGO gefördert wird, kann als ein Anforderungspotential begriffen werden, weil das Kind Unterscheidungskriterien von Mensch und Computer suchen muß. Es kann so reflektieren über menschliches Bewußtsein, Lebendigkeit, Moralität (vgl. Turkle 1986, S. 68; vgl. Kap. II. A.).

Als Anregung zu reflexiven Handlungskompetenzen beinhaltet dieser Aspekt der Computernutzung unmittelbar die Konstruktion von Wissenskonzepten und ist daher auch als Entwicklungspotential zu sehen. Gefährdungspotentiale können simulierte Kommunikationsformen enthalten, weil sie auf dem Hintergrund spezifischer sozialpsychologischer Konstellationen eine Sogwirkung ausüben, vorhandene soziale Isolierungstendenzen verstärken und damit auf Dauer zur Beeinträchtigung sozialer Handlungskompetenzen führen können.

Auswirkungen auf Kommunikationsstrukturen − unterteilt nach sachbezogener und sozialbezogener Kommunikation − stellt Fritz dahingehend fest, daß die sozialbezogene Nebenkommunikation bei zunehmendem Interesse an der Tätigkeit reduziert wird beziehungsweise umgekehrt Nebenkommunikation die sachbezogene Kommunikation bei erlahmendem Interesse überlagert (Fritz 1985, S. 56).

In diesem Zusammenhang ist das Ergebnis einer von Fritz durchgeführten Vorstudie anzuführen. In einer halbtägigen Versuchsanordnung wurde dabei der Einfluß des Programmierens u.a. auf das sozio-emotionale Erleben bei Kindern untersucht. Mittels Testbögen zum emotionalen Erleben wurde ein altersspezifischer Effekt festgestellt, der an spezifische Nutzungsformen des Computers anknüpft. Je mehr der Computer als Lern- und Arbeitsinstrument genutzt wird, je mehr das computerbezogene Handeln ernsthaften Charakter bekommt und damit leistungsorientierter erfolgt, desto mehr werden sozio-emotionale Einstellungen abgeschwächt. Dies ist insbesondere bei den älteren Schülern der Fall. „Das Programmieren wirkt sich bei den älteren Schülern deutlich auf ihre Gefühle aus. Fehlt der spielerische Charakter, vermindern sich signifikant vitale Gefühle. Ebenso deutlich schwächten sich sozial-emotionale Einstellungen ab. ... Programmieren, wenn es nicht gerade als Spiel verstanden wird, strengt offensichtlich an und kostet Kräfte ..." (Fritz 1985, S. 12 f.)

Gefährdungspotentiale entstehen danach vor allem in der Verknüpfung von „ernsthaften" Interessen und Leistungsorientierung im computerbezogenen Handeln. Personenbezogene Kommunikationsbeziehungen treten zugunsten sachbezogener zurück. Damit korrespondiert eine Abschwächung sozio-emotionaler Einstellungen insbesondere bei älteren Schülern. Die neuere Forschung von

Lang/Lehmann/Sinhart bestätigt tendenziell die Ergebnisse von Fritz, da steigende Computerorientierung — d.h. Suche nach Kontakt und Anerkennung über das computerbezogene Handeln, Erwerb persönlicher Qualifikationen — einhergeht mit sozialen Isolationstendenzen. Gefährdungspotentiale für die Entwicklung von Handlungskompetenzen resultieren so aus einer Überanpassung an soziokulturelle Handlungsanforderungen.

In einer abschließenden Bewertung der Computersprache LOGO kommt Fritz zu dem Schluß, daß diese Computersprache sich als Lern- und Bildungsmittel für Schüler dieses Alters nicht eigne. Er begründet das vor allem damit, daß die kognitiven Handlungskompetenzen der Kinder den computerbezogenen Handlungsanforderungen nicht gewachsen sind. Die Beschäftigung mit LOGO führt auch nicht automatisch dazu, „diese fehlenden Fähigkeiten zu erlangen." (Fritz 1985, S. 58)[30]

Fritz hält daher den Einsatz des Computers in der Schule frühestens ab dem 8. Schuljahr für geeignet. Den Bildungswert des Erwerbs von Programmierkenntnissen in der Schule sieht er jedoch nicht in der Funktion des Computers als Lernmittel zur Vermittlung instrumenteller Handlungskompetenzen, sondern vielmehr in der Funktion als Erkenntnismittel (Holling). Seine Vorschläge zielen auf das evokatorische Potential der Tätigkeit des Programmierens, das sich erst in der (Selbst-)Reflexion der Programmiererfahrungen und im kommunikativen, zwischenmenschlichen Diskurs entfalten kann. So eingebunden kann Computerumgang ein Entwicklungspotential bereitstellen, das die Ausbildung sozialer Handlungskompetenzen nicht behindert. Darüber hinaus kann in der reflexiven Betrachtung eine kritische Distanz zum Computer und zur Tätigkeit gewonnen werden. „Kritisch gewendet kann das Erlernen einer Programmiersprache und der Umgang mit ihr zu einem wichtigen Bildungsprozeß werden. Dies setzt voraus, daß das Computern mit Kommunikation zwischen Menschen und mit Selbstreflexion verklammert wird: Neben das Programmieren tritt das Gespräch, was Programmieren für die einzelnen Schüler bedeutet, was es mit den Menschen macht, wie es sich auf das Verhalten von Menschen auswirkt ... Dieser Prozeß der ‚Selbstaufklärung‘ schafft kritische Distanz zum Mythos ‚Computer‘ und entwickelt zugleich kommunikative Fähigkeiten im Umgang und dem Verständnis miteinander." (Fritz 1985, S. 10)

---

30 In dieselbe Richtung weisen auch Forschungserfahrungen aus dem Projekt „Mädchen und Computer", einem Begleitforschungsprojekt zu Computerkursen, in denen mit LOGO gearbeitet wurde. Im Interview gaben die Forscherinnen an, daß es auch für ältere Kinder schwierig sei, sich beispielsweise die Funktionsweise des Computers auf der rein kognitiven Ebene vorzustellen.

Zusammenfassend können an dieser Stelle folgende Ergebnisse festgehalten werden:

– Eine Förderung der formal-operativen Handlungskompetenzen durch die Tätigkeit des Programmierens mit LOGO kann nicht festgestellt werden.

– Insbesondere die LOGO-Lernumgebung stimuliert das internale Kontrollbewußtsein; inwiefern dies als Gefährdungs- beziehungsweise Entwicklungspotential gewertet werden kann, hängt von der Persönlichkeit des Kindes und seiner Lebenssituation ab.

– Gefährdungspotentiale entstehen in dem Maß, je leistungsorientierter sich das computerbezogene Handeln gestaltet und für die Heranwachsenden das Arbeitsinstrument „Computer" hervortritt, während der Spielcharakter der Tätigkeit aufgegeben wird. Sozio-emotionale Einstellungen schwächen sich zumindest in kurzfristiger Perspektive ab. Mit zunehmendem Computerinteresse überlagern dann sachbezogene die sozialbezogenen Kommunikationsstrukturen.

– Entwicklungspotentiale können aus dem evokatorischen Charakter insbesondere der LOGO-Lernumgebung resultieren, indem das Diskrepanzerleben des scheinbaren Kommunikationspartners Computer als Ausgangspunkt zu (Selbst-)Reflexionen über das Verhältnis von Mensch und Computer genommen wird. Gleichzeitig werden sozial-kommunikative Kompetenzen aktualisiert und weiterentwickelt. Angenommen wird, daß dieser reflexive Diskurs zur Entwicklung distanziert-kritischer computerbezogener Handlungskompetenzen beitragen kann. Dieses Potential ist jedoch nicht dem Computer immanent, dazu bedarf es entsprechender Unterrichtskonzeptionen.

– Es bestehen Hinweise, daß LOGO Entwicklungspotentiale für den mathematisch-naturwissenschaftlichen Unterricht bietet, indem in der Computerinteraktion ein intuitives, konkret-begreifbares Verständnis abstrakter Sachverhalte entwickelt werden kann. Der Ausschluß direkter körperlich-sinnlicher Handlungsmuster in der symbolvermittelten Tätigkeit selbst führt möglicherweise zu einer Aktualisierung von in der Vergangenheit erworbenen sensomotorischen Wissensbeständen des Computernutzers.

1.4 Geschlechtsspezifische Aspekte: Zugänge zum Computer und Geschlechtsrollenzuweisungen

Schelhowe (1989) stellt in einer Analyse der empirischen Forschung zur Frage geschlechtsspezifischer Zu- und Umgänge in Hinblick auf den Computer fest, daß sich aus den bisherigen Befunden kaum Unterschiede „im Sinne überdauernder Persönlichkeitszüge" ableiten lassen (Schelhowe 1989, S. 46). In einer kontextübergreifenden Durchsicht der empirischen Forschung kommt sie zu dem Ergebnis, daß feststellbare Unterschiede vom sozialen Kontext, innerhalb dessen die Untersuchung durchgeführt wurde, und vom Alter der untersuchten Probanden abhängig sind. „... Rollenunterschiede (können) nicht generalisierend festgeschrieben werden, sondern (können) je nach Kontext ganz verschiedene, ja sogar gegensätzliche Inhalte annehmen." (Schelhowe 1989, S. 45) Die meisten der empirischen Studien zu geschlechtsspezifischen Zu- und Umgangsweisen wurden im Kontext der Allgemein- beziehungsweise der Weiterbildung durchgeführt, ohne jedoch die Bedingungen dieses Kontextes bei der Interpretation der Ergebnisse mitzuberücksichtigen. Im folgenden wird die Literaturstudie Schelhowes für den Bereich der Allgemeinbildung hinsichtlich zweier Hauptfragestellungen untersucht:

1.) Inwiefern sind geschlechtsspezifische Merkmale im Zu- und Umgang mit dem Computer empirisch nachweisbar?

Im Mittelpunkt stehen hier vor allem die angenommene größere Sozialorientierung von Mädchen in bezug auf Computertechnologie, dergegenüber Jungen eher technikorientierte Einstellungen zugeschrieben werden, sowie die Annahme, daß die unterschiedlichen Handlungsorientierungen und Bewertungen der Computertechnologien auch die Arbeits- und Umgangsstile mit dem Computer beeinflussen.

2.) Welche Auswirkungen hat das computerbezogene Handeln auf die Entwicklung geschlechtsspezifischer Identität im schulischen Kontext?

Gefragt wird hier nach Chancen der Entwicklung geschlechtsspezifischer Identität in der Auseinandersetzung mit traditionellen Geschlechtsrollenstereotypen und nach daraus resultierenden Wirkungspotentialen des computerbezogenen Handelns. Ergänzend zu den Ergebnissen Schelhowes werden vor allem Zwischenergebnisse der wissenschaftlichen Begleitforschung des niedersächsischen Modellversuchs „Mädchen und neue Technologien" (Schiersmann 1988) berücksichtigt.

Beide Hypothesen stehen vor dem Hintergrund der Bewertung von frauenspezifischen Umgangsweisen als persönlichkeitsförderlich in einem widersprüchlichen Verhältnis zueinander. Während von der technologischen Seite ein als frauenspezifisch definierter Zu- und Umgangsstil als persönlichkeitsförderlich angesehen werden kann, so muß er in bezug auf das Geschlechterverhältnis von Mann und Frau als problematisch eingestuft werden, da dieser Handlungsstil eine Festschreibung von Machtstrukturen impliziert.

1.4.1 Zugänge

Das geschlechtsspezifische, computerbezogene Handeln wird in der empirischen Forschung entlang der folgenden Dimensionen definiert:
a) Einstellungen: soziales Interesse versus technisches Interesse;
b) Anwendungsbezug: Gebrauchswertorientierung versus Spielorientierung;
c) Arbeitsstile am Computer: Kooperativ versus solitär oder konkurrenzbezogen;
d) Interaktionsstil mit dem Computer: „sanfter" versus „harter" Programmierstil.

Unter dem Gesichtspunkt eines „sozialverträglichen Umgangs" mit dem Computer kann die These formuliert werden, daß die grundsätzliche, sozialisationsbedingte Sozialorientierung von Mädchen eher zu Gebrauchswertorientierung und kooperativeren Arbeitsformen am Computer führt. Auch der „sanfte" Programmierstil wird von Metz-Göckel/Hahn (1987) als ein mädchenspezifisches Handlungspotential betrachtet, in dem Mädchen/Frauen auf Grund höherer Fehlertoleranz „ein besonderes Verständnis für die menschlichen und sachlichen Unzulänglichkeiten entwickeln können" (Metz-Göckel/Hahn 1987, S. 7).

Die Annahme der „Sozialverträglichkeit" des mädchenspezifischen Umgangs impliziert dabei, daß Gefährdungspotentiale der Computertechnologie in einem verantwortlichen, sozialorientierten Umgang neutralisiert werden können. Gefährdungspotentiale entfalten sich danach erst in einem „männlichen", technikorientierten Umgang mit dem Computer (vgl. Schiersmann 1987; Metz-Göckel/Hahn 1987; Kap II. C. 3.). Diese Annahme bekommt vor dem Hintergrund der Forschungen von Pflüger/Schurz Plausibilität, nach denen ein emotional-besetztes und unkritisch-distanzloses Verhältnis zur Computertechnologie mit der Reduktion sozialer Beziehungen einhergeht und umgekehrt. In eine ähnliche Richtung weisen die Ergebnisse zu Computerfans von Noller u.a. Vor dem Hintergrund der Arbeiten Chodorows (1985) zur psychodynamischen Entwicklung der Geschlechter scheint die sozial-kommunikative Orientierung von Frauen ein Widerstandspotential gegen einen „technikverliebten" Umgang (Metz-Göckel/Hahn) zu sein.

Im folgenden werden anhand der oben genannten Dimensionen Ergebnisse der empirischen Forschung dargestellt.

a) Einstellungen

In Zeichnungen von Grundschulkindern zum Thema „Computer" beziehungsweise „Arbeitswelt" dominieren nach Untersuchungen von Landwehr (1985) und

Kaiser (1986) bei Mädchen eher sozialorientierte Bildelemente (Darstellung von sozialkommunikativen Situationen, Darstellung von Menschen in konkreten Arbeitsvollzügen). Zeichnungen der Jungen werden dagegen durch die Herausarbeitung technischer Aspekte geprägt. Landwehr spricht von einem „technischen Defizit" bei Mädchen und einem „sozialen Defizit" bei Jungen (Landwehr 1985, S. 12).

Dick/Faulstich-Wieland (1986) stellten fest, daß Schülerinnen eher an den sozialen Folgen der Computernutzung und der historischen Entstehung der Computertechnologie interessiert waren, während Schüler die Frage der praktischen Bedienung beziehungsweise des Programmierens in den Vordergrund stellten (Dick/Faulstich-Wieland 1986, S. 86). Fauser (1987) hält ein ähnliches Ergebnis fest. Mädchen interessierten sich zunächst für die sozialen Folgen, erst danach für den praktischen Umgang mit Computertechnologie, bei Jungen war es umgekehrt.

Schiersmann bezweifelt allerdings in einer Zwischenauswertung ihrer Untersuchung den Unterschied zwischen technischem und sozialem Interesse am Computer bei Jungen und Mädchen. In Gruppendiskussionen wurde die Frage „Findet ihr es gut, wenn im Unterricht über Computer geredet wird?" vor allem hinsichtlich der technischen Funktionsweise des Computers von Jungen und Mädchen gleichermaßen beantwortet. Mädchen äußern dabei vor allem auch Interesse am Erlernen des praktischen Umgangs. Dies tun Jungen weniger. Schiersmann vermutet, daß sich hier der Erfahrungsvorsprung der Jungen niederschlägt (Schiersmann 1988, S. 39).

b) Anwendungsbezüge

Die Ablehnung des Computerspiels im Freizeitbereich (vgl. Fauser/Schreiber 1985; 1987; Spanhel 1987; Rosemann 1986) ist für Mädchen charakteristisch, während sie bei Jungen die Hauptnutzungsform darstellt. Daraus wird für Mädchen eine stärkere Gebrauchswertorientierung gefolgert, die sich in der stärkeren Nutzung des Computers als Lern- und Arbeitsinstrument denn als Spiel- und Programmiergerät niederschlägt. Brandes/Schreiber (1986) zufolge betonen Mädchen auch die gesellschaftlichen Folgen des Anwendungszusamenhangs der neuen Technologien. Der berufliche Bezug wird jedoch von beiden Geschlechtern gleichermaßen herausgestrichen (Schiersmann 1988, S. 53).

c) Arbeitsstile

Generell werden kooperativere Arbeitsstile (zu zweit am Computer arbeiten, Thematisierung der Form der Zusammenarbeit, gemeinsame Planung der Tätigkeit, Erstellung eines gemeinsamen Produkts) bei Mädchen festgestellt (Brandes 1985, Landwehr 1985, Dick/Faulstich-Wieland 1988), während Jungen eher solitär und in Konkurrenz zueinander arbeiteten. Erste Ergebnisse des Projekts „Mädchen und Computer" deuten ebenfalls in diese Richtung.[31] Im Interview gaben die Forscherinnen an, daß Mädchen sich kooperativer zeigen als die Jungen. Probleme werden eher gemeinsam gelöst, Programme eher gemeinsam erstellt. Bei den Jungen werden eher konkurrenzbezogene Arbeitsformen festgestellt.

Schiersmann (1988) widerspricht dagegen der These der größeren Kooperationsorientierung von Mädchen am Computer: „... So sieht es zum derzeitigen Stand unserer Auswertungen so aus, als ob wir uns von unserer Hypothese verabschieden müßten, daß Mädchen im Vergleich zu Jungen eher kooperative Arbeitsformen bevorzugen." (Schiersmann 1988, S. 43) Aufgrund der in Gruppendiskussionen gewonnenen Aussagen stellt sie sogar fest, daß Jungen einen kooperativeren Arbeitsstil am Computer bevorzugen als Mädchen. „Bei den Antworten auf die Frage, ‚kann man sich da gegenseitig helfen', fällt auf, daß die Mädchen sich oft in einer passiven Situation sehen: Ihnen wird geholfen, nicht sie helfen. Für die Jungen besteht die Kooperation im Ergänzen von Wissen und Fertigkeiten, was als Teamwork unter Gleichrangigen erlebt wird." (Schiersmann 1988, S. 44)

d) Interaktionsstile

Brandes/Schreiber (1986) und Dick/Faulstich-Wieland (1986) geben aufgrund ihrer Beobachtungen an, daß das computerbezogene Handeln bei Jungen emotional besetzter als der Computerumgang der Mädchen sei, den sie als distanzierter und gelassener beschreiben. Zu der These der geschlechtsspezifischen Programmierstile führt Schelhowe jedoch an, daß diese weder von Pflüger/Schurz (1987) noch von Webb (1986) nachgewiesen werden konnten (Schelhowe 1989, S. 32). Allerdings weisen Pflüger/Schurz darauf hin, daß ihre Untersuchung mit angehenden Informatikerinnen durchgeführt wurde, die eine ent-

---

31 Dieses Projekt wurde im Rahmen des Programms „Sozialverträgliche Technikgestaltung" an der Universität Dortmund 1987/1988 durchgeführt. Als ein Begleitforschungsprojekt zu Computerkursen für Jungen und Mädchen hatte es zum Ziel, geschlechtsspezifische Zu- und Umgangsweisen von Jungen und Mädchen zum Computer empirisch zu untersuchen (Metz-Göckel/Hahn 1987).

sprechende Ausbildung zum „harten" Programmierstil hinter sich hatten (Pflüger/Schurz 1987, S. 132). Auch dies kann als Hinweis auf die These Schelhowes zur kontextuellen Abhängigkeit von geschlechtsspezifischen Zu- und Umgangsweisen gewertet werden.

Nach dieser Zusammenstellung der Literatur muß die These der Einbindung der Technikgestaltung in soziale Zusammenhänge bei Mädchen – womit ein nüchterner und pragmatischer Technikumgang einhergeht – als umstritten gelten. Diese These, die auf den Hoffnungen eines sozialverträglichen, weil sozial-verantwortlichen Umgangs mit Computertechnologien von Mädchen basiert, wird in mehrfacher Hinsicht kritisiert. Schelhowe stellt fest, daß das Bedürfnis nach Kooperation nicht unbedingt positiv zu werten sei, da es auch aus Mangel an Selbstvertrauen in die eigene Leistung resultieren und das Überspielen irrationaler Ängste und Abhängigkeit beinhalten kann. In Richtung dieser Sichtweise deuten auch die o.a. Zwischenergebnisse aus der Untersuchung Schiersmanns. Es läßt sich somit nicht zwangsläufig auf eine sozial-kommunikative Orientierung der Mädchen schließen (Schelhowe 1989, S. 65/66; vgl. Schiersmann 1987; 1988).

Im Zusammenhang mit den Überlegungen Chodorows zur geschlechtsspezifischen Ausbildung unterschiedlicher Weltzugänge kann dies auch als Ausdruck negativer Aspekte weiblicher Identität in der sozial-kommunikativen Orientierung gesehen werden, die den positiven Aspekten – beispielsweise verantwortlicheres Denken hinsichtlich der sozialen Folgen – gegenüberstehen. Davon ausgehend müßte gefragt werden, inwiefern im computerbezogenen Handeln die negativen Verhaltensweisen zugunsten der positiven überwunden werden können. Ein weiterer Einwand resultiert aus dem Ergebnis der Literaturanalyse Schelhowes, daß in der Adoleszenz der Computer in sozialen Auseinandersetzungen insbesondere von Jungen gegenüber Mädchen funktionalisiert wird. Der Computer wird von den Jungen als „männliche" Domäne besetzt und gegen ein „weibliches Eindringen" in diese Lebenswelt der Jungen eingesetzt. Es könnte somit sein, daß das Dominanzverhalten der Jungen die „weibliche" Reaktion hervorbringt. Daran anknüpfend soll im folgenden die Frage der geschlechtsspezifischen Zugänge im Zusammenhang mit der geschlechtsspezifischen Identitätsbildung von Jungen und Mädchen diskutiert werden.

1.4.2 Computer, Identität und Rollenzuschreibung

Die Konstruktion einer geschlechtlichen Identität ist eine zentrale Entwicklungsaufgabe für die Jugendlichen in der Adoleszenz. So ist es naheliegend, daß durch diese Entwicklungsaufgabe die Aneignung des Computers durch Mädchen und Jungen in der Schule tangiert wird. Insgesamt kann festgehalten werden, daß die Aneignungssituation des Computers in der Schule zunächst von dem Versuch der Reproduktion traditioneller, geschlechtsspezifischer Rollenbilder in der sozialen Auseinandersetzung geprägt ist.

Brandes/Schreiber (1986) schließen aus Interviews mit Schülern: „... Die Jungen (gingen) selbstverständlich von ihrer Rolle als Ernährer aus, als diejenigen, die die Verantwortung für den öffentlichen und beruflichen Bereich tragen, die Bereiche Haushalt und Kinder wiesen sie als naturwüchsige Aufgabe den Mädchen zu. ... Frauen hätten eben andere Bereiche, mit denen sie sich beschäftigten, und das Interesse an Technik, Naturwissenschaften und folgerichtig an Computern sei bei ihnen nicht vorhanden, sei originär männerspezifisch." (Brandes/Schreiber 1986, S. 14 f., zit. n. Schelhowe 1989, S. 25)

Dick/Faulstich-Wieland (1988) entdecken in Zeichnungen von Jungen und Mädchen zum Thema „Mädchen und Computer", daß Jungen eine „deutliche Minderbewertung der weiblichen Kompetenzen" im Verhältnis zum Computer zum Ausdruck bringen (Dick/Faulstich-Wieland 1988, S. 21). Brauckmann (1986) kommt zu dem Ergebnis, daß Jungen „sich solidarisch von dem minderbewerteten Weiblichen abgrenzen. Mädchen kämpfen um die Anerkennung der Jungen, sei es als ‚andere Jungen‘ oder als Mädchen im Sich-Abfinden mit der eigenen Rolle." (Brauckmann 1986, S. 31; zit. n. Schelhowe 1989, S. 26)

Die empirische Forschung der geschlechtsspezifischen Zu- und Umgangsweisen bestätigt also die These Nollers u.a. (1988), daß traditionelle männliche Rollenbilder im Computerumgang in der Ausgrenzung des „Weiblichen" stabilisiert werden (vgl. Kap. III. A. 3.). Dieser Aspekt kann somit für das computerbezogene Handeln von männlichen Jugendlichen verallgemeinert werden. Die Entwicklung computerbezogener Kompetenzen fügt sich bruchlos in die Entwicklung traditionell männlicher Geschlechtsidentität ein, mit deren Übernahme in der Regel soziale Anerkennung seitens der Umwelt einhergeht. Für die männlichen Jugendlichen besteht somit ein affirmatives Verhältnis zwischen Identitätsentwicklung und sozio-kulturellen Handlungsanforderungen. Das computerbezogene Handeln korrespondiert auf der sozio-kulturellen Ebene mit den zentralen Organisationskonzepten der männlichen Identität bezüglich „Beruf", „Technik" und „Experte".

Bei Mädchen widerspricht insbesondere der intensive Computerumgang dem traditionellen Frauenbild der kommunikativen Orientierung und wird daher seitens der Umwelt auch eher mit Nicht-Achtung beziehungsweise Abwertung belegt. Der Erwerb fundierter computerbezogener Handlungskompetenzen geht für Mädchen nicht einher mit entsprechender sozialer Anerkennung. Sie geraten damit im Gegenteil in Konflikt zu sozio-kulturell ausgebildeten Geschlechts-rollenstereotypen von „Weiblichkeit" und zur jugendspezifischen Entwicklungs-aufgabe der Ausbildung einer „weiblichen" Identität. „Mädchen legen, wenn sie sich auf den Computer einlassen, Wert darauf, nicht als weniger kontaktfreudig zu gelten und sie lehnen eine ausgiebigere Beschäftigung mit dem Computer gerade aus dem Grund ab, weil sie eine soziale Isolierung befürchten (Fauser 1987, S. 36; Faulstich-Wieland 1987). Während Jungen aus ihrer Beschäfti-gung mit Computern eher soziale Anerkennung im Freundeskreis ziehen, ist dies bei Mädchen umgekehrt. ... Die Mädchen berichten einerseits von Diskriminie-rungen durch ihre männlichen Mitschüler (,unweiblich'), aber auch von Aus-schlußerfahrungen durch die Schulkameradinnen." (Schelhowe 1989, S. 26f.)

Es ist zu vermuten, daß dieser Konflikt — so wird von Karin Flaake in einer Fallstudie festgestellt — eher dadurch gelöst wird, daß männliche Rollenzu-schreibungen übernommen werden und sich computerinteressierte Mädchen, trotz gleicher Kenntnisse, dem Stereotyp „Technik = männlich" unterordnen. In ihrem Fallbeispiel geht damit jedoch die Bewunderung männlicher Umgangs-weisen mit der Technologie einher und eine dementsprechende Abwertung der eigenen Kompetenzen und Fähigkeiten. Flaake nimmt daher ebenfalls an, daß traditionelle Geschlechterverhältnisse eher verstärkt werden (Flaake 1988, S. 10).

Flaake beschreibt in ihrem Fallbeispiel geschlechtsspezifisch unterschiedliche computerbezogene Handlungsstile. „Den beiden Mädchen ist die Anwendbarkeit der Programme für konkrete Aufgaben wichtig ... Ihr Umgang mit dem Compu-ter wirkt spielerisch, sie probieren aus ... und stehen nicht unter dem Druck, ein Programm unbedingt fertig schreiben zu müssen. Bei Martin scheint der Inhalt eines konkreten Programms unbedeutend zu sein, im Vordergrund steht die Beherrschung der Maschine ... Ihn fasziniert, daß er ,den Computer dazu bringt, daß er das macht, was ich will.'" (Flaake 1988, S. 9) Flaake beschreibt diese Umgangsstile in den o. a. Kategorien geschlechtsspezifischer Umgangsstile mit dem Computer. Der Umgangsstil der beiden Mädchen erscheint in dieser Darstellung persönlichkeitsförderlicher, da eine distanzierte Haltung zum compu-terbezogenen Handeln eingenommen wird, die die Frage nach einem sinnvollen Anwendungsbezug beinhaltet. In der spielerischen Orientierung des Programmie-rens stellt sich das computerbezogene Handeln nicht leistungsorientiert dar. Beim Jungen steht dagegen der leistungsorientierte Prozeß instrumenteller Optimierung und Herrschaftsausübung über den Computer im Vordergrund. Wie aufgrund der Arbeiten von Noller u.a. (1988) beschrieben, muß dieser computerbezogene Handlungsstil insoweit als ein Gefährdungspotential angesehen werden, als er einer relativ starren Ich-Struktur nachgebildet ist, die auf Vermeidung von

Ambivalenzen und Übernahme eines technisch-wissenschaftlichen Weltbildes ausgerichtet ist und so mit einer instrumentell-technischen Vernunft einhergeht.

Resultieren aus dem computerbezogenen Handlungsstil von Mädchen somit möglicherweise keine Gefährdungspotentiale, so beinhaltet die These der frauenspezifischen Zugangsweisen andererseits die Gefahr, daß traditionelle Machtverhältnisse zwischen Mann und Frau unangetastet bleiben, wie es auch in dem oben beschriebenen Beispiel der Fall ist. Schelhowe kritisiert an diesem Ansatz, daß bisher eher Geschlechtsrollenstereotype erforscht wurden und „eine so definierte Weiblichkeit im Gegenteil zu Sanftheit, Passivität und Ohnmacht verurteilt und sich zur Ergänzung und Unterordnung unter herrschende Machtverhältnisse eignet." (Schelhowe 1989, S. 65) Schelhowe kritisiert darüber hinaus, daß in der bisherigen empirischen Forschung zu geschlechtsspezifischen Zu- und Umgangsweisen die Kritik der technologischen Grundlagen und der sie tragenden Wissenschaft der Informatik aus dem Blickfeld geraten sei. „Technik selbst und die Notwendigkeit ihrer Gestaltung wurde zunehmend weniger thematisiert" (Schelhowe 1989, S. 66).

Darüber hinaus wird in der bisherigen Forschung der persönlichkeitsförderliche Handlungsstil mit dem Computer nicht belegt. Er wird qua Sozialisation angenommen. Die Kritik einer „männlichen Technik" und eines männlichen Umgangs mit der Technik müßte jedoch auch eine Reflexion der subjektiven Gefährdungspotentiale, die sich aus dem Zusammenspiel von Persönlichkeitsstrukturen und Computerlogik ergeben können, thematisieren. Unabhängig davon, inwiefern unterschiedliche Umgangsstile geschlechtsspezifisch verteilt sind, stellt sich jedoch die Frage nach persönlichkeitsförderlichen Handlungsstilen der Heranwachsenden. Die bisherige Forschungsliteratur thematisiert unterschiedliche Umgangsstile, bringt sie mit unterschiedlichen Faktoren in Zusammenhang und wertet sie dann als persönlichkeitsförderlich beziehungsweise -gefährdend. Wenn man jedoch die von Fritz, Rosemann, Turkle und Noller u.a. angeführten Stile vergleicht, so lassen sich immer wiederkehrende Elemente auffinden, wobei die erstgenannten die Wertung der Persönlichkeitsförderlichkeit erfahren. Der erste Handlungsstil kann dabei als ein subjektiv-sinnhafter beschrieben werden, während der zweite als ein objektiv-zweckrationaler Handlungsstil bezeichnet werden kann. Die empirischen Ergebnisse hinsichtlich einzelner Aspekte dieser Handlungsstile sind derzeit noch widersprüchlich. So stellt folgende Darstellung zunächst nur eine Systematisierung dar:

- spielerisch versus leistungsorientiert;
- unsystematischer Handlungsstil, Dominanz des intuitiven Denkens versus zweckrationaler Handlungsstil in der Umsetzung eines Plans auf den Rechner;
- „sanfte" Beherrschung versus „harte" Beherrschung;
- emotional–subjektiver Zugang versus kognitiv–objektiver Zugang;
- Inhalts-, Anwendungs- und Gebrauchsbezug versus instrumentelle Optimierung und Beliebigkeit von Inhalten.

Es muß weiterer Forschung überlassen bleiben, die Entwicklungs- beziehungsweise Gefährdungspotentiale spezifischer Handlungsstile zu bestimmen, wobei insbesondere die subjektiven wie objektiven Bedingungen solcher Handlungsstile zu untersuchen wären. Zumindest kann jedoch festgestellt werden, daß auch im direkten Umgang mit dem Computer unterschiedliche Handlungsstile existieren können, und daß nicht zwangsläufig der Handlungsstil dominieren muß, der der formalen Logik des Computers am nächsten kommt.

1.5 Zusammenfassende Auswertung und Ausblick: Die (selbst-)kritische Persönlichkeit als Bildungsideal

Der Frage nach den Wirkungspotentialen der Computertechnologie auf die Entwicklung der Persönlichkeit von Heranwachsenden im traditionellen Unterricht wird in der Bunderepublik Deutschland bisher kaum in Forschungsprojekten nachgegangen. Auch die Ergebnisse der internationalen Forschung lassen aufgrund unzureichender methodischer Anlagen keine fundierten Aussagen über längerfristige Sozialisationseffekte der Computertechnologie im Unterricht zu.

Eine Förderung der formal–operationalen Handlungskompetenzen der Heranwachsenden durch spezifische Handlungsanforderungen der LOGO–Lernumgebung konnte nicht nachgewiesen werden. Auch existieren derzeit keine empirischen Belege, daß computerbezogenes Handeln in irgendeiner Weise zur Entwicklung der höheren Denkfunktionen des Menschen beiträgt. Die vorsichtige These Greenfields, das Anforderungspotential von Textverarbeitungssystemen trage zu einer Verbesserung des Umgangs mit formalen Problemen bei, ist nicht empirisch überprüft.

Empirische Hinweise auf Entwicklungspotentiale der LOGO–Lernumgebung existieren jedoch hinsichtlich der Vermittlung von abstrakten, mathematisch–naturwissenschaftlichen Sachverhalten, weil Kompetenzen für einen intuitiven und sinnlich–erfahrbaren Erkenntniszugang zu formalen Strukturen entwickelt werden können. Beschrieben werden kann das subjektive Erleben des sinnlichen

Begreifens als eine Aktualisierung und Intensivierung von sensomotorischen wie mentalen Handlungskompetenzen – insbesondere des räumlichen Vorstellungsvermögens, das grundlegend auf Körpererfahrungen aufbaut. Gerade die mentale Repräsentation der Körpererfahrungen wird jedoch aufgrund des weitgehenden Ausschlusses des körperlichen Weltzugangs im Umgang mit dem Computer aktualisiert. Darüber hinaus scheint die LOGO-Lernumgebung vor allem auch nicht mathematisch–technisch orientierten SchülerInnen eher einen Zugang zur Computertechnologie zu bieten. Ein Hinweis darauf findet sich bei Turkle, die feststellt, daß das intensive computerbezogene Handeln in normalen Schulen in der Regel auf Jungen mit mathematisch–technischem Interesse beschränkt blieb (Turkle 1986, S. 117).

Hinweise auf eine sozio–kulturelle Ungleichverteilung der Zugangschancen zum Computer finden sich in der Untersuchung von Lang u.a., die feststellen, daß sich die Benachteiligungen von Mädchen im Informatikunterricht fortsetzen. Die Berücksichtigung sozio–kultureller Handlungsanforderungen in den Lebensperspektiven der Heranwachsenden findet in der Phase der Adoleszenz vor allem bei den männlichen Jugendlichen statt. Die Interpretation der „Rollenkonformität" des computerbezogenen Handelns in der Einstellung der „neuen Pragmatik" wird mit Ergebnissen aus dem Kontext der Forschung über geschlechtsspezifische Zugangsweisen gestützt, wo festgestellt wird, daß in Selbst- und Fremdzuschreibungen der Computer jeweils als ein „männliches" Objekt gesehen wird. Daß computerbezogenes Handeln mit der Herausbildung traditioneller, sozio–kulturell begründeter Geschlechtsrollenstereotype einhergeht, wird daher als Gefährdungspotential gewertet.

Traditionelle männliche Geschlechtsrollen stabilisieren sich in der Ausgrenzung des „Weiblichen" im computerbezogenen Handeln. Zu vermuten ist, daß Mädchen, insbesondere beim intensiven computerbezogenen Handeln, die komplementäre Rolle der „Nicht-Expertin" einnehmen, was mit der Abwertung der eigenen Kompetenzen und Fähigkeiten einhergeht.

Die Selbst- und Fremdzuschreibungsprozesse von Mädchen und Jungen bilden den Ausgangspunkt der Frage, inwiefern das Prinzip der Koedukation in der informationstechnischen Grundbildung beziehungsweise im Informatikunterricht nicht ganz oder doch teilweise aufgehoben werden müsse. Von vielen Autorinnen wird zumindest für einen zeitweise getrennten Unterricht plädiert (vgl. zusammenfassend Schelhowe 1989, S. 58 f.). Jedoch ändert auch eine zeitweilige Aufhebung der koedukativen Erziehung, die den Mädchen Freiräume für computerbezogenes Handeln ermöglichen soll, nichts an der normativen Besetzung der Computertechnologie. Flaake sieht im koedukativen Unterricht jedoch gerade die Chance, Geschlechtsrollenstereotype und normative Besetzungen zu thematisieren und so Lernprozesse bei den Heranwachsenden in Gang zu setzen (Flaake 1988, S. 10). Die Thematisierung normativer Ansprüche in der geschlechtsspezifischen Besetzung des Computers würde – vor dem Hintergrund der Forschung Nollers u.a. – dem Gefährdungspotential einer *unhinterfragten* Übernahme von sozio-kulturellen Wertvorstellungen und damit der Gefahr einer Überanpassung an sozio-kulturelle Handlungsanforderungen tendenziell entgegensteuern. Die Selbstbezüglichkeit in der Interaktion mit dem „Partner" Computer könnte somit aufgebrochen werden.

Die Frage geschlechtsspezifischer Zu- und Umgangsweisen, insbesondere die Annahme eines mädchen-/frauenspezifischen Umgangs, ist derzeit sowohl hinsichtlich ihrer empirischen Bedeutung umstritten als auch in der normativen Bewertung. Schelhowe führt an, daß die Forschungsfragestellung zu mädchen-beziehungsweise frauenspezifischem computerbezogenem Handeln bisher eher Geschlechtsrollenstereotype erforscht hat und daher auch geeignet ist, traditionell als weiblich angesehene Verhaltensmuster zu reproduzieren. Damit bleibt einerseits die Machtstruktur zwischen Mann und Frau unangetastet. Andererseits werden in der Forschungsliteratur jedoch zwei verschiedene computerbezogene Handlungsstile thematisiert, die man als einen objektiv-zweckrationalen und subjektiv-sinnhaften Handlungsstil bezeichnen kann. Genauer müßte untersucht werden, welche subjektiven und objektiven Bedingungen welchen Handlungsstil befördern. Nach Rosemann korrespondiert der objektiv-zweckrationale Handlungsstil mit einer mißlungenen Anpassung an sozio-kulturelle Handlungsanforderungen und einer fehlenden Sozial-Integration. Nach Noller u.a. wirken psychodynamische Faktoren der männlichen Identität, sozio-kulturelle und computertechnologische Faktoren in einer Weise ineinander, die zu einer Überanpassung an sozio-kulturelle Handlungsanforderungen führt. Hinsichtlich des frauenspezifischen Zu- und Umgangsstils, den man dem subjektiv-sinnhaften Handlungsstil zuordnen kann, besteht die Gefahr, daß sich gerade durch die Überlagerung dieser Frage durch den Machtaspekt zwischen Mann und Frau eine Anpassung an einen objektiv-zweckrationalen Handlungsstil vollziehen könnte, da dieser mit Macht und soziale Anerkennung einhergeht.

Das Gefährdungspotential einer Überanpassung an sozio-kulturelle Handlungsanforderungen im computerbezogenen Handeln läßt sich an der Studie von Lang u.a. ablesen. Aufgrund der pragmatischen Haltung insbesondere der männlichen Heranwachsenden, die nur nach dem Kosten-Nutzen-Verhältnis des Unterrichts zur Erlangung persönlicher Qualifikationen fragen, bewirkt der computerbezogene Schulunterricht affirmative Einstellungsveränderungen. Mit steigender Computererfahrung geht dann eine Verdrängung gesellschaftlicher Problemlagen einher, die sich mit dem Computer verbinden. Die mit anwachsender Computererfahrung steigende Computerorientierung, die insbesondere mit dem computerbezogenen Handeln in der Freizeit zusammenhängt, beeinflußt darüber hinaus die sozialen Beziehungen im Unterricht, in dem sich soziale Isolationstendenzen und Konkurrenzbeziehungen fortsetzen. Es besteht hier also die Tendenz zu einer Entwicklung, die fort von kooperativen und solidarischen Beziehungsformen und hin zu individuellen Lernstrategien verläuft.

Die Handlungsanforderungen des Unterrichts selbst weisen zur Zeit noch Anforderungen an sozial-kooperative Handlungskompetenzen auf. Dies zieht aber offensichtlich nicht zwangsläufig die Entwicklung entsprechender Kompetenzen nach sich. Insofern relativiert sich das von Greenfield angenommene Entwicklungspotential des textverarbeitungsbezogenen Handelns als soziale Handlung. In langfristiger Perspektive besteht daher das Gefährdungspotential, daß die individuellen Strategien der Schüler zu einer Individualisierung der Handlungsanforderungen des Unterrichts selbst beitragen. Die individuelle Mensch-Computer-Interaktionsform als Lehr-Lern-Prozeß scheint den Bedürfnissen der Schüler in dieser Hinsicht entgegenzukommen. Eine derartige Entwicklung würde jedoch zu einer computerzentrierten, an Leistungsoptimierung orientierten Lernumgebung führen, in der soziale Prozesse des Unterrichts eliminiert wären. Nach den bisherigen Forschungsergebnissen müßte eine derartige Computerisierung des Unterrichts Gefährdungspotentiale für die Persönlichkeitsentwicklung von Heranwachsenden beinhalten. Deutlich wird dies insbesondere in den Argumenten bezüglich der Förderung von SchülerInnen, deren sozial-kommunikative Handlungskompetenzen nicht entfaltet sind. Die „Einsparung" psychologischer Kosten im Lernprozeß beinhaltet auch den Verlust der Chance zur Persönlichkeitsentwicklung in der Bewältigung sozialer Problemlagen durch Reduktion von sozialen Anforderungspotentialen.

Im Kontext der Forschungen von Noller u.a. und Pflüger/Schurz muß darüber hinaus festgestellt werden, daß dann institutionelle Grundlagen zur Produktion von maschinellen Charakteren gelegt werden; denn aufgrund der selbstbezüglichen Interaktionsstruktur des Rechners braucht sich der Schüler im Lernprozeß nicht mehr mit der Ambivalenz menschlicher Interaktion auseinanderzusetzen. Die Gefahr besteht, daß der menschliche Lehrer langfristig durch den maschinellen Tutor ersetzt wird (vgl. Sander 1985). Dieses erscheint nicht unwahrscheinlich, da die Rationalisierung des Lernprozesses als Teil einer umfassenderen Entwicklung der Institution Schule betrachtet werden kann, die Bartels als einen Trend hin zu zweckrationalen Organisationsstrukturen beschreibt (Bartels 1988, S. 26).

Hier stellt sich die Frage, inwiefern diese Rationalisierung des Lehr-Lern-Prozesses in der Computerisierung des Verhältnisses Lehrer-Schüler nicht den

Schlußpunkt eines Prozesses der Maschinisierung sozialer Handlungsstrukturen darstellt, wie ihn Bammé u.a. (1983 b) beschreiben. Die Algorithmisierung sozialer Handlungen hin zu eindeutigen, reproduzierbaren und berechenbaren Verhaltensmustern geht danach der realen Umsetzung in Programmstrukturen voraus. In diesem Fall muß jedoch angenommen werden, daß die von Geulen befürchteten Gefährdungspotentiale aufgrund der systematisch reduzierten sprachlichen Handlungsanforderungen von Computersystemen sozialisationsrelevant werden. Es wird die Vorstellung eines widerspruchsfreien, quasi objektiven Wissens nahegelegt, mit dem jedes Problem erfolgreich zu lösen sei. In Analysen der Institution Schule muß daher der Frage der Entwicklung der sozialen Strukturen im Kontext der Computernutzung im Unterricht nachgegangen werden.

In der Forschungsliteratur finden sich jedoch auch Hinweise, wie den Gefährdungspotentialen des computerbezogenen Handelns begegnet werden kann. Hervorzuheben ist hier insbesondere die von Turkle, Fritz und Holling vertretene Sichtweise des computerbezogenen Handelns als Erkenntnismittel, das die Reflexion gesellschaftlicher, philosophischer wie individueller Aspekte der symbolisch-algorithmischen Interaktionsform Mensch-Computer beinhalten kann. Darin wäre ein Entwicklungspotential der Tätigkeit des Programmierens wie der LOGO-Lernumgebung zu sehen. Die Tätigkeit des Programmierens scheint geeignet, da diese in sozio-kultureller Perspektive am stärksten symbolisch besetzt ist. In ihr manifestiert sich vor allem der gesellschaftliche Mythos des „Computerexperten", mit dem sich Machtansprüche verbinden. Die LOGO-Lernumgebung strebt von ihrer Konzeption her die Simulation von Kommunikation an. Sie verstärkt das Gefühl, in der persönlichen Beziehung zum Computer mit einem Kommunikationspartner zu kommunizieren. Dadurch wird das Diskrepanzgefühl verstärkt, das aus dem Empfinden rührt, mit einem Ding zu kommunizieren, das eine Nähe zum Denken aufweist und komplexe Verhaltensmuster zeigen kann. Damit macht diese Computersprache nur offensichtlich, was in der Interaktion mit anderen Sprachsystemen unbewußt bleibt. Die Verstärkung dieser Diskrepanz trägt dazu bei, Reflexionsprozesse über die Natur des Computers auszulösen. Die Tätigkeit des Programmierens beinhaltet dabei in mehrfacher Hinsicht Entwicklungspotentiale, die in einer Bildungskonzeption aufgegriffen werden können (vgl. hierzu Kap. IV. D.).

Aus individueller Perspektive kann Computertechnologie in der Tätigkeit des Programmierens ein konstruktives Medium sein, da es den Heranwachsenden erlaubt, Prozesse der Identitätsentwicklung zu reflektieren wie Aspekte der Kontrolle, Macht, Autonomie und des Determinismus in zwischenmenschlichen Beziehungen. Die Unterschiede und Ähnlichkeiten von zwischenmenschlichen

Beziehungen und symbolisch-alghorithmischen Beziehungsstrukturen werden gerade in der metaphorischen Gleichsetzung von Mensch und Computer deutlich. Der persönliche Bezug zum Computer erlaubt dabei auch eine Reflexion der Ängste beziehungsweise Faszinationsgefühle am Computer und spezifischer Bedürfnisse, die in die Mensch-Computer-Interaktionsform hineingetragen werden. Die bewußte Aneignung dieser Aspekte kann eine kritische Distanzierung vom computerbezogenen Handeln beinhalten.

Aus philosophischer Perspektive impliziert dies die Frage nach den Unterschieden beziehungsweise Gemeinsamkeiten menschlichen Denkens und maschineller Informationsverarbeitung. Diese Frage führt, wie Turkle zeigt, zu Themen wie Moral und Verantwortung im menschlichen Denken und Handeln. Möglich wird in diesem Kontext auch eine Kritik der zweiwertigen Logik des abendländischen Denkens (Bammé) auf der Basis der sinnlichen Erfahrung formalen Denkens.

In sozio-kultureller Hinsicht werden weitere Themen berührt wie beispielsweise der Machtanspruch des Computerexperten und die Dominanz von Männlichkeit im Kontext computerbezogenen Handelns. Indem diese Aspekte im zwischenmenschlichen Diskurs reflektiert werden, wird der Produktion von „Unbewußtheit" in der Selbstbezüglichkeit der Mensch-Computer-Interaktionsstruktur entgegengewirkt. Die Entwicklung des zwischenmenschlichen Diskurses beinhaltet ja gerade die Zwiespältigkeit der Stellungnahme und Entscheidung zu normativen Ansprüchen. Nur so kann es gelingen, daß Computerkompetenz verinnerlicht wird und − um es mit den Worten Baackes auszudrücken − „die Psychodynamik des Menschen dem Computer die Nutzungsgesetze (aufzwingt)" und nicht umgekehrt (Baacke 1988, S. 23). Dies kann jedoch nicht in der unhinterfragten „Veralltäglichung" des computerbezogenen Handelns (Baerenreiter) oder in dem selbstverständlichen Funktionskreislauf zwischen Mensch und Computer geschehen (Baacke), sondern nur in dem Bemühen, der Produktion von Unbewußtheit in der Mensch-Computer-Interaktion durch reflektierte Aneignung der Technologie entgegenzuwirken. Das computerbezogene Handeln von Heranwachsenden enthält dieses evokatorische Potential, das es in dieser Perspektive nutzbar zu machen gilt.

2. Berufliche Bildung

Die Computertechnologie hat in den letzten Jahren nicht nur zu einer Neuorientierung der allgemeinbildenden Bildungsgänge, sondern auch zu einer inhaltlichen und organisatorischen Neustrukturierung der beruflichen Bildung geführt. Mit der Neuordnung sowohl der gewerblich-technischen als auch der kaufmännischen Berufe sind wesentliche Anforderungspotentiale dieser neuen Technologie bildungspolitisch umgesetzt worden.

Inwieweit allerdings die neuen Konzepte und Gestaltungsformen in der beruflichen Bildung auch zu einer Verstärkung aller Dimensionen der individuellen Handlungskompetenz führen, bleibt umstritten. Insbesondere bleibt fraglich, inwieweit neue Inhalte und Methoden in der beruflichen Bildung im Sinne der Persönlichkeits- und Identitätsentwicklung interpretiert werden können oder aber lediglich Anpassungsleistungen an die neuen Anforderungen seitens der Computertechnologie beinhalten. Deutlich ist aber, daß „an das Berufsbildungssystem beziehungsweise die Berufsbildungspolitik ... unterschiedliche Anforderungen gestellt (werden). Für die einen geht es primär um die Vermittlung der für eine rasche technische Modernisierung der Wirtschaft erforderlichen Qualifikationen. Die anderen fordern in erster Linie eine Qualifizierung der Arbeitskräfte, die diese in die Lage versetzt, den Gefährdungen durch den technischen Wandel (Dequalifizierung, Arbeitslosigkeit) zu begegnen." (Koch 1988 a, S. 7)

Ohne Zweifel kann davon ausgegangen werden, daß das Gewicht berufsübergreifender Qualifikationen wie Selbständigkeit, Kooperativität, abstrakt-analytisches Denken, Kreativität usw. aufgrund der Einführung computerisierter Arbeits- und Produktionstechniken zugenommen hat (vgl. Laur-Ernst 1988). Zwar sind im Begriff der beruflichen Handlungskompetenz, der gegenwärtig zu einem Leitbegriff in den Auseinandersetzungen um die Ziele der Berufsausbildung avanciert ist (Bader 1989), neben den Dimensionen von Fachkompetenz auch die von Human- und Sozialkompetenz enthalten, eine präzise Bestimmung dieser berufsübergreifenden Qualifikationen steht trotz der klärenden Versuche von Laur-Ernst aber aus. Laur-Ernst hat versucht, diese zu differenzieren in technikspezifische, formal-methodische Qualifikationen, fachinhaltlich übergreifende „interdisziplinäre" Kompetenzen sowie generell relevante, technikunabhängige, personenbezogene Fähigkeiten (vgl. Laur-Ernst 1988, S. 16 f.).

Die in der Neuordnung der Berufe geforderte Fähigkeit zum selbständigen Planen, Durchführen und Kontrollieren stellt zwar eine Erweiterung des traditionellen Qualifikationsbegriffs dar, sie läuft aber Gefahr, auf das Modell zweck-rationalen Handelns reduziert zu werden, wenn nicht gleichzeitig soziale Kompe-tenzen in der Berufsausbildung verankert werden.

Im folgenden soll untersucht werden, inwieweit die neuen Methoden in der beruflichen Bildung der Förderung eines umfassenden Persönlichkeitsbegriffs nachkommen. Dabei konzentriert sich die Untersuchung auf die Ansätze, die beanspruchen, eine Antwort auf die Anforderungen der Computertechnologie geben zu können.

2.1 Persönlichkeit, Handlungslernen und Technikgestaltung

Die Diskussion um die berufliche Bildung steht vor einer Kontroverse, die vor allen Dingen eine Neukonzipierung des Bildungsbegriffs zu implizieren scheint. Bildung hat die Aufgabe, Orientierungen für den Einzelnen zu geben, die in der Lage sind, Gestaltungsmöglichkeiten sowohl der gegenständlichen beziehungs-weise technisierten als auch der sozialen Umwelt aufzuzeigen. Dabei kommt der Technikgestaltung im Bereich der beruflichen Bildung eine wesentliche Rolle zu.

Wie bereits bemerkt, spielen in der Diskussion um die berufliche und insbe-sondere die betriebliche Berufsausbildung handlungsorientierte Ausbildungs-methoden eine bedeutende Rolle. Wesentlicher Auslöser dieser Umorientierung in der beruflichen Bildung sind neben Faktoren einer veränderten Einstellung der Jugendlichen vor allem die spezifischen Anforderungsstrukturen der neuen Technologien an das menschliche Arbeitsvermögen. Die Frage ist allerdings, ob die neuen Methoden in der beruflichen Bildung lediglich Anpassungsleistungen bringen oder ob sie auch Möglichkeiten für eine sozialverträgliche Gestaltung von Arbeit und Technik bieten.

Persönlichkeitsförderliche Methoden in der beruflichen Bildung implizieren daher gleichzeitig den Bezug auf Möglichkeiten der Realisierung und Durchset-zung persönlichkeitsförderlicher Arbeitsbedingungen: nicht die Anpassung des Menschen an die Maschine, sondern die Anpassung der Maschine an den Menschen − auf diese sicherlich zu simple Formel könnten die Programme zur Humanisierung der Arbeit beziehungsweise zur sozialverträglichen Gestaltung von Arbeit und Technik gebracht werden. Technikgestaltung muß sich heute in erster Linie auf die Gestaltung der sogenannten programmgesteuerten Arbeits-mittel beziehen, die in der Diskussion um berufliche Bildung doch erheblichen Raum einnehmen, da sie die aktuellen und zukünftigen Qualifikationsanforde-rungen bestimmen.

Die Diskussion um neue Produktionskonzepte hat nicht nur gezeigt, daß auf die Beschäftigten neue Anforderungen zukommen, sondern auch, daß in erster Linie bestimmte Beschäftigtengruppen privilegiert werden. Damit aber stellt sich die Frage an die berufliche Bildung, inwieweit sie auf diese Problemstellung zu reagieren in der Lage ist und inwiefern alternative Produktionskonzepte selbst zum Thema gemacht werden. Die Frage ist somit, inwieweit die Handlungsorientierung in der beruflichen Bildung versucht, den angeschnittenen Problemen Rechnung zu tragen. Inwiefern wird Handlungsorientierung mit Lernprozessen verbunden, und inwieweit werden Optionen für eine persönlichkeitsförderliche und kooperative Technikgestaltung begründet?

2.2 Konzept des Handlungslernens

Eine erste umfassende Begründung des Konzepts des Handlungslernens im Zusammenhang mit beruflicher Bildung und Technikgestaltung hat die „Projektgruppe Handlungslernen" (vgl. Gerds u.a. 1984) entwickelt. Von dieser Begründungslage ausgehend, werden die bis heute entwickelten Konzepte im gewerblich–technischen und im kaufmännischen Bereich dargestellt und analysiert. Im gewerblich–technischen Bereich liegt mit dem Konzept der „Rechnergestützten Facharbeit" sowohl im Metall- als auch im Elektrobereich ein in Ansätzen ausgearbeitetes Konzept vor, das sich von vornherein mit dem Computer auseinandersetzt (Hoppe/Erbe 1986; Rauner 1986).

Im kaufmännischen Bereich werden ebenfalls handlungsorientierte Konzepte diskutiert, die aber angesichts der neuen Bürotechnologien vor großen Umsetzungsproblemen stehen. Während sich das Konzept der rechnergestützten Facharbeit auf produktionsorganisatorische Alternativkonzeptionen zur „vollautomatischen Fabrik" stützen kann, ist eine „computergestützte Sach- beziehungsweise Vorgangsbearbeitung" im Sinne integrierter Sachbearbeitung im „Büro 2000" noch nicht in Sicht. Zwar haben sich aufgrund der Kritik an der schulischen Berufsausbildung im kaufmännischen Bereich Konzepte entwickelt, die projekt- und handlungsorientiertes Lernen erfolgreich erprobt haben, der Bezug zur Informationstechnologie ist — wohl aufgrund der spezifischen Probleme der Büro- und Verwaltungsarbeit — jedoch noch wenig ausgearbeitet (vgl. dazu Söltenfuß/Halfpap 1987; Kaiser 1987). Wirtschaftsinformatik als neues Lehr- und Fachgebiet ist noch kaum handlungsbezogen entwickelt. Dabei ist zu bemerken, daß handlungsorientierte Ansätze auf eine möglichst weitgehende Eigenaktivität der Auszubildenden und auf ein anderes Rollenverständnis der Ausbilder abstellen. Die Funktion des Ausbilders in diesem Konzept kann nicht mehr die eines Unterweisers im klassischen Sinne sein, sondern ist eher die des Organisators, Moderators und Beraters in weitgehend autonomen, d.h. hier von den Auszubildenden selbstgesteuerten Lernprozessen.

Vorwiegend ausgelöst durch eine Neuorientierung gewerkschaftlicher Arbeitspolitik (vgl. dazu Drinkuth 1988) haben sich vor diesem Hintergrund Ansätze entwickelt, die die Gestaltung von Arbeit und Technik als Gegenstand und Zielsetzung beruflicher Bildung ins Auge fassen. Im Zusammenhang mit dem „Gestaltungsansatz" sind die programmatischen Initiativen der Landesregierung in Nordrhein-Westfalen (v. Alemann/Schatz 1987) sowie die Arbeit der Bremer Sachverständigenkommission für Arbeit und Technik (vgl. Sachverständigenkommission 1987) zu sehen.

Qualifikation als „berufliche Handlungsfähigkeit" kann als neues Paradigma in der beruflichen Bildung gelten. Vor diesem Hintergrund ist die Diskussion um neue Methoden in der beruflichen Bildung zu sehen. In der betrieblichen Bildungs- und Weiterbildungspraxis haben sich als neue Methoden vor allem die Projektmethode, die Leittext-Methode und die „Methode" der künstlerischen Übungen entwickelt, wobei die Leittext-Methode als diejenige Methode gelten kann, die sich aufgrund positiver betrieblicher Erfahrungen in verschiedenen beruflichen Bildungsbereichen am ehesten durchgesetzt hat und noch durchsetzen wird.

Zu berücksichtigen ist, daß zwischen dem Konzept des beruflichen Handlungslernens und diesen Lernmethoden allerdings kein unmittelbarer Ableitungszusammenhang existiert. Die neuen Lernmethoden stellen pädagogische Konzepte dar, die teilweise sehr viel früher entwickelt worden sind. Auch stehen die Vertreter handlungsorientierter Ansätze beispielsweise der Leittext-Methode durchaus skeptisch gegenüber — ebenso sind künstlerische Übungen bezüglich ihrer Einsatzfähigkeit für berufliche Bildung umstritten. Um so mehr stellt sich daher die Frage, inwieweit die neuen Methoden beruflicher Bildung als eine adäquate Antwort auf die neuen Technologien gelten können. Im folgenden werden die genannten Ansätze und Methoden daraufhin geprüft, ob sie in der Lage sind, einen persönlichkeitsförderlichen Technikumgang zu fördern.

2.2.1 Handlungslernen und Technikgestaltung

Die Projektgruppe Handlungslernen (Gerds/Rauner/Weisenbach 1984) geht davon aus, daß die Forderung nach Handlungsorientierung von Bildungsprozessen notwendiges und korrigierendes Resultat einer Entwicklung in der Pädagogik ist, „die die Einheit von Kopf, Herz und Hand aus dem Auge verloren hatte."

(Gerds/Rauner/Weisenbach 1984, S. 11) Die kritische Auseinandersetzung mit dieser Situation führte zum Paradigma der Handlungsorientierung – dieses war die Reaktion auf die Ausblendung individueller Subjektivität in der Qualifikationsforschung, die sich wenig daran orientiert hat, „ob Berufsbildung zur Entfaltung der Persönlichkeit der Auszubildenden beiträgt." (Gerds/Rauner/Weisenbach 1984, S. 11)

Die Forderung nach Handlungsorientierung ist für die Autoren auch ein Resultat der durch das Industriesystem bedingten zunehmenden zweckrationalen Handlungsorientierung, der Verschulung der Gesellschaft sowie von verschulten Bildungsprozessen. Als Perspektive einer Handlungsorientierung bezeichnen die Autoren die Orientierung an einer gebrauchswertorientierten Technik: „Eine so entstehende gebrauchswertorientierte Technik würde eine gebrauchswertorientierte Arbeit voraussetzen, in der den Arbeitenden die Entscheidungskompetenz und damit die Kompetenz zur Mitgestaltung von Arbeit und Technik zurückgegeben ist, die noch heute im geteilten industriellen Produktionsprozeß auf andere Ebenen verlagert ist." (Gerds/Rauner/Weisenbach 1984, S. 14)

Dieses Programm einer Gestaltung von Arbeit und Technik haben u.a. die Autoren bis in die heutige Auseinandersetzung zu entwickeln versucht. Allerdings orientieren sich die Autoren im folgenden etwas unvermittelt an einer Neuorientierung technischer Bildung, wobei unklar bleibt, inwieweit Technik nicht lediglich als Teil des industriellen Gesamtprozesses zu verstehen wäre. Der Begriff der „Technikgestaltung" dürfte angesichts der industriesoziologischen Forschungsergebnisse kaum von arbeitsorganisatorischen Prozessen getrennt werden. Die starke Orientierung an Konzeptionen technischer Bildung haben die Autoren in ihren jüngsten Publikationen umfassender definiert (vgl. Heidegger u.a. 1988).

Die Autoren räumen daher auch ein, daß „das Konzept des Handlungslernens gegenwärtig nicht eindeutig und klar definierbar (ist)..." (Gerds u.a. 1984, S. 17), sondern verschiedene Ansätze umfaßt wie

— die Piagetsche Kognitionstheorie,
— die materialistische Theorie der Aneignung und Widerspiegelung (Leontjew, Rubinstein, Galperin, Hacker),
— das Konzept des Experimentalunterrichts mit handlungstheoretischen Annahmen und Holzkamps Begriff der Erkenntnistätigkeit,
— das Konstrukt der beruflichen Handlungskompetenz mit seinen didaktischen Implikationen,
— die in der Erwachsenen- und politischen Bildung entwickelten Erfahrungsansätze (z.B. Negt, Kluge usw.) (vgl. Gerds u.a. 1984, S. 17).

Die Auseinandersetzung mit Technik orientiert sich für die Autorengruppe am Begriff der „Technikgestaltung". Technikgestaltung als Perspektive für ein weiterführendes Konzept von Handlungslernen in der technischen Bildung grenzt sich zunächst von der ingenieursmäßigen Form der Technikgestaltung ab, die als zweckrationale Handlungsweise charakterisiert werden kann. Technikgestaltung im positiven Sinne kann sich im erkenntnistheoretischen Sinne beziehen auf die von Holzkamp im Gegensatz zu Piaget beschriebene „orientierende Erkenntnistätigkeit" als Moment einer aktiven Gestaltung der eigenen gesellschaftlichen Lebensverhältnisse. Im Begriff des „Handhabens von Technik" manifestiert sich dieses Postulat, weil er dem Prozeß der begreifenden Erkenntnis (Persönlichkeitsaspekt) und dem Aspekt der abgeforderten Qualifikationen entspricht. Als konkrete Beispiele werden das Konzept der „Fertigungsinsel" und das Konzept „Arbeiten um zu Leben" genannt.

Soll Technikgestaltung als Bildungsziel aber kein abstraktes Postulat bleiben, dann stellt sich die Frage, inwieweit sich diese Zielsetzung für den Bereich beruflicher Bildung in den weiteren Arbeiten der Projektgruppe beziehungsweise in den Konzepten handlungsorientierten Lernens konkretisieren läßt.

2.3 Handlungsorientierte Konzepte im Bereich beruflicher Bildung

Handlungsorientierte Lernansätze lassen sich heute sowohl im Bereich der gewerblich–technischen als auch der kaufmännischen beruflichen Bildung konstatieren. Rauner (1986) hat einen Ansatz für eine Elektrotechnik–Grundbildung vorgelegt, der beansprucht, die oben genannten Prinzipien handlungsorientierten Lernens fachdidaktisch umzusetzen. Da Rauner auch das Konzept der Technikgestaltung nochmals präziser formuliert hat (Rauner 1987), soll darauf zunächst eingegangen werden.

2.3.1 Elektrotechnik–Grundbildung

Prinzipiell geht Rauner von zwei Feststellungen aus:
— Technikgestaltung ist eine Grundform menschlicher Lebensäußerungen, die aber sozial ungleich verteilt ist, und
— „die Fähigkeit zur Mitgestaltung von Technik beinhaltet die Befähigung zum begreifenden Erkennen und das in diesem Konzept enthaltene Moment der aktiven Mitgestaltung der eigenen Lebensverhältnisse" (Rauner 1987, S. 282).

In seinem Grundbildungskonzept Elektrotechnik stellt Rauner das Bildungsziel „Technikgestaltung" in den Mittelpunkt seiner Überlegungen. Sein Grundbildungskonzept für den Kollegstufen–Schwerpunkt Elektrotechnik hat den Anspruch, Beruf und Bildung beziehungsweise berufliche und allgemeine Bildung zusammenzuführen und ein Konzept zu begründen, das zur sozialen und ökologischen Technikgestaltung befähigen soll.

Rauner sieht wie Hoppe eine „historische Verzweigsituation" bezüglich der Gestaltung von Technik- und Arbeitsorganisation, „die durch eine objektivationsorientierte (Automatisierung der CAD–CAM–Integration) auf der einen und eine qualifikationsorientierte Strategie auf der anderen Seite gekennzeichnet ist. Letztere setzt bei der Weiterentwicklung der computergestützten integrierten Produktion (CIM) den erfahrenen und hoch qualifizierten Facharbeiter voraus." (ebd., S. 43)

Rauner geht auf der Basis einer historischen Analyse (die hier nicht dargestellt werden kann) davon aus, daß sich sowohl in kleinen als auch in großen produzierenden Betrieben zunehmend aufgabenintegrierte Facharbeit herausbildet und berufsfeldübergreifende Qualifikationen an Bedeutung gewinnen. Diese Tendenz zur Aufgabenintegration stelle nicht nur die Frage nach den Gestaltungsmöglichkeiten, sondern auch nach den „Chancen für die Entwicklung der Persönlichkeit..." (ebd., S. 78)

Die Frage der inhaltlichen Ausgestaltung will Rauner aber von einer grundsätzlichen Bestimmung von Elektrotechnik abhängig machen. Im Kern formuliert er das folgende, relativ vertrackte Postulat: „Das Charakteristische der Technik ist also ihre Prägung durch Verhältnisse, die außer ihr liegen, sie jedoch in ihrer konkreten Existenz wesentlich bestimmen und die zum Ausdruck kommen, ohne daß diese prägenden Verhältnisse durch eine Analyse der Technik selbst aufzuspüren sind." (ebd., S. 91)

Die Frage stellt sich daher für Rauner, wie eine Integration von Technik und Gesellschaft in Form eines interdisziplinär angelegten Unterrichts aussehen beziehungsweise was „Elektrotechnik als Gegenstand beruflicher Bildung" (ebd., S. 118ff.) bedeuten könne. Vermittelt durch Arbeitsmarkt- und Ökologiekrise sieht Rauner die Chance für einen Paradigmawechsel, „der schließlich zu einer Theorie der Elektrotechnik führen könnte, die sich der Elektrotechnik nicht nur beschreibend und konstruierend, sondern auch erklärend und gestaltend zuwendet." (ebd., S. 132)

Welche Kriterien verfolgt nun eine Technikgestaltung als Bildungsziel? „Technikgestaltung ist Gestaltung sozialer Wirklichkeit und von daher Angelegenheit aller, die von dieser Wirklichkeit betroffen sind" (ebd., S. 146). Rauner fordert eine gebrauchswertorientierte Technikgestaltung und eine Technikwissenschaft, die sich als Handlungswissenschaft versteht und die eine Neubestimmung des Verhältnisses zwischen Natur- und Technikwissenschaft impliziert. (ebd., S. 147)

2.3.2 Metalltechnische Bildung: die Konzeption rechnergestützter Facharbeit

Auch die Konzeption rechnergestützter Facharbeit, die in dem 1985 erschienenen Band von Hoppe und Erbe einem breiteren Publikum vorgestellt wurde, knüpft an das Konzept des Handlungslernens an (vgl. Hoppe/Erbe 1985, S. 9), ohne jedoch das Handlungskonzept ausführlicher zu reflektieren. Ziel der rechnergestützten Facharbeit ist „die Beherrschung und Gestaltung der Technik durch den Menschen" (ebd., S. 8), wobei das Wissen um die Technik und ihre alternativen Gestaltungsmöglichkeiten als Voraussetzung gelten kann.

Die Konzeption rechnergestützter Facharbeit orientiert sich an den Wahl- und Gestaltungsmöglichkeiten beim Einsatz von Facharbeit an CNC-Maschinen. Hoppe (1987) geht dabei — wie Brödner u.a. — davon aus, daß sich beim derzeitigen Stand der Technikentwicklung zwei unterschiedliche Positionen diametral gegenüberstehen: „Da gibt es auf der einen Seite die Versuche und Bemühungen, Qualifikationen des im Produktionsprozeß arbeitenden Menschen mit Hilfe von Rechnern weitgehend zu objektivieren, d.h. den Beschäftigten fertigungstechnische Kompetenzen auf der Werkstattebene zu entziehen und stattdessen im Konstruktionsbüro oder mindestens in dessen Nähe zu konzentrieren." (Hoppe 1987, S. 17)

Diesem „technisch-bornierten Ansatz" (Kern/Schumann) stellt Hoppe den „unideologisch-pragmatischen" Ansatz gegenüber: „Auf der anderen Seite ist als Alternative die Tendenz zu beobachten, auf der Werkstattebene und damit beim Facharbeiter Fachkompetenz und Einwirkungsmöglichkeiten zu belassen, zurückzugeben oder sogar zu verstärken. Dabei wird die Werkstatt als Zentrum des Produktionsprozesses betrachtet." (ebd., S. 18)

Eine zusammenfassende Beurteilung des Konzepts rechnergestützter Facharbeit beziehungsweise qualifizierter Gruppenarbeit kommt zu dem Ergebnis, daß diese Konzeption immerhin einige konkrete Hinweise einer Technikgestaltung im Metallbereich geben kann. Sie konzentriert sich in erster Linie auf eine umfassende, rechnergestützte Qualifizierung von Facharbeitern insbesondere im CNC-Bereich. Für das Konzept rechnergestützter Facharbeit liegen zwar einige Ansatzpunkte (Seminar- und Lehrgangskonzepte im CNC-Bereich) vor, an seiner methodisch-didaktischen Umsetzung muß aber im Rahmen laufender Forschungsvorhaben noch gearbeitet werden.

2.3.3 Kaufmännische Bildung

Im Zuge der Kritik an der traditionellen kaufmännischen Ausbildung haben sich in diesem Ausbildungsbereich ebenfalls handlungsorientierte Ansätze entwickelt, die insbesondere von Söltenfuß (1983) ausführlich theoretisch begründet worden sind. Sie stützen sich zumeist auf die Kognitionspsychologie (Piaget, Aebli) beziehungsweise auf die sowjetische Arbeits- und Lernpsychologie sowie deren Weiterentwicklung durch Hacker und Volpert. In bezug auf die mit der Computertechnologie verbundenen Problemstellungen sind diese Ansätze im Gegensatz zu dem Konzept rechnergestützter Facharbeit allerdings noch kaum entwickelt.

Auch Söltenfuß/Halfpap (1987) knüpfen explizit an den Workshop „Handlungs- und problemorientiertes Lernen" während der Hochschultage „Berufliche Bildung 1984" in Berlin an. Das dortige Thema verstand sich als Weiterentwicklung des von Gerds/Rauner u.a. entwickelten Ansatzes handlungsorientierten Lernens, wie er oben bereits dargestellt wurde. Grundprinzipien handlungsorientierten Lernens gehen Söltenfuß zufolge von kognitionspsychologischen Modellvorstellungen des Menschen aus („epistemologisches Subjektmodell"): „Dies bedeutet, daß das Individuum mit einer planvoll-bewußten, kognitiven Aktivität der Umwelt gegenübertritt und aufgrund seines Handelns Erfahrungen sammelt, auf denen sich sein Wissen strukturiert, ausdifferenziert und summiert und mit dem es seine Umwelt verändert." (Söltenfuß/Halfpap 1987, S. 16)

Ebenso wie Söltenfuß/Halfpap stellen Kaiser und Benteler das Lernbüro in den Mittelpunkt ihrer Überlegungen (vgl. Kaiser 1987). Dabei sind sowohl die Kritik an der kaufmännischen Ausbildung als auch die handlungstheoretischen Grundannahmen für das Lernbüro ähnlich strukturiert wie bei Söltenfuß/Halfpap.

2.3.4 Zusammenfassung

Die dargestellten handlungsbezogenen Konzepte beruflicher Bildung auf der Basis neuer Technologien sind unterschiedlich zu bewerten. Geht man von dem recht weitgesteckten Anspruch der Projektgruppe Handlungslernen aus, dann zeigen sich doch gravierende Umsetzungsprobleme dieses Ansatzes. Dies dürfte nicht zuletzt mit dem Anspruch einer „Technikgestaltung" zusammenhängen: solange es nicht gelingt, Alternativstrukturen betrieblicher Organisation auch praktisch zu verdeutlichen, dürfte es schwerfallen, Bildungskonzepte einer alternativen Technikgestaltung zu entwickeln — Vorschläge bleiben dann auf ein allgemeines Konsensprinzip angewiesen. Die konkreteren Vorschläge sowohl im gewerblich–technischen als auch im kaufmännischen Bereich laufen auf eine verbesserte Qualifizierung, auf den „handlungsfähigen" Facharbeiter beziehungsweise Angestellten hinaus, der für neue Technologien qualifiziert werden muß. Obwohl diese Zielsetzung unbestreitbar wichtig ist, stellt sich doch die Frage, inwieweit sozialverträgliche Technikgestaltung auf diese Weise zu erreichen ist.

Inwieweit kann handlungsorientiertes Lernen im kaufmännischen wie gewerblich–technischen Bereich durch neue Lernmethoden unterstützt werden? Hiermit verbunden ist die Frage, welche Kompetenzen erworben werden müssen und welche Methoden hierfür in Frage kommen. Dieser Frage soll im nächsten Abschnitt nachgegangen werden.

2.4 Neue Methoden in der beruflichen Bildung

Welche grundlegenden inhaltlichen und methodisch–didaktischen Prinzipien müßte ein berufsbezogenes Bildungskonzept enthalten, das unter den heutigen Bedingungen des industriellen Strukturwandels die Individuen befähigt, diesen Strukturwandel aktiv mitzugestalten? Inwieweit werden die Individuen durch die neuen Methoden zum selbständigen Handeln befähigt?

2.4.1 Die Projektmethode

Frey (1984) zufolge kann die Projektmethode auf drei historische Tendenzen zurückgeführt werden: auf ihre „Entdecker" in den USA, auf die Arbeitsschulkonzepte und auf die Reformpädagogik. Erst in der Studentenbewegung im Rahmen der Neugründung verschiedener Universitäten bekam die Projektmethode wieder erneuten Auftrieb. Ihr Eingang in die berufliche Bildung wurde initiiert im Rahmen betrieblicher Ausbildung vor allem im gewerblich–technischen Bereich.

Die Projektmethode ist eine klassische Unterrichtsform, die um 1900 in den USA entstanden ist und erstmals im Bereich der handwerklichen und landwirtschaftlichen Berufsausbildung zur Anwendung kam. Als geistige Urväter der Projektmethode können Dewey und Kilpatrick gelten. In Deutschland wurde die Projektmethode durch die Reformpädagogik aufgenommen − insofern „kann man den Beitrag der Reformpädagogik zur Entwicklung der Projektmethode ... sehen: in der konsequenten Entwicklung des Projekts aus den Schülerinteressen

heraus, und zwar bis hinein in die Planung des Projekts durch die Schüler."
(Frey 1984, S. 9)

Die Projektmethode ist demnach ein Methode, die den Anspruch verfolgt, Handlungspläne bildungsorientiert umzusetzen. Frey beschreibt die Projektmethode über die Dimensionen „Curriculumprozeß", „Interaktion", „situative Distanz", „Zielorientierung" und „spezifische Reflexion". Die Projektmethode „qualifiziert im Verbund mit anderen Elementen alltägliches Handeln zum curricularen Handeln, d.h. zum bildenden Handeln" (Frey 1982, S. 25)

Insofern kann die Projektmethode als die Konstitution eines zu Beginn offenen Kommunikationsprozesses bezeichnet werden, der sich an der Entwicklung von personaler, sozialer und sachlicher beziehungsweise arbeitsimmanenter Kompetenz orientiert. Sie ist ein curricular legitimierter Handlungsentwurf, der lernoptimal die individuelle Entfaltung unter Berücksichtigung von Konsens befördern soll.

Eingang in die berufliche Bildung hat die Projektmethode vor allem durch die Initiative verschiedener Betriebe (Daimler, Hoechst, Ford u.a.) gefunden. Zum Teil in Zusammenarbeit mit dem BIBB wurden seit 1976 mehrere Modellversuche durchgeführt, die bei unterschiedlichen Zielsetzungen u.a. über Projektmethode die Förderung von Schlüsselqualifikationen einschlossen (Daimler Benz AG, Zahnradfabrik Friedrichshafen AG, Stahlwerke Peine-Salzgitter AG, Ford-Werke AG, Hoesch-Stahl AG). „Projektausbildung als betriebliche Ausbildung geht aus von der Herstellung eines Produktes. In der Projektausbildung werden alle fertigungsbezogenen Kenntnisse vermittelt, die zur Herstellung des Produktes notwendig sind." (Bockelbrink/Jungnickel/Koch 1988, S. 53)

Die Projektmethode hat vor allem im Metallbereich aufgrund der dortigen Planmäßigkeit des Arbeitshandelns Anwendung gefunden (vgl. Fix 1984). Der erste Betrieb, der die projektorientierte Ausbildung systematisch entwickelt hat, war das Werk Gaggenau der Daimler-Benz AG. Ausbildungsprojekte waren die Dampfmaschine und der Maschinenschraubstock.

Im Rahmen des SoTech-Programms sind die Ideen des Projektlernens vor allem von dem Projekt „Automation, Innovation und Qualifikation" des Berufsförderungszentrums Essen aufgegriffen worden. Unter der Prämisse, daß im Zuge der sogenannten Qualifizierungsoffensive eine einseitige Ausrichtung der Beschäftigten auf technologisches know-how erfolgt, gingen Hellwig u.a. dabei von zwei Thesen aus, die für sie die gegenwärtige Situation an (computerisierten) Facharbeitsplätzen beschreiben:

1. „Der technisch versierte Facharbeiter, der sich sachkompetent an seinem Arbeitsplatz verhält, ist plötzlich überfordert, wenn er seinem Kollegen fachliche Probleme vermitteln oder erklären soll. Er ist deswegen überfor-

dert, aufgabenbezogene Entscheidungen alleinverantwortlich zu treffen, sobald sie einen technischen Wirkungsbereich übersteigen. Kommunikation und Kooperation passen ‚irgendwie‘, ohne daß ihre Konsequenzen berücksichtigt werden." (Hellwig u.a. 1987, S. 18)

2. Oft wird „der Facharbeiter am Arbeitsplatz mit der Bewältigung kommunikativer und kooperativer Aufgaben alleingelassen, so daß sich ein negativer Rückkopplungseffekt auf die Technik ergibt, weil er die Ursachen seiner Schwierigkeiten in der Technik sieht. Befürchtungen, den Anforderungen nicht gewachsen zu sein, stellen sich ebenso ein, wie Ängste, die der Arbeitsplatzsicherheit, dem Konkurrenzdruck, der Zukunftsperspektive gelten." (ebd., S. 18)

Die Folge hiervon wäre, eine „Hypersensibilisierung gegenüber der modernen Technik" sowie die Unfähigkeit, konstruktiv mit Schwierigkeiten umgehen zu können (vgl. ebd., S. 18).

Mit dem Projekt versuchte das BFZ Essen, über konkretes gestalterisches Verhalten am Arbeitsplatz sowohl Fachwissen als auch soziale Kompetenzen einzuüben. Die gemeinsame Vermittlung fachlicher und sozialer Kompetenzen ist an eine Reihe von Voraussetzungen geknüpft: Zum einen an ein interdisziplinär besetztes Team von Lehrkräften, zum zweiten an eine angemessene Methode, die die Integration leisten kann. Bevor auf diese Methode eingegangen wird, soll an dieser Stelle das spezifische Verständnis von sozialer Kompetenz, wie es von Hellwig u.a. entwickelt worden ist, ausgeführt werden.

Die Forschungsgruppe geht dabei gerade nicht von einer Liste von Fähigkeiten oder Qualifikationen aus, sondern von einem vierdimensionalen, verhaltensbezogenen Modell der beruflichen Situation. „Danach lassen sich alle für sozialverträgliche Technikgestaltung relevanten Verhaltensmerkmale unter vier Facetten beobachten, deren empirische Basis das Gesamtverhalten eines Menschen im beruflichen Kontext darstellt." (ebd., S. 18)

Diese vier Dimensionen beschreiben für die Forschungsgruppe jegliche berufliche Situation:

„— Die Bewältigungsdimension sagt etwas über den Grad des subjektiven Erfolgs aus, mit einer Situation umzugehen.
— Die Integrationsdimension informiert über die Vielfalt der wahrgenommenen Aspekte einer Situation.
— Die Kontaktdimension bezieht sich auf die wahrgenommene Bedeutungsfülle einer Situation und
— die Flexibilitätsdimension widmet sich der erfahrenen Veränderlichkeit einer Situation" (Hellwig u.a. o.J., S. 10).

Bewältigung betrifft somit die Art der Auseinandersetzung mit gestellten Aufgaben, die zwischen Über- und Unterforderung positioniert sein kann. Integration ist bezogen auf das Verhältnis von Ganzheitlichkeit und Einzelheitlichkeit. „Berufliches Handeln ist sinnvoll, wenn die einzelnen Aufgaben unter übergreifenden Gesichtspunkten verstanden und übergreifende Einstellungen in den konkreten Tätigkeiten wirksam werden können." (ebd., S. 7) Die Kontaktdimension bestimmt die Nähe der Berufstätigen zu bestimmten Personen und Aufgaben, und damit letztendlich den Grad der Wichtigkeit oder Unwichtigkeit von Aufgaben. „Die unangemessene Regulation von Kontakt führt im Falle von zu großer Nähe zu Unübersichtlichkeit sowie Ziel- und Sinnverlust. Im Falle zu großer Distanz resultiert problemadäquates Theoretisieren und Handlungsverlust." (Hellwig u.a. 1987, S. 18) Schließlich gleicht Flexibilität die Spannungen zwischen Rigidität und Chaos aus. „Eine rigide Handhabung von Aufgaben führt genausowenig zu sozialkompetentem Verhalten wie seine strukturlose, chaotische Ausführung" (ebd., S. 18).

Unter sozialer Kompetenz verstehen die Autoren nun die Verwirklichung durch aktive (kognitive, emotionale, verhaltensmäßige) Regulation von beruflichen Situationen. Bezogen auf das Weiterbildungsprojekt ist soziale Kompetenz sowohl Ziel- als auch Prozeßvariable. Als Zielvariable müssen in die Weiterbildung Übungen eingebaut werden, die der Realisierung angemessener Kommunikations- und Kooperationsprozesse gelten. Als Prozeßvariable manifestiert sich soziale Kompetenz als Lern- und Erfahrungsprozeß, der in Auseinandersetzung mit Fachinhalten geschieht und sich in Kommunikation und Kooperation der am Lernprozeß Beteiligten manifestiert (vgl. ebd., S. 18ff.). Konkret bedeutet dies, daß die Lernenden bereits im Kontext der Aufgabenstellung aktiv zu beteiligen sind, d.h. entsprechend minimale Vorgaben seitens der Lehrenden gemacht werden und die Teilnehmer selbst weiterführende Fragestellungen entwerfen. Methodisch werden hier Kommunikationsmethoden wie die themenzentrierte Interaktion nach Ruth Cohn und das Kommunikationstraining von Gordon angewendet.

In diesem Zusammenhang ist die spezielle Vorgehensweise des Fachrollenspiels zu nennen. Im übrigen gelten neben der minimalen Vorgabe bei der Aufgabenstellung die sonstigen charakteristischen Merkmale des Projektunterrichts:

— eigenständige Vorgehensweise in kleinen Gruppen beziehungsweise in Einzelarbeit,

— selbständige Gestaltung des Arbeitsplatzes, der Lösungswege, der Einbettung der Aufgabe in weiterführende Fragestellungen,

- Vorstellen der verschiedenen Lösungswege der Kleingruppen im Plenum sowie Diskussion der vorgestellten Alternativen nach konkurrierenden Kriterien und
- die Einbindung der Erfahrungen während der Projektarbeit in die folgenden Themenfelder.

2.4.2 Die Leittext-Methode

Die Leittext-Methode ist aus ähnlichen Gründen wie die Projektmethode und gleichzeitig mit ihr (im Werk Gaggenau der Daimler-Benz AG) in der betrieblichen Ausbildung zum Einsatz gelangt. Ebenso wie die Projektmethode verfährt sie handlungsorientiert; ihre Grundlage ist das Konzept einer vollständigen Handlung. Beschreibungen der Leittext-Methode erinnern an den „normativen" Arbeitsbegriff: zunächst erfolgt die ideelle Vorwegnahme des fertigen Produkts im Kopf, danach werden die Arbeitsschritte geplant und ausgeführt.

Bockelbrink, Jungnickel und Koch schlagen vor, die Entwicklung dieser Denkanforderungen zunächst an konventionellen Maschinen zu erproben, um dann sukzessive auf neue Methoden einzugehen. Zu diesem Zweck halten sie die Leittext-Methode für die geeignete Methode. „Das Grundprinzip der Leittext-Methode besteht darin, daß der Auszubildende zunächst möglichst viel selber lernt und erst danach der Ausbilder in einer Nachhilfe die noch verbleibenden Lücken schließt. Der Leittext leitet das Selber-Lernen an. Als Methode der betrieblichen Berufsausbildung dient das Lernen mit Leittexten jeweils der Vor- und Nachbereitung einer praktischen Tätigkeit." (Bockelbrink/Jungnickel/ Koch 1988, S. 43)

Die Geschichte der Methode hängt eng mit der bei Daimler in Gaggenau entwickelten Projektmethode (Produkt: „Dampfmaschine") zusammen. In der Praxis der Ausbildung mit Projekten zeigte sich schnell, daß die Beteiligten höchst unterschiedliche Lernfortschritte machten. Um die erreichte Motivationssteigerung nicht wieder bei den schneller Lernenden durch sog. Zwischenarbeiten aufzuzehren, ging man dazu über, Unterweisungen auf Tonband zu sprechen und zusätzlich noch schriftliches Material zur Verfügung zu stellen, so daß die Auszubildenden sich bei Bedarf selbst unterweisen konnten. Während so die Lernfähigeren nicht in ihrem Lernrhythmus gebremst wurden, blieb für die Ausbilder genug Zeit, sich individuell mit den Lernschwächeren zu befassen.

Der Leittext beziehungsweise das Leittextsystem bezeichnet nun die Gesamtheit aller schriftlichen Unterlagen, die dem Auszubildenden zum selbständigen Lernen zur Verfügung gestellt werden. Unabhängig von der jeweils spezifischen und konkreten Ausgestaltung und Anwendungsform haben Leittexte stets die gleiche formale Struktur. „Sie folgen methodisch dem Modell der vollständigen Handlung in sechs Schritten." (Selka/Conrad 1987, S. 3)[32]

Mit dem Einsatz der Leittext-Methode ändert sich nicht nur das Lernverhalten der Auszubildenden, sondern auch die Rolle des Ausbilders muß neu bestimmt werden. Der Ausbilder wird von vielen seiner (Routine-)Tätigkeiten entbunden und gewinnt Zeit für die individuelle Betreuung und Förderung der Auszubildenden. Der Ausbilder wird zum Anleiter von selbständigen Lernprozessen. Mit der Leittext-Methode wird nicht nur die individuelle Selbständigkeit gefördert, sondern in Verbindung z.B. mit Projektausbildung auch den Selbstregulationskräften der Gruppe größere Bedeutung beigemessen. Insgesamt läßt sich Leittext als eine Methode charakterisieren, die den selbständig planenden, durchführenden und kontrollierenden Auszubildenden in den Mittelpunkt eines Lernprozesses stellt, der durch Auftrag, Leittext und Ausbilder mitgestaltet wird.

Leittexte werden auch in Kombination mit anderen Methoden wie Projekt oder Lernbüro eingesetzt. Das Bildungswerk der hessischen Wirtschaft e.V. hat im Projekt „PC-Lernbüro" Leittexte in der EDV-Schulung eingesetzt. Die Individualisierungsmöglichkeiten des Lernens mittels Leittexten standen dabei im Vordergrund, um effizientere Lernprozesse zu gestalten, denn die Orientierung von Trainern an „Voraussetzungen der Durchschnittsgruppe ... bedeutet tendenziell Über- und Unterforderung von Teilnehmern ..." (Bretzke-Gadatsch/ Schaa 1989, S. 26). Daneben wird vor allem der aktiven Beschäftigung mit dem PC beziehungsweise dem Programm „Vorrang vor dem passiven Aufnehmen von Informationen eingeräumt ..."(ebd., S. 27).

Zusammenfassend kann gesagt werden, daß die Leittext-Methode eine derzeit von den Betrieben präferierte Methode darstellt. Vor allem im Rahmen der vom Bundesinstitut für Berufsbildung begleiteten Modellversuche haben sich positive Wirkungen auf die Lernfähigkeit der Auszubildenden gezeigt. Die Leittext-Methode wird heute sowohl im gewerblichen als auch im kaufmännischen Bereich und in der EDV-Ausbildung eingesetzt. Die problematischen Seiten der Leittext-Methode liegen allerdings in der Möglichkeit einer deterministischen und technizistischen Vorgehensweise. In diesem Sinne wäre sie dann das Gegenteil der im folgenden zu diskutierenden „Methode" − den künstlerischen Übungen.

---

32 Zu den sechs Schritten vgl. u.a. Selka/Conrad 1987, S. 5.

2.4.3 Künstlerische Übungen

Künstlerische Übungen gelten als neue Methode beruflicher Bildung, obwohl sie
— nach Aussagen ihrer Protagonisten wie z.B. Brater — nur eingeschränkt in
berufliche Bildungsprozesse zu integrieren sind. Famulla/Witthaus haben auf die
Problematik hingewiesen, daß sich die Leittext-Methode zu stark am zweckrationalen Handlungsmodell orientieren könnte. Alle Handlungen folgen dem
zweckrationalen Schema, aus einer Zielvorgabe (Leittext, Auftrag) werden
Handlungsschritte abgeleitet, die schließlich einen Handlungsplan ergeben, der
detailliert alle Ausführungsschritte beschreibt. Mit Brater läßt sich an einem
solchen Handlungskonzept kritisieren, daß es in der praktischen Tätigkeit nichts
Neues mehr hervorbringen kann, was nicht schon vorgedacht worden ist. „Das
eigentliche praktische Handeln ist dabei lediglich planregulierte Ausführung."
(Brater 1984, S. 62)

Dieses Handlungsschema genügt nach Brater jedoch nicht einer Berufsrealität,
die durch den Einsatz der Computertechnologie und veränderte Arbeitsorganisation vielfach ganz andere Handlungen erfordert:

— In ungeplanten Situationen müssen mit „situativer Problemlösungskapazität"
 gerade unter Verzicht auf fest vorgeplante Regeln „Ideen geboren, Lösungswege gefunden werden" (ebd., S. 64).
— Kooperation verlangt gerade nicht zweckrationale, sondern kommunikative
 Handlungsstrategien. „Jede einfache nicht völlig mechanisierte Kooperations-
 situation verlangt ..., daß die Kooperierenden sich wenigstens ansatzweise
 aufeinander einstellen, die Besonderheiten der anderen berücksichtigen."
 (ebd., S. 65)
— Wo es um Neuerungen geht, ist Lernen aus unmittelbarer Erfahrung gefragt.
 Erfahrungslernen ist aber an Voraussetzungen gebunden, die im Lernen nach
 zweckrationalem Schema nicht geübt werden: offene, unbefangene Anschau-
 ung des Gegenstandes, betrachtende Zugangsweise, Bereitschaft zum Ausfüh-
 ren von Probehandlungen usw.

Ansatzweise kann die Leittext-Methode (mit und ohne Koppelung an Projekte) dieser Kritik Braters begegnen: Mit der Fähigkeit zum selbständigen Planen,
Durchführen und Kontrollieren wird der Selbständigkeit ein hoher Stellenwert
eingeräumt; die Methode läßt Probehandeln zu; Kommunikationssituationen
werden systematisch erzeugt.

Brater stellt aber nicht die zu vermittelnde Facharbeiterqualifikation in Frage,
sondern das zweckrationale Handlungsschema selbst, dem er das künstlerische
Handeln gegenüberstellt, bei dem es nicht um die Realisierung von Zwecken
gehe, sondern um die Gestaltung von Materialien, Vorgängen und Situationen.

In einem zunächst offenen Prozeß beginnt das künstlerische Handeln mit freien Setzungen. In den weiteren Handlungsphasen verlangt nun dieses bereits Gestaltete weitergehende gestalterische Eingriffe, die auf die gestalterischen Vorstellungen des Handelnden treffen. Die handlungsleitende Kraft des Subjekts nimmt also erheblich ab (vgl. Brater 1986). Für die Art von Handeln, die nach Brater aufgrund „struktureller Verschiedenheit nicht in eins mit fachlichem Wissen und Können erlernt werden kann" (Brater 1984, S. 80), seien bestimmte „personenbezogene Grundqualifikationen" (ebd., S. 76) nötig wie: Empathie und Vertrauen in die eigene Fähigkeit, mit unbestimmten, unkalkulierten Situationen zurecht zu kommen.

Brater geht in seiner Kritik soweit, jedes zweckrationale Handeln als wirklichkeitsfern zu bezeichnen, wenn es nicht mit künstlerischem Handeln und Sinn verbunden werde. Auf diesem anderen Weg könnte die Bildung von Handlungskompetenz geschehen, die jedoch umfassender ist als eine, die sich ausschließlich auf die Verwirklichung von vorgegebenen Plänen bezieht. „Im Kern geht es ... immer darum, daß die Jugendlichen lernen, sich von vorgegebenen Standardvorgaben zu lösen, selbst die Dinge in die Hand zu nehmen, Entdeckungen zu machen, sich mit dem Material und den entstehenden Gebilden auseinanderzusetzen und in ihnen den weiteren Weg finden, nicht in von außen herangetragenen Vorstellungen und Plänen." (ebd., S. 85f.) Diese Vorstellungen von Veränderung des beruflichen Lernens bezieht die Persönlichkeitsdimension ein und macht sie zum Ausgangspunkt von Lernen.

Künstlerische Übungen bilden sicher eine wohltuende Absetzung gegenüber allen Formen zweckrationalen Handelns und sie sind explizit auf die Bedingungen von Persönlichkeitsentwicklung gerichtet. Es könnte sie aber dasselbe Schicksal wie das neuhumanistische Bildungsideal ereilen: ihre Degradierung zu einem exklusiven Instrument der ohnehin schon Gebildet-Privilegierten. Die Ermächtigung des Subjekts (Konneffke 1987) im Rahmen des Neuhumanismus hat in sich schon seine Entmächtigung durch die historisch nachfolgende Verwertungslogik getragen: weshalb sollte gestaltendes Handeln sich nicht auch auf den Arbeitsprozeß beziehen?[33]

2.4.4   Zukunftswerkstatt

Im folgenden soll mit der Zukunftswerkstatt eine weitere handlungs- und subjektorientierte Methode für den Bereich der beruflichen Bildung vorgeschla-

---

33   Eine Idee übrigens, die dem Promotor künstlerischer Übungen sicher nicht fremd ist.

gen werden. Während nach unserem Kenntnisstand in der Bundesrepublik Deutschland diese Methode noch nicht in der beruflichen, aber zunehmend in der übrigen Weiterbildung eingesetzt wird, etabliert sich nach Müllert (So-Tech-Projekt „Zukunftswerkstätten") jedoch diese Methode in Skandinavien bereits im Zusammenhang mit der Einführung neuer Technologien in Betrieben.

Das Projekt „Zukunftswerkstätten" beinhaltet die Umsetzung der von Jungk und Müllert entwickelten Bildungsmethode Zukunftswerkstatt mit den Zielen:

- die Betroffenen darin zu unterstützen, ihre Erfahrungen, Einstellungen und Ängste in bezug auf Computertechnologie aufzuarbeiten und damit einhergehende Problemlagen zu erkennen;
- kreative Potentiale zur Lösung dieser Problemlagen freizusetzen und Zukunftsperspektiven einer an den Bedürfnissen der Menschen orientierten Gestaltung von Lebensumwelt, in die der Umgang mit Technik eingebettet ist, zu entwickeln und
- nach Möglichkeiten und Ansatzpunkten zu suchen, diese Orientierungen zu realisieren, d.h. es sollen auch konkrete Handlungsmöglichkeiten aufgezeigt werden.

Diesem Ziel des Projekts sind die Projektmitarbeiter insofern untergeordnet, als sie sich selbst eine katalysatorische Funktion zuschreiben, die Einstellungen, Ängste, Hoffnungen der SeminarteilnehmerInnen klären zu helfen. Dieser Bildungsansatz ist ebenfalls als ein subjektorientierter zu begreifen. Es geht nicht um die Vermittlung spezifischer Einstellungen, Verhaltens- oder Umgangsweisen zum Computer, die z.B. als qualifikatorische Notwendigkeit angesehen werden. Der Bildungsprozeß wird vor allem vom Wissen und den Erfahrungen der SeminarteilnehmerInnen getragen: „... die TeilnehmerInnen werden als Experten in eigener Sache (angesehen); ihre Erfahrungen im Alltag wie im Beruf zählen ebenso wie ihr Wissensschatz, ihre Kenntnisse und Lebensweisheit, ihre Empfindungen, Fähigkeiten und Fertigkeiten." (Müllert u.a. 1987 b, S. 8)

Die theoretische Position zur Computertechnologie kann auf die These der technisch-ökonomischen Kolonialisierung der Lebenswelt (Habermas 1982) zurückgeführt werden. Das Vordringen neuer Technologien im Alltag wird als Konsequenz der ökonomischen Rationalität der Gesellschaft verstanden, die immer neue Absatzmärkte für ihre Produkte sucht und daher an einer vollkommenen Erreichbarkeit des Konsumenten interessiert ist. „Bei diesem Aufwachen wird Technik leicht zum alleinigen Sündenbock. Übersehen wird, daß die Wurzeln dafür auch mit in den ökonomischen Prinzipien der Industriegesellschaft liegen, in der eben versucht wird, alle Lebensbereiche rational zu durchdringen und sie den riesigen Mengen an Produkten zugänglich zu machen." (ebd., S. 15)

In den (in Wandzeitungen erhobenen) Einstellungen der SeminarteilnehmerInnen werden vor allem strukturelle Wirkungen der Computertechnologie betont. Bei den TeilnehmerInnen überwiegt eine deterministische Sicht der Computertechnik, die sich vor allem in drei Themen ausdrückt:

a) dem Aspekt der Entemotionalisierung und Entsinnlichung der Computertechnologie,

b) der Zerstörung sozialer Beziehungen und

c) der Angst vor gesellschaftlicher Ausgrenzung.

Zu a): Der *Entsinnlichungsaspekt* der neuen Technologien spielt in den Darstellungen der Betroffenen eine große Rolle. Das Riechen, Fühlen und Tasten muß im Umgang mit dem Computer unterdrückt werden. Damit reduziert sich die Wahrnehmungs- und Bedeutungsvielfalt wahrgenommener Informationen und damit auch die Erfahrung. Durch die fortschreitende Mediatisierung von Lebensumwelten gehen primäre, sinnliche Lebenserfahrungen verloren und auch die Möglichkeit, Empfindungen auszudrücken. Wie die Autoren feststellen, kam dies insbesondere in einer Zukunftswerkstatt mit Informatikern zum Ausdruck. „Der Aspekt des ‚second hand' Lebens kam beispielsweise sehr deutlich in einer fast reinen Informatiker–Werkstatt zum Vorschein, die also täglich damit umzugehen haben. Bei den anderen Werkstätten taucht dies zwar immer mal so auf, aber dann vor allem aufs Fernsehen bezogen. Diese Informatiker haben beispielsweise zum einen eine Blume gemalt, zum anderen eine mit einem Computerprogramm erstellt. Weil sie ständig mit formalen Systemen arbeiten, wurde für sie der Unterschied besonders manifest." (Interview)

Zu b): Ein genereller Trend in der Sichtweise neuer Technologien ist, daß sie von den Betroffenen als eine Vereinsamungstechnik begriffen wird. Dabei werden Erfahrungen aus dem Arbeitsbereich auf den Privatbereich übertragen. „*Isolation* durch neue Technik empfinden Menschen zuerst an ihrem Arbeitsplatz: Handhabungssysteme, Textautomaten und Personal Computer erschweren direkte Kontakte zu Kolleginnen und Kollegen. Bei medialer Informationsbeschaffung und Arbeitshandeln sind Gespräche und Absprachen untereinander überflüssig. Der Blick auf den Bildschirm erfordert Konzentration − soziale Kontakte lenken ab. Voneinander isoliert − vereinzelt − distanziert: Die Erfahrungen am Arbeitsplatz werden auf das erwartete elektronische Heim übertragen. Durch den Umgang mit der neuen Technik vereinsamt der Mensch, denn wenn Telebestellung, Telearbeit und Telekommunikation jeder Art möglich sind, braucht er nicht mehr aus dem Haus zu gehen. Informationsgespräche mit

Nachbarn, Klatsch und Tratsch, Blicke und Lächeln, überhaupt zwischenmenschliche Kontakte werden seltener." (Müllert u.a. 1987 a, S. 30)

Zu c): Ein weiterer starker Trend ist ein Gefühl der Ohnmacht und des Ausgeliefertseins, das sich für die Betroffenen mit der Einführung von neuen Technologien verbindet, da sie keinerlei Einflußmöglichkeit der Mitgestaltung ihrer Lebens- und Arbeitsumwelt sehen. „Hilflos und allein der technischen Maschinerie ausgeliefert zu sein − ein Krankmacher für die Seele. Passivität und Trägheit werden bemängelt, Zivilcourage vermißt, um sich gegen die Übermacht der Technik zu wehren. Die TeilnehmerInnen spüren Ohnmacht und Trauer." (ebd., S. 31)

Auch wenn die oben genannten Aspekte zunächst bloß subjektive Einstellungen der Betroffenen sind, kann festgehalten werden, daß die Implementierung von Computertechnologie mit manifesten Ängsten einhergeht, die Kontrolle über die eigenen Lebensbedingungen zu verlieren, da man sich von der Computerisierung der Gesellschaft überrollt fühlt und keine Handlungschancen und Möglichkeiten einer alternativen Gestaltung sieht.

Die Vorstellungen der TeilnehmerInnen über eine sozialverträgliche Technikgestaltung sind daher insbesondere an dem Wunsch orientiert, die Entscheidungsmöglichkeit und damit Kontrolle über die eigenen Lebensbedingungen wieder zurückzugewinnen und eine Vielfalt von Erfahrungsmöglichkeiten beizubehalten. Dieser Wunsch läßt sich u.a. konkretisieren als Wunsch nach:
− einer Rückholbarkeit von technisch gestalteten Umwelten,
− einer Mehrgleisigkeit in der Lebensweltgestaltung, was nicht nur Gestaltung durch Technik, sondern auch beispielsweise Schaffen von Freiräumen für direkte Mensch–Mensch–Kommunikationen heißt und
− einer Nicht-Dominanz der Computertechnik am Arbeitsplatz.

2.4.5   Zusammenfassung

In welcher Hinsicht lassen sich aus den vorgestellten neuen Methoden in der beruflichen Bildung Hinweise für ein persönlichkeitsorientiertes Bildungskonzept entnehmen?

Allen Methoden gemeinsam ist die Handlungsorientierung und die Orientierung an Persönlichkeitsentwicklung.
− Die größten Freiheits- und Gestaltungsspielräume scheinen den künstlerischen Übungen zuzukommen, wobei allerdings zu berücksichtigen ist, daß hierbei nicht von einer genuinen beruflichen Methodik gesprochen werden

kann, sondern diese Methode eher im berufsvorbereitenden beziehungsweise allgemeinbildenden Bereich angesiedelt werden könnte.

– Die Methode Zukunftswerkstatt bietet Chancen, im Zusammenhang mit dem Einsatz von Computertechnologie nicht nur Kritik an bestehenden Konzepten zu entwickeln, sondern ausgehend von den Phantasien der Subjekte, neue Handlungs– und Gestaltungschancen in den Blick zu nehmen.

– Die Projektmethode ist von ihrem Prinzip und ihrer idealen Konzipierung ebenso offen, sie ist aber wesentlich auf soziale Kommunikationsprozesse bezogen, die über die Projektziele vermittelt sind. Die Projektmethode ist sowohl eine curriculare Methode als auch ein Verfahren, das bei realen Prozessen eingesetzt werden kann. Sie ist damit u.a. geeignet, den arbeits-organisatorischen Kontext der Computeranwendung begreiflich zu machen.

– Die Leittext–Methode kann als diejenige Methode bezeichnet werden, die am eindeutigsten auf die modernen Technologien zu reagieren in der Lage ist. Leittexte für die EDV–Vermittlung können das lästige Problem schlecht geschriebener Handbücher bewältigen und möglicherweise auch gesellschaft-liche Problemstellungen miteinbeziehen. Die Probleme der Leittext–Metho-de liegen allerdings in der Gefahr einer Überbetonung eines planmäßigen Ablaufs und in der starken zweckrationalen Ausrichtung (vgl. hierzu Famul-la/Witthaus 1988).

Inwieweit können nun die neuen Methoden in berufliche Bildungsprozesse Eingang finden? Diese Fragestellung bezieht auch das Konzept des Handlungs-lernens ein. Zielsetzung wäre, ein Konzept zu finden, das Möglichkeiten einer alternativen Technikgestaltung eröffnet und diese methodisch–didaktisch aus-arbeitet. Im folgenden kann nicht auf die gesamte mit der Neuordnung der Berufe zusammenhängende Problematik eingegangen werden. Der Schwerpunkt soll auf den neuen (handlungsorientierten) Qualifikationsbegriff gelegt werden und auf die Frage, wie Persönlichkeitsentwicklung und Technikgestaltung im Rahmen der Neuordnung verbunden werden können.

2.5 Die Neuordnung der Berufe – Ansatzpunkte für eine erweiterte Handlungskompetenz?

Die Neuordnung der Berufe kann als das wesentliche „Ereignis" in der Berufs-bildungspolitik bezeichnet werden, da es Ziel der Neuordnung ist, die berufliche Ausbildung den veränderten Qualifikationsanforderungen anzupassen. „Die Ausbildungsordnungen legen Mindestanforderungen fest, die sich an betrieb-lichen Qualifizierungsnotwendigkeiten ausrichten. Damit tragen die Neuordnungen sowohl den Anforderungsentwicklungen in den Betrieben als auch deren Ausbildungsfähigkeit und den Qualifizierungsbedürfnissen der Auszubildenden Rechnung." (BMBW 1987, S. 85)

Das „neue" an der Neuordnung aber ist eine modernisierte Fassung des Qualifikationsbegriffs. Inwieweit dieser neue Qualifikationsbegriff in die offizielle Sprachregelung eingegangen ist, zeigt die Interpretation des Berufsbildungsberichts 1988. In bezug auf das Berufsbildungsgesetz heißt es dort: „Nach §1 Abs.2 BBiG hat die Ausbildung eine breit angelegte berufliche Grundausbildung und für die Ausübung einer qualifizierten beruflichen Tätigkeit notwendigen fachlichen Fertigkeiten und Kenntnisse in einem geordneten Ausbildungsgang zu vermitteln sowie den Erwerb von Berufserfahrungen zu ermöglichen. Die so verstandene Qualifikation besteht also aus einer Kombination von Kenntnissen, Fertigkeiten und Verhaltensweisen. Qualifikation in diesem Sinne ist demnach die individuelle Befähigung zum Handeln in beruflichen Tätigkeiten (Handlungsfähigkeit). Diese Handlungsfähigkeit schließt selbständiges Planen, Durchführen und Kontrollieren von Tätigkeiten ein. Die Ausbildungsziele und -inhalte wurden entsprechend diesem Qualifikationsverständnis formuliert. Dadurch soll unter anderem erreicht werden, daß bei der Kenntnisvermittlung der Bezug zum Handeln nicht verlorengeht und damit auch der Umfang und das Niveau der zu vermittelnden Kenntnisse deutlich wird." (BMBW 1988, S. 75)

Gemäß dieser Sprachregelung ist Ziel der beruflichen Bildung die Befähigung zum beruflichen Handeln. Handlungsfähigkeit wird über die Dimensionen der
– Selbständigkeit und
– der Fähigkeit zum Planen, Durchführen und Kontrollieren konkretisiert.
Aus dieser Perspektive lassen sich die wesentlichen inhaltlichen Punkte der Neuordnung der Berufe folgendermaßen benennen:
– Selbständigkeit: Der Auszubildende soll auch ohne ständige und unmittelbare Unterweisung des Ausbilders in die Lage versetzt werden, Arbeiten zu erledigen. Das selbständige Arbeiten und Handeln betrifft sowohl das persönliche Verhältnis von Auszubildendem und Ausbilder als auch die Frage der Ausbildungsmethoden. Selbständigkeit geht insofern auch über berufliches Handeln hinaus, weil die ganze Persönlichkeit angesprochen ist.
– Planungsfähigkeit: Der Auszubildende soll in die Lage versetzt werden, bevor er an die eigentliche Ausführung seiner Arbeit geht, die einzelnen Arbeitsschritte gedanklich vorwegzunehmen, d.h. die Arbeit zu simulieren. Planungsfähigkeit verlangt systematisches und strukturiertes Denken und erfordert gerade dann, wenn noch keine Routine vorliegt, ein hohes Maß an Denk- und vor allem an Abstraktionsfähigkeit. Diese Anforderungen gelten

umso mehr, als die Funktionsabläufe bei der Computertechnologie nicht mehr unmittelbar sichtbar sind.

- Organisationsfähigkeit: Planungsfähigkeit bezieht sich aber auch auf die unmittelbare Arbeitsorganisation sowie auf die Betriebsorganisation. Der Auszubildende soll bei der Planung und Ausführung der jeweiligen Arbeitsschritte arbeitsorganisatorische Gesichtspunkte, d.h. auch die Kooperation mit anderen Auszubildenden berücksichtigen. Dies kann einmal seinen unmittelbaren Arbeitsplatz, zum anderen aber auch die Betriebsorganisation betreffen. So kann man sich die Frage stellen, ob Arbeitsschritte z.B. in der Arbeitsvorbereitung geplant und in der Werkstatt ausgeführt werden (tayloristisches Prinzip), oder Planung und Ausführung in der Werkstatt vom Facharbeiter gleichzeitig erfolgen (Gruppenfertigung). Die Betriebsorganisation, Hierarchieverhältnisse, Zentralisation oder Dezentralisation entscheiden wesentlich sowohl über die Organisation des Arbeitsplatzes als auch über die abgeforderten Qualifikationen.

Der Erwerb von Handlungskompetenz ist immer gebunden an Möglichkeiten ihrer Realisierung. Mit der Neuordnung der Berufe ist die Chance gegeben, Selbständigkeit und Planungsfähigkeit nicht nur zweckrational, sondern mit persönlichkeitsorientierten Konzepten zu vermitteln. Arbeitsorganisatorische Gestaltungsphantasie − und hier findet der Ansatz von Brater seine Berechtigung − bestünde dann auch in der Fähigkeit, kunstvoll mit den neuen Produktionskonzepten umzugehen. Dies erfordert dann allerdings eine „Ermächtigung des Subjekts" (Konneffke 1987) gegenüber drohenden zweckrationalen Strukturen. Angesichts der sich im Bereich der Weiterbildung durchsetzenden ökonomischen Rationalität und der „Bewirtschaftung von Subjektivität" (Geißler 1988) muß diese Möglichkeit der Neuordnung umso mehr genutzt werden.

2.6 Zusammenfassung

Handlungsorientiertes Lernen kann als neue Lernform in der beruflichen Bildung bezeichnet werden. Das Konzept handlungsorientierten Lernens ist sowohl in der gewerblich-technischen als auch in der kaufmännischen Ausbildung in unterschiedlichem Maße ausgearbeitet. Im gewerblich-technischen Bereich liegt, zumindest im Bereich der Metalltechnik, mit dem Konzept „Rechnergestützter Facharbeit", ein Konzept vor, das versucht, den mit der Computertechnologie verbundenen Anforderungspotentialen Rechnung zu tragen. Ähnliche Intentionen im kaufmännischen Bereich sind zwar theoretisch gut begründet, die Auseinandersetzung mit der Computertechnologie hat aber hier noch nicht zu einer begründeten Konzeption geführt. Dies dürfte auch mit dem Systemcharakter der Technologie zusammenhängen.

Analysiert man die neuen Methoden in der beruflichen Bildung, so wird deutlich, daß im Rahmen der Leittext-Methode versucht wird, den Handlungs-anforderungen der Computertechnologie Rechnung zu tragen. Die Gefahr dieser Methode liegt allerdings in einer zu stark zweckrationalen Ausrichtung.

Die Integration des Konzepts des Handlungslernens mit dem Ziel der Technik-gestaltung in die Neuordnung der Berufe ist noch kaum gelöst, obwohl die Neuordnung für eine derartige Integration offen ist. Bezüglich des Weiterbil-dungsbereichs dürfte der Ansatz angesichts der Dominanz ökonomischer Zwänge kaum aussichtsreich sein. Die Expansion des betrieblichen und außerbetrieb-lichen Weiterbildungsbereichs kann als Indikator für einen enormen qualifikato-rischen Nachholbedarf gelten. Die von staatlicher Seite und von den Arbeits-ämtern initiierte Qualifizierungsoffensive konzentriert sich allerdings zumeist auf relativ kurzfristige Qualifizierungsmaßnahmen, deren Erfolgswahrscheinlichkeit in erster Linie an Vermittlungsquoten in Beschäftigungsverhältnisse orientiert ist. Vor allem das große Standard-Weiterbildungsangebot im Bereich der freien Bildungsträger muß mit Skepsis beurteilt werden, da diese Form der Anpas-sungsqualifizierung oftmals nur kurzfristige Erfolge bringt.

Ein Ansatz subjektorientierter Weiterbildung, der sowohl dem Systemcharakter der Computertechnologie als auch der Subjekt- und Handlungsorientierung Rechnung trägt, wird exemplarisch mit der Konzeption der „Kritischen Compu-terkurse in der Erwachsenenbildung" im Kapitel IV. D. vorgestellt.

C. Arbeit und Beruf

Der Arbeitsbereich unterliegt schon seit Jahren einer informationstechnisch bedingten Rationalisierung, deren Ausmaß, Tragweite und Richtung allerdings umstritten ist. Vor allem im Anschluß an die von Kern und Schumann (1984) vorgetragene These der „Neuen Produktionskonzepte" beziehungsweise einer neuen Rationalisierungspolitik des Kapitals hat sich in der Zwischenzeit eine weitverzweigte Diskussion entwickelt, die hier lediglich in ihren Grundzügen skizziert werden kann. Insbesondere aber stellt sich für unseren Zusammenhang die Frage, inwieweit die im Kapitel II. A. entwickelten Persönlichkeitsbestimmungen in der industriesoziologischen Forschungsliteratur Berücksichtigung finden. Das entscheidende Problem dürfte somit sein, inwieweit die Arbeitsbedingungen persönlichkeitsförderliche Entwicklungen zulassen oder aber verhindern.

Wiederum stellt sich unter dem Aspekt von „Entwicklung als Handlung im Kontext" die Frage, inwieweit die arbeitsbezogenen Handlungsanforderungen auch für die Individuen als persönlichkeitsförderliche Entwicklungsaufgaben betrachtet werden können oder aber eher als Beeinträchtigungen beziehungsweise Gefährdungen ihrer Persönlichkeitsentwicklung gesehen werden müssen. Im Kontext der in Kapitel I. B. aufgeworfenen Fragestellungen wäre somit die Frage zu beantworten, inwieweit in den Betrieben und Verwaltungen unter den Bedingungen neuer Technologien individuelle Handlungskompetenzen gefördert werden. In Punkt 1 sollen neben der Frage der quantitativen Verbreitung der neuen Produktionskonzepte einige in der aktuellen Diskussion befindliche zentrale Problembereiche diskutiert werden. Im Vordergrund steht dabei natürlich die Frage, inwieweit in dieser Diskussion Kategorien der Persönlichkeitsentwicklung Berücksichtigung findet.

1. Computer und neue Produktionskonzepte

Wenn vom Einsatz von Computertechnologien die Rede ist, so ist hiermit nicht allein die unmittelbare Konfrontation der Beschäftigten mit sog. Bildschirmarbeitsplätzen gemeint, sondern es geht um die unterschiedlichsten Formen, in denen – sei es unmittelbar oder vermittelt – industrielle Produktions- und Verwaltungsabläufe durch den Einsatz von Mikroprozessortechnik beeinflußt oder strukturiert werden. Die Vielfalt und Heterogenität der betrieblichen Nutzungskonzepte der Informationstechnik hat zur Konsequenz, daß eindeutige Befunde über die Folgen des Computereinsatzes in Industrie und Verwaltung nicht möglich sind und die hier vorgestellten Studien zu unterschiedlichen Ergebnissen kommen. Zuvor sollen jedoch die Gemeinsamkeiten betont werden.

Malsch und Seltz (1987) stellen in der Einleitung zu dem von ihnen herausgegebenen Diskussionsband fest, daß „... heute in den Sozialwissenschaften weitgehende Übereinstimmung darin (besteht), daß die industrielle Entwicklung am Beginn eines tiefgreifenden Strukturwandels steht. Diese Umbruchsituation ist hochkomplex und läßt sich in mehreren Dimensionen beobachten und beschreiben: forcierter Einsatz der Mikroelektronik; technisch–organisatorische Umwälzung in Produktion und Verwaltung; wachsende Marktdiversifizierung; neue internationale Arbeitsteilung; Irritation und Umorientierung in den industriellen Beziehungen und im korrespondierenden Institutionengefüge ...“ (Malsch/Seltz 1987, S. 11).

Über diese Trendentwicklungen hinaus stellen die Autoren weiterhin drei weitere gemeinsame Punkte der aktuellen Diskussion fest: die Orientierung am Schlüsselbegriff der gesellschaftlichen Arbeit, die Frage der technologischen Dimensionen des gegenwärtigen Rationalisierungsprozesses sowie die Skepsis gegenüber den verschiedenen Versionen der Dequalifizierungsthese. Vor allem in der Perspektive einer weiteren Subsumtion der Arbeit unter das Kapital behauptet die Dequalifizierungsthese eine Fortsetzung und Vertiefung der tayloristischen Arbeitsorganisation, wie sie Braverman (1980) gezeichnet hat. Demgegenüber lautet der gemeinsame Nenner der gegenwärtigen Diskussion, „... daß die aktuelle Rationalisierungsdynamik unübersehbar an die Grenzen traditioneller fordistischer Industriestrukturen und klassisch–tayloristischer Rationalisierungsrezepte stößt.“ (Malsch/Seltz 1987, S. 13)

Trotz dieser Gemeinsamkeiten in der aktuellen Diskussion dürfen die Unterschiedlichkeiten bezüglich des Rationalisierungspotentials der neuen Technologien nicht unterschätzt werden. Kontroversen ergeben sich vor allen Dingen aus der Einschätzung der arbeitspolitischen Relevanz der neuen Technologien: inwieweit befördern die neuen Technologien Arbeitsbedingungen, die als den traditionellen tayloristischen Arbeitsbedingungen entgegenstehend bezeichnet werden können? Dabei handelt es sich nicht in erster Linie um die erfolgreiche Durchsetzung neuer Managementkonzepte[34], sondern vielmehr um die Frage,

---

34 Ein zentraler Vorwurf an die Adresse von Kern und Schumann war, auf diesen Umstand zu sehr Wert gelegt zu haben.

ob sich vermittelt über die neuen Konzepte nicht Formen eines die Persönlichkeit der Arbeitenden verändernden Selbstbewußtseins entwickeln.

Im Punkt 1.2 sollen daher zunächst in kursorischer Weise einige der wichtigsten Studien dargestellt werden. Die Frage nach der subjektiven Bedeutung des Computers wird in den Studien allerdings eher in der Form gestellt, daß nach Veränderungen in den globalen Handlungsspielräumen gefragt wird. Welche Auswirkungen die neuen programmgesteuerten Arbeitsmittel auf die Persönlichkeit haben könnten, wird dagegen eher in verschiedenen Ansätzen des So-Tech-Projektverbundes diskutiert. Diese sind daher Gegenstand eines eigenständigen Kapitels. Schließlich wird ein Schwerpunkt auf die Frage des Zusammenhangs zwischen Frauenarbeit und möglichen frauenspezifischen Zugangsweisen gelegt.

Um eine Einschätzung auch der quantitativen Relevanz der neuen Technologien zu erhalten, soll zunächst auf ihren Verbreitungsgrad eingegangen werden.

1.1   Verbreitungsgrad programmgesteuerter Arbeitsmittel

Die vom Bundesinstitut für Berufsbildung zusammen mit dem Institut für Arbeitsmarkt- und Berufsforschung im Jahre 1987 veröffentlichte Studie stellt die derzeit umfassendste Analyse des Verbreitungsgrades der neuen Technologien dar (BIBB/IAB 1987). Die Studie beruht auf Befragungsdaten von 26.500 deutschen Erwerbstätigen Ende 1985/Anfang 1986 und ist nach speziellen Fragestellungen gegliedert.

Ausgehend vom „Arbeitsmittelkonzept" wurde gefragt, welche Arten von Arbeitsgeräten, technischen Anlagen, Maschinen usw. typischerweise bei der Arbeitstätigkeit Verwendung finden, wobei zwischen der hauptsächlichen und der gelegentlichen Verwendung der programmgesteuerten Arbeitsmittel[35] unterschieden wird. Die Intensität (z.B. zeitliche Bindung an die Maschine) der Verwendung wurde allerdings nicht erhoben. Der Studie zufolge zählten im Jahre 1985/1986 4,7 Millionen deutscher Erwerbstätiger zu den Anwendern

---

35 Bei programmgesteuerten Arbeitsmitteln wurden fünf Gruppen unterschieden.

1. Programm-/computergesteuerte Maschinen und Anlagen: Dazu zählen Fertigungsanlagen aller Art wie Transferstraßen, Walzstraßen, Webanlagen, NC/CNC-gesteuerte Maschinen, Industrieroboter usw.;

2. Verfahrenstechnische Großanlagen: Es handelt sich u.a. um Anlagen der Energieerzeugung/-umwandlung, Chemieanlagen, elektrolytische Anlagen usw.;

3. Computergesteuerte medizinisch-technische Anlagen;

4. Computer, EDV-Anlagen, Bildschirme/Terminals, Personalcomputer, Prozeßrechner;

5. Moderne Büromittel, wie Schreibautomaten, Textverarbeitungsgeräte, Teletex-Geräte, Bildschirmgeräte (Btx), elektronische Kassen, Datenkassen, CAD-Grafik-Systeme usw.;

programmgesteuerter Arbeitsmittel (im folgenden abgekürzt mit p.A.); davon waren 1,5 Millionen Erwerbstätige Hauptanwender, 3,2 Millionen gelegentliche Anwender[36].

Zwar hat die Zahl der Erwerbstätigen, die mit programmgesteuerten Arbeitsmitteln arbeiten, seit 1979 ständig zugenommen. Die Zunahme bezüglich ihrer hauptsächlichen Verwendung im Arbeitsprozeß wirkt sich aber relativ geringfügig aus: Hauptsächlich arbeiteten im Jahre 1979 6% der deutschen Erwerbstätigen mit programmgesteuerten Arbeitsmitteln, im Jahre 1985/86 waren es 7%.

Bei der gelegentlichen Verwendung programmgesteuerter Arbeitsmittel zeigt sich allerdings ein anderes Bild: Waren es 1979 9% der deutschen Erwerbstätigen, die programmgesteuerte Arbeitsmittel gelegentlich verwendeten, so stieg dieser Anteil im Jahre 1985/1986 auf nahezu 14%. Der Anstieg bei der gelegentlichen Verwendung dieser Arbeitsmittel ist damit der dominierende Trend.

Im Zentrum des Arbeitsmitteleinsatzes stehen heute die DV–Anlagen/Computer, Bildschirme/Terminals. Ihre Anwendung hat sich sowohl bezüglich der gelegentlichen als auch bezüglich der hauptsächlichen Anwendung erheblich ausgeweitet. Die größte Verbreitung vollzog sich bei Banken und Versicherungen (60%), danach folgen öffentliche Verwaltung (25%) und Handel (20%). Hauptanwender der p.A. sind höher qualifizierte Angestellte, aber auch höher qualifizierte Beamte und Arbeiter, wobei sich die Anwendergruppe insgesamt auf die jüngeren Arbeitnehmer verschoben hat.

In der BIBB/IAB–Studie wird somit davon ausgegangen, daß neue Technologien nicht so weit verbreitet sind wie früher angenommen wurde und wie aufgrund der industriesoziologischen Diskussionen leicht der Eindruck entstehen könnte. Diese Diskussion wird im folgenden in den Grundzügen vorgestellt, wobei auch einige qualitative Aspekte der BIBB/IAB–Studie nachgetragen werden.

1.2 Computer und neue Rationalisierungskonzepte

Die industriesoziologische Debatte wird nach wie vor bestimmt durch die von Kern und Schumann 1984 veröffentlichten Thesen zum Ende der Arbeitsteilung.

---

36 „Aus einer Reihe anderer Untersuchungen läßt sich schlußfolgern, daß gelegentliche Verwendung von Geräten programmgesteuerter Art beschreibt, welche ‚Hilfsmittel' bei fortschreitender Technik in traditionelle Berufs- und Tätigkeitsprofile integriert werden. Bei der hauptsächlichen Verwendung muß davon ausgegangen werden, daß programmgesteuertes Gerät die Struktur der Tätigkeiten und damit die Anforderungen an Arbeitsplätze nachhaltig prägt und daß der Arbeitsmitteleinsatz bei den jeweiligen Berufen zu nachhaltigen Strukturveränderungen geführt hat." (BIBB/IAB 1987, S. 14)

Obwohl die beiden Autoren in inhaltlicher Hinsicht ihre Thesen zu den neuen Produktionskonzepten relativ vorsichtig formuliert haben, ist in der von ihnen angestoßenen Diskussion in erster Linie die optimistische Variante der neuen Produktionskonzepte betont worden: Reprofessionalisierung der Arbeit, ganzheitlicher Aufgabenzuschnitt, Intensivierung der betrieblichen Lernpotentiale usw. Die eher negativen Seiten der neuen Produktionskonzepte: Erhöhung der sozialen Distanz innerhalb der unterschiedlichen Beschäftigtengruppen beziehungsweise Segmentierungstendenzen, die Zunahme ungeschützter Arbeitsverhältnisse und die nach wie vor hohen Belastungen in der Arbeit, die Kern und Schumann auch betonen, sind dagegen weniger berücksichtigt worden.

Ohne Zweifel haben die neuen Produktionskonzepte zu neuen Methoden des Personal- und Bildungsmanagements geführt. Erhöhte Investitionen in innerbetriebliche Weiterbildung, die rasante Zunahme von Qualitätszirkeln und erhöhte Handlungsspielräume für bestimmte Beschäftigtengruppen (sogenannten Rationalisierungsgewinner) müssen im Zusammenhang mit dem durch die neuen Produktionskonzepte erhöhten Lernbedarf gesehen werden.

Dennoch kann wohl nicht davon ausgegangen werden, daß die Erhöhung der Anforderungspotentiale durch die neuen Produktionskonzepte für die Arbeitnehmer insgesamt zu einer Verbesserung ihrer Arbeits- und Handlungsbedingungen geführt hätten beziehungsweise führen.

Die Dynamik der neuen Produktionskonzepte wirft eine doppelte Fragestellung auf:
- einmal ist danach zu fragen, wie ihr Effekt auf die Arbeitnehmer insgesamt einzuschätzen ist,
- zum zweiten wäre nach ihrer Wirkung für bestimmte Arbeitnehmergruppen zu fragen, wobei als grobes Raster durchaus die von Kern und Schumann getroffene Unterscheidung in Rationalisierungsgewinner, -dulder und -verlierer als sinnvoll betrachtet werden kann.

Eine derartige Analyse kann an dieser Stelle nicht durchgeführt werden, sie wäre Gegenstand eines eigenständigen Forschungsprojektes. Unter der hier aufgeworfenen Fragestellung soll zumindest aber eine Einschätzung derjenigen Forschungsarbeiten versucht werden, die das Verhältnis von Computer und Mensch zumindest ansatzweise thematisiert haben.

1. Die *Frankfurter Studien (Computer und Arbeitsprozeß; Computer und alternative Arbeitsgestaltung)* verstehen die EDV-Technologie in erster Linie als Organisationstechnologie, die im Rahmen kapitalistischer Rationalisierungspolitik dazu eingesetzt wird, den Produktionsprozeß nach den Prinzipien der Zeitökonomie zu reorganisieren. Die Folgen, die dies für die von Computertechnologie

betroffenen Arbeitnehmer hat, werden von diesen Studien ungleich pessimistischer beurteilt als z.B. von den „Göttingern". Insbesondere die 1978 erschienene erste Computerstudie ist dem Taylorisierungstheorem verpflichtet. Dennoch wird mit der Einführung computergestützter Produktionsverfahren die historische Tendenz der Depravation menschlicher Arbeit fortgeschrieben. Mit zunehmendem EDV-Einsatz werden demnach die Handlungs- und Dispositionsspielräume der Beschäftigten sukzessive eingeengt und ihre Qualifikationen entwertet.

2. Die *Arbeiten des SOFI* gehen demgegenüber von den neuen Produktionskonzepten als möglichem Ansatzpunkt für eine Reprofessionalisierung von Facharbeit aus. Insbesondere die 1984 erschienene Kern/Schumann-Studie („Das Ende der Arbeitsteilung?") ist von einem optimistischen Tenor gekennzeichnet, wie er in der Industriesoziologie der letzten Jahrzehnte lange nicht zu hören war. Den Autoren zufolge besteht erstmals in der industriekapitalistischen Entwicklung die Chance, der Industriearbeit einen ganzheitlichen Charakter zu geben und den historischen Prozeß der Dequalifizierung von Industriearbeit zu revidieren.

Allerdings scheinen die neuen Produktionskonzepte nur bei einer Minderheit industrieller Arbeitsplätze die Handlungsspielräume zu erweitern. Dieser relativ kleinen Gruppe von Beschäftigten, den „Rationalisierungsgewinnern", steht das große Heer der „Rationalisierungsdulder" und der „Rationalisierungsverlierer" gegenüber. Dabei übersehen Kern und Schumann das Potential der Rationalisierungsverlierer nicht: „Man könnte in bezug auf die letzten 30 Jahre sagen: Wenn das Wort von den disparitären Lebensverhältnissen je einen Sinn gehabt hat, so jetzt. Noch nie sind die mit industrieller Arbeit verknüpften Risiken und Chancen unter den Arbeitskräften so unterschiedlich verteilt gewesen wie heute." (Kern/Schumann 1984, S. 23)

Dennoch legen die Autoren das sicher auch politisch motivierte Gewicht auf die mit den neuen Rationalisierungskonzepten gegebenen positiven Möglichkeiten. Allerdings treten auch für die Rationalisierungsgewinner durchaus widersprüchliche Anforderungen und Belastungen auf. Am Beispiel der Arbeit in der Automobilindustrie zeigen die Autoren, daß diese Arbeitsbedingungen gleichzeitig belastend und relativ autonom sind. Die Tätigkeit „... scheint qualifiziert und belastend, autonom und verdichtet ..." (Kern/Schumann 1984, S. 99).

An diese Problemstellung knüpfen auch Hauß und Laußer (1988) mit ihrer These der Belastungsverschiebung (S. 119 ff.) durch neue Technologien an, darauf wird weiter unter noch intensiver eingegangen. Zu vermuten ist, daß die für die Identitätsbildung notwendige Ausbalancierung zwischen verfügbaren Kompetenzen und neuen Anforderungen für die Arbeitnehmer schwieriger wird.

Ein Teil der Arbeitnehmer muß veränderte Produktionsrisiken bei höherer Autonomie verarbeiten und steht gleichzeitig unter dem Streß, nicht ins Lager der Rationalisierungsverlierer abzurutschen. Die Frage ist zudem, ob aufgrund der „Trialisierung" der Arbeitsbedingungen auch für die Rationalisierungsgewinner Identitätsprobleme entstehen — darauf hat Kern hingewiesen (vgl. Kern 1988).

3. Gegenüber der These der Dreiteilung der Arbeits- und Lebensbedingungen vertreten *Baethge und Oberbeck* eine Dualisierungsthese: „Gewinner" ist der qualifizierte Sachbearbeiter, der mit Computertechnologie umgehen kann und kundennahe Tätigkeiten verrichtet. „Verlierer" sind diejenigen, die routinisierte Tätigkeiten zu verrichten haben. Baethge und Oberbeck sehen auch deutlich Gefahren der neuen Technologien für die Arbeitnehmer, wobei sie insbesondere das „kommunikationszerstörende Potential" (Baethge/Oberbeck 1986 a, S. 278) sowie das die Intimsphäre verletzende Kontrollpotential der EDV-Systeme betonen.[37]

Die Autoren sprechen hier von einer deutlichen „... Abnahme bzw. Gefährdung der Kommunikationschancen. Dies ist auch nicht verwunderlich, besteht doch die Gefahr der technischen Rationalisierung in der Entkörperlichung und Entsprachlichung der Informationsübermittlung ..." (Baethge/Oberbeck 1986, S. 280).

Baethge/Oberbeck heben die auf die Arbeitnehmer zukommenden Gefährdungen gegenüber den wenigen Verbesserungen deutlicher als ihre Institutskollegen hervor. Sie gehen insgesamt davon aus, daß die betriebliche Position der einzelnen Angestellten mit der Einführung der neuen Technologien unwiderruflich schwächer wird (vgl. Baethge/Oberbeck 1986, S. 36). Die Änderung des betrieblichen Herrschaftsverhältnisses zuungunsten der Arbeitnehmer läßt im Dienstleistungsbereich keine Vorstellung von Rationalisierungsgewinnern zu.

Trotz dieser insgesamt negativen Beurteilungen der kollektiven Handlungschancen der Arbeitnehmer sehen beide Studien zumindest für einen Teil der Beschäftigten höhere Handlungsspielräume und damit auch Möglichkeiten für persönlichkeitsförderliche Arbeitsbedingungen. Damit aber wird der Trend zur Individualisierung arbeitsbedingter Problemlagen, der insbesondere bei vielen Jugendlichen festzustellen ist (vgl. dazu Baethge u.a. 1988), noch weiter verstärkt.

---

37 „In den Schilderungen der Angestellten aber scheint sich Kontrolle im Arbeitsalltag vor allem in einer umfassenden Verunsicherung und Einengung des Bewegungsspielraums (sowohl zeitlich als auch inhaltlich) und im Gefühl des Verlustes der Intimität der jeweiligen Arbeitsgruppe oder Abteilung niederzuschlagen." (Baethge/Oberbeck 1986 a, S. 279)

Die beiden großen SOFI-Studien verdeutlichen die Widersprüchlichkeit der Informationstechnologie für die Arbeitnehmer: Für die Beschäftigten insgesamt kann eher von einer Schwächung ihrer betriebspolitischen Position ausgegangen werden. Wenn für wenige Arbeitnehmergruppen eine gewisse Umkehrung des Taylorisierung-Trends gilt, so muß dennoch die damit verbundene politische Hoffnung in Frage gestellt werden: Die persönliche und politische Identität jener Rationalisierungsgewinner, die für Kern und Schumann politische Hoffnungsträger sind, bleibt unklar. Allerdings deutet einiges darauf hin, daß die „modernen Arbeitnehmer" mehr und mehr ein individualisiertes Handlungsbewußtsein (vgl. dazu Brock 1988) entwickeln.

Ausgehend von dieser insgesamt ambivalenten Einschätzung der beiden großen Studien lassen sich auch die weiteren Studien einordnen. Während die Projektgruppe „Automation und Qualifikation" (1987) mit Einschränkungen den positiven Trend der Automationsarbeit betont, fragt das Wissenschaftszentrum Berlin (WZB) eher nach negativen Aspekten der zunehmenden Kontrolle durch neue Produktionskonzepte.

4. Die Projektgruppe „Automation und Qualifikation", die früher schon einen Trend zur Höherqualifizierung mit zunehmendem technologischen Einsatz vermutet hat, geht heute von einem sich — wenn auch in sich widersprüchlichen — verstärkenden arbeitspolitischen Bewußtsein der Produktionsarbeiter aus. Unklar bleibt jedoch, inwieweit bei einer Höherqualifizierung und tendenziellen Rücknahme tayloristischer Arbeitsstrukturen ein „Umschlag" in Arbeitspolitik erfolgt. Die Entwicklung eines arbeitspolitischen Bewußtseins als einem „Gestaltungsbewußtsein" ist den spärlichen empirischen Aussagen der Projektgruppe jedenfalls nicht zu entnehmen.

5. In eine ähnliche Richtung gehen auch die Aussagen des Wissenschaftszentrums Berlin (WZB). Zwar wird der von den anderen Studien konstatierte Rückgang des Taylorismus ebensowenig wie eine partielle Höherqualifizierung bestritten — um so pointierter wird aber sowohl eine zunehmende Belastung in den Arbeitsbedingungen als auch eine zunehmende Kontrolle der Arbeitsbedingungen festgestellt. Kontrollierte Autonomie — dies die These von Wotschack (1987) — heißt, daß zwar Autonomiemöglichkeiten im Zuge der Einführung neuer Produktionskonzepte entstehen, diese aber durch erhöhte Belastungen und ein verstärktes Kontrollpotential überkompensiert werden.

6. Ähnlich wie in den SOFI-Studien läßt sich auch aus der BIBB/IAB-Studie eine Polarisierung, wenn nicht Trialisierung der Arbeitsbedingungen für die

Beschäftigten schlußfolgern: Arbeitsplätze, bei denen die neuen Technologien nur teilweise eine Rolle spielen, sind offensichtlich qualifizierter als Arbeitsplätze, an denen sie hauptsächlich eingesetzt werden. Andererseits sind Arbeitsplätze in der Regel höher belastet, an denen keine neuen Technologien eingesetzt werden. Obwohl die BIBB/IAB-Studie keine qualitativen Einschätzungen des Rationalisierungsverlaufs bietet, sind ihre relativ repräsentativen Ergebnisse für die Fragestellung dieser Untersuchung von großer Bedeutung. Allerdings wurden von Seiten des DGB die relativ positiven Ergebnisse der Studie bezüglich der Akzeptanz der neuen Technologien in Frage gestellt[38].

Belastungsunterschiede zwischen Berufen, Wirtschaftsbereichen und zwischen Statusgruppen scheinen wesentlich größer zu sein als zwischen modernen Technologien und konventionellen Technologien. Ein Grund dafür liegt darin, daß moderne Technologien am häufigsten dort eingesetzt werden, wo körperliche Belastungen relativ selten sind. Anders formuliert: „... in Berufen mit hohen körperlichen Belastungen ... werden bislang kaum programmgesteuerte Arbeitsmittel eingesetzt." (BIBB/IAB 1987, S. 323)

Diese These ist insofern für die hier verfolgten Fragestellungen von Bedeutung, als sich die meisten industriesoziologischen Untersuchungen nur auf diejenigen Industriebereiche beziehen, in denen die modernen Technologien eingesetzt werden. Offensichtlich sind diese Bereiche aber auch diejenigen, die im Vergleich zu anderen Bereichen die am wenigsten belasteten Arbeitsplätze haben.

Auch auf der Basis dieser Studie kann die These einer „Dreiteilung" der Arbeitsbedingungen formuliert werden:
— Arbeitsplätze, an denen gelegentlich mit programmgesteuerten Arbeitsmitteln gearbeitet wird und an denen die beschäftigten Personen ein höheres Qualifikationsniveau aufweisen;
— Arbeitsplätze, an denen hauptsächlich mit programmgesteuerten Arbeitsmitteln gearbeitet wird und die in der Regel ein höheres Belastungsniveau aufweisen. So haben Hauptanwender „vergleichsweise häufiger Nacht- und

---

38 In einer aktuellen Stellungnahme geht Richert von einer wachsenden Technikskepsis der Arbeitnehmer aus: „So zeigen vergleichende Untersuchungen für die Jahre 1974 und 1983, daß die Skepsis der Menschen gegenüber Computern trotz (oder wegen?) des Umgangs mit solchen Geräten beachtlich gewachsen ist. Die Umfragen bei 1.500 Benutzern der Informationstechnik ergaben, daß 1983 54 v.H. der Befragten der Auffassung waren, daß der Computer Arbeitslosigkeit verursache, 1974 waren es lediglich 14 v.H. Erheblich zugenommen hat in diesem Zeitraum auch das Gefühl der Abhängigkeit von Maschinen (von 49 auf 71 v.H.). Die wachsende Distanz zur Informationstechnik kommt zudem darin zum Ausdruck, daß sich 1974 noch 73 v.H. derjenigen, die beruflich mit EDV befaßt waren, auch weiterhin eine Tätigkeit mit Computerunterstützung wünschten, 1984 waren es nur noch 64 v.H. der Befragten. Glaubten 1974 noch 67 v.H. der Befragten, daß der Computer die Arbeit erleichtert, so waren es 1983 lediglich noch 63 v.H. dieser Auffassung." (Richert 1988, S. 4 f.)

Schichtarbeit zu leisten, sie arbeiten häufiger unter eingeschränkten Handlungsspielräumen ..." (BIBB/IAB 1987, S. 374);

— Arbeitsplätze, an denen nicht mit programmgesteuerten Arbeitsmitteln gearbeitet wird und die in der Regel am meisten belastet sind.

Die Autoren der BIBB/IAB-Studie kommen zu dem nüchternen Resultat: „Wir können somit festhalten, daß sich der Einsatz moderner Technologien bislang nur wenig an der Struktur der körperlichen Belastung orientiert; er folgt funktionsorientiert und nicht belastungsorientiert. Nachhaltige, den Verbreitungsgrad der Belastungen wesentlich verändernde Effekte können von den modernen Technologien aufgrund dieses Einsatzmusters kaum ausgehen.

Ähnlich stellt sich die Lage dar in bezug auf einige arbeitsorganisatorische Arbeitsbedingungen. Zu nennen sind hier insbesondere die den Handlungsspielraum einschränkenden Arbeitsbedingungen. Besonders häufig kommen solche Restriktionen bei Hilfsarbeitern, bei Facharbeitern und bei einfachen Angestellten vor; alle diese Gruppen arbeiten bislang aber kaum mit modernen Technologien ... Eine durchschlagende Veränderung der Arbeitssituation in Richtung auf mehr Handlungsspielraum und mehr Selbstverantwortung ist durch die bisherigen Einsatzmuster moderner Technologien somit gar nicht zu erwarten. Bislang geht der Einsatz der modernen Technologien fast völlig vorbei an den Arbeitsplätzen, an denen überdurchschnittlich häufig soziale Restriktivitäten herrschen." (BIBB/IAB 1987, S. 324; vgl. auch S. 346)

Für diejenigen Arbeitnehmergruppen, die in den „Genuß" der Computertechnologie kommen, treten die bereits genannten ambivalenten Effekte ein. Insbesondere die These Baethges und Oberbecks bezüglich einer zunehmenden Isolation der Arbeitnehmer scheint auch durch die große BIBB/IAB-Befragungsstudie bestätigt zu werden. Dieser Trend kommt im folgenden Zitat zum Ausdruck:

„Das legt den Schluß nahe, daß hier quasi eine Polarisierung der Arbeitsbedingungen stattfindet. Zwar wird durch die moderne Technik für einige die Arbeit physisch leichter, andere fühlen sich dagegen körperlich stärker beansprucht. Mit der Einführung der neuen Technologien verändern sich auch die sozialen Aspekte der Arbeitssituation ... Zum einen hat sich an Arbeitsplätzen, an denen mit modernen Technologien gearbeitet wird, die Möglichkeit, die Arbeit selbst einzuteilen und zu gestalten, mehr erhöht als an Arbeitsplätzen, die nichts mit modernen Technologien zu tun haben. Ambivalenter sind die Effekte auf die sozialen Beziehungen im Betrieb. Die Anzahl derer, die meinen, daß die Kontakte zu den Kollegen zugenommen hätten, hält sich die Waage mit denen, die angaben, daß sich die Kontakte verringert hätten. Bei den Erwerbstätigen, die nicht mit modernen Technologien arbeiten, haben die Kontakte zu Kollegen in den vergangenen Jahren hingegen per Saldo eindeutig zugenommen. Die Arbeit mit modernen Arbeitsmitteln ist in Teilbereichen der Arbeitswelt also allem Anschein nach mit spürbaren sozialen Isolierungstendenzen verbunden. Unsere weiteren Analysen deuten an, daß dies besonders häufig im Arbeiterbereich der Fall ist und im Bereich des Handels. In beiden ‚Sektoren' haben sich im Urteil der Befragten die Sozialkontakte seit Einführung der moderner Arbeitsmittel per Saldo (sogar) verringert ..." (BIBB/IAB 1987, S. 426 f.).

Auf der anderen Seite steigen aber die intellektuellen Anforderungen, wodurch die Arbeit oftmals als interessanter empfunden wird und offenbar diejenigen Arbeitnehmer, die lediglich gelegentlich mit den neuen Technologien umgehen, auch mehr Gestaltungsmöglichkeiten feststellen.

Insgesamt bestätigt die BIBB/IAB-Studie die qualitativen Aussagen der SOFI-Studien, wenn auch der geringe Verbreitungsgrad der neuen Technologien sowie die damit einhergehenden Probleme kaum Anlaß für optimistische Prognosen geben.

1.3 Zusammenfassung

Die Frage, welche sozialen und psychischen Folgen die Anwendung computergestützter Verfahren auf die Beschäftigten hat, läßt sich nicht allein aus der Technik „an sich" beantworten. Vielmehr ist zu berücksichtigen, daß in der Computertechnologie industrieller Fertigungs- und Verwaltungsabläufe zwei Logiken beziehungsweise Rationalitätsformen miteinander verschränkt sind: Zum einen die auf der zweiwertigen Logik basierende technische Rationalität, wie sie der Technik insgesamt eigentümlich ist, zum anderen die spezifisch kapitalistische Rationalität. Die Frage, in welchem Verhältnis diese beiden Rationalitätsformen zueinander stehen, wird in den einzelnen dargestellten industriesoziologischen Studien — sei es explizit, sei es implizit — unterschiedlich beantwortet. Auf der einen Seite, insbesondere bei der Frankfurter Studie „Computer und Arbeitsprozeß", wird eine enge „strukturelle Affinität" (Otto Ullrich) zwischen beiden Rationalitätsformen gesehen. Die neuen Technologien sind demzufolge adäquates und geradezu ideales Mittel zur Umsetzung kapitalistischer Rationalisierungsstrategien nach traditionellem tayloristischen Muster.

Auf der anderen Seite, insbesondere in der Kern/Schumann-Studie, wird der Ansatz vertreten, daß die neuen Technologien die Modifikation herkömmlicher kapitalistischer Rationalisierungsstrategien hin zu „Neuen Produktionskonzepten" begünstigen. Dementsprechend unterschiedlich und teils gegensätzlich werden in den verschiedenen Studien denn auch die Folgen für die Arbeitsbedingungen beurteilt.

Wird die Computertechnologie als der tayloristischen Rationalisierungsstrategie kongeniales Instrumentarium beurteilt, so ist es schlüssig, von ihrem Einsatz eine weitere Verbreitung restriktiver Arbeitsbedingungen zu erwarten. Vertritt man demgegenüber die These, daß die neuen Technologien eine Abkehr vom Taylorismus begünstigen, wird man die Folgen für die Arbeitsbedingungen optimistischer beurteilen.

Zusammenfassend kann gesagt werden, daß die Frage nach den Konstitutionsbedingungen von Subjektivität in der jüngsten industriesoziologischen Literatur weitgehend offenbleibt. Dies war auch nicht anders zu erwarten, da industriesoziologische Forschung bekanntlich andere Bereiche ins Zentrum ihres Erkenntnisinteresses stellt. Gleichwohl lassen sich die von der Industriesoziologie gelieferten Ergebnisse für den hier zur Diskussion stehenden Zusammenhang von Computer und Persönlichkeit fruchtbar machen. Dies zwar nicht in einem unmittelbaren, sondern in einem vermittelten Sinn, insofern als die Analyse von Arbeitsbelastungen, Qualifikationsanforderungen, Dispositionsmöglichkeiten usw. an computergestützten Arbeitsplätzen Auskunft über zentrale Rahmenbedingungen gibt, innerhalb derer Subjektivität zu verkümmern oder sich zu entfalten vermag.

Bezogen auf die Dimensionen Anforderungs-, Gefährdungs- und Entwicklungspotentiale läßt sich für die hier vorgestellten Studien abschließend konstatieren:

Anforderungspotentiale liegen besonders in:
— neuen und abstrakten Qualifikationen;
— in der Tatsache, daß neue Managementideologien davon ausgehen, daß der Arbeiter nicht nur seine Arbeitskraft, sondern seine „Lebenskraft" (neudeutsch: Human- und Sozialkompetenz) in das System einzubringen habe;
— in der Bewältigung der im folgenden aufgeführten „Gefährdungen".

Gefährdungspotentiale ergeben sich in verschiedener Hinsicht:
— Die größte Gefährdung liegt in technologischer Arbeitslosigkeit, d.h. betroffen sind diejenigen Arbeitnehmer, die als Rationalisierungsverlierer (Kern/ Schumann) aus dem System katapultiert werden.
— Gefährdet sind diejenigen, die „hauptsächlich" (BIBB/IAB) an programmgesteuerten Arbeitsmitteln arbeiten müssen — hier hat sich am Streß nichts geändert. Die Beeinträchtigung von Kommunikationschancen ist vor allem im Dienstleistungssektor ein relevantes Problem.
— Gefährdet sind insbesondere Frauen. Der Computer wirkt als „Trendverstärker" der diskriminierenden Arbeitsbedingungen von Frauen.

- Gefährdungen liegen in der Zerstörung traditioneller betrieblicher sozialer Strukturen, die besonders für ältere Arbeitnehmer mit Angst und Unsicherheit einhergehen, was noch durch produktivistische Konkurrenzbedingungen verschärft wird.
- Gefährdungen liegen in dem sich erheblich intensivierenden Kontrollpotential der neuen Technologien, obwohl dieses nicht immer ausgespielt zu werden braucht.

Entwicklungspotentiale werden zwar postuliert, die empirische Basis ist jedoch vielfach unklar und schmal:

- Fast alle industriesoziologischen Untersuchungen sehen auch „Gestaltungsmöglichkeiten" der und aufgrund der Computertechnologie. Damit verbindet sich eine Kritik am früheren „Technikdeterminismus" (dennoch rückt jetzt das Thema „Macht" in den Mittelpunkt der Analyse – so bei Ortmann), der der Technik und nicht der Organisation gestaltprägende Kraft zugesprochen habe.
- Dies scheint aber nur für die gebildeten und qualifizierten Facharbeitereliten und höheren Angestellten zu gelten, die häufig Weiterbildungsveranstaltungen besuchen und die zu den betrieblichen Stammbelegschaften zu zählen sind.
- Wenn Gestaltung nicht nur eine ästhetische Kategorie sein soll, sondern Bezug nimmt auf die sogenannten Betroffenen, dann ist die Frage in empirischer Hinsicht zu stellen, wo „Gestaltung" derzeit stattfindet.

2. Subjektivität und betriebliche Rationalisierung

Industriesoziologische Studien fragen traditionellerweise nach den Veränderungen der globalen betrieblichen Herrschaftsstrukturen und nach den Veränderungen in den Arbeitsbedingungen. Aufgrund ihres Interesses an Einschätzungen zu den historischen Veränderungen und Rationalisierungsbedingungen industrieller Arbeit kommt zumeist der Aspekt der subjektiven Verarbeitung der Rationalisierung zu kurz. Der subjektive Faktor wird häufig aus der „Außenperspektive" analysiert, und es wird weniger die Frage gestellt, inwieweit die Rationalisierungserfahrungen persönlichkeitsverändernd wirken.

In diesem Sinne ist die Frage nach „Arbeit und Subjektivität" (Schmiede 1988) zwar keine neue Fragestellung, im Kontext neuer Technologien muß aber die Frage gestellt werden, inwieweit technologische Umbrüche zu Veränderungen der Arbeiter- beziehungsweise Angestelltenidentität führen (vgl. auch Brock 1988).

Bezogen auf die Fragestellungen unseres Projektes werden im folgenden vor allem drei Studien analysiert, die das Verhältnis von Persönlichkeit und Computer im Arbeitsprozeß in ihren Forschungsarbeiten im engeren Sinne aufgegriffen haben. Es handelt sich dabei um ein BMFT-Projekt von Böhle/Milkau zum Thema „Emotionale Komponenten von Arbeit", sowie die SoTech-Projekte „Kommunikationsfähigkeit im Betrieb" (Herz/Brater) und „Neue Technologien, veränderte Belastungsstrukturen und Gesundheit" (Hauß). Die Projekte werden zunächst mit ihren Fragestellungen und dem methodischen Konzept kurz vorgestellt. Anschließend erfolgt die Analyse nach den Kategorien der Anforderungs-, Gefährdungs- und Entwicklungspotentiale.

2.1 Emotionale Komponenten von Arbeit (Böhle/Milkau)

Böhle und Milkau untersuchten im Rahmen einer vom BMFT 1985 in Auftrag gegebenen Studie „Emotionale Komponenten von Arbeit" größtenteils ältere und erfahrene Facharbeiter im Maschinenbau. „Die empirischen Erhebungen im Rahmen der Untersuchung richteten sich schwergewichtig auf Facharbeitertätigkeiten im Maschinenbau und ergänzend auf un- und angelernte Tätigkeiten in der Elektroindustrie. Bei der Auswertung der empirischen Befunde und ihrer Darstellung hat sich in Absprache mit dem Projektträger eine Konzentration auf die Entwicklungen im Bereich von Facharbeitertätigkeiten als sinnvoll erwiesen." (Böhle/Milkau o.J., S. 1) Bevor der theoretische Ansatz des Projektes genauer ausgeführt wird, soll die Untersuchungsmethode verdeutlicht werden. „Die Ergebnisse dieser Untersuchungen beruhen auf eigenen empirischen Erhebungen; es wurden Fallstudien in vier Betrieben des Maschinenbaus durchgeführt; dabei erfolgten jeweils Expertengespräche mit Vertretern des betrieblichen Managements, qualitative Interviews mit Arbeitskräften sowie eine Beobachtung des Arbeitshandelns und der Arbeitssituation, die teilweise durch Videoaufzeichnungen unterstützt wurde. Ergänzend wurden, soweit für unsere Fragestellung nutzbar, Ergebnisse aus anderweitig vorliegenden Untersuchungen sowie institutsinternes Fallstudienmaterial hinzugezogen." (Böhle/Milkau 1987, S. 7)

Die theoretische Fundierung des Projekts, die in erster Linie auf eigenen theoretischen Überlegungen der Autoren beruht, bestimmt ganz grundsätzlich die Sichtweise der Autoren auf das Verhältnis Persönlichkeit und Computer, und wird deshalb an dieser Stelle relativ detailliert ausgeführt. „Wir weisen darauf hin, daß mit dieser Untersuchung ein Forschungsfeld angegangen wird, zu dem bislang kaum ausgearbeitete Konzepte und Erfahrungen vorliegen." (Böhle/Milkau o.J., S. 1) Anknüpfungspunkte und Vorarbeiten sind an der Universität

München im Zusammenhang mit Arbeiten im Rahmen des DFG-Sonderforschungsbereichs 333 entwickelt worden.[39]

Das theoretische Konzept der Autoren orientiert sich an der Frage, inwieweit durch neue Technologien relevante, aber in der aktuellen Diskussion wenig berücksichtigte Momente der Arbeitssituation wegfallen. Um diese Frage zu beantworten, richtet sich das Interesse auf „... vor allem emotional-gefühlsmäßige Komponenten des Arbeitshandelns und die sinnliche Erfahrung im Arbeitsprozeß..." (ebd., S. 4).

Die Autoren entwickeln dafür ein Konzept, das die „subjektiven" Komponenten des Arbeitshandelns erfaßt. Subjektives Arbeitshandeln wird als ein wichtiger Bestandteil der Qualifikation sowohl an konventionellen Maschinen als auch − wenn auch im später aufzuzeigenden widersprüchlichen Sinne − an CNC-Werkzeugmaschinen verstanden. Böhle und Milkau verwenden sowohl die Kategorie des subjektiven als auch die des subjektivierenden Arbeitshandelns. Die konzeptionellen Grundlagen subjektivierenden Arbeitshandelns sind „Gefühl und sinnliche Wahrnehmung" (ebd., S. 9 ff.) im Unterschied zu den Konzepten des „objektivierende(n) Handeln(s)" (ebd., S. 12) − letzteres kann als kognitiv-rational, zweckrational oder instrumentell bezeichnet werden.

„Die hier entwickelte Forschungsperspektive geht demgegenüber davon aus, daß Gefühl ein wichtiger Bestandteil praktischen Handelns ist. Damit knüpfen wir an neuere psychologische und sozialpsychologische Forschungsansätze an (d.h. an Ulich 1982: Das Gefühl, sowie an Mandl/Huber 1983: Emotion und Kognition − d.A.), die überwiegend aus der Kritik an der einseitigen Gewichtung der kognitiv-rationalen Handlungsorientierung in psychologischen und sozialpsychologischen Theorien hervorgegangen sind." (ebd., S. 13)

Das subjektivierende Arbeitshandeln verdeutlicht „ganzheitliche beziehungsweise präsentative Formen der Wahrnehmung und Denkformen ..." (ebd., S. 14) und kann in vier Dimensionen erfaßt werden:

1. Beziehung zur Umwelt,
2. Umgang mit der Umwelt,
3. Sinnliche Wahrnehmung,
4. Gefühl und Erfahrung.

In der Dimension „Gefühl und Erfahrung" beziehen sich die Autoren u.a. auch auf die Kategorie des Erfahrungswissens, die der Kategorie des impliziten Wissens (vgl. Habermas 1982 und Brödner 1986) entspricht.

---

39 Der Sonderforschungsbereich 333 „Entwicklungsperspektiven von Arbeit − Analysen neuer Entwicklungen von Arbeit im Spannungsfeld von institutionell-organisatorischen Strukturen und individuellen Lebenszusammenhängen."

2.2 „Kommunikationsfähigkeit im Betrieb" (Brater/Herz)

Das Projekt „Kommunikationsfähigkeit im Betrieb" zielt auf die Klärung möglicher Deformationen in zentralen Bereichen der Persönlichkeitsentwicklung, die mit dem Einsatz neuer Technologien am Arbeitsplatz verbunden sein können. Zugleich sollen im Rahmen von Gestaltungsansätzen Handlungsfähigkeiten der Arbeitnehmer gestärkt werden.

Die von Herz und Brater durchgeführten Untersuchungen wurden in zwei unterschiedlich strukturierten Industriebetrieben vorgenommen. Bei Ford in Köln wurden Arbeitsplätze in den folgenden vier Bereichen analysiert:

a)   Pressenbereich mit hochmodernem Drei–Achsen–Preßsystem
b)   automatische Frontscheibenverglasung
c)   Türeneinbau, d.h. Anschweißen der Türscharniere und Anpassen der Türen
d)   Getriebebau/Schleifstraße, die als flexibles Fertigungssystem in Konstruktion ist.

Diese in die Untersuchung aufgenommenen Bereiche waren unterschiedlich stark computerisiert.

Als Vergleich dazu wurden in einem Betrieb der Textilindustrie Arbeitsplätze einer eher traditionell und handwerklich arbeitenden Färberei untersucht, in der eine Abmustermaschine eingeführt werden sollte.

Über zwei bis drei Tage wurden in den einzelnen Bereichen mittels phänomenologischer Methode Arbeitsplatzbeobachtungen durchgeführt, wobei man sich als Beobachter selbst einschaltete, um notwendige Rückkopplungen von den Betroffenen und dem Management zu bekommen. Neben der Erstellung von Fallstudien wurden Interviews und Gespräche im Untersuchungsfeld geführt, mit denen das breite Spektrum von hochqualifizierten Facharbeitern über Ingenieure und bis hin zu Angehörigen des Managements, d.h. auch in unterschiedlichem Grad durch die Computertechnologie Betroffene, abgedeckt wurde. Insgesamt wurden so dreißig Personen (von 25 bis 35 Jahren, darunter eine Meisterin) in die Untersuchung einbezogen.

2.3 „Neue Technologien/Belastungsstrukturen" (Hauß)

Das Projekt „Neue Technologien, veränderte Belastungsstrukturen und Gesundheit" hat es sich zur Aufgabe gemacht, ein theoretisches Konzept zu entwickeln, das angesichts der Veränderungen durch neue Technologien Belastungsstrukturen angemessen berücksichtigen kann. In diesem arbeitspolitischen Belastungsansatz sollte das Verhältnis von Durchsetzungsinstrumenten und Bewältigungssystemen im Mittelpunkt der Analyse stehen. Die weitgehend theoretisch-konzeptionelle Arbeit wurde dabei perspektivisch auf Facharbeiter im Maschinenbau zugeschnitten, die überwiegend an CNC-Maschinen arbeiten. In Fallstudien sollte dabei insbesondere die Situation älterer und jüngerer Facharbeiter verglichen werden.[40]

Theoriegeschichtlich setzt das Projekt mit einer Kritik der Forschungsansätze zu Belastungen und Bewältigungen in arbeitswissenschaftlichen Konzepten an: diese seien zum einen nicht in der Lage, die modernen Ursachen von Belastungen zu erfassen, zum anderen könnten sie die Bewältigungsdimensionen der durch neue Technologien produzierten Belastungen nicht angemessen berücksichtigen. „Es scheint jedoch auch so, und dies ist Teil unserer These, daß die Blickrichtung der Forschung, die die Bewältigung in das Belastungskonzept einbezieht, gerade im Zusammenhang mit neuen Technologien stärker auf die Entstehung von Belastungen zu richten ist (Benz-Overhage 1982) und nicht nur auf die Bewältigung bereits vorhandener Belastungen." (Hauß/Laußer 1988, S. 8) Bezogen auf die engere Fragestellung nach Tendenzen über Einflüsse von Computertechnologie auf Persönlichkeitsdimensionen gehen die Autoren von der These aus, daß durch die neuen Technologien die informellen Beziehungen der Beschäftigten erodieren und damit für die Beschäftigten wichtige Bewältigungssysteme defizitär werden. Es entsteht die Gefahr, daß der Druck auf die formellen Bewältigungssysteme (Betriebsratshandeln, Vertrauensleute, Arbeitsschutz) wegfällt, wobei davon auszugehen ist, daß auch die Positionen dieser formellen Bewältigungssysteme geschwächt werden.

3. Anforderungspotentiale an computerbezogenes Arbeitshandeln zwischen Routine und Kreativität

Böhles Ansatz des subjektivierenden Arbeitshandelns zeichnet sich dadurch aus, daß versucht wird, Handlungsformen zu erfassen, „in denen nicht nur die sinnliche Wahrnehmung, sondern auch Gefühle, sowie die Beziehung zur Umwelt und den Umgang mit ihr eine — im Unterschied zu objektivierendem Handeln — andere Ausprägung und handlungspraktische Bedeutungen erlangen." (Böhle/Milkau o.J., S. 3). Mit dieser sinnlichen, partizipierenden Wahrnehmung, bei der das Subjekt die Umwelt nicht als etwas getrenntes, sondern eher als Teil beziehungsweise Verlängerung seiner selbst begreift (vgl. ebd., S. 4), gehen

---

40 Die in Aussicht gestellten Fallstudien, mit denen der Ansatz getestet und erste empirische Aussagen gewonnen werden sollten, lagen zur Zeit der Erstellung dieses Berichtes allerdings noch nicht vor.

spezifische Handlungsweisen einher wie: Empathie, subjektive Involviertheit, mnemetisch–identifikatorischer Nachvollzug von Bewegungsabläufen sowie dialogisch–interaktives Handeln, das als wechselseitiger Austausch zwischen Subjekt und Umwelt organisiert ist.

Die Veränderungen des subjektiven Arbeitshandelns im Zusammenhang mit dem Einsatz von Computertechnologien werden nur begreifbar, wenn das Konzept subjektivierenden Arbeitshandelns am Beispiel konventioneller Werkzeugmaschinen verdeutlicht wird, weil nur dann sich die Veränderungen im Bereich der Anforderungs– sowie Entwicklungs– und Gefährdungspotentiale hinreichend genau erklären lassen.

Das subjektive Arbeitshandeln von Facharbeitern an konventionellen Werkzeugmaschinen ist gerade dadurch gekennzeichnet, daß die sinnliche Wahrnehmung über mehrere Sinne gleichzeitig erfolgt, d.h. über Auge, Ohr, Hand, Körper, die Bewegungen insgesamt. Gerade die Wahrnehmung von objektiv und rational nicht eindeutig identifizierbaren und definierbaren Informationen (wie Geräuschen der Maschine) spielt ebenso eine wichtige Rolle, wie die Verbindung mit der Hand zur Maschine zum Gespür wird. „Die Hand erkennt was. Mit der Meßuhr allein könnte man da nichts machen. Die ist nur dazu wichtig, daß man einen Beweis dafür hat, was die Hände sagen und spüren." (ebd., S. 8) Diese Aussage eines Facharbeiters zeigt, daß er subjektiv das Gefühl hat, sein Arbeitshandeln zu kontrollieren. Sein Kontrollbewußtsein prägt entscheidend sein Selbstverständnis und das Verständnis über seine Arbeit an der Maschine: Diese arbeitet nur durch seine Handhabung und Führung.

Generell ist ein solches Arbeitshandeln an eine enge persönliche Beziehung zur Maschine gekoppelt. Die Verschmelzung von Mensch und Maschine funktioniert aber nicht nur in der bisher skizzierten Richtung. Die von der Maschine ausgeführten Bearbeitungsvorgänge gehen in den Eigenvollzug des Arbeitshandelns ein, ein subjektives Mitvollziehen der maschinellen Bearbeitungsvorgänge läuft ab.

Dem Ansatz von Böhle/Milkau liegt eine Vorstellung von Handlung im Arbeitsprozeß zugrunde, die sie selbst als dialogartige interaktive Vorgehensweise bezeichnen. Nach dieser Vorstellung gibt es im Arbeitshandeln zwar einen festen Arbeitsplan, der jedoch sich nur schrittweise verwirklicht, ein Schritt baut auf dem vorhergehenden auf. Dabei wird „gewissermaßen die ‚Antwort' des Materials auf den jeweiligen Bearbeitungsschritt" (ebd., S. 10) berücksichtigt. In diesem Arbeitshandeln beruhe — so die These — die Sicherheit und Souveränität im Umgang mit Maschinen und Material auf gefühlsmäßigen Einschätzungen. „Gefühle werden daher in gleicher Weise als notwendige Voraussetzung für die Ausführung der Arbeitsaufgaben eingeschätzt wie theoretische und fachliche

Kenntnisse." (ebd., S. 10) Bei dem von Böhle und Milkau beschriebenen Wahrnehmen und Beurteilen handelt es sich also nicht nur um eine qualitativ andere Form des Begreifens im Arbeitsprozeß, sondern um eine notwendige Ergänzung, um Arbeitsaufgaben erfüllen zu können.

Gerade weil durch die Verkapselung der Maschine der Lärm- und Schmutzschutz erhöht wird, wird das Einstellen und Einfahren der Maschine über programmgesteuertes Handeln schwieriger. Die akustische Wahrnehmung wird als immer wichtiger betrachtet, weil durch Verkapselung sowie Kühlmittel und fehlende Handsteuerungen die Kontrolle auf das Gehör verlagert werden muß.

Da beim Umgang mit der Maschine die Bearbeitungsvorgänge nicht mehr unmittelbar reguliert werden können, müssen alle Möglichkeiten und Eventualitäten des Maschinenablaufs im vorhinein bestimmt werden. Ein Schritt-für-Schritt-Arbeiten ist nicht mehr möglich. „Man muß alles im voraus festlegen und planen. Direkte Reaktionen auf Veränderungen im Arbeitsprozeß sind nicht mehr möglich. Man kann bestenfalls kurzzeitig abstellen." (ebd., S. 14)

So kommt es insgesamt zu einer komplexen Veränderung des Arbeitshandelns und der handlungssituativen Anforderungen. Die subjektive Bewältigung von Arbeitsanforderungen ist dabei in widersprüchlicher Weise von dem Technikeinsatz betroffen: Zwar wird die subjektive Bewältigung zurückgedrängt, „zugleich entstehen aber auch neue Anforderungen an ein solches Arbeitshandeln, ohne daß hierfür jedoch die notwendigen technischen und arbeitsorganisatorischen Grundlagen gegeben sind." (ebd., S. 12) Abstrakt formuliert: Die derzeitige Technik und der Technikeinsatz entsubjektivieren das Arbeitshandeln, sind aber zugleich mehr denn je auf subjektives Arbeitshandeln angewiesen.

Auch Bauer und Herz heben detailliert hervor, daß sich die sinnliche Qualität der Arbeit mit dem Einsatz computergesteuerter Maschinen verändert. „Prozesse, die bisher über das ‚Fingerspitzengefühl', über (individuelle) Rezeptorenkenntnisse, über die Erfahrung bezüglich notwendiger Zeitspannen, über die geschulte Wahrnehmungsfähigkeit des Auges, die Einschätzungsfähigkeit von Zeit- und Mengenverhältnissen und eigenem Leistungsvermögen etc. abliefen und erfahrbar waren, treten zurück." (Bauer/Herz 1987, S. 20)

An die Stelle der unmittelbaren Materialbehandlung tritt also die programmgesteuerte Lenkung und der daten- und symbolvermittelte Arbeitsvollzug. Die sinnliche Qualität der Arbeit verändert sich, wie es auch ausführlich von Böhle und Milkau beschrieben wurde. Bestimmte, „... eine gewisse erfahrungsabhängige Selbständigkeit beinhaltende Regelungsmöglichkeiten werden beim Einsatz EDV-gestützter, -gesteuerter und -kontrollierter Produktionsverfahren nicht mehr gebraucht. Beim Umgang mit Datensichtgeräten, Kontrollinstrumenten und

Programmen muß ursprünglich senso-motorisches Handeln nun kognitiv übersetzt werden." (Bauer/Herz 1987, S. 20)

Es kommt also zu einer Verschiebung von sensomotorischen Fähigkeiten und Fertigkeiten hin zu intellektuellen. Statt einer analog-sinnlichen Steuerung müssen digitale Signale entschlüsselt werden, die nun entweder auf die einmal erworbenen sensomotorischen Erfahrungen oder aber auf die erlernte Programmbedienung bezogen werden müssen. Am Beispiel eines korrigierenden Eingriffs in die Maschine zeigen Bauer und Herz, wie sich die Arbeitsvollzüge in Richtung kognitiver Anforderungen verschoben haben. „Ergibt sich ein Korrekturbedarf – und nur dann entsteht ja Handlungsbedarf, der die automatisierte Routine übersteigt – muß das früher einmal über unmittelbare Steuerungsverfahren (z.B. Handrad) in Gang gesetzte Korrekturverfahren dekodiert, dann neu kodiert und per Tastenausdruck an die Maschine rückvermittelt werden. Wenngleich hier eine Art ‚neuen Fingerspitzengefühls' entsteht, so fehlen diesem doch die ursprünglich notwendigen Gefühlskomponenten. Nach wie vor gebraucht werden durchaus Wahrnehmungsprozesse, Konzentration und Aufmerksamkeit. Allerdings verlagern sie sich ebenso auf andere Felder, wie sich auch die Gefühle von Belastung, Ermüdung, Zufriedenheit, Erfolg etc. offenbar nun aus anderen Quellen speisen." (ebd., S. 20)

Indem viele routinisierbare Fähigkeiten an die Maschine abgegeben werden, rücken für Herz und Brater andere Handlungskompetenzen, die von ihnen als personengebundene Grundfähigkeiten bezeichnet werden, in den Vordergrund. Diese personengebundenen Grundfähigkeiten, die nahezu identisch mit den sogenannten Schlüsselqualifikationen sind, seien, so Herz und Brater, nicht formalisierbar, folglich auch nicht algorithmisierbar und in Programme umsetzbar. Sie repräsentieren also jene Handlungsanforderungen, die an Subjekte im Umgang mit neuen Technologien gestellt werden: Selbständigkeit, Planungsfähigkeit, Verantwortungsbereitschaft, Entscheidungsfähigkeit, Erkennen von Zusammenhängen, Kreativität. Einschränkend muß hier gesagt werden, daß dies selbstverständlich nur für bestimmte Arbeitsplätze gilt. Aus diesem Anforderungsprofil leiten Bauer und Herz ihren Begriff von Gestaltungsfähigkeit ab, eine auf Gestaltung bezogene Handlungskompetenz: „Die individuelle Ausgestaltung und Ausprägung dieses Fähigkeitskomplexes bezeichnen wir als Gestaltungsfähigkeit." (Bauer/Herz 1987, S. 20) Gestaltungsfähigkeit impliziert eine aktive Teilnahme an der Bewältigung der neuen Techniken wie gleichzeitig einen aufgabenorientierten Umgang mit dieser. Bei den Ausführungen über Gefährdungspotentiale wurde jedoch schon gezeigt, daß diese Anforderungen nicht im gleichen Maße für alle Beschäftigten zutreffen und ganz wesentlich arbeitsorganisatorische Rahmenvoraussetzungen darüber entscheiden, ob widersprüchliche Anforderungen wie Routinetätigkeiten und Problemlösungshandeln an einem Arbeitsplatz zusammengebündelt werden, oder ob es eine Polarisierung in Tastendrücken und Problemlösen gibt.

In der Folge des Einsatzes neuer Technologien und den daraus resultierenden Problemen müssen die Beschäftigten neben dem gewohnten technisch-zweck-rationalen, plangeleiteten Handeln auch dieses Gestaltungshandeln beherrschen. Die Bewältigung offener, nicht standardisierter, auf situative Bewältigung und Problemlösung angelegter Arbeitssituationen wird abgefordert.

Programmerstellung und Fehlersuche stellen hohe Anforderungen an lo-gisch-analytisches Denken, dieses ist jedoch nur anwendbar bei eindeutigen Ausgangs- und Zielpunkten, nicht jedoch in interpretationsbedürftigen, ambivalenten Situationen.

Wenn nun aber die für diese spezifischen Anforderungen entsprechenden Kompetenzen von Facharbeitern nicht mehr, wie von Brater und Herz thesen-artig formuliert (vgl. Kap. III. C.4.), am Arbeitsplatz erlernt werden können, bedarf es zusätzlicher Anstrengungen auf mindestens zwei Ebenen. Auf der Ebene der Arbeitsorganisation müssen Organisationsformen entwickelt werden, die die Trennung von Disposition und Ausführung aufheben, denn diese Trennung führt tendenziell zur Polarisierung in Tastenbediener und Programmierer. Bauer und Herz fordern daher Arbeitssituationen, die das Lernpotential der Arbeitenden herausfordern und aktivieren.

Auf der Ebene der Subjekte müssen über Bildungsmaßnahmen, die nicht eng an den sachlichen Erfordernissen der Technik orientiert sein sollen, Qualifizie-rungsprozesse eingeleitet werden, die die Handlungsfähigkeit im Sinne von Gestaltungsfähigkeit verbessern. Braters Empfehlungen sind hier die schon weiter vorn erwähnten künstlerischen Übungen, um „jene gesuchten Fähigkeiten der Eigenständigkeit und Sozialkompetenzen kompensatorisch zu fördern." (Brater/Herz o.J., S. 7) Mit solchen Bildungsmaßnahmen können den Autoren zufolge die subjektiven Voraussetzungen dafür geschaffen werden, daß die angesprochene Polarisierung vermieden wird. Daß die künstlerischen Übungen dabei kompensatorisch eingesetzt werden, heißt nicht, daß es sich dabei um abgehobene Kunststunden handelt. Es geht vielmehr darum, „möglichst Formen zu finden, in denen die künstlerischen Übungen in einen konkreten sozialen Entwicklungs- und Veränderungsprozeß einbezogen sind." (ebd., S. 7)

Die mit den neuen Technologien einhergehende Veränderung der Anforde-rungspotentiale unterliegt jedoch, und dies soll hier abschließend noch einmal klar herausgearbeitet werden, einer eigentümlichen Dialektik. Neue Techniken erfordern von den Arbeitnehmern, sich permanent den neuen Entwicklungen anzupassen, lernbereit und -fähig zu bleiben, Flexibilität und Eigeninitiative zu entwickeln beziehungsweise zu erhalten. Genau diese Grundfähigkeiten werden jedoch in der Arbeit an der neuen Technik eben nicht gefördert, sondern in der Regel eher abgebaut. „Auch hier stellt die technische Entwicklung die Arbeitenden also vermutlich vor Anforderungen, zu deren Meisterung sie ihnen die Mittel gerade nimmt." (Brater/Herz o.J., S. 17)

Hauß und Laußer bestimmen ihren Begriff von Anforderungen im wesentlichen über die leistungspolitische Dimension als „Erwartungen, die von den Unternehmensleitungen an das Arbeitsvermögen gestellt werden. Anforderungen können als Normen der betrieblichen Leistungspolitik verstanden werden." (Hauß/Laußer 1988, S. 22) In den neuen Technologien sehen sie in bezug auf die autonome Gestaltungskompetenz – als eine Anforderung an das menschliche Arbeitsvermögen – die Möglichkeit zusätzlicher Freiheitsgrade, aber auch die Möglichkeit zusätzlicher Restriktionen. „Es lassen sich mindestens drei unterschiedliche (für den einzelnen Unternehmer aber kombinierbare) Interessenlagen im Zusammenhang mit neuen Technologien feststellen, aus denen sich unterschiedliche Anforderungen ergeben:

„– ein Interesse daran, die lebendige Arbeit soweit als möglich aus dem gesamten Produktionsprozeß zu eliminieren (Benz–Overhage u.a. 1982);

– ein Interesse an der Intensivierung der Arbeit, vor allem durch die Einführung umfassender betrieblicher Kontrollsysteme (Naschold 1985);

– ein Interesse an der ganzheitlichen Nutzung der Arbeitskraft durch flexible Maßnahmen des Personaleinsatzes, der Qualifikation, Kontrolle und Arbeitsgestaltung (Kern/Schumann 1984)." (ebd., S. 25)

Die jeweilige Anforderungsstruktur ergibt sich dann aus Elementen des menschlichen Arbeitsvermögens, Merkmalen der neuen Technologie und Interessen der Unternehmen. Die Anforderungen selbst bleiben dabei allgemein bestimmt als schlüssel- oder extrafunktionale Qualifikationen. „Wenn die genannten Anforderungen auch empirisch vorfindbar sind (und verstärkt im Zusammenhang mit neuen Technologien auftreten), so besagt dies zunächst noch nichts über deren Qualität im Hinblick auf Belastungen und Beanspruchungen beziehungsweise Persönlichkeitsentfaltung, denn es sind die spezifischen betrieblichen (Durchsetzungs-)Bedingungen, die darüber entscheiden, ob die genannten Anforderungen tatsächlich eine Bereicherung der Arbeit darstellen oder eher als zusätzliche Belastung wirken können." (Hauß/Laußer 1988, S. 20) Die Ausformung der Anforderungspotentiale in Gefährdungs- oder Entwicklungspotentiale bleibt also abhängig von der jeweiligen Anwendungssituation der Technik im Betrieb selbst.

Die widersprüchliche Einheit der mit neuen Technologien verbundenen Anforderungen (Partialisierung von Anforderungen, wie es die Studie von Mickler u.a. vermutet, oder Aufgabenintegration, wie sie bei Kern/Schumann gesehen wird) fassen Hauß und Laußer mit dem Begriffspaar Kreativität und Konformität. „Mit Kreativität bezeichnen wir eine intellektuelle, planerische und auch handwerkliche Geschicklichkeit, die den Beschäftigten in die Lage versetzt, über passiv-routinisiertes Verhalten hinaus neue oder sich ändernde Anforderungen zu bewältigen." (ebd., S. 30) Kreativität kommt nun nicht erst durch die neuen Technologien zum Tragen, entscheidend und neu ist vielmehr ihre systematische Nutzung. Unter Konformität wird die „Fähigkeit betrachtet, sich den im Betrieb vorfindlichen Strukturen, Bedingungen und Verhältnissen anzupassen, ohne zunächst auf diese (gestaltenden) Einfluß nehmen zu wollen oder zu können." (ebd., S. 31) Jegliche Anforderung läßt sich nun mit Elementen aus Kreativität und Konformität bestimmen. So ergeben sich für die sogenannten Rationalisierungsverlierer neue Anforderungen, die sich nicht auf konkrete Arbeitstätigkeiten, sondern auf betriebliche Arbeitsprozesse beziehen; anders ausgedrückt: „die sich wenig an konkreten Arbeitsinhalten festmachen lassen, sondern generell eher Charaktereigenschaften beziehungsweise allgemeine Merkmale der Arbeitshaltung wie Sorgfalt, Zuverlässigkeit, Pünktlichkeit beschreiben." (ebd., S. 33)

Die Widersprüchlichkeit von Konformitäts- und Kreativitätsanforderungen, die von Hauß und Laußer in den hochkomplexen Produktionssystemen ausgemacht wird, ist der von Böhle und Milkau ausformulierten vergleichbar: Der Automationsgrad reduziert zum Teil gegenständlich-praktische, sozial-kommunikative und arbeitsmotivationale Qualifikationen, andererseits bedarf es aber zur Steuerung dieser hochkomplexen Systeme Arbeitskräfte mit übergreifenden oder Schlüsselqualifikationen. „Alle Elemente der veränderten Arbeitstätigkeiten sind gleichsam durchzogen von Widersprüchlichkeiten, sie sind nicht mehr entweder restriktiv/monoton oder qualifiziert/autonom, sondern immer beides: abstrakt und konkret, abwechslungsreich und monoton, offen und kontrolliert, qualifiziert und verdichtet, belastend und entlastend." (ebd., S. 66) Wotschacks Konzept der kontrollierten Autonomie hat den Blick dafür geschärft, daß die Beschäftigten diese widersprüchlichen Anforderungen zu bewältigen haben. Anders als in tayloristischen Konzepten, in denen die Beschäftigten ja den subjektiven Anspruch auf befriedigende Beschäftigung mit dem objektiven Zwang zu sinnentleerten Arbeitshandlungen zusammenbringen mußten, ist der neue Widerspruch (objektive Kontrolle versus subjektive Autonomie) in die Arbeitstätigkeit selbst eingelagert. Diese Widersprüchlichkeit sei an einem Beispiel kurz skizziert. An Einzelarbeitsplätzen im Montagebereich kommt es zunehmend zu einer Erweiterung des Arbeitsumfangs mit größeren zeitlichen und sachlichen Dispositionsspielräumen für die dort Beschäftigten. Trotzdem kommt es zu einer Zunahme von Belastungen, indem die Arbeit verdichtet und intensiviert wird und gleichzeitig wechselseitige Hilfeleistungen erschwert werden. Generell gilt für viele Einzelarbeitsplätze, daß die erhöhte Einzelverantwortung oft mit sozialer Isolierung einhergehen kann, was tendenziell zu einer Überforderung für die Beschäftigten führt (vgl. ebd., S. 68).

Die bisher als Anforderungspotentiale skizzierten Wirkungspotentiale zeigen eine spannungsreiche Struktur, die vielfach die Bewertung im Sinne von Gefährdungs- oder Entwicklungspotentialen offenläßt. Nachfolgend werden die Gefährdungs- und Entwicklungspotentiale unter Einbeziehung der im Schema II entwickelten Wechselwirkungszusammenhänge von Persönlichkeit, Computer und Kontext bestimmt.

4. Gefährdungspotentiale computerbezogenen Arbeitshandelns: Belastung, Kontrolle, Erfahrungsverlust

Der erste Teil der zentralen These von Böhle und Milkau hält eine zentrale Gefährdung fest, die mit dem Einsatz computergesteuerter Arbeitsmittel verbunden scheint: „Die subjektivierende Bewältigung von Arbeitsanforderungen wird zurückgedrängt, beeinträchtigt und erschwert." (Böhle/Milkau o.J., S. 12) Diese Zurückdrängung ist dabei sowohl auf die Technik im engeren Sinne als auch auf arbeitsorganisatorische Veränderungen zurückzuführen. Steuertechnik, Verkapselung der Maschine, flexibler Personaleinsatz und stärkere Einbindung der Maschine in den Produktionsablauf verstärken sich wechselseitig und führen zu einer komplexen Veränderung der Arbeitssituation und damit des Arbeitshandelns insgesamt.

Allerdings ist diese „persönliche Beziehung" zwischen Mensch und Maschine, von der Böhle ausgeht, immer schon eine vermittelte, wie Bammé u.a. gezeigt haben. Zum einen ist sie natürlich eine durch das Kapitalverhältnis bestimmte und insofern eben unpersönliche Beziehung. Zum anderen ist auch im Verhältnis klassisch/konventionelle Maschine versus Mensch von dem Modell Bammés auszugehen (siehe Graphik auf der folgenden Seite).

Die Trennlinie zwischen maschinisierten und nichtmaschinisierten Anteilen der Persönlichkeit kann sich historische nach links und rechts verschieben. Die persönliche Beziehung zur Maschine ist also immer auch in diesem Sinne bereits eingeschränkt.

Maschinisierter Anteil der Persönlichkeits-struktur	Nichtmaschinisierter Anteil der Persön-lichkeitsstruktur

$$t_i$$

entnommen aus: Bammé u.a. 1983 b, S. 156

Der flexible Personaleinsatz verhindert ehemals vorhandene feste Zuordnungen von Personen zu Maschinen, die die Gewähr für den Aufbau einer persönlichen Beziehung zwischen Facharbeiter und Maschine leisteten. Neuartige Belastungen ergeben sich mit dem Einsatz neuer Technologien vor allem im mentalen Bereich. Ein häufig zu beobachtendes Phänomen ist das Gefühl der Überforderung und des Stresses bei den Beschäftigten. Hier wirkt auf die Persönlichkeiten die Widersprüchlichkeit der Situation, in der ihnen einerseits mehr Verantwortung für die Produkte und Maschinen übertragen wird (teurere Maschinen, weniger Ausschuß), aber gleichzeitig die eigenen direkten Einflußmöglichkeiten auf die Maschine abnehmen. Das Kontrollbewußtsein der Facharbeiter nimmt ab, sie haben das Gefühl, die Maschine weniger im Griff zu haben.

Die Angst und Unsicherheit der Facharbeiter, einen Crash mit der Maschine zu bauen, beruht im wesentlichen darauf, daß sie Angst haben, etwas falsch geplant zu haben. Böhle und Milkau sprechen davon, daß Facharbeiter ihre Situation oft am Beispiel des Autofahrens verdeutlichen. „Man solle sich vorstellen, mit einem Auto zu fahren, das nicht durch ein Lenkrad, sondern nur durch Knöpfe und Schalter gesteuert wird. Man soll sich in die Situation versetzen, in einem solchen Auto mit Tempo 100 auf ein Haus loszufahren und sich darauf zu verlassen, daß es — wie einprogrammiert — zwei Meter vorher zum Stehen kommt oder rechtzeitig die Geschwindigkeit reduziert und eine Kurve fährt." (Böhle/Milkau o.J., S. 14)

Im mentalen Bereich kommen Belastungen durch ständiges Nachdenken und ein Mehr an Konzentration hinzu. Das Problem liegt dabei keinesfalls in den Handlungsanforderungen, z.B. mathematische Zusammenhänge nachzuvollziehen, sondern in den praktischen Gegebenheiten an der Maschine, in denen diesen Anforderungen nachgekommen werden muß. „Es ist für sie (die Facharbeiter) nicht nur wichtig, daß ein Programm in sich stimmig ist. Es muß sich auch in der konkreten Praxis an der Maschine bewähren." (ebd., S. 19)

Insbesondere die Antizipation von Fehlern wird den Facharbeitern abverlangt, da Fehler kostspielig sind und nachträgliche Korrekturen kaum möglich sind. Gerade die Beobachtung von auftretenden Fehlern und Schwierigkeiten wird zudem durch die technische Gestaltung erschwert und behindert. Die visuelle Wahrnehmung als Unterstützung solcher Kontrollen wird erschwert durch die stark erhöhte Bearbeitungsgeschwindigkeit, die Komplexität der Bearbeitungsvorgänge und die Verkapselung der Maschine.

Die notwendige und fast ausschließliche Kontrolle der Maschine über das Ohr erhöht zudem die Lärmempfindlichkeit gegenüber anderen Lärmquellen und führt so insgesamt zu einer höheren psychisch-nervlichen Belastung. Auch diese Möglichkeit der akustischen Restkontrolle ist tendenziell gefährdet, weil sogenannte Wartezeiten arbeitsorganisatorisch durch Nebentätigkeiten ausgefüllt werden. Die Kontrolle über das Ohr ist nicht mehr möglich, wenn gleichzeitig eine zweite oder gar dritte Maschine eingerichtet oder optimiert werden muß.

Eine zentrale Rolle spielt der Verlust der unmittelbaren handgreiflichen Kontrolle und Beeinflussung der Maschine über das Handrad. In Kombination mit den eingeschränkten visuellen und akustischen Wahrnehmungen ist der körperliche Nachvollzug des Maschinenhandelns nicht mehr möglich. Es ist den Facharbeitern nicht mehr möglich, „... durch die Bewegung des ganzen Körpers Distanz und Blickwinkel zur Maschine je nach Bedarf zu gestalten und zu verändern." (ebd., S. 15)

Die bereits oben angesprochene widersprüchliche Situation, die im Verhältnis von individuell zurechenbarer Verantwortlichkeit und individuell möglicher Maschinenbeherrschung liegt, verlangt vom Facharbeiter nicht nur ein neues Verständnis seiner Arbeit, sondern auch ein neues Selbstverständnis. „Man muß sich mehr abhärten und sich bemühen, bei der Arbeit nicht mehr soviel zu empfinden — weder im positiven noch im negativen Sinne." (ebd., S. 20)

Damit sind aber Gefahren für das Selbstbild der Facharbeiter verbunden, und nicht „nur" die Arbeit würde uninteressanter. Würde sich eine Haltung wie die oben zitierte langfristig durchsetzen, so besteht die Gefahr, daß das durch Produktionsstolz geprägte Selbstbild der Facharbeiter im Maschinenbau durch eine Selbstwahrnehmung als unzuverlässig, verantwortungslos, desinteressiert und unqualifiziert ersetzt wird. Damit wäre ein Kern der Facharbeiteridentität beschädigt, dauerhaft beschädigt, wenn die These von Böhle und Milkau stimmen sollte, daß es sich bei den hier festgestellten Potentialen nicht um Übergangs- oder kurzfristige Anpassungsprobleme handelt.

Auch für die typischen Wissensaneignungsformen sehen Böhle und Milkau Gefährdungen. Das facharbeitertypische, implizite Erfahrungswissen werde im Umgang mit CNC-Maschinen verlernt beziehungsweise könne nicht mehr erworben und weiterentwickelt werden (vgl. ebd., S. 20). Den Zusammenhang zwischen Computertechnologie und Lernmöglichkeiten stellen Brater und Herz in den Mittelpunkt ihrer Untersuchung. Mit dem Einsatz der Computertechnologie verändert sich der Arbeitsplatz, und mit diesen Veränderungen verändern sich auch die Lernchancen an den computerisierten Arbeitsplätzen. „In der Arbeit mit Computern selbst wird nicht mehr gelernt, was zur Beherrschung der modernen Techniken, also ihrem problemorientierten Einsatz nötig wäre. (...) Die unmittelbare Arbeit mit Tastaturen und Bildschirmen hat also offenbar nicht mehr die ‚sozialisatorische Kraft‘, diejenigen Fähigkeiten durch Übungen usw. zu vermitteln, die für die gesamte Arbeitssituation nötig sind. Zum Beispiel entwickelt niemand aus dem Routinebetrieb einer CNC-Maschine die Fähigkeit, im Falle unvorhergesehener Störungen schnell und sicher zu reagieren und die nötigen Entscheidungen zu treffen. Routine verschafft hier nur Routine und nicht Handlungssicherheit." (Brater/Herz o.J., S. 2 ff.)

Bei der gegenwärtigen Entwicklung geht die Gruppe um Brater davon aus, daß es eine *Polarisierung* gibt in Arbeitsplätze, an denen anspruchsvolle Tätigkeiten und hohe Lernchancen bestehen, und solche, die durch Bedienertätigkeiten charakterisiert sind und keine oder kaum Lernmöglichkeiten bereitstellen. Während im ersten Fall die Beschäftigten an den Arbeitsplätzen in bestimmtem Umfang ihre Handlungskompetenzen erweitern können und damit auch ihre Persönlichkeit weiterentwickeln, ist gerade im zweiten Fall anzunehmen, daß die Beschäftigten hier dauerhaft Einschränkungen ihrer Persönlichkeitsentwicklung unterworfen sind.

Das computerbezogene Handeln selbst, die Arbeitsvollzüge an computerisierten Arbeitsplätzen folgen nach Brater und Herz dabei generell immer weniger den Intentionen der Arbeitenden, sondern sind immer stärker an das Programm gebunden. „Die Arbeitsbewegungen ebenso wie die Arbeitsschritte folgen nicht den eigenen bewußten Überlegungen, gehen nicht auf die selbstgeführte Initiative zurück, sondern sie werden von der Maschine entsprechend dem Programm geführt beziehungsweise abgerufen. Eigentätigkeit und Selbststeuerung der Arbeitenden bleiben aus dem Arbeitsvorgang weitgehend ausgeschlossen, Arbeit wird ‚reaktiv‘." (ebd., S. 12) Bauer und Herz sprechen an anderer Stelle von einer „gewissermaßen ‚menügesteuerten‘ Abhängigkeit vom Gerät" (vgl. Bauer/Herz 1987, S. 20). In dieser Situation können die Beschäftigten einerseits keine neuen Handlungskompetenzen erwerben, andererseits erworbene Kompetenzen kaum mehr in Handeln umsetzen. Man kann diese Situation und Verfaßtheit der Subjekte deshalb mit gutem Recht als „aktuelle Gefahr der ‚erlernten Hilflosigkeit‘" (ebd., S. 20) bezeichnen.

Mit der computergesteuerten Lenkung des Arbeitshandelns, das zunehmend noch effektiver kontrolliert werden kann (vgl. hierzu die Überlegungen im Anschluß an Nogala u.a. weiter unten), hat eine Entwicklung im Rahmen des Technikeinsatzes einen neuen Höhepunkt (und vorläufigen Schlußpunkt) erreicht, die Volpert damit beschrieben hat, daß der Arbeitende vom Subjekt der Arbeit zu deren kritischem Zuschauer werde. Brater und Herz halten deshalb die Hypothese für anschlußfähig, „daß längere Gewährung an derartige Arbeiten generell die Initiative, Selbststeuerung und eigenständige Problemlösungsfähigkeit des Arbeitenden verkümmern läßt, da er nur gewohnt ist, auf Außenlenkung präzise und sicher zu reagieren." (Brater/Herz o.J., S. 13)

Wie schon im Zusammenhang mit der Studie von Böhle/Milkau ausgeführt wurde, treten Gefährdungen dadurch auf, daß die sinnlichen Erfahrungsmöglichkeiten im Arbeitsprozeß drastisch abnehmen. Die Arbeitstätigkeiten sind kaum noch unmittelbar durch die Sinne steuerbar. An die Stelle des Erfassens und Erfühlens tritt das Ablesen von Zeichen und Symbolen und die Steuerung per Knopfdruck. „Zukünftig wird dabei weder die Fähigkeit gefordert, die ‚richtigen' Informationen und Erfahrungen selbst zu suchen und begrifflich zu strukturieren, noch die, genau und unbefangen zu beobachten, noch schließlich die, aus der Fülle von Sinneseindrücken Wesentliches von Unwesentlichem zu unterscheiden und durch eigene Interpretationsakte den Daten ‚Sinn' zu geben. Damit werden zugleich grundlegende subjektgebundene Voraussetzungen für ein eigenständiges, selbstverantwortliches, auf selbständige Orientierung und Handlungsregulation beruhendes Leben geschwächt." (ebd., S. 13)

Wenn gleichzeitig für die Suche von Fehlern hohe Anforderungen an das logisch-analytische Denken gestellt werden und es im computerbezogenen Handeln nicht mehr um Sinnverstehen, Begründung, Bewertung u.ä. geht, sich also herausstellt, „daß die neuen Techniken ausschließlich analytisch-rationale Methoden fördern und andere Denkweisen sich nicht entfalten lassen, droht hier eine wesentliche Einschränkung personaler Handlungsfähigkeit ..." (ebd., S. 14).

Die theoretischen Überlegungen von Brater u.a. beziehen sich schließlich auch auf den Bereich der Kooperation und Kommunikation im Betrieb im Zusammenhang mit der verstärkten Durchsetzung von computerbezogenem Handeln. Zwischenmenschliche Kontakte werden immer häufiger elektronisch vermittelt und verlangen keine direkte persönliche Interaktion mehr. Indem viele Informationen gespeichert werden und jederzeit für jeden abrufbar sind, ohne in face-to-face-Kommunikation mit anderen eintreten zu müssen, werden soziale und kommunikative Fähigkeiten wie Gesprächstechniken, Perspektivübernahme oder auch Kontaktbereitschaft eigentlich überflüssig. „Der einzelne ist damit zugleich davon ‚entlastet' mitzudenken, den sozialen Zusammenhang im Bewußtsein zu haben, notwendige Beziehungen bewußt herzustellen, Gedanken auszuformulieren usw. Er muß sich nicht mehr darum kümmern, welche Stelle seine Aufgabe im Gesamtzusammenhang des Betriebsflusses einnimmt und wie sie mit den Teilaufgaben der anderen vermittelt wird." (Brater/Herz o.J., S. 14)

Brater/Herz vermuten zudem, daß die Notwendigkeit entfällt, „sich durch gemeinsames Erarbeiten individueller Informationsbruchstücke ein Gesamtbild zu schaffen, weil ja potentiell jeder jederzeit Zugriff auf alle relevanten Informationen hat." (ebd., S. 17) Das EDV-System stellt den Kommunikations- und Informationszusammenhang im Betrieb automatisiert her; somit werden gedanklicher Überblick und das Bewußtsein von betrieblichen Zusammenhängen weniger notwendig und auch möglich als vorher. „Hier kann man neben dem Verlust an sozialen Herausforderungen auch von einem fortschreitenden *Sinnverlust* sprechen." (ebd., S. 15)

Zusammenfassend formulieren Brater u.a. die These, daß trotz der möglichen Zunahme der kognitiven Anforderungen mit der Arbeit an neuen Techniken besonders Fähigkeiten wie Selbständigkeit und soziale Fähigkeiten weniger gefordert und gefördert werden. „Damit treten nicht unbedingt völlig neue Probleme auf, sondern es werden die bisher schon beobachtbaren sozialisatorischen Wirkungstendenzen der Industriearbeit fortgesetzt, allerdings erheblich zugespitzt und in Arbeitsfeldern vorangetrieben, für die solche Tendenzen bisher noch nicht galten." (ebd., S. 15)

Ein solche Entwicklung hätte nun aber außerordentlich problematische Folgen für die Subjekte, auf die in mindestens dreifacher Hinsicht die Aufgabe der Bewältigung widersprüchlicher Anforderungen zukommen:

1. In der Arbeit mit computergesteuerten Maschinen nimmt das relative Gewicht von Stör- und Sonderfällen zu, die gerade nicht vom Computer bearbeitbar sind. Die lange Routinebedienung von computergesteuerten Maschinen qualifiziert gerade aber nicht für die Sonderfälle, Störungen usw., sondern läßt die dafür notwendigen Fähigkeiten eher verkümmern.

2. Auch die Berufsbiographie und das Arbeitsmarktverhalten wird sich im Kontext des Einsatzes neuer Technologien für die Subjekte verändern. Permanente Lernbereitschaft, Flexibilität, Eigeninitiative − und wie die notwendigen Erfordernisse für den Arbeitsmarkt sonst noch heißen − werden eben im computerbezogenen Arbeitshandeln „gerade nicht nur nicht gefördert, sondern sogar eher abgebaut ..." (ebd., S. 16 ff.).

3. Schließlich bezieht Brater auch die Auswirkungen auf den Nicht-Arbeitsbereich mit ein: die persönliche Lebensführung und familiäre Situation der Arbeitenden. Selbststeuerungs- und Sozialfähigkeiten sind nach Brater

auch grundlegend notwendige Handlungskompetenzen zur Bewältigung von Alltagsaufgaben wie Erziehung, Gestaltung der Familienbeziehung u.ä. Wenn nun die Arbeitswelt „... nicht mehr − wie bisher − der wesentliche Ort der ‚funktionalen‘ Entwicklung solcher Haltungen und Fähigkeiten ist, muß auch die Handlungsfähigkeit in diesen außerberuflichen Bereichen beeinträchtigt werden ...“ (ebd., S. 17).

Gleichzeitig habe die Familie neue Aufgaben zu bewältigen, die als mittelbare Folge der Veränderung in der Arbeitswelt in mehrfacher Hinsicht einfließen: Dies können sein Unzufriedenheit durch die berufliche Vereinseitigung sowie größere Freizeitanteile, die die Familie als Kompensationsraum fordert (vgl. hierzu die Ausführungen im Kapitel III. A.).

Die genannten Gefährdungen schaffen nun nach Brater/Herz jedoch in der Regel keine radikal neuen Probleme, sondern „vollenden gewissermaßen nur, was bereits in der bisherigen Technikentwicklung angelegt war.“ (ebd., S. 17)

An den von Brater u.a. in Aussicht gestellten Arbeitsplätzen mit Lernchancen und vermehrten Handlungsspielräumen setzt systematisch die Analyse von Hauß und Laußer an, die insgesamt den Schwerpunkt ihrer Untersuchungen − wie schon erwähnt − auf die Veränderung von Belastungsstrukturen an computerisierten Arbeitsplätzen gelegt haben.

Erweiterte Handlungsspielräume der neuen Arbeitssysteme lassen weder den Schluß zu, „daß die Arbeitskräfte erweiterte Handlungsspielräume autonom gestalten können, noch daß Belastungen reduziert werden.“ (Hauß/Laußer 1988, S. 64) Im Gegenteil: Es gibt Untersuchungen, die gerade neue Belastungen konstatieren, „weil alte Leistungsstandards beibehalten und sogar verschärft werden oder weil in der Regel flankierende Maßnahmen (wie zum Beispiel Weiterqualifizierung, Enthierarchisierung, neue Bewertungsverfahren) fehlen ...“ (ebd., S. 74). Auch neuen Konzepten wie Teamarbeit u.ä. wird eine Absage erteilt, hier funktioniere Selbstregulierung nur als funktionalistisches Äquivalent tayloristischer Kontrollformen, Gruppenautonomie schlage um in Selbstkontrolle. Den Zusammenhang zwischen Handlungsspielräumen und verstärktem Leistungsdruck sowie verschärfter Kontrolle binden Hauß und Laußer in einem vorläufigen Fazit zusammen: „Bei veränderten oder verschärften Leistungs- und Kontrollbedingungen werden Aufgabenzuwachs und -vielfalt auf keinen Fall von selbst zu entlastenden Momenten, vielmehr können vor allem dann neue Belastungen auftreten, wenn in den bestehenden Bewältigungssystemen nicht die Elemente stabilisiert und ausgebaut werden, die Arbeitssituationen der ‚kontrollierten Autonomie‘ eine autonome Kontrolle der Beschäftigten entgegensetzt.“ (ebd., S. 66)

Die Autoren vertreten nun die Ansicht, daß sich in der Praxis nur eine begrenzte Anzahl der möglichen arbeitsorganisatorischen Lösungen und diese zudem primär unter leistungspolitischen Kalkülen und weniger unter sozialverträglichen Aspekten umgesetzt werden. Aufbauend auf dieser These könnten die folgenden Belastungsdimensionen aus den neuen Arbeitssituationen resultieren:

„ – mit der Zunahme von direkten und indirekten Formen der arbeitsprozeß– und aufgabenbezogenen Integration der Arbeitskräfte kann zugleich eine betriebsbezogene Funktionalisierung ihrer Fähigkeiten (vor allem ihrer gesundheitsrelevanten Bewältigungsstrategien) zunehmen;

– unter den Bedingungen erhöhter Arbeits– und Leistungsanforderungen kann sich die Lernbereitschaft und latente Konfliktbereitschaft zur individualistischen Durchsetzungsfähigkeit (‚Ellbogenprinzip') verformen;

– unter den Bedingungen erhöhter Intensivierung der Arbeit kann sich die Kooperationsbereitschaft der Arbeitskräfte zur entsolidarisierenden ‚negativen Leistungskonkurrenz' verkehren." (ebd., S. 71 ff.)

Die Autoren halten es für paradox, daß gerade bei der Zunahme an arbeitsplatzbezogenen Kooperationsnotwendigkeiten die Chancen der Entwicklung kollektiver Interessendurchsetzung eher abnehmen. „Die Zunahme von individualistischen Bewältigungsstrategien korrespondiert mit dem Ausmaß an Kooperationsformen, die vom Management inszeniert werden." (ebd., S. 72) Gefährdet sehen die Autoren vor allem die Bewältigungssysteme, mit denen solchen Belastungen begegnet werden kann. Die formellen Bewältigungssysteme sind institutionalisiert, in ihnen überwiegt strategisch zweckrationales Handeln (Arbeitsschutz, Betriebsratshandeln usw.); die informellen Bewältigungssysteme konstituieren sich auf der Basis kommunikativen Handelns als selbständige Gruppen, unabhängig von vordefinierten Zwecksetzungen aus alltäglichen Beziehungen am Arbeitsplatz (vgl. ebd., S. 77 f.).

Für die Beschäftigten selbst sehen Hauß und Laußer die Gefahr, daß „die in informellen Systemen ausgebildeten innovativen, sozial–emotionalen und politischen Komponenten im Gefolge des Einsatzes neuer Technologien von der betrieblichen Leistungspolitik vereinnahmt und zum Zwecke der Effektivierung des Organisationsablaufs funktionalisiert werden." (ebd., S. 78)

Der Arbeitsschutz mit seiner „einseitigen, fachbornierten Sichtweise" erweitere diese Sichtweise nicht um „Aspekte der sozialen und organisatorischen Bedingtheit von Unfallgefährdung und Arbeitsbelastungen" und verbleibe auf dem Niveau einer „nachlaufenden Korrekturinstanz" (vgl. ebd., S. 113).

Die betriebliche Interessenvertretung bleibe mit ihrem Handeln auf Schutzfunktion und Besitzstandwahrung gerichtet. „In dem Maße, in dem sie weder an den neuen Problemlagen noch an den unausgeschöpften kreativen Handlungspotentialen anknüpft, verliert sie auch an Vertretungswirksamkeit und Verhandlungsmacht." (ebd., S. 112)

Nun sind allerdings die Belastungen, von denen oben die Rede ist, keineswegs so sicher nachgewiesen beziehungsweise nachzuweisen, wie es den Anschein hat. Hauß und Laußer schränken ein, daß ihre Ergebnisse größtenteils theoretische Annahmen und Schlußfolgerungen oder Nebenprodukte aus industriesoziologischen Untersuchungen sind. Explizite empirische Untersuchungen hingegen hätten den Nachteil, daß theoretisch fundierte Interpretationen ihrer Daten fehlten, „so daß der Entstehungszusammenhang von neuen Technologien, betrieblicher Leistungspolitik und Belastung weiter im Dunkeln bleibt." (ebd., S. 119)

Als sicher gilt gegenwärtig nur ein Trend: „Die Zunahme von psycho–mentalen und psycho–sozialen Belastungen ist offensichtlich und wird auch von keinem ernsthaft angezweifelt." (ebd., S. 119) Wenn es aber um Erklärungen zu den Entstehungsgründen dieser Belastungen geht, so tut sich die Belastungsforschung schwer. In der Vielzahl der Ansätze (vgl. hierzu Renner 1987) lassen sich zumindest grob zwei unterschiedliche Richtungen kategorisieren. Während die eine Gruppe von einer Belastungsverschiebung ausgeht, spricht die andere Gruppe von einer Veränderung der Belastungsstruktur.

Die erste Gruppe erklärt die Zunahme der psychischen Belastungen aus den Mechanisierungs– und Automatisierungsprozessen damit, daß diese solche Arbeitsplätze reproduzieren, „deren wesentliche Tätigkeitsanforderungen entweder die Beobachtung, Kontrolle und Steuerung maschineller Prozesse oder die kognitive Verarbeitung von Daten und Informationen umfassen. Im Gegenzug dazu nehmen danach die muskulären und physikalisch–chemischen Belastungen ab, wobei inzwischen angesichts einer eher zunehmenden ‚Chemisierung der Arbeitswelt‘ auch von der traditionellen Arbeitswissenschaft letztlich nur mehr die These von der Verdrängung der physischen Arbeitsbelastung aufrecht erhalten wird (vgl. Rutenfranz 1987)." (Hauß/Laußer 1988, S. 120)

Die zweite Gruppe von Ansätzen geht hingegen davon aus, daß der Einsatz der Computertechnologie strukturelle Umbrüche des gesamten Produktionsund Arbeitsprozesses zur Folge hat, d.h. nicht nur die Arbeitsbedingungen und -aufgaben verändern sich, sondern auch Arbeitsorganisation, Personalpolitik, Kontrollformen u.a.m. „Hinsichtlich der Entwicklung belastungsrelevanter Arbeitsbedingungen wird daher nicht eine einfache Belastungsverschiebung, sondern ein Strukturwandel der Belastungen prognostiziert. Danach wird die ‚körperlich lokalisierbare Schädlichkeit belastender Arbeit zur abstrakten, systematischen und eher unspezifischen Belastungsform‘ (vgl. Dörr/Naschold 1982, S. 442)." (Hauß/Laußer 1988, S. 120)

Es läßt sich somit von einer historisch veränderten Konfiguration zwischen Arbeit und Belastung sprechen. Damit ergibt sich für die Belastungsforschung die methodische Schwierigkeit, den Zusammenhang von technisch–organisatorischen Entwicklungen, Belastungen und Bewältigungen zu erfassen. Nicht nur dieser vielfältige Wirkungszusammenhang macht Aussagen über Belastungen äußerst schwierig. Hinzu kommt, „daß gerade psychische Belastungen nicht synchron mit dem Technikeinsatz und den organisatorischen Umstellungen entstehen, sondern meist erst in ihrem tatsächlichen Umfang und in ihrer spezifischen Qualität viel später auftreten." (ebd., S. 121)

Auch Renner[41] geht davon aus, „daß mit der Anwendung dieser (neuen) Technologien sehr weitreichende und auch sehr differenzierte Veränderungen der körperlichen, ‚nicht–körperlichen‘, psycho–sozialen, chemischen und/oder physikalischen Arbeitsbedingungen verbunden sind" (Renner 1987, S. 5) und daß daher insbesondere die Kombinationswirkungen unterschiedlicher Arbeitsbedingungen stärker zu beachten seien. Unter Hinweis auf Urban (1986) betont er die Scherenentwicklung, wonach sich an bestimmten Arbeitsplätzen die Arbeitsbedingungen verbessern (angemessen wäre wohl, von bestimmten verbesserten Aspekten an diesen Arbeitsplätzen zu sprechen), während gerade die sogenannten Restarbeitsplätze − sowohl verbliebene wie auch neu entstehende − durch eine Zunahme gesundheitsgefährdender Arbeitsbelastungen gekennzeichnet sind. Solche widersprüchlichen Entwicklungen müssen − wie schon weiter oben betont − auch konzeptionell theoretisch eingeholt werden. Sowohl Renner als auch Hauß/Laußer haben gezeigt, daß die Belastungsforschung hier erst am Anfang ihrer Forschungen steht.

Gefährdungspotentiale der Computerisierung sind nicht zuletzt aber auch dadurch gegeben, daß Computer auch immer Kontrollwerkzeuge sein können. Gerade dieser Aspekt ist in seinen empirischen Auswirkungen auf die Beschäftigten jedoch weitgehend unbekannt. Theoretisch lassen sich allerdings einige Hypothesen formulieren, wobei es nicht relevant ist, ob diese Potentiale tatsächlich genutzt werden. Entscheidend scheint uns, daß sie jederzeit nutzbar und aktivierbar wären. Nogala[42] hat sich in einem Projekt mit psychologischen Aspekten technisierter Kontroll- und Überwachungssysteme beschäftigt. Er geht dabei von der Annahme aus, daß die Mikroelektronik nicht das Grundmuster mißtrauischer Kontrollbeziehungen verändert, wohl aber die Reichweite, Intensität und Ausdehnung der Kontrollmacht.

---

41 Das SoTech-Projekt „Anforderungen des Einsatzes neuer Technologien an das Arbeitsschutzsystem" wurde an der Sozialforschungsstelle Dortmund durchgeführt.
42 vgl. im übrigen hierzu Krafft/Ortmann 1988

Während einige technisierte Kontrollsysteme lediglich den Menschen ersetzen, gestatten andere ganz neue Kontrolleinblicke (zu nennen wären hier vor allem Betriebsdatenerfassungssysteme und Personalabrechnungs- und Informationssysteme). „Im ganzen ist es der Ersatz menschlichen durch maschinelles Gedächtnis, menschlicher durch automatisierte Wahrnehmung, menschlicher Aufmerksamkeit durch maschinellen Gleichlauf. Und vor allem: technisierte Kontrollsysteme überwinden die Mängel des menschlichen Kontrollsubjekts: seine Unaufmerksamkeit, seine Ermüdbarkeit, seine Ablenkbarkeit, seine Bestechlichkeit, seine Launenhaftigkeit, seine psychologische Angreifbarkeit, seine beschränkte Wahrnehmungs- und Gedächtniskapazität — kurz alles das, was seine menschliche Subjektivität ausmacht." (Nogala 1987, S. 8) Computer sind zudem nicht zugänglich für Argumente, insbesondere für besondere Umstände und Situationen. Schließlich sind computerisierte Kontrollsysteme unsichtbar, damit verschwinden die Kontrollsubjekte aus dem Gesichtskreis der Kontrollierten. „Die Kontrolle von Verhalten durch technisierte Systeme untergräbt das Bewußtsein oder die Breite gegebener individueller Handlungsalternativen. Für die Person stellt sich das als Kontrollverlust, als Verlust von eigenen Verhaltenschancen dar. Wenn mir die Bestimmungsmöglichkeiten über mein eigenes Handeln von Elementen meiner Umwelt eingeschränkt werden, dann entsteht ein dauerhafter Streß, der schnell zu gravierenden krankhaften Symtomen führen kann." (ebd., S. 12)

Anknüpfend an Goffmans These, wonach die Verfügbarkeit über das Bild, das Subjekte der Außenwelt von sich liefern, zur Wahrung der eigenen Identität gehört, argumentiert Nogala mit Kruse, daß dieses Modell zusammenbricht, wenn das Kontrollsubjekt mehr über den Kontrollierten weiß als dieser selbst. Der spezifische Verlust an Kontrolle besteht darin, daß „wir nicht mehr *wissen*, was die anderen, wenn sie *wollen*, mit mir *können*" (Kruse 1981, S. 79). Nun hat Anders mit seiner These vom „Ausgeliefert-Sein-an-die-Welt" gezeigt, wie sich die (computerisierte) Kontrolle sowohl in die psychischen Strukturen des Kontrollierenden als auch des Kontrollierten einprägt (Anders 1984). Elias hat argumentiert, daß der Kontroll- und Überwachungsapparat der Gesellschaft sich im Seelenhaushalt der Subjekte herausbildet. Hieraus leitet Nogala seine These ab, „daß technisierte Kontrollsysteme den Übergang von Fremd- zu Selbstkontrolle begünstigen, beschleunigen, ja sogar unabwendbar erzwingen." (Nogala 1987, S. 15)

Die hieraus resultierenden Folgen für die Subjekte sind evident. Konflikte werden nicht mehr mit den Konfliktpartnern ausgetragen, sondern im Innern der Subjekte, mit einem Anwachsen von Aggressionen, die nicht geäußert werden dürfen und über verschiedene Stufen schließlich bis zur Regression der Subjekte führen können, an deren Nullpunkt sogar die Identifikation mit dem Kontrolleur stehen kann (vgl. Erdheim 1984, Fromm 1937).

Nogala spricht hier von einem Potential und schränkt ein, daß real von einer völligen Auslöschung eigenständiger Identität und totaler Handlungsunfähigkeit noch keine Rede sein kann. Allerdings gibt es Anzeichen für Veränderungen. Am Beispiel der Paranoia, die gemeinhin für Verlust angemessener Realitätswahrnehmung steht, zeigt Nogala, daß durch technisierte Systeme hier ein Umschlag stattfindet: „Je mehr das Kontrolliert-Werden sich ausbreitet und zu einem Verfolgt-Werden wird, umso berechtigter, ja psychisch gesünder wird das sich Kontrolliert- und Verfolgt-Fühlen. Es gilt der Satz: Daß du noch keine Paranoia hast, heißt noch lange nicht, daß sie nicht hinter dir her sind!" (Nogala 1987, S. 18)

Die hypothetischen Überlegungen von Nogala lassen sich für den hier diskutierten Zusammenhang in zwei Thesen zusammenfassen:

1. „Die Position derjenigen, die Objekt solcher Kontrolle sind, verschlechtert sich deutlich, was zu psychischen Folgen führt, die einen langen historischen Prozeß, nämlich den der Überführung von Fremd- in Selbstkontrolle in seinen pathologischen Aspekten weiter fortsetzt." (ebd., S. 19)

2. „Für die Betroffenen von verstärkter und ausgebreiteter technisierter Kontrolle ist jedenfalls eine deutliche Einschränkung ihrer Autonomie und Handlungsmöglichkeiten zu erwarten. Bei mangelnder oder nicht wahrgenommener Chance der Gegenwehr muß dies zu einem Verlust von Ich-Kompetenzen und im Extremfall zu einem Einstieg schwerer psychischer Störungen wie Psychosen und Depressionen beziehungsweise sozialschädlichen Kompensationen führen." (ebd., S. 19)

Auch Briefs betont Gefährdungspotentiale, die er aus dem Doppelcharakter der Computertechnologie ableitet, gleichzeitig Arbeits- und Kontrollmittel zu sein. Als Folge des Einsatzes von Computern nimmt er „massive Auszehrungstendenzen in bezug auf Berufsinhalte und berufliche Anforderungen" (Briefs 1986, S. 9) an, die überwiegend als Dequalifizierung der ArbeitnehmerInnen bei gleichzeitiger Übertragung qualifizierter Tätigkeiten an computerisierte Systeme und „Standardisierungen der Umgebungen der Arbeitsplätze für den Computereinsatz" (ebd., S. 10) erfolgen werde. Neue Formen der betrieblichen Kontrolle und Überwachung brächten aus „technisch zwingenden Gründen neue Formen der Durchleuchtung aller möglichen Teilaspekte von Arbeitsprozessen und damit der Leistung und des Verhaltens der in diesen Arbeitsprozessen tätigen Arbeitskräfte mit sich ..." (ebd., S. 10). Mithin käme es zu „neuen Formen struktureller Gewalt des Kapitals vermittelt über die komplexen technischen Systeme ..." (ebd., S. 10).

Baumgartner kommt zu ganz ähnlichen Schlußfolgerungen, indem er den Computer als *Organisationsmaschine* versteht. Der Computer wirkt dann nicht mehr als bloßes Werkzeug, sondern kristallisiert auch Arbeitsstrukturen, die jedoch bereits formalisiert, standardisiert, algorithmisiert sein müssen, bevor sie computerisiert werden können. Entscheidend in diesem Zusammenhang ist nun, daß der Computer Arbeitsstrukturen auch aus der betrieblichen sozialen Auseinandersetzung herausnimmt und sie scheinbar kritikfest macht. Die in der Software bereits festgelegten organisatorischen Entscheidungen treten den Computerbenutzern und -anwendern als objektiver Sachzwang, als äußere Gewalt gegenüber. Baumgartner spricht von „gelernter Hilflosigkeit", um diesen Umstand zu fassen. Kollektives Arbeitshandeln wird durch den Arbeitsplatzcomputer an den Rand gedrängt. Kommunikative Prozesse ergeben sich nicht mehr aus der Arbeitssituation, sondern nur mehr „an den technisch noch notwendigen oder von Software-Entwicklern vorgesehenen Schnittstellen." (Baumgartner 1988 a) Es kommt somit zu einer Einschränkung von kommunikativen und interaktiven Wahrnehmungsprozessen.

„Die Kommunikation der Arbeitnehmer beschränkt sich zunehmend auf die Funktionsfähigkeit der Computersysteme. Prozesse der gegenseitigen Verständigung, soziale Interaktion im gemeinsamen Arbeitshandeln werden von der nach außen sichtbaren Funktion des Programms dominiert. Kreative Gruppenprozesse zur Problemlösung müssen sich in das vorgegebene Korsett des Programms zwängen. Fehlende Kenntnisse, Zeitdruck und Konkurrenz verhindern aktive Lernprozesse der Arbeitnehmer. Zusammengehörigkeit, gegenseitige Verläßlichkeit und Solidarität kann unter diesen Bedingungen nicht entstehen." (Baumgartner 1988 a).

An einer Nahtstelle zwischen dem betrieblichen und öffentlichen Bereich setzt das SoTech-Projekt „Informationswirtschaft und gesellschaftliche Machtkonzentration"[43] an, das die politischen und ökonomischen Veränderungen, die sich mit der Einführung, Internationalisierung und Vermachtung von Online-Datenbanken ergeben, aufzeigen will. Ziel des Projektes war es zu klären, wie Machtkontrolle durch die Öffentlichkeit zu sichern und das Wissen der betroffenen Akteure zu erweitern sind.

Die Projektgruppe baut ihre Untersuchung auf einer theoretischen Fundierung des Machtbegriffs auf. Sie leistet „... Arbeit an der Theorie der Informationswirtschaft und ihrer gesellschaftlichen Machtverteilung ..." (Bahr 1987, S. 3). Untersuchungen, die bisher auf Webers Machtbegriff rekurrierten und damit

---

43 Das Projekt von Psydata hat seine Ergebnisse über Literaturanalyse und narrative Interviews mit etwa 50 männlichen Entscheidungsträgern aus den Bereichen Wissenschaft, Staat und Wirtschaft gewonnen.

eine interaktionistisch konzipierte, als relationale und nicht als substantielle Größe begriffene Machtbeziehung annahmen, müßten „... eine nicht unerhebliche Erweiterung dadurch erfahren, daß die Übermacht der Sachen beziehungsweise die Übermacht der gesellschaftlichen Strukturen ins Spiel gebracht wird." (ebd., S. 3)

Die Autoren greifen auf das Beispiel der Technokratie-Kontroverse in der Politikwissenschaft zurück, um den gegenwärtig ablaufenden Sachverhalt im Bereich der Informatisierung zu beschreiben. So wurde in der Technokratie-Kontroverse u.a. die Position vertreten, „... daß sich in der wissenschaftlich-technischen Welt Probleme als Sachzwänge ergeben und Politik selbst damit zu einem technischen Problem wird." (ebd., S. 4) Bezogen auf das Problem der Informatisierung fragt Bahr daher: „Ergeben sich in einer informatisierten Welt Probleme auf der Erscheinungsebene der Informationszufuhr und -verarbeitung als ‚Informationsprobleme', und wird damit Politik (und Macht) selbst zu einem Problem der Informationszufuhr und -verarbeitung? Können wir in Anknüpfung an unsere tradierten und derzeit noch gültigen Muster sozialer Konflikte von der ‚Informatisierung der Verteilungskonflikte' sprechen?" (ebd., S. 4)

Waren nach Etzioni noch drei Machtquellen zu unterscheiden, nämlich physische, materielle und symbolische, so behaupten die Autoren, daß die Informationswirtschaft alle drei Kategorien „in einem zur Selbständigkeit ausdifferenzierten System (vereinigt): Die Verfügung über die instrumentelle Grundlage der Informationsverarbeitung, die Verfügung über notwendige Dienstleistungen und ihnen vorgelagerte Fertigkeiten, schließlich den sozialen Verband als Ausgangsbasis und (ausgrenzendes) Phänomen." (ebd., S. 5)

Individuelle Dimensionen der Persönlichkeitsentwicklung werden dabei nicht berücksichtigt, das Individuum wird vielmehr im organisierten Kollektiv berücksichtigt. Als Gefährdungspotential sehen die Autoren, daß die Handlungsfähigkeit der politisch-ökonomisch Schwächeren noch schwächer wird. Mit dem Ausbau von Datenbanken kommt es zu einer zunehmenden Ökonomisierung der (Fach-)Informationen. Nach den derzeit laufenden Strategien der Einführung und Anwendung von Datenbanksystemen ist damit zu rechnen, daß die von Becker schon 1980 formulierte These vom knowledge-gap immer noch, vielleicht sogar mehr denn je zutrifft. „Werden informations-technologische Innovationen nicht gleichzeitig mit noch größeren Innovationen im sozial-politischen Sektor gekoppelt — was ja keineswegs zutrifft -, erweisen sich informations-technologische Strategien á la Unterrichtstechnologie oder IuD-Planung[44] als ‚konterproduktiv' gemessen an ihren eigenen Zielsetzungen: Sie tragen somit

---

44 IuD ist die Abkürzung für das Programm der Bundesregierung zur Förderung der Information und Dokumentation (IuD) von 1974-1977.

zu der anwachsenden Wissenskluft zwischen bereits Wissenden und in Unwissen Gehaltenen bei." (Becker 1980, S. 19)

Die Subjekte können unter diesen Bedingungen nur schwer die Handlungskompetenzen erwerben und ausbauen, mit Informationen und der durch das technische Medium vermittelten Macht umzugehen. Als generelle Handlungsanforderungen formulieren die Projektmitarbeiter relativ allgemeine Aussagen zu Fähigkeiten und Kompetenzen, wobei unter Handlungsfähigkeit die Fähigkeit verstanden wird, Optionen zu entwerfen, zu kennen und nach eigenen Interessen handeln zu können. Diese Fähigkeiten müssen sich jedoch nun behaupten in einer Situation, die Bahr als „Informatisierung der Verteilungskonflikte" (Bahr 1987, S. 4) charakterisiert hat.

5. Entwicklungspotentiale zur (Rück-)Gewinnung von Handlungsspielräumen

Unter bestimmten Bedingungen sehen Böhle und Milkau im Umgang mit CNC-Maschinen Möglichkeiten für die Entwicklung einer *abstrakten Sinnlichkeit*. „Gemeint ist hiermit die bildhaft-konkrete Vorstellung von den Abläufen und Vorgängen, und zwar unabhängig von ihrer unmittelbaren sinnlichen Wahrnehmung." (Böhle/Milkau o.J., S. 17) Diese neue Form der Sinnlichkeit beinhaltet also beim Facharbeiter Vorstellungen darüber, welche Vorgänge durch bestimmte Operationen mit Knöpfen bei der Maschine ausgelöst werden. „Früher, da hat man das beim Drehen der Kurbel an der Hand gespürt. Heute muß man, ohne daß man etwas anfaßt, das Gespür haben, ob es die Maschine spürt." (ebd., S. 17) Die Ausbildung dieser Fähigkeit ist allerdings an bestimmte Voraussetzungen geknüpft. So müssen Facharbeiter, die diese abstrakte Sinnlichkeit entwickeln, Erfahrungen an konventionellen Maschinen gemacht haben, damit sie diese auf die Abläufe an der CNC-Maschine übertragen können. Dies ist allerdings in der Diskussion strittig, weil junge Facharbeiter mit den neuen Maschinen sozialisiert werden.

Ansätze, den Facharbeitern über technische Veränderungen das Vertrauen in die Technik zurückzugeben, sind bereits vorhanden. Insbesondere die stufenlose Regelung der Maschinengeschwindigkeit beim Einfahren der Maschinen läßt — begrenzt — wieder das Gefühl bei den Facharbeitern zu, die Maschinen im Griff zu haben. „Bei einem Schalter, bei dem man draufbleiben kann, im Unterschied zu einem Schalter, den man ein- und ausschaltet, fühlt man sich sicherer. Ich weiß, was ich jetzt mache, macht auch die Maschine." (Zitat eines Facharbeiters aus: Böhle/Milkau o.J., S. 16) Hier bieten sich also minimale

Ansätze, die Einschränkung des Kontrollbewußtseins der Facharbeiter bezogen auf die Handhabung der Maschine tendenziell etwas zurückzunehmen.

Um Entwicklungsmöglichkeiten im Sinne von Gestaltungsmöglichkeiten zu realisieren, bedarf es nach Böhle und Milkau allerdings vielfältiger Anstrengungen, die sowohl auf die Subjekte des Arbeitsprozesses, die Arbeitsorganisation als auch auf die Technik selbst bezogen sein müssen. Für die *Arbeitsorganisation* empfehlen sie Pausenregelungen, Experimentiermöglichkeiten mit den Maschinen, die Einplanung von Kooperation sowie klare Festlegungen von Zuständigkeiten. Für den *Personaleinsatz* wird eine stabile Zuordnung der Arbeitskräfte zu den Maschinen gefordert sowie eine möglichst geringe Fluktuation zwischen einzelnen Maschinen. Die *Zugänglichkeit der Maschine* muß für die Arbeitskräfte so gestaltet sein, daß sie die Arbeitsvorgänge kontrollieren können und daß trotz Transparenz Schutzmaßnahmen existieren. Die *Steuerungstechnik* sollte handhabbar und verständlich sein. Schließlich ist bei der *Qualifizierung* darauf zu achten, daß einerseits den erhöhten Anforderungen an theoretische Kenntnisse entsprochen wird, gleichzeitig jedoch ein frühzeitiges praktisches Üben an den Maschinen selbst erfolgen muß.

Am weitreichendsten sind die Anmerkungen und vor allem theoretischen Überlegungen von Brater und Herz zu Entwicklungspotentialen. Bei den von ihnen untersuchten – fast ausschließlich hochmotivierten – Facharbeitern hat sich bezogen auf deren Umgang mit neuen Technologien ein „gewaltiger Stolz auf die Arbeit" entwickelt, der zudem begleitet wird von einer sehr hohen Akzeptanz der neuen Technologien. Identität und Selbsteinschätzung sind also hier in großem Maße gefestigt oder sogar ausgebaut worden. Allerdings muß einschränkend darauf verwiesen werden, daß es sich hier um die auch quantitativ relativ kleine Gruppe der sogenannten „Rationalisierungsgewinner" handelt. Für diese haben sich die Arbeitsbedingungen objektiv tatsächlich verbessert. Die Beschäftigten können das Gefühl eines Machtzuwachses und einer Freiheitsdimension erleben, z.B. gegenüber dem Meister sowie den Ingenieuren und der Abkopplung vom Takt. Das deutlich erhöhte Selbstbewußtsein wird ursächlich auch auf höhere Qualifikationen zurückgeführt.

Die Möglichkeit, „Überschußqualifikationen" an den Arbeitsplatz zu bringen, kann Freiräume schaffen, um Arbeitsplätze anspruchsvoller gestalten zu können. Ein spielerischer Umgang mit Organisationsstrukturen rückt für qualifizierte Facharbeiter in greifbare Nähe, d.h. sie können sich Alternativen ausdenken, was man anders machen könnte – dies ist neu gegenüber der traditionellen Bandarbeit. Dem kommt teilweise jene neue Unternehmensphilosophie entgegen, die Eigenverantwortung betont: Jeder ist für seinen Arbeitsplatz verantwortlich, jeder soll alles selbst richtig machen.

Brater und Herz betonen jedoch, daß es sich hierbei um Möglichkeitsbestimmungen handelt. Allerdings ist jener Kontrollaspekt der neuen Technologien unterbelichtet, wie er von Wotschack u.a. entwickelt worden ist. Der Kontrollaspekt, der mit den neuen Technologien immer potentiell verbunden ist, fällt aus dem Blick, der die belastenden Elemente der neuen Technologien nur in spezifischer Weise (Lernproblematik) wahrnimmt. Dennoch ist die positiv gewendete These festzuhalten, daß Computer und die damit verbundenen neuen Produktionskonzepte Chancen für die Persönlichkeit bereithalten, von denen Brater und Herz jedoch befürchten, daß sie durch zuwenig Beweglichkeit der Machtgruppierungen vertan werden könnten. Brater und Herz sehen darüber hinaus die Gefahr, daß nach einer bestimmten Übergangszeit (Implementierungsphase) der innovative Charakter der neuen Arbeitsstrukturen wieder zugunsten eines tayloristischen Aufgabenzuschnitts reduziert werden könnte.

Innerbetrieblich sehen sie die Notwendigkeit der Etablierung neuer Formen von Kommunikation zwischen Ingenieuren und Facharbeitern. Während die Ingenieure als Propheten der technischen Rationalität eingeschätzt werden, kommt den qualifizierten Facharbeitern die Erfahrung aus der Praxis zugute, in der sie die begrenzte Anwendung der Technik sinnlich erfahren, d.h. sie haben z.T. eine bessere Übersicht über Alternativen als die Ingenieure und sehen technische Vorgehensweisen als Variable.

Problematisch an diesem Gestaltungsvorschlag ist, daß nicht allein die Kompetenz der Facharbeiter, sondern auch das berufliche Selbstverständnis der Ingenieure tangiert wird. Damit wäre aber ein Ansatzpunkt für Technikgestaltung in die Phase der Berufsbildung vorverlegt. Die Gretchenfrage hieße dann für die Ingenieure: Wie hältst du es mit den Facharbeitern? Erkennen die Ingenieure in der Selbständigkeit und Eigenproblemlösungsfähigkeit der Arbeitenden eine dauerhafte oder nur vorübergehende Lösung (Autonomie als Lückenbüßer), d.h. suchen sie immer noch nach der perfekten Technik oder nach den Konzepten, die handelnden Akteure so zu qualifizieren, daß sie Gestaltungsphantasie entwikkeln? Zu befürchten ist allerdings, daß sich Ingenieure diese Frage gar nicht vorlegen, denn es müßte erst das Bewußtsein bei ihnen (Ingenieurarbeitsweise) geschaffen werden.

Brater und Herz betonen an anderer Stelle euphorisch die Chancen, die in der Computerisierung liegen können: Es werde möglich, das Wesentliche und Unersetzbare menschlicher Tätigkeiten herauszukristallisieren (vgl. Brater/Herz 1986). Indem der Computer für die Regelfälle eingesetzt wird, übernimmt er die routinisierbaren, gesetzmäßigen, regelhaften, logischen, rationalen Bestandteile der Arbeit. Dem Menschen bleiben die Sonderfälle, die nicht allein auf kausalem Verstandesdenken beruhen. Nur was auf diesem kausalen Denken beruhe, gehe vom Facharbeiterwissen auf die Maschine über. Dem Menschen werden dann jene Bestandteile der Arbeit zuteil wie: Umgang mit Störungen, Kundenberatungen, Einrichten von Programmen einschließlich sich selbst steuernder Systeme, Entwicklung von Ideen aus einer unbestimmten Vielfalt, direkte menschliche Kommunikation u.a.m. Für den Menschen bleiben dann in EDV-bestimmten Bereichen jene Probleme, die nicht im analytisch-rationalen Denken aufgehen. Diese Zielperspektiven sind allerdings an mindestens zwei Voraussetzungen gebunden. Auf der objektiven Seite der Arbeitsteilung beziehungsweise der Betriebsorganisation müssen Chancen bestehen zur Dezentralisierung von Entscheidungen, zur Einbindung von Bedienertätigkeiten in komplexe Problemlösungszusammenhänge sowie zu Kooperationsbeziehungen, die nicht starr vorgegeben, sondern situativ gestaltbar sind. Auf der subjektiven Seite wären die Voraussetzungen in einer angemessenen (Aus)Bildung der Beschäftigten zu suchen, die so angelegt sein müßte (vgl. weiter vorn den Abschnitt über künstlerische Übungen), daß sie in der Lage sind, „Bediener des EDV-Systems zu sein" und die Systeme als „Werkzeuge für ihre offenen Arbeitsaufgaben zu nutzen." (vgl. ebd., S. 371)

Man kann dem Computer eine emanzipatorische Rationalität zusprechen, die lediglich durch gesellschaftliche Machtpotentiale nicht zur Entfaltung kommt. Andererseits kann man den Computer als Verkörperung einer zweiwertigen Logik (Bammé u.a. 1983 b) beziehungsweise einer technisch-instrumentellen Rationalität sehen, die an sich destruktiv ist.

Hauß und Laußer betonen für ihren Untersuchungsbereich, daß die mit der Einführung von neuen Technologien verbundenen möglichen Arbeitsformen wie Gruppenarbeit unter bestimmten Bedingungen für die Beschäftigten mehr Handlungsspielräume zur Verfügung stellen, wenn berücksichtigt wird, daß neben hohen sachlichen und zeitlichen Dispositionsspielräumen gleichzeitig eine Reduzierung der hierarchischen, fachlichen und funktionalen Arbeitsteilung stattfindet. Nur für diesen Fall sehen Hauß und Laußer Chancen auf eine Rückgewinnung subjektiver Aneigungspraxis (Bernoux) bei gleichzeitiger Stärkung der informellen Bewältigungssysteme. Diese subjektive Aneignungspraxis zeichnet sich dabei durch vier Handlungstypen aus:

„ — eine oppositionelle, den Arbeitsrhythmus möglichst selbst bestimmende Zeiteinteilung;
  — eine individuelle und kooperative, symbolisch demonstrierte Inbesitznahme des Arbeitsraumes;
  — eine eigeninitiativ entwickelte Technik des Arbeitsvollzugs;
  — schließlich eine stillschweigende, kooperative Umgestaltung der Betriebstechnik." (Bernoux zitiert nach Hauß 1988, S. 117)

Auf eine Erweiterung von Handlungskompetenzen bei mittleren Führungskräften hebt das Projekt „Entwicklung betrieblicher Weiterbildungskonzepte" ab.[45] Dabei wurde von der Annahme ausgegangen, daß gerade mittlere Entscheidungsträger des Managements bei der Einführung neuer Technologien große sachliche Entscheidungsspielräume haben, während die finanziellen Entscheidungen auf der oberen Managementebene fallen.

Das Projekt wollte ein Konzept entwickeln, das mittlere Führungskräfte dazu befähigen soll, in ihre Entscheidungen nicht ausschließlich technikorientierte Überlegungen, sondern auch frühzeitig soziale Dimensionen bei der Einführung neuer Techniken einzubeziehen. Gerade die frühzeitige Einbeziehung solcher Dimensionen könne helfen, Qualifizierungs- und Akzeptanzprobleme im Zusammenhang mit der Einführung neuer Technologien zu vermeiden. Unklar bleibt jedoch, ob hier eine Erweiterung der ausschließlich technischen Handlungsorientierungen um eine soziale Orientierung angestrebt wird, oder ob das Partizipationsmodell die Orientierungen der mittleren Führungskräfte um die Betroffenenperspektive erweitern soll.

Exkurs — Expertensysteme

Eine spezifische Problemlage bezüglich der Wirkungspotentiale von Computertechnologie ergibt sich im Zusammenhang mit der Entwicklung und dem Einsatz von Expertensystemen. Diesem Teilaspekt, der quasi die bisherigen Fragestellungen auf eine höhere Ebene transportiert, wurde über die Einbeziehung des SoTech-Projekts „Expertensystemtechnik" (Coy) und eines Gutachtens von Lutz u.a. für die Enquête-Kommission „Technikfolgenabschätzung und -bewertung" des Deutschen Bundestages nachgegangen.

Coy hatte sich zum Ziel gesetzt, aufgrund von Experteninterviews über eine Kritik der fachlichen Grundlagenprobleme der Expertensystemtechnik zu einer Einschätzung der Technikentwicklung zu kommen, sowie die möglichen sozialen Folgen des Einsatzes solcher Systeme abzuschätzen. Lutz u.a. haben ihre Literaturanalyse auf die qualifikatorischen Folgen für die Arbeitnehmer beim Einsatz von Expertensystemen gerichtet.

Die technischen Dimensionen von Expertensystemen müssen hier weitgehend ausgeblendet bleiben. Obwohl sich z.Zt. in der BRD solche Systeme größtenteils noch in der Entwicklung befinden, werden mit ihnen große Hoffnungen verbunden, die Coy im Interview als „abenteuerlich" bezeichnete. Die Folgen des

---

45 Das SoTech-Projekt „Entwicklung betrieblicher Weiterbildungskonzepte" wurde von Piper u.a. am Institut der Deutschen Wirtschaft durchgeführt.

Einsatzes von Expertensystemen müssen daher vorwiegend als Potentiale beschrieben werden.

Begrifflich lassen sich expertenersetzende und expertenunterstützende Systeme unterscheiden, die jeweils auf wissensbasierter Software beruhen, deren Daten als spezielles Wissen für bestimmte Aufgabenstellungen verknüpft werden und neue Lösungswege bereitstellen sollen. Das gespeicherte Wissen besteht dabei nicht nur aus Fakten, sondern auch aus Informationen über Verknüpfungsmöglichkeiten zu Begründungsketten oder Handlungsplänen. Als Expertensysteme ohne besondere Inhalte nehmen die sog. SHELLS eine Sonderrolle ein: Die spezifischen Regeln sind hier einzugeben, während die logischen Regeln, die Inferenzmaschine und die Elemente zum Aufbau einer Erklärungskomponente des Systems und der Dialogfähigkeit bereits vorhanden sind.

Coy betrachtet die Expertensysteme aus der Sicht des Software-Ingenieurs, während Lutz u.a. die Perspektive des Produktionsfacharbeiters aufnehmen. Beide Perspektiven treffen sich in der Frage, wie die Transformation und die Akquisition von Wissen vor sich geht.

Der Wissensingenieur muß vom Experten dessen Wissen zur Verfügung gestellt bekommen. Das bedeutet, der Experte muß in der Lage sein, sein Wissen zu explizieren und es in Worte zu fassen. Das Wissen des Experten besteht nicht nur aus den Wissensbeständen samt Verknüpfungsregeln, sondern ist immer in Kontexte – soziale und sachliche – eingebunden. Die Zusammenarbeit des Informatikers mit dem Experten ist dabei eine notwendige Voraussetzung zur Erstellung des Systems. Informatiker haben jedoch große Schwierigkeiten, nachzuvollziehen, daß dies nicht nur ein technisches, sondern mehr noch ein soziales Problem ist, das von ihnen kommunikative Performanz und ein Verständnis von sozialen Zusammenhängen im Betrieb verlangt.

Zur Problematik der Wissensakquisition bemerkte Coy in einem Interview: „Bei Experten ist es undenkbar, daß man das Wissen wegnimmt, ohne daß er/sie kooperiert. Die Kooperation ist die Voraussetzung des Expertensystems. Da müssen Informatiker eine gewisse kommunikative Performanz haben, ich gehe mal davon aus, daß sie eine Kompetenz dazu besitzen. Aber die Performanz ist bei ihnen, wie bei vielen Ingenieuren, einfach miserabel. Ein Informatiker ist eigentlich gar nicht in der Lage, mit Leuten zielgerichtet zu reden oder eben nur extrem zielgerichtet.

Die meisten der Informatiker haben das Problem überhaupt noch nicht verstanden. In ihrer Ausbildung haben sie das Soziale nicht kennengelernt und da sie keinen Begriff davon haben, wissen sie nicht, woran sie scheitern. Informatiker wissen gar nicht, daß es eine Betriebssoziologie gibt, daß es in einem Betrieb unterschiedliche Blickwinkel, Positionen usw. gibt. Für sie ist der Betrieb eine rationale Struktur, die die besondere Komponente Informationsstruktur hat und die versuchen sie zu automatisieren. Daß es da ganz unterschiedliche Leute gibt, die ganz unterschiedliche Handlungsspielräume haben, die sich in ganz unterschiedlichen Handlungsfelder bewegen – das bekommen sie nicht mit. Sie merken es dann irgendwie, wenn der Experte die ganze Zeit was erzählt, was überhaupt nicht stimmt. Dann wird das vom Informatiker normalerweise so interpretiert: ‚Er ist zu dumm das mitzuteilen.‘ oder so. Aber der hat sich ja was überlegt dabei, hat vielleicht gedacht, ‚Verrat mal nicht alle Tricks‘. Jeder, der merkt, daß er rationalisiert werden soll, der verhält sich ja normalerweise irgendwie dazu. Und das können Informatiker kaum verstehen. Das wäre ein Beispiel, warum ein Projekt scheitern kann. Die Leute wollen natürlich Freiräume behalten und wollen sie nicht offen legen, denn dann werden sie ja zum Verhandlungsgegenstand und das wollen sie natürlich nicht.

In dem Maße wie die Technik interaktiver wird, wird der Informatiker gezwungen sein, das Soziale zu verstehen und miteinzubeziehen. Dann könnte der Informatiker einsehen, daß der Mann gute Gründe hat, warum er das nicht will und der Informatiker könnte sich zu einem System durchringen, daß den Menschen in seiner Arbeit unterstützt und nicht in seiner Arbeit bedroht." (Interview)

Lutz u.a. sehen das Hauptproblem beim Entwickeln von Expertensystemen darin, daß es eine Diskrepanz gibt zwischen den impliziten Theorien über Qualifikationen innerhalb der Forschung zur künstlichen Intelligenz und der Realität der Qualifikationen und Qualifizierung industrieller Facharbeiter. Sie gehen dabei von der Grundannahme aus, daß Expertensysteme integrale Bestandteile betrieblicher Rationalisierungsstrategien sind und deren Logik gehorchen, egal ob mit diesen eine Abkehr von tayloristischen Prinzipien der Arbeitsteilung verbunden ist, oder auf technischem Wege eine Art rechnergestützter Neo–Taylorismus installiert wird, der zentrale Kontrolle und Planung nicht aufhebt. Für den letzten Fall hätten Expertensysteme vorwiegend die Funktion, *unterstützend* Hilfe zu leisten bei Diagnosen, Entscheidungen und Planungen der Facharbeiter. Im ersten Fall wäre es vorrangiges Ziel, die schwer zu kontrollierenden Experten vor Ort zu *ersetzen*.

Unabhängig von diesen (extrem zugeschnittenen) Fällen stellt sich die Frage, welche Qualifikationen von Facharbeitern in Expertensystemen abgebildet werden können. Während die ganzheitliche Facharbeiterqualifikation nicht allein auf kognitiven Fähigkeiten basiert, sondern auch durch Praxiserfahrung und Anwendung charakterisiert ist, ist die Qualifikationsstruktur des menschlichen Experten nach Lutz u.a. in der Regel „nur" durch den Besitz von Wissensbeständen und erprobten Verknüpfungs- und Bearbeitungsregeln gekennzeichnet. Der Expertenstatus des Facharbeiters beruht demnach im wesentlichen darauf, in unvorhergesehenen beruflichen Situationen zu handeln. Er füllt so genau die Lücke aus, die durch formalisierte betriebliche Planung nicht abgedeckt werden kann. Berufserfahrung wird hier an die praktische Umsetzung gelernter Fähigkeiten und Kenntnisse gekoppelt. „Die Möglichkeit, im Arbeitsprozeß abgewandelte oder ganz neue Problemlösungen zu entwickeln und zu versuchen (was auch die Zulässigkeit von Fehlern einschließt), ist vor allem für die Entwicklung und Erweiterung der Qualifikationen bedeutungsvoll." (Lutz u.a. 1989, S. 24)

Der empirische Nachweis von Folgewirkungen muß aus bereits genannten Gründen durch Hypothesen kompensiert werden. Dennoch glauben Lutz u.a., eine generelle Struktur der Wirkungen von Expertensystemen auf die Qualifikationen von Facharbeitern identifizieren zu können. Sie stellen dabei weniger die intendierten Folgen des Einsatzes von Expertensystemen in den Vordergrund ihrer Überlegungen (Enteignung von Erfahrungswissen, Ersetzung der Produktions- durch Planungsintelligenz, Vertiefung der Arbeitsteilung von Disposition und Ausführung) als die nicht intendierten Folgen, die für sie in der Regel schleichend und für die Beteiligten zunächst unbemerkt auftreten.

Bei der „Qualifikationserosion" werden die vorhandenen Kompetenzen nun nicht unmittelbar zerstört: vielmehr wird z.B. über die Auflösung von Lernmöglichkeiten am Arbeitsplatz deren kontinuierliche Erneuerung, Veränderung oder Erweiterung verhindert (bei erfahrenen Facharbeitern) oder oder deren Ausbildung (bei Berufsanfängern) verhindert. Neben dem Verlust von Erfahrungsmöglichkeiten und dem Verfall von Wissen und Können ist vor allem mit einer weiteren Entsinnlichung der Arbeitstätigkeiten zu rechnen. Lutz u.a. sprechen in diesem Zusammenhang von einer technischen Mediatisierung des Verhältnisses Mensch/Produktionsprozeß. „Wahrnehmbarkeit und Erfahrbarkeit sind auf bloß symbolische Abbildungen des realen Geschehens — in der Sprache der Informatik: die ‚Benutzeroberfläche' — zurückgedrängt. Es wird dem Arbeitenden ... zunehmend schwieriger, durch die technischen Medien hindurch noch ‚Gefühl' und ‚Gespür' für Systemzustände und Prozeßabläufe zu gewinnen." (Lutz u.a. 1989, S. 58)

Durch diesen Verlust von Handlungskompetenzen ist die Gefahr des Statusverlustes gegeben. Neben einer Schwächung des Selbstbildes kann hiermit die Minderung von Qualifizierungsmöglichkeiten einhergehen, was wiederum zu einem noch weitergehenden Verlust von Handlungskompetenzen führt, so daß es zu einer Abwärtsspiralbewegung kommen kann. Das bereits weiter oben erwähnte Anforderungsdilemma verschärft sich: Die für den verantwortungsvollen Umgang notwendigen Handlungskompetenzen können an computerisierten Arbeitsplätzen nur begrenzt ausgebildet, entwickelt und erhalten werden. Beim

Einsatz von Expertensystemen entstehen für die Facharbeiter nun gerade in solchen Situationen Handlungsanforderungen, die bei der Konstruktion des Systems nicht antizipiert worden sind. Lutz spricht vom Umspringen auf einen nicht mehr rechnergestützten Handlungszusammenhang, der mangels Übung nicht mehr zuverlässig beherrscht werden kann (vgl. ebd., S. 61).

Als Konsequenz werden in den beiden Studien ganz unterschiedliche Schlußfolgerungen gezogen. Coy fordert für die Ingenieure, den Blick für soziale Systeme in deren Ausbildung zu öffnen. „Informatik ist von Haus aus eine Rationalisierungswissenschaft, die mit technischen Mitteln soziale Systeme reorganisiert. So, die technischen Mittel, das kriegen wir irgendwie in den Griff. Die soziale Seite, eine Organisation als soziale zu verstehen, das lernen Informatiker eigentlich nicht. Es ist notwendig, daß in die Ingenieursausbildung diese Frage erst mal hereingebracht wird, dann könnte eine sozialverträgliche Technikgestaltung möglich werden. Im Moment wird sie noch gar nicht gesehen." (Interview)

An die Stelle des typischen Ingenieurbewußtseins („Wenn wir dürften, was wir könnten, Orwell würde staunen") müßte die Einsicht treten, daß nicht alles automatisierbar ist. Für die Technik selbst fordert er größere Transparenz der Entscheidungen. „Man muß wissen, wo man sich in der Arbeitsphase befindet. Man muß wissen, was vorher war, was man machen kann. Das ist ein technischer Standard, den die meisten Systeme jedoch nicht haben. (...) Wissensrepräsentation darf also nicht so geraten, daß ich nicht weiß, was da repräsentiert ist. Ich muß es rekonstruieren können. Transparenz ist hier ein ganz schwieriges Problem. Modularisierung wäre hier das Stichwort, wo es hingehen könnte, daß also vernünftige Zwischenschritte eingebaut werden." (Interview) Die Entwicklung von Expertensystemen ist damit auch notwendig eng an eine partizipative Software-Gestaltung gebunden (vgl. hierzu den Ansatz von Floyd u.a. im Kapitel III. C.)

Software-Ergonomie ist auch eine der technologiepolitischen Forderungen der Gruppe um Lutz, die der Benutzerfreundlichkeit das Prinzip der Benutzeroffenheit entgegensetzt, das beinhaltet, „daß Expertensysteme ihre Benutzer möglichst systematisch dazu anhalten, Unklarheiten und Unbestimmtheiten wahrzunehmen, Fragen zu stellen und − mit oder ohne Hilfe des Systems − nach Erklärungen zu suchen." (Lutz u.a. 1989, S. 67) Als arbeitspolitische Konsequenzen fordern sie eine Abkehr von vorwiegend technischen Lösungen von Problemen, deren Ursachen vor allem arbeitsorganisatorischer Art sind. Sie sprechen in diesem Zusammenhang von einer „Chancenungleichheit zugunsten technischer insbesondere informationstechnischer Lösungen gegenüber allen anderen denkbaren Lösungen." (ebd., S. 68)

6. Zusammenfassung

Herz hat zur Lage der Forschung über den Bereich Sozialisation und Persönlichkeitsentwicklung durch Arbeit bemerkt, daß diese Forschung insbesondere im Hinblick auf die Arbeit mit neuen Technologien mehr methodische, inhaltliche und theoretische Überlegungen bereitstellt als empirische Ergebnisse vorlegen kann (vgl. Herz 1987). Die Projekte des SoTech-Programms haben anscheinend diese Situation nicht wesentlich verändert. Der subjektive Faktor spielt zwar eine zunehmende Rolle in der Industriesoziologie, ohne daß damit allerdings die Persönlichkeitsentwicklung explizit in den Blick genommen wird.

Obwohl sich in der letzten Zeit verschiedene Ansätze um eine subjektorientierte Perspektive des Arbeitsprozesses bemühen (vgl. dazu die Beiträge in dem von Schmiede 1988 herausgegebenen Tagungsbericht), ist die spezielle Fragestellung des Verhältnisses von Subjektivität und Computertechnologie noch wenig systematisch bearbeitet. Auch ist zu berücksichtigen, daß der eigentliche computerbedingte Rationalisierungsschub erst in den letzten Jahren erfolgt ist und noch längst nicht beendet ist. Insofern kann davon ausgegangen werden, daß die hier diskutierten Forschungsansätze allenfalls eine erste Problematisierung des Verhältnisses von Computer und Persönlichkeit im Produktionsprozeß liefern. Die Ergebnisse bezüglich der Veränderungen von Subjektivität können aber auch als Problembeschreibungen der zukünftig der technologischen Rationalisierung unterliegenden Arbeitsplätze verstanden werden.

Unter Berücksichtigung der schmalen empirischen Basis ergeben sich aus dem Wechselwirkungsverhältnis von Persönlichkeit und Computer für den Arbeitsbereich die folgenden *Anforderungspotentiale*:

- Mit dem Einsatz von Computern an Arbeitsplätzen kommt es für die Beschäftigten zu einer Umstrukturierung von Anforderungspotentialen, die sich in einer Verschiebung von sensomotorischen Fähigkeiten und Fertigkeiten zu kognitiven äußert. An die Stelle der unmittelbaren Materialbehandlung und Intervention in den Produktionsprozeß tritt programmgesteuerte Lenkung und ein daten- und symbolvermittelter Arbeitsvollzug.

- Diese neuen Anforderungen treffen auf vorhandene Handlungskompetenzen, die noch unter der alten Technik ausgebildet wurden. Ein Schritt-für-Schritt-Arbeiten ist nicht mehr möglich, vielmehr müssen alle Möglichkeiten des Arbeitsprozesses der Maschine antizipiert werden. Senso-motorisches Handeln muß quasi kognitiv übersetzt werden. An die Stelle des alten Fingerspitzengefühls, das u.a. durch sinnliche Wahrnehmung über mehrere Sinne erzeugt wurde, tritt ein neues, programmvermitteltes Fingerspitzengefühl.

– Die Arbeitssituationen selbst sind dabei oftmals widersprüchlich. So werden auf der einen Seite gerade Handlungskompetenzen gefordert, die auf die Bewältigung offener, nicht–standardisierter Situationen abzielen, zugleich aber können diese Kompetenzen im Routinebetrieb des computerbezogenen Handelns nicht erworben und geübt werden. Sozial–kommunikative Kompetenzen werden durch die Technik einerseits reduziert, zugleich aber, z.B. für Störfalle, benötigt.

– Während ein Großteil der routinisierbaren und damit auch algorithmisierbaren Tätigkeiten an die Maschine verlagert wird, treten die personengebundenen Handlungsanforderungen in den Vordergrund: Selbständigkeit, Planungsfähigkeit, Verantwortungsbereitschaft, Flexibilität. Der Technikeinsatz selbst eröffnet dabei keine Chancen, diese Kompetenzen auszubilden und zu fördern. Diese Widersprüchlichkeit muß von den Subjekten ausgehalten werden. Dabei ist davon auszugehen, daß die Anforderungspotentiale bei derzeitig vorherrschenden Technikeinsatzmustern uneinheitlich auf die Beschäftigten verteilt sind. Den sogenannten Rationalisierungsgewinnern werden hier die genannten Kompetenzen abgefordert, während die Rationalisierungsverlierer den Verlust von Kompetenzen hinnehmen müssen und diesen nicht durch neue Handlungskompetenzen ausgleichen können. Aber auch für die Gewinner bleibt die Situation in der Weise widersprüchlich und für die weitere Entwicklung unvorhersehbar, wie Wotschack sie mit dem Begriff der kontrollierten Autonomie umschrieben hat.

– Die Subjekte stehen vor dem Problem, die neuen Anforderungen als Entwicklungsaufgaben akzeptieren zu müssen, was sich u.a. in der Idee des lebenslangen Lernens äußert. Das Annehmen dieser Entwicklungsaufgaben ist dabei zum Teil gleichbedeutend mit einer Veränderung der arbeitsbezogenen Identität.

– Die Ausformung der Anforderungs– in Entwicklungs– und Gefährdungspotentiale bleibt allerdings von der jeweiligen betrieblichen Situation abhängig. Anforderungspotentiale stellen sich vor allem dann als Gefährdungspotentiale dar, wenn die sozialen Kontexte nicht sozialverträglich strukturiert sind.

Für den Bereich der *Gefährdungspotentiale* läßt sich zusammenfassend feststellen:

– Die Computertechnik selbst als auch die mit dem Computereinsatz einhergehenden arbeitsorganisatorischen Lösungen drängen beim Großteil der Arbeitnehmer die subjektiven Bewältigungsmöglichkeiten von Arbeitsanforderungen zurück, beeinträchtigen und erschweren sie. Die widersprüchliche Situation besteht darin, daß die Subjekte mehr Verantwortung übertragen bekommen, zugleich aber ihre eigenen direkten Einflußmöglichkeiten auf die Maschine abnehmen. Dieser Verlust der unmittelbaren handgreiflichen Kontrolle und Beeinflussung der Maschine hat nicht nur Folgen im psychischen Bereich (Streß, Angst, Unsicherheit usw.). Gerade die sinnliche Qualität des Arbeitshandelns und die sinnlichen Erfahrungsmöglichkeiten nehmen drastisch ab. In Kombination mit den geringen Einflußmöglichkeiten wird hierdurch das Selbstverständnis der Arbeitnehmer sowie deren Verständnis der eigenen Arbeit beeinträchtigt, die Identität verunsichert. Die Erfahrung der Einschränkung personaler Handlungsfähigkeit geht einher mit einem fortschreitenden Sinnverlust der eigenen Tätigkeit.

– Die Arbeitsvollzüge an computerisierten Arbeitsplätzen folgen immer weniger der Intention der Arbeitenden, sondern sind immer stärker an die Programmstruktur gebunden. An die Stelle von Eigentätigkeit und Selbststeuerung tritt so die menügesteuerte Abhängigkeit, in der eigenständige Problemlösungsfähigkeiten verkümmern. Den computerisierten Arbeitsplätzen fehlt damit die sozialisatorische Kraft, die für die Arbeitssituation notwendigen Fähigkeiten zu entwickeln, z.B. Handlungssicherheit bei Störungen. Darüber hinaus kann implizites Erfahrungswissen weder gelernt noch weiterentwickelt werden. Diese Situation trifft Facharbeiter in unterschiedlichem Maße, weil von einer Polarisierung ausgegangen werden muß in Arbeitsplätze, die Lernchancen bereitstellen, und solche ohne Lernchancen. Damit werden für viele Arbeitnehmer auch grundlegende subjektgebundene Voraussetzungen für die Gestaltung des eigenen Lebens geschwächt.

– Mit dem zunehmenden Einsatz von Computern ergibt sich eine historisch veränderte Konfiguration von Arbeit und Belastung. Wenngleich der exakte Entstehungszusammenhang des Dreiecks Computertechnologie, betriebliche Leistungspolitik und Belastung nicht eindeutig geklärt ist, kann eine Zunahme von psycho–mentalen und psycho–sozialen Belastungen beobachtet werden. Aus der Erweiterung von Handlungsspielräumen kann aber keinesfalls abgeleitet werden, daß hiermit auch eine Verringerung der Belastung einhergeht. Die These von einer Verschiebung der Belastungen (weniger körperliche, mehr mentale) bedarf einer Korrektur in Richtung veränderter Belastungsstrukturen, in der die körperlich lokalisierbare Schädlichkeit belastender Arbeit zur abstrakten, systematischen Belastungsform wird. Darüber hinaus ist von einer polarisierenden Entwicklung auszugehen, nach der sich für bestimmte Arbeitsplätze mit dem Einsatz der Computertechnik eine Verbesserung von Teilaspekten der Belastung ergibt, während für viele der sogenannten Restarbeitsplätze sich die Belastungssituation insgesamt verschlechtert.

– Über die Möglichkeit der Vernetzung steigen die Chancen, die betrieblichen Kontrollpotentiale bezüglich Reichweite, Intensität und Ausdehnung zu verändern. Besonders problematisch ist dabei, daß die kontrollierten Subjekte nicht überprüfen können, ob und wann sie kontrolliert werden. Die historische Entwicklung der Transformation von Fremd- in Selbstkontrolle setzt sich hier fort und erreicht eine neue qualitative Stufe (vgl. Ortmann 1984). Die Kontrolle durch technisierte Systeme verändert die individuellen Handlungsmöglichkeiten, was als Verlust von Autonomie und Ich-Kompetenzen empfunden werden kann. Tritt zu dieser Situation noch die oben angeführte Einschränkung der direkten Einflußnahmemöglichkeiten im Bearbeitungsprozeß selbst, so muß von einer Veränderung des Kontrollbewußtseins in Richtung der deterministisch-rigiden externalen Form ausgegangen werden (vgl. Hohner 1987, S. 20).

– Die soziale Distanzierung der Beschäftigten wird durch die Computertechnologie offensichtlich verstärkt und die Tendenz zur sozialen Isolierung bei gleichzeitiger Individualisierung von Bewältigungsmöglichkeiten gefördert. Kommunikative Prozesse ergeben sich weniger aus der Arbeitssituation selbst als nur mehr noch an den vorgesehenen Schnittstellen der technischen Systeme. Lernbereitschaft und latente Konfliktfähigkeit können sich unter diesen Bedingungen und unter Einfluß betrieblicher Leistungspolitik zu individualistischen Bewältigungsstrategien verformen.

Die im folgenden aufgeführten *Entwicklungspotentiale* entbehren z.T. der empirischen Grundlage und sind dann weitgehend programmatischer Natur. Insbesondere die Verallgemeinerung der an wenigen konkreten Arbeitsplätzen beobachteten Entwicklungspotentiale im Sinne der Ausformulierung von Trends ist daher mit erheblichen Prognoseunsicherheiten behaftet.

– Erst die Entwicklung einer neuen „abstrakten Sinnlichkeit" würde es den Facharbeitern ermöglichen, über bildhaft-konkrete Vorstellungen, sich unabhängig von der unmittelbaren Wahrnehmung die Abläufe in der Maschine zu vergegenwärtigen. Über symbolisch-bildhafte Anweisungen kann ein neues Vertrauen geschaffen werden, wobei sich allerdings die Frage stellt, ob sich damit tatsächliche Kontrollmöglichkeiten über die Funktionsweise der Maschine wiederherstellen lassen. Auch über bereits durchgeführte Ansätze (Steuerungsknöpfe) der Technikgestaltung kann den Arbeitnehmern das Vertrauen in die Technik und die Eingriffsmöglichkeit in technische Abläufe zurückgegeben werden. Das Kontrollbewußtsein könnte so wieder in Richtung der interaktionistisch–flexiblen Form entwickelt werden.

– Bei den Rationalisierungsgewinnern läßt sich ein Gefühl des Machtzuwachses sowie eine Erweiterung der Handlungsspielräume beobachten, die schließlich auch Freiräume zur Arbeitsplatzgestaltung beinhalten können (spielerischer Umgang mit Organisationsstrukturen). Hier sehen Brater und Herz Chancen für die Persönlichkeitsentwicklung über neue Aufgabenzuschnitte und Arbeitsstrukturen. Sie übernehmen in dieser Perspektive die optimistische Formel, wonach das Wesentliche und Unersetzbare menschlicher Tätigkeiten dem Menschen bleibt, während die routinisierbaren Tätigkeiten in die Programme verlagert werden. Auch Hauß und Laußer sehen Chancen für die Rückgewinnung subjektiver Aneignungspraxis, wenn den Beschäftigten hohe sachliche und zeitliche Dispositionsspielräume eingeräumt werden und zugleich im Bereich der funktionalen, fachlichen und hierarchischen Arbeitsteilung Reduzierungen stattfinden.

– Alle hier genannten Entwicklungspotentiale verweisen auf notwendige Ansatzpunkte für Gestaltung: sowohl in der Arbeitsorganisation, als auch in der Technik selbst und nicht zuletzt in der Qualifizierung und Bildung der Arbeitnehmer.

Insgesamt, auch unter Einbezug der Studien aus Kapitel III. C. 1., ist zu folgern, daß sich z.Z. eine Ungleichverteilung von Gefährdungs– und Entwicklungspotentialen entwickelt. Einiges spricht dafür, daß die Computertechnologie verstärkend auf diesen Trend wirkt. Die sozialisatorischen Wirkungen der Industriearbeit werden verstärkt und zugespitzt auch auf andere Bereiche übertragen. Die Frage muß allerdings offen bleiben, ob dies der strukturellen Affinität von Kapital und Technik geschuldet ist, oder aber davon auszugehen wäre, daß die Entbindung der Technik von der kapitalistischen Formbestimmung zu einer anderen Rationalität führen würde.

Die genannten Potentiale, die in Studien zum Bereich Arbeit/Beruf entwickelt wurden, sind zumeist innerhalb der klassischen Facharbeiterberufe identifiziert worden. Wenn aber die BIBB/IAB-Studie zeigt, daß hier eher eine marginale Betroffenheit vorherrscht, so heißt dies, daß dort, wo die hauptsächliche Anwendung stattfindet, also im Büro- beziehungsweise Angestelltenbereich, Untersuchungsergebnisse fehlen. Gerade hier wären deshalb weitere Forschungen im Anschluß an die Studie von Baethge und Oberbeck ebenso notwendig, wie im Bereich der noch nicht von der Computertechnologie erfaßten Tätigkeiten. Die Frage ist, ob bei letzteren *vor* dem Einsatz präventive Maßnahmen zur Abwendung von Gefährdungspotentialen ergriffen werden könnten. Die folgenden Ausführungen zu computerisierten Frauenarbeitsplätzen nehmen den Bürobereich ungleich stärker auf und erweitern so den Blick der weitgehend auf männliche Facharbeiterplätze ausgerichteten industriesoziologischen Forschung.

7. Computerisierung des Weiblichen oder Verweiblichung des Computers — Frauenarbeit und Computer

Weiter oben wurden bereits Ergebnisse zu geschlechtsspezifischen Aspekten des Computerumgangs und -zugangs im Bildungsbereich referiert. Die Frage nach den Auswirkungen des Computereinsatzes auf die Arbeitsbedingungen von Frauen ist aus mehreren Gründen nicht isoliert für den Arbeitsbereich zu beantworten. Frauen sind eben nicht nur Arbeitnehmerinnen, sondern werden in den hier analysierten Untersuchungen immer auch unter der Perspektive des spezifisch weiblichen Lebenszusammenhangs berücksichtigt, wonach Frauen Vereinbarungsleistungen von Erwerbs- und Familienarbeit stets für sich austragen müssen.

Die Entwicklung einer feministischen Technikkritik in Kombination mit feministischer Erkenntniskritik bildet die Folie, auf der die Ergebnisse abgebildet und bewertet werden müssen. Ohne detaillierter auf diese theoretischen Grundlagen eingehen zu können[46], muß diese Folie hier jedoch zumindest in groben Zügen skizziert werden.

Heide Schelhowe, die die einschlägige Literatur und Forschung zum Thema „Frauen und Computer" für das Projekt „Persönlichkeit und Computer" bearbeitet hat, argumentiert: „Die Kritik geht davon aus, daß Naturwissenschaft und Technik nicht neutral sind, sondern daß Männlichkeit und Technik in einem inhärenten Zusammenhang stehen, daß sowohl die Frauen selbst als auch die als ‚weiblich' definierten Prinzipien aus Naturwissenschaft und Technik ausgeschlossen werden. Christine Woesler de Panafieu, eine der bekanntesten Feministinnen, die sich mit Fragen der Erkenntnistheorie beschäftigen, faßt das Anliegen folgendermaßen zusammen: ‚Die neuzeitliche Wissenschaft hat spezifische Trennungen von Subjekt und Objekt, eine spezifische Abstraktionsleistung und einen auf instrumentelle Verfügung reduzierten Rationalitätsbegriff hervorgebracht, der auf Leugnung des weiblichen Wissens und weiblicher Fähigkeit beruht, sowie auf der Unterdrückung der eigenen kindlichen und körperlich-emotionalen Erfahrungen. (...) Das Einbringen von Sinnlichkeit und Materialität ist ein zentraler Stützpfeiler feministischer Erkenntnistheorie' (Woesler 1987, S. 89). So können wir davon ausgehen, daß Frauen eine andere Sichtweise von

---

46 Mit Heidi Schelhowe verweisen wir an dieser Stelle auf folgende Literatur zur feministischen Technikkritik: Evelyn Fox-Keller 1986, Carolyn Merchant 1987 und Doris Janshen 1987.

der Welt haben, daß sie den Prinzipien individuellen und gesellschaftlichen Handelns eine andere Moral zugrunde legen, daß sie andere Beurteilungs- und Erkenntnismaßstäbe anlegen als Männer. Dieses ‚andere' von Frauen ist Moment einer gesellschaftlichen Konstitution der Polarisierung der Geschlechter und damit auch ihrer spezifischen Entfremdungen (ebd., S. 88)." (Schelhowe 1989, S. 6)

Schelhowe ordnet die Frage, ob nicht Frauen aufgrund ihrer Geschichte und Sozialisation ganz andere Verhaltensweisen im Umgang mit Technik zeigen, in eine Diskussion ein, die in zwei Extrempunkten dimensioniert ist: Zum einen der „Forderung der totalen Verweigerung und Ablehnung ‚männlicher' Technik (Mies 1985; Neusüß 1986; Frauen der Kreuzberg-Neuköllner Antikabel-Gruppe 1984)" (Schelhowe 1989, S. 6), zum anderen der „Behauptung, frau müsse den Computer in den Dienst der Frauenbewegung übernehmen, die Kritik an der Computertechnik sei eine von Männern verbreitete ‚Angstmache' (Kerler 1985, Reinhard o.J.)." (Schelhowe 1989, S. 6 f.) Die Suche nach einem anderen Umgang mit Computertechnik ist zugleich auch eine Hoffnung der Frauen. „Die Hoffnung ist, in den anderen Zugangs- und Umgangsweisen von Frauen (die ihre Grundlage in einer an der Erhaltung menschlichen Lebens orientierten Sozialisation haben sollen und in der Nichtbeteiligung von Frauen an der Geschichte der Herrschaftsproduktion mittels Technik) eine neue zukunftsweisende Praxis, zumindest Ansätze dafür, zu entdecken, einer Praxis, die Technik verantwortungsvoll gestaltet, einsetzt und handhabt." (ebd., S. 7) Für Ute Hoffmann dokumentiert die angesprochene Fragestellung eine noch einmal zugespitzte feministische Position. „In diesem Sinne sind frauenspezifische Zugangsweisen Ausdruck einer Politik des Unterschieds, Suchbewegungen der Sehnsucht nach Differenz in der Gleichheit, ohne die Gleichheit in der Differenz aufzugeben." (Hoffmann 1988 b)

Wenn nun die Idee, beziehungsweise die Hoffnung auf einen anderen Technikumgang von der mehrheitlich männlichen Wissenschaft thematisch aufgenommen wird, so bedeutet dies noch lange nicht, daß Männer und Frauen das gleiche damit meinen. Die Machtfrage und damit die bestehenden Chancenungleichheiten und realen Ungleichheiten werden von Frauen in der Regel immer mitgedacht.

Dieser Macht- und Ungleichheitsaspekt verweist auf einen zweiten Aspekt: den spezifischen weiblichen Lebenszusammenhang. Indem dieser stets mit thematisiert wird, ist eine auch analytische Beschränkung auf den unmittelbaren Arbeitsbereich nur schwer möglich. Darüber hinaus ist der Arbeitsbereich durch geschlechtsspezifische Hierarchisierungen gekennzeichnet, von denen angenommen werden kann, daß diese ganz wesentlich die Art des Computerumgangs und

–einsatzes mitbestimmen. Im folgenden werden entlang der Kategorien Anforderungs-, Gefährdungs- und Entwicklungspotentiale die wichtigsten Ergebnisse der vorliegenden Studien analysiert. Die empirische Basis für Untersuchungen aus dem Bereich „Frauenarbeit und Computer" ist jedoch eher bescheiden. Herangezogen werden neben zwei SoTech-Projekten auch zwei Untersuchungen, die außerhalb des SoTech-Bereichs liegen. Zunächst werden einige Daten zum Verbreitungsgrad neuer Technologien an Frauenarbeitsplätzen vorausgeschickt.

7.1 Verbreitungsgrad programmgesteuerter Arbeitsmittel an Frauenarbeitsplätzen

Die BIBB/IAB-Studie beschränkt sich in ihrer Analyse zum Verbreitungsgrad neuer Technologien auf die aktuelle Situation und die Veränderungen in der jüngsten Vergangenheit und macht explizit keine Aussagen über mögliche zukünftige Entwicklungstendenzen. Bezüglich des Verbreitungsgrades der neuen Technologien kommen die AutorInnen der Studie zu dem Schluß, daß zwar Frauen- und Männerarbeitsplätze global im gleichen Umfang vom Einsatz neuer Technologien betroffen sind, daß aber die Arbeitsplätze von Männern im Schnitt höher mechanisiert sind als die von Frauen (vgl. Henninges/Schwarz 1987, S. 468). Auf der nach der BIBB-Terminologie höchsten Mechanisierungsstufe, die, wie bereits weiter vorne erwähnt, sechs Technologietypen umfaßt[47], arbeiten rund 21 % der Frauen, wobei dem Einsatz von Computern und Terminals das größte Gewicht zukommt (15 %), bei Bildschirmtext- und Textverarbeitungsautomaten sind es 5 %, bei elektronischen Kassen 2 %.

Somit kann man feststellen: Die „globale Zunahme von modernen Technologien an Arbeitsplätzen von Frauen beruht im wesentlichen auf dem verstärkten Einsatz von Computern und Terminals." (ebd., S. 469) Bei diesen Technologiearten hat es von 1979 bis 1985 einen Anstieg von 4 % auf 16 % gegeben.

Die AutorInnen der BIBB/IAB-Studie betonen, daß statistisch bedeutsame Zusammenhänge und Verbreitungsmuster sich ausschließlich an Arbeitsplatzmerkmale knüpfen wie: Berufsbereich, Stellung im Betrieb, Betriebsgröße und Wirtschaftsbereich (vgl. ebd., S. 469). An dieser Stelle sei insbesondere auf die Ergebnisse hingewiesen, die die Stellung des Arbeitsplatzes in der innerbetrieb-

---

47 programmgesteuerte Maschinen und Anlagen (NC/CNC-Maschinen, Roboter); technische Großanlagen; Computer, EDV, Terminals; Schreibautomaten, Teletexsysteme; elektronische Kassen; CAD-Systeme.

296

lichen Hierarchie mit dem Einsatz moderner Technologien in Zusammenhang bringen. „Im allgemeinen gelten hier folgende Mechanisierungsmuster:
– Arbeitsplätze von Arbeiterinnen sind im Schnitt niedriger mechanisiert als Arbeitsplätze von Angestellten, Beamtinnen und selbständig tätigen Frauen;
– innerhalb der Arbeiter-, Angestellten- und Beamtenschaft sind die mittleren Positionen (Arbeitsplätze von qualifizierten Angestellten, mittleren Beamtinnen und von Facharbeiterinnen) durchweg am höchsten mechanisiert und die einfachen Arbeitsplätze am niedrigsten. Anders gesagt: Frauen in mittleren sozialen Rängen arbeiten wesentlich häufiger mit modernen Technologien (mittlere Angestellte: 42%; Facharbeiterinnen: 7%) als Frauen, die in einfachen Positionen, sei es als einfache Angestellte (18%) oder sei es als angelernte Arbeiterin (4%) tätig sind." (ebd., S. 473 f.)

Dieses Technikeinsatzmuster wird von Henninges und Schwarz als „statusorientierter Einsatz" charakterisiert. „Der seit 1979 angestiegene Einsatz moderner Technologien erfolgte fast ausschließlich an Arbeitsplätzen von mittleren Angestellten und mittleren Beamtinnen. Bei den mittleren Angestellten stieg die Zahl der moderne Technologien anwendenden Frauen von 25% (1979) auf 42% (1985) und bei den mittleren Beamtinnen von 10% auf 20%. An den Arbeitsplätzen von Arbeiterinnen gingen die technologischen Innovationen hingegen völlig vorbei." (ebd., S. 474)

Um zu einer abschließenden Aussage zu kommen, haben die AutorInnen der Studie die verschiedenen Frauenarbeitsplätze zu sieben Arbeitsplatztypen klassifiziert. Bezogen auf diese Klassifikationslösung kommen sie zu recht unterschiedlichen Graden von Betroffenheit bei Frauen durch neue Technologien. „Arbeitsplätze mit der höchsten Verbreitung moderner Technologien sind die von mittleren und gehobenen Angestellten und Beamtinnen, die in den kaufmännischen Berufen in der Industrie, in Banken oder Versicherungen oder im öffentlichen Dienst arbeiten. An diesen Arbeitsplätzen arbeiten 3% aller Frauen, 73% von ihnen arbeiten mit programmgesteuerten Technologien. Am seltensten eingesetzt werden moderne Technologien hingegen an Arbeitsplätzen von Arbeiterinnen, einfachen Angestellten, Beamtinnen und Selbständigen, die außerhalb kaufmännischer oder verwaltender Berufe arbeiten. An diesen Arbeitsplätzen arbeiten 39% der Frauen, aber nur 5% davon mit modernen Technologien.

Moderne Technologien, das zeigen diese Daten noch einmal deutlich, werden in der Mehrzahl der ‚Frauenarbeitsplätze' bislang immer noch selten eingesetzt. Ihr Einsatz massiert sich an einer Minderheit der Arbeitsplätze." (ebd., S. 476 f.)

Bezüglich des Verbreitungsgrades der neuen Technologien sprechen die Autoren der BIBB/IAB-Studie daher von einer „punktuellen Konzentration" und gerade nicht von einer „breiten Diffusion", denn der Einsatz moderner Technologien verstärkt das Mechanisierungsgefälle zwischen den Arbeitsplätzen der Frauen erheblich. Dieses Mechanisierungsgefälle findet seine Entsprechung hinsichtlich persönlichkeitsspezifischer Merkmale wie Ausbildungsstand, Alter, Weiterbildungsinteressen und Berufszufriedenheit zwischen Anwenderinnen und Nichtanwenderinnen programmgesteuerter Arbeitsmittel. So zeigt Werner (1987) beispielsweise auf, daß die Anwenderinnen programmgesteuerter Arbeitsmittel durchschnittlich jünger sind und zumeist einen höheren Bildungs- und Ausbildungsstand haben als die übrigen Frauen. Die unterschiedlichen Grade der Betroffenheit von neuen Technologien machen es notwendig, innerhalb der Identifizierung der Anforderungs-, Gefährdungs- und Entwicklungspotentiale teilweise erhebliche Differenzierungen vorzunehmen.

7.2 Anforderungspotentiale von Leistungsdruck bis Aufgabenvielfalt

Alle hier einbezogenen Studien kommen zu dem Ergebnis, daß mit dem Computereinsatz die Leistungsanforderungen steigen. Der steigende Druck wird dabei jedoch nicht nur durch gestiegene objektive Erwartungen an die Frauen ausgelöst, sondern auch durch die Frauen selbst, weil sie die Ansprüche an die eigene Leistungsfähigkeit erhöhen.

Die Arbeitssituation von Arbeiterinnen stellt sich für Morschhäuser aus dem SoTech-Projekt „Frauenverträgliche Technikgestaltung?"[48] wie folgt dar: „Attraktiv und von Interesse ist nach wie vor das billige und flexible weibliche Arbeitsvermögen – und zwar sowohl für die verbleibenden konventionellen Arbeitsplätze wie auch in den Lücken der Automation und für ‚einfach' strukturierte Tätigkeiten an neuen Technologien." (Morschhäuser 1987, S. 2) Unter der Kategorie des „weiblichen Arbeitsvermögens" wird dabei auch die psychische Bewältigung von in der Regel hochgradig zerstückelten Arbeitsvorgängen mit kaum vorhandenen Einflußmöglichkeiten und trotzdem notwendiger Sorgfalt und Dauerkonzentration verstanden.

Harriet Eder und Ellen Woll (vgl. Brosius/Haug 1987, S. 41) sehen mit der Computerisierung der Arbeit oder, um in der Terminologie der Projektgruppe zu sprechen, mit der Automationsarbeit Anforderungen in den Vordergrund treten,

---

48 Frerichs u.a. führten ihre Untersuchung in drei gewerblichen Bereichen (Metallverarbeitung, Elektrotechnik und Montageautomatisierung im Fahrzeugbau) sowie in drei Angestelltenbereichen durch. Neben Workshops mit den betroffenen Frauen wurden u.a. zwanzig ausführliche Experteninterviews mit BetriebsrätInnen, Management- und Technikexperten durchgeführt. Hinzu kamen 53 Intensivinterviews mit Arbeiterinnen und weiblichen Angestellten nach einem Leitfaden sowie Gruppendiskussionen mit Vertrauensfrauen.

„die bisher als typisch weibliche Fähigkeiten galten, so daß von einer ‚Verweiblichung' der Arbeit gesprochen werden könne." (Schelhowe 1989, S. 39) Neben Merkmalen wie „körperlich leicht", „sauber" wird vor allem beim Einsatz von Computern eine spezifische Flexibilität und Diszipliniertheit erwartet, „... wie sie Frauen in der Hausarbeit lernen müssen, wenn verschiedene Dinge nebeneinander getan werden müssen und diese Arbeitsprozesse simultan beobachtet werden müssen. Dazu kommt die Diszipliniertheit, die Frauen auch bei langweiligen und monotonen Arbeiten aufbringen müssen, ebenso wie die Gewissenhaftigkeit der Mutter und Hausfrau und auch die vielgepriesene Fingerfertigkeit der Frauen." (Brosius/Haug 1987, S. 41)

Im Zusammenhang mit der Einführung von Warenwirtschaftssystemen werden in einigen Bereichen des Einzelhandels von den Beschäftigten neue Qualifikationen verlangt, insbesondere EDV- und kaufmännische Kenntnisse.[49] Die Veränderung der Qualifikationsanforderungen durch den zunehmenden Einsatz der Informations- und Kommunikationstechnologien in diesem Bereich schlägt sich auch in der Diskussion um die Neuordnung der Berufe im Einzelhandel nieder.

Die BIBB/IAB-Studie relativiert allerdings die Ergebnisse von Faber und Wehrsig bezüglich der Anforderungspotentiale. Mit dem Einsatz von Scanner-Kassen hat sich ein großes Anwendungsfeld der Datenerfassung ausgebreitet. EDV-gestützte Warenwirtschaftssysteme rufen hier jedoch nach Werner „... keinen deutlich höheren Qualifikationsbedarf hervor. (...) Neue Qualifikationsanforderungen entstehen an anderer Stelle, bei der Auswertung der durch die Scanner-Kassen erfaßten Daten auf der Ebene der Betriebsleitung ..." (Werner 1987, S. 525). Gerade diese Bereiche sind jedoch immer noch vor allem eine Männerdomäne, so daß die hier entstehenden neuen Anforderungspotentiale nicht auf Frauen bezogen sind.

Wurde der unmittelbare Zusammenhang von neuen Technologien und Belastungsstrukturen schon stark durch die Autoren der BIBB/IAB-Studie relativiert im Sinne eines vielschichtigen Zusammenhanges, so schätzen sie die Auswirkungen des Einsatzes moderner Technologien auf arbeitsorganisatorische Regelungen für noch vielförmiger ein. Vorrangig prägten auch hier die nichttechnologischen Strukturmerkmale der Arbeitsplätze die Arbeitsbedingungen an Frauenarbeitsplätzen. Die multivariante Analyse veranlaßt Henninges und Schwarz dazu, für bestimmte Arbeitsbedingungen einen Einfluß der modernen Technolo-

---

49 Das Projekt „Organisationstechnologien, Wandel der Dienstleistungen von Frauen im Einzelhandel und soziale Folgeprobleme" von Faber und Wehrsig an der Universität Bielefeld hat über Interviews mit Betroffenen und dem Management sowie Fallstudien aus sechs Unternehmen der Textil- und Lebensmittelbranche und einem Warenhaus insbesondere die organisatorischen und arbeitsbezogenen Veränderungen durch den Einsatz neuer Techniken untersucht.

gien zurückzuweisen. „Zu den Arbeitsbedingungen, die nicht erkennbar vom Einsatz moderner Technologien tangiert werden, zählen nach unseren Analysen:
– Nacht-/Schichtarbeit
– alle Arbeitsbedingungen, die eine Abhängigkeit von externen Kontrollvorgaben beinhalten (wie Eigen-/Fremdkontrolle der Art der Aufgabendurchführung, des Arbeitsinhalts und der Arbeitsmenge)
– Verantwortung (für wirtschaftliche Folgen)
– exogen hervorgerufene Arbeitsstörungen oder Unterbrechungen

Alle diese Arbeitsbedingungen werden an Arbeitsplätzen von Frauen durch den Einsatz moderner Technologien allem Anschein nach weder erhöht noch verringert." (BIBB/IAB 1987, S. 481) Zu anderen Ergebnissen gelangen die Mitarbeiterinnen des SoTech-Projekts „Frauenverträgliche Technikgestaltung?", die erhebliche Auswirkungen auf die Flexibilisierung der Arbeitszeiten nachgewiesen haben.

Immerhin identifizieren Henninges und Schwarz vom BIBB, wenngleich sie Merkmale wie Betriebsgröße für einflußreicher in bezug auf die Arbeitsbedingungen halten, Anforderungspotentiale, bei denen moderne Technologien eine geringe, aber signifikante Rolle spielen. „Für alle Betriebsgrößen läßt sich gleichermaßen feststellen, daß Frauen, die mit modernen Technologien arbeiten, deutlich häufiger starkem Termin- und Leistungsdruck ausgesetzt sind als Frauen, die mit konventionellen Arbeitsmitteln umgehen." (BIBB/IAB 1987, S. 485)

Neben diesem *Termin- und Leistungsdruck* werden vor allem *Konzentrationsanforderungen* an die Frauen an computerisierten Arbeitsplätzen gestellt. „Für die meisten Arbeitsplätze gilt dabei erwartungsgemäß, daß die Konzentrationsanspannung bei der Arbeit mit modernen Technologien deutlich ansteigt. Besonders stark ausgeprägt ist dies bei den Frauen der Fall, die als Dienstleistungskaufleute arbeiten." (ebd., S. 485) Auch bezüglich *neuer Aufgaben* im Beruf, also der Anforderung, sich in neue Zusammenhänge hineinzudenken, bisherige Arbeitsverfahren zu verbessern oder sich neu einzuarbeiten, kommt die Studie zu dem Ergebnis, daß wesentlich die Art des Berufs und die Stellung im Beruf diese Anforderungen formt und bestimmt. Allerdings wurde beim Einsatz von Computern, insbesondere an Frauenarbeitsplätzen im Dienstleistungsbereich, festgestellt, daß die Arbeit „merklich abwechslungsreicher" (ebd., S. 486) wird. Auch die *Aufgabenvielfalt* (d.h. verschiedene Arbeiten oder Vorgänge gleichzeitig im Auge behalten zu müssen) wächst im Zusammenhang mit dem Einsatz neuer Technologien. „Diese Tendenz gilt für alle Statusgruppen, insbesondere aber für die Frauen, die als einfache Angestellte tätig sind." (ebd., S. 486)

7.3 Gefährdungspotentiale an Frauenarbeitsplätzen

Ina Wagner (1986) hat in Österreich Frauen, die mit Textverarbeitungssystemen arbeiten, nach den Auswirkungen des Computereinsatzes befragt und eine Reihe von Ambivalenzen und Spannungen in deren Umgang mit dem Computer und den Erwartungen gegenüber dem Computer festgestellt.[50] „Zwei Drittel der Frauen bringen zum Ausdruck, daß die Textverarbeitungssysteme ihre Arbeit erleichtert haben, daß sie nicht mehr darauf verzichten wollen. Andererseits beklagen sich die meisten Frauen über gesundheitliche Belastungen." (Schelhowe 1989, S. 34)

Aus analytischen Gründen muß dieses Spannungsverhältnis hier aufgehoben werden, indem die Ergebnisse gemäß der drei Hauptuntersuchungskategorien des Projektes aufgegliedert werden. Unter Berücksichtigung dieser Spannungen und Ambivalenzen macht Wagner die folgenden Gefährdungen aus: Als Negativerfahrung wird von den Frauen „ein gewisser Verlust an Unmittelbarkeit" (ebd., S. 34) wahrgenommen. Ergänzend dazu fühlen sich viele Frauen einer erhöhten Kontrolle ausgesetzt. Gerade auch Frauen, die vom Einsatz der Computer profitieren und ihre Kompetenzen und Handlungsmöglichkeiten erweitern können, befürchten, daß diese Freiräume mit einem Verlust von Kommunikation verbunden sein könnten. Bei den von Wagner untersuchten Frauen ging die Höherqualifizierung über EDV-Kenntnissen nicht einher mit der Entwicklung eines positiven Bildes bezüglich der eigenen Handlungsspielräume und der beruflichen Aufstiegspläne, im Gegenteil: Diese Frauen sehen „für sich selbst kaum Chancen auf einen besseren Arbeitsplatz mit höherer Eigenverantwortung, Entscheidungsbefugnis und Unabhängigkeit." (ebd., S. 34)

Auch die Untersuchungsergebnisse des SoTech-Projekts von Frerichs u.a. („Frauenverträgliche Technikgestaltung?" sind uneinheitlich, die Reaktionen der Frauen auf den Computereinsatz sind am ehesten mit dem Ambivalenzbegriff zu fassen. So beschreibt eine Angestellte aus ihrer Perspektive die Situation: „Es ist mit den Bildschirmgeräten wie mit dem Auto: Jeder schimpft darauf, aber keiner will mehr darauf verzichten." (Steinrücke 1987 a, S. 2). Dabei unterscheiden sich die Ergebnisse aus dem Produktionsbereich und aus der Verwaltung ganz erheblich. Die Sachbearbeiterinnen einer Versicherung beklagen vor allem die Abhängigkeit vom Computer, die dazu führe, „daß sie keinen Arbeitsgang mehr ohne Bildschirmgerät erledigen können ..." (Schelhowe 1989, S. 36). Ein Teil der Unzufriedenheit der Frauen wird dabei auch technischen Problemen ursächlich zugeschrieben (lange Wartezeiten sowie Systemausfälle).

---

50 Wagner interviewte und befragte 70 Sekretärinnen und Schreibkräfte in Ministerien, in den Verwaltungen einer großen Bank, einer Verkaufskette und in einem Universitätsinstitut.

Die Forscherinnengruppe um Frerichs kommt zu dem Fazit: „Die wichtigsten Unterschiede bestehen nach wie vor in der Arbeitssituation zwischen Arbeiterinnen und weiblichen Angestellten. Daran haben auch die neuen Technologien nichts geändert – eine Angleichung der Arbeitssituation hat durch den Einsatz neuer Technologien in unseren Untersuchungsbereichen (Montageautomation, CNC-Maschinen, computergestützte Lagerorganisation einerseits – an Zentralrechner angeschlossene Bildschirmgeräte, PC's und mit Diskette arbeitende Datenerfassungsgeräte andererseits) jedenfalls kaum stattgefunden." (Frerichs u.a. 1988, S. 3)

Ein maßgebliches Gefährdungspotential stellt weiterhin der mögliche Arbeitsplatzabbau mit seinen Auswirkungen auf die Psyche der Beschäftigten dar. Im Montagebereich eines Unternehmens erlebten Frauen die Umstrukturierung eines konventionellen Bandes mit 38 Arbeitsplätzen auf ein teilautomatisiertes mit nur noch acht Arbeitsplätzen; die weitere Automation des Bandes und die Verringerung auf nur noch drei Arbeitsplätze stand in Aussicht. „Die Arbeiterinnen erleben hier unmittelbar sinnlich, wie die neuen Technologien in einem rasanten Tempo ihre Arbeitsplätze vernichten. (...) Dementsprechend dominant ist die Angst um die Arbeitsplätze bei den Arbeiterinnen." (ebd., S. 3)

Für die weiblichen Angestellten stellt sich die Bedrohung anders dar. Ihr Verarbeitungsmuster heißt: „Persönlich keine Gefahr – im allgemeinen düster". Hier schlagen sich in der Beurteilung der Arbeitssituation zum einen andere Rationalisierungsstrategien im Verwaltungsbereich nieder (es gibt kaum Entlassungen, sondern Personalabbau durch andere Verfahren; teilweise entstehen sogar neue Arbeitsplätze durch EDV-Projekte), zum anderen aber auch subjektive Erfahrungen, daß erworbenes Wissen in der Regel nicht ganz durch neue Techniken ersetzt werden kann. Die psychischen Auswirkungen der Rationalisierung mit neuen Technologien hat nach Worten der Autorinnen „bei Arbeiterinnen ganz konkrete, bei weiblichen Angestellten eher diffuse Angst um den Arbeitsplatz" (ebd., S. 3 f.) mit sich gebracht.

Arbeitsinhalte und -umstände belasten nach wie vor Arbeiterinnen viel stärker als weibliche Angestellte. Der Humanisierungshoffnung, die mit den neuen Technologien verknüpft wird, erteilen Frerichs u.a. jedoch eine Lektion. „Auch wenn sich durch die neuen Technologien im Produktionsbereich gewisse Verschiebungen von schweren körperlichen hin zu mehr psychisch-nervlichen Beanspruchungen ergeben haben, so ist die Arbeit der Arbeiterinnen immer noch gekennzeichnet durch extreme und einseitige Vernutzung ihrer physischen Arbeitskraft (schweres Heben, kurzzyklisches, monotones Einlegen, Zuführen oder Prüfen kleiner und kleinster Teile). Sie müssen als ausführende Organe, Teile einer Teilmaschine, funktionieren. Arbeiterinnen drückten das so aus: ‚Du bist wie ein Roboter'." (ebd., S. 4) Ein Managementvertreter habe einen noch plastischeren Begriff für dieses geforderte Arbeitsvermögen gefunden: Er sprach vom Menschen als einem „universellen Roboter", als einer Maschine, die noch flexibler ist als Handhabungsautomaten.

Das Konzept der Flexibilisierung beziehungsweise des flexiblen Arbeitskräfteeinsatzes zeigt vor allem Wirkung in der Produktion (Springersysteme und permanente Umsetzungen bei knappster Personaldecke). Bei solchen Einsatzverfahren machen Frauen „... die Erfahrung, wie ein Gegenstand hin- und hergeschoben zu werden, weder über einen Ort noch über sich selbst zu verfügen ..." (ebd., S. 5). Nicht nur das Selbstbild der Frauen leidet unter solchen Personaleinsatz-Konzepten, sondern unter bestimmten Umständen auch deren materielle Sicherheit, denn sie können sich nicht an die notwendigen Handgriffe zur Erreichung z.B. des Akkords gewöhnen.

Im Produktionsbereich hat die Computertechnologie zum Teil wesentlich die persönlichen Bindungen an einen Arbeitsplatz und die Möglichkeit, diesen zeitweise zu verlassen, verändert. „An teilautomatisierten Bändern können die Frauen den Takt nicht mehr beeinflussen, so daß sie einerseits den Akkord nicht mehr über den festgelegten Satz erhöhen können und andererseits nicht mehr gemäß dem eigenen Rhythmus mal schneller, mal langsamer arbeiten können, sondern immer gleichförmig im Takt der Maschinen arbeiten müssen. Zudem sind an den neuen Maschinen Geräte zur Erfassung von Stückzahl, Produktions- und Stillstandszeiten installiert worden, wodurch ein Unterbrechen der Arbeit und Verlassen des Arbeitsplatzes noch zusätzlich erschwert wird." (ebd., S. 5) Die betrieblichen Nutzungskonzepte der Computertechnologie tangieren zumeist die zeitliche Dimension der Handlungsspielräume: durch eine rigide Anbindung an Taktzeiten werden zeitliche Spielräume eingeschränkt. Dies spricht dafür, daß an Frauenarbeitsplätzen kaum von einem Rückgang des Taylorismus gesprochen werden kann.

Flexible Personaleinsatzkonzepte entsprechen den Modellen zur Flexibilisierung der Arbeitszeit, wobei wiederum Arbeiterinnen am meisten gefährdet sind. „Im Unternehmensbereich Lager hat die Computerisierung der Auftragsbearbeitung und die dadurch mögliche enge Anbindung jener an den Auftragseingang zu einer Verlagerung der Arbeitszeiten in den Spätnachmittag und Abend hineingeführt, bei gleichzeitiger Ausweitung von Teilzeitarbeit. An den neuen Montagebändern und CNC-Maschinen dagegen wurde zur flexiblen Bewältigung von Auftragsschwankungen zunehmend Wechselschicht eingeführt; die Bereitschaft zur Wechselschicht ist hier zur Einstellungsvoraussetzung gemacht worden." (ebd., S. 6)

Schließlich ist es nur konsequent, wenn sich unter den Bedingungen der genannten Flexibilisierungen die kommunikativen Beziehungen von Arbeitnehmerinnen maßgeblich verändern. Angeführt werden hier „einige für die kommunikativen Beziehungen am Arbeitsplatz relevante Veränderungen, die z.T. auch mit der neuen Technik zusammenhängen. Neben der konkurrenzfördernden Angst um den Arbeitsplatz haben im Produktionsbereich Mehr-Maschinenbedienung und vergrößerte Abstände an Montagebändern mit automatischen Stationen die Kommunikationsbedingungen unter den Arbeiterinnen verschlechtert, neben dem ständigen Leistungs- und Zeitdruck der auf im Akkord Arbeitenden immer schon gelastet hat." (ebd., S. 8)

Ein besonderes Gefährdungspotential stellen u.E. darüber hinaus spezifische Verarbeitungsformen des gestiegenen Leistungsdrucks durch die Frauen dar. „Diesem objektiv gestiegenem Leistungsdruck ... haben die Frauen wenig entgegenzusetzen. Im Gegenteil, es scheint so zu sein, daß gerade bestimmte Eigenarten des weiblichen Habitus diesem Druck noch entgegenkommen (Männer scheinen, außer sie sind erklärtermaßen karriereorientiert, was die von uns befragten Frauen in der Regel nicht sind, den Arbeitsdruck leichter distanzieren zu können): Verantwortungs- und Pflichtgefühl den Kunden und Kolleg/inn/en gegenüber; ein Zwang, Arbeit, die sich sichtbar auftürmt, ‚einen anblickt‘, zu erledigen (genauso wie die Hausarbeit, die ja selbst hilfswillige Männer viel leichter übersehen als Frauen.) Dieser ‚stumme Zwang‘, den die Arbeit selbst ausübt, funktioniert, ohne daß ein Vorgesetzter irgendeinen direkten Druck ausüben müßte. Gestützt wird er noch dadurch, daß das brave Erledigen aller Pflichten auch Chancen des Erlebens des eigenen Werts und der eigenen Unentbehrlichkeit bietet (analog zur Hausarbeit). Diese ‚Kollusio‘ (so hat der französische Soziologe P. Bourdieu das Zusammenspiel von objektivem Druck und subjektiven Dispositionen genannt) ist allerdings nicht aus Beton, sondern durch Bewußtwerdungsprozesse ein Stück weit auflösbar. So haben hier bei bestimmten Gruppen Lernprozesse stattgefunden: Jüngere Frauen, die anfangs, zumal am Bildschirmgerät mit Begeisterung gearbeitet haben, lassen das bald bleiben, wenn die Arbeit zu Routine geworden ist und der Einsatz ihnen doch nicht gelohnt wird; ältere Frauen entwickeln, wenn ihnen bestimmte Dinge wie Gleitzeit, Höhergruppierung o.ä. verweigert werden, eine Art strategischen Instrumentalismus und berichten von sich, sie hätten nach langen Jahren gelernt, auch einmal ‚Nein‘ zu sagen (übrigens auch zu Hause)." (Steinrücke 1987 a, S. 5 f.)

Diese Unterschiede bezüglich der Interessenwahrnehmung durch Frauen hat Frerichs auch an anderer Stelle analysiert und dabei herausgearbeitet, daß es für Frauen keine gleichberechtigte Partizipation „am betrieblichen Prozeß der Artikulation, Wahrnehmung und Realisierung ihrer Interessen" (Frerichs 1988,

S. 201) gibt. Dieser Partizipation stehen vielmehr objektive und subjektive Barrieren entgegen. „Da Formen und Inhalte von Interessenvertretung traditionell auf männliche Normalbiographien und Facharbeiterverhältnisse zugeschnitten sind, bleibt der weibliche Lebenszusammenhang unberücksichtigt." (ebd., S. 201)

Die größten Gefährdungspotentiale haben Frerichs u.a. bei Arbeiterinnen im Produktionsprozeß festgestellt. Frauenarbeitsplätze sind für sie hier in der Regel gekennzeichnet durch strikte Arbeitsteilung, monotone Arbeit, gesundheitliche Belastungen sowie Angst vor Rationalisierung. Gerade die Frage der gesundheitlichen Belastungen und Beeinträchtigungen durch Bildschirmarbeit scheint keineswegs so eindeutig geklärt zu sein, wie allgemein angenommen wird. Ute Boikat hat mit ihrer Untersuchung aufgezeigt, daß es im Zusammenhang mit Gefahren der Bildschirmarbeit vor allem die *Vielfachbeeinflussung* zu berücksichtigen gilt.

„Bildschirmarbeit kann zu Krankheit führen, auch wenn jeder Einflußfaktor aus dem Gerät und der Arbeitsumgebung für sich betrachtet nicht intensiv genug zu wirken vermag, um akute Krankheiten auszulösen. Die Probleme kommen durch die Vielfachbeeinflussung, die diese noch nie dagewesene Arbeitssituation zwischen Mensch und Maschine mit sich bringt. So können Grenzen zwischen Befindensstörung und Krankheit nicht scharf genug gezogen werden. Biologische Auswirkungen sind für eine Bildschirmarbeiterin, die oft acht Stunden lang täglich ihren Kopf in ein schwaches Strahlungsumfeld des Terminals halten muß, um konzentriert mit dem Computer zu arbeiten, nicht auszuschließen. Sie werden sogar zunehmend von Nutzerinnen beklagt. Viele Bildschirmarbeiterinnen berichten über Schlafstörungen, Verdauungsstörungen, Appetitlosigkeit, Lustlosigkeit, Kopfschmerz, Schwindelgefühle und muskuläre Beschwerden." (Boikat 1988, S. 37; vgl. auch Köchling 1985 und Boikat 1987)

Die Projektgruppe „Automation und Qualifikation" hat insbesondere das (Arbeits–) Verhältnis zwischen Männern und Frauen im Zusammenhang mit der Einführung neuer Technologien analysiert.[51] Schelhowe faßt die Ergebnisse zum Kooperationsverhalten zwischen Männern und Frauen zusammen: „Tips für die Arbeit, so ergab die Befragung, werden fast ausschließlich innerhalb des eigenen Geschlechts weitergegeben. (...) Mehrfach wird geschildert, daß Männer versuchen, sich Wissensvorsprung zu verschaffen; sie möchten in der Lage sein, Frauen korrigieren zu können." (Schelhowe 1989, S. 41)

---

51 An der Hochschule für Wirtschaft und Politik Hamburg wurde im Zusammenhang mit der Projektgruppe „Automation und Qualifikation" ein Forschungs- und Lehrprojekt zum EDV-Einsatz im Büro durchgeführt. In diesem Projekt wurden über Fragebogen 200 Beschäftigte aus 29 Betrieben befragt. Diese Fragebogendaten wurden ergänzt über einige qualitative Interviews sowie sechs Gruppendiskussionen mit ingesamt 20 Personen.

Die unter solchen Bedingungen durchgesetzte beziehungsweise sich neu herstellende geschlechtsspezifische Arbeitsteilung kann dann so aussehen, wie sie eine Betriebsrätin skizziert: „Trotz gleicher Qualifikation und gleichen Ängsten und Interessen bei Frauen und Männern würden bei Arbeitsbeginn nur die Männer den Computer einschalten. Die verantwortungsvolle Tätigkeit der Datensicherung, die abends getan wird, würde dagegen nur von den Frauen übernommen." (Brosius/Haug 1987, S. 91) In einem anderen Fallbeispiel aus einem Sachbearbeitungsbereich sah die Aufgabenverteilung anders aus, die Ausgrenzungsstrategien beziehungsweise Selbstausschlußhandlungen treten hier noch extremer hervor. „Aufgrund der gleichen Qualifikation und ähnlichen Arbeitsvorgängen bei Männern und Frauen ist in diesem Bereich die Abgrenzung zwischen Frauen- und Männerarbeit nicht eindeutig. Darin dürfte begründet sein, weshalb gerade hier am häufigsten Männer Tätigkeiten abschieben. Es handelt sich dabei um reproduktive Tätigkeiten wie Kaffeekochen und Blumengießen, aber auch um unangenehme Tätigkeiten: Ablage, manuelle Aushilfstätigkeiten, Botengänge, Kopieren." (ebd., S. 100 f.)

Frauenarbeitsplätze mit ihrer niedrigen Bewertung und ihrer hohen Rationalisierungsgefährdung implizieren ein hohes Maß an körperlich-nervlichen Belastungen und Gesundheitsgefährdungen („Verschleißarbeitsplätze"). In diesem Zusammenhang spricht Frerichs von einem „... skandalösen Zustand von Negativ-Gestaltung industrieller Frauenarbeitsplätze ..." (Frerichs 1988, S. 209). Wenn nun die BIBB/IAB-Studie zu dem Ergebnis kommt, daß der Einsatz von Computern vorwiegend funktions- und nicht belastungsorientiert erfolgt, so kann vermutet werden, daß die stark belasteten Frauenarbeitsplätze am wenigsten in den, wenn auch ambivalenten, „Genuß" von Computern kommen.

Die BIBB/IAB-Studie erfragte auch körperliche und arbeitsorganisatorische Arbeitsbedingungen, die aus Sicht der Befragten am eigenen Arbeitsplatz mit dem Einsatz neuer Technologien vorkommen. Die Analysen gestalteten sich jedoch schwierig, da „... die körperlichen Arbeitsbedingungen wie auch die arbeitsorganisatorischen Regelungen von einer Vielzahl von Faktoren geprägt werden, aus denen sich ein eigenständiger Effekt der modernen Technologien oftmals nur schwer oder gar nicht herauslösen läßt." (BIBB/IAB 1987, S. 477) Die Autoren der Studie gehen generell davon aus, „daß der Mechanisierungsgrad des am häufigsten verwendeten Arbeitsmittels einen gegenüber anderen Strukturmerkmalen des Arbeitsplatzes ausgesprochen nachgeordneten Effekt auf die körperlichen Arbeitsbedingungen ausübt." (ebd., S. 478) Vielmehr seien die berufsspezifischen Prägungen der Belastungsstrukturen von entscheidenderem Einfluß. Gemäß dieser Prämisse haben sie ihre Ergebnisse bezüglich der Belastung beziehungsweise körperlichen Arbeitsbedingungen nach Berufsbereichen getrennt diskutiert.

Verglichen wurde jeweils das Belastungsprofil[52] von AnwenderInnen programmgesteuerter Arbeitsmittel mit dem von NichtanwenderInnen. Für gewerblich-technische Berufe wurde die Arbeit mit modernen Technologien im Zusammenhang gebracht mit: häufigerer Steharbeit, häufigeren Beeinträchtigungen durch Rauch, Staub, Gase und Dämpfe, schlechteren Beleuchtungsverhältnissen und häufigerer Beachtung von Sicherheitsvorschriften und Unfallschutzeinrichtungen. Auch in kaufmännischen Berufen wurden vor allem die unzureichenden Beleuchtungsverhältnisse genannt. An elektronischen Kassen kommt häufigeres Stehen sowie häufigeres Arbeiten unter Lärm hinzu. Gleiches gilt für Verwaltungsberufe mit Ausnahme des Umfangs der Steharbeit, der hier zurückgeht. In den personenbezogenen Dienstleistungsberufen sind es gleichfalls schlechtere Beleuchtungsverhältnisse, die die Arbeit beeinflussen. Generell ist kein einheitlicher Trend bezüglich der Belastungen auszumachen. „Je nach arbeitsinhaltlichem und wohl auch arbeitsorganisatorischem Kontext gestalten sich die Folgen für die Arbeitssituation anders. Ein- und dieselben Arbeitsbelastungen nehmen in einigen Arbeitsbereichen zu, in anderen nehmen sie ab. Durchgängig ist nur ein Zusammenhang: infolge sich allenthalben verschlechternder Beleuchtungsverhältnisse nimmt die Belastung der Augen spürbar zu.“ (ebd., S. 480)

In der BIBB/IAB-Studie wird vermutet, daß eine Vielzahl von Verknüpfungsmodellen von Technik und Arbeitsbedingungen offenbar nebeneinander existieren. Dennoch kommen Henninges und Schwarz am Ende ihrer Untersuchung zu dem abgewogenen Urteil, daß die neuen Technologien vor allem eine Zunahme der nervlichen Belastung mit sich bringen. Ihr durchaus negatives Urteil bezüglich der politisch oft angestrebten Humanisierungseffekte moderner Technologien lautet denn auch: „Insgesamt gesehen deuten unsere Befunde an, daß sich die Arbeit von Frauen durch die ‚neuen Technologien‘ keineswegs

---

52 Folgende Kategorien wurden zur Ermittlung der Belastungen abgefragt:
    − Lasten von mehr als 20 kg tragen oder heben
    − im Stehen arbeiten
    − bei Rauch, Staub beziehungsweise unter Gasen, Dämpfen arbeiten
    − unter Kälte, Hitze, Nässe oder Zugluft arbeiten
    − unter Lärm arbeiten
    − Arbeit mit Öl, Fett, Schmutz, Dreck
    − bei grellem Licht oder schlechter oder zu schwacher Beleuchtung arbeiten
    − Arbeit mit starken Erschütterungen, Stößen und Schwingungen, die man im Körper spürt
    − in gebückter, hockender, knieender oder liegender Stellung arbeiten, Arbeiten über Kopf
    − Umgang mit gefährlichen Stoffen, Beachten von Sicherheitsvorschriften oder Tragen von Schutzkleidung (vgl. BIBB/IAB 1987, S. 511 ff.).

durchweg erleichtert und daß sich auch ihre soziale Arbeitssituation nicht immer verbessert." (BIBB/IAB 1987, S. 489)

Das SoTech-Projekt „Organisationstechnologien, Wandel der Dienstleistungsarbeit von Frauen im Einzelhandel und soziale Folgeprobleme" kommt ähnlich wie die übrigen Projekte zu Ergebnissen, die sich in „einerseits-andererseits"-Strukturen präsentieren. Besonders gefährdende Auswirkungen haben Faber und Wehrsig an Arbeitsplätzen in Kassenbereichen festgestellt, wo es für die beschäftigten Frauen insbesondere zu einer starken *Leistungsverdichtung* und gestiegenem *Konzentrationsdruck* kommt. Das größte Gefährdungspotential stellt jedoch hier das Rationalisierungspotential dar, das in seinen Auswirkungen von extremen Formen der Flexibilisierung der Arbeitszeit bis zu Entlassungen führen kann.

7.4 Entwicklungspotentiale für Partizipation und Teilautonomie

Frerichs sieht bei berufstätigen Frauen zur Zeit Chancen für eine Politisierung und Partizipation an betrieblichen Entscheidungsprozessen.[53] Dieses Potential, das allerdings durch die erwähnten strukturellen Rahmenbedingungen der Interessensvertretungsarbeit (vgl. Hauß/Laußer 1988) behindert ist, macht sie vor allem bei jüngeren Frauen aus. Die sogenannte „neue Generation" wird dabei im Vergleich zu älteren Frauengenerationen mit Attributen charakterisiert und typisiert wie: bessere Schulabschlüsse, ausgeprägtere Selbständigkeitsbestrebungen, weniger unterordnungsbereit, höhere Ansprüche an Interessenvertretungshandeln (z.B. Erwartung an gleichberechtigte Einbeziehung und kontinuierliche Informationen).

Als subjektive Motive für vermehrtes betriebliches Engagement macht Frerichs die erfahrenen Desillusionierungen dieser Frauen am Arbeitsplatz aus. Diese Desillusionierungen stellen sich allerdings für Arbeiterinnen und weibliche Angestellte unterschiedlich dar. „Junge Frauen landen nicht selten nach vergeblicher Ausbildungsplatzsuche oder aber nach abgeschlossener branchenfremder Ausbildung ohne Qualifikationsverwendungschancen als ungelernte Arbeiterinnen in der Fabrik (vgl. Bednarz-Braun 1983); betriebliches Engagement kann dabei den Versuch darstellen, den tristen unterfordernden Arbeitsalltag anzureichern. Junge weibliche Angestellte sehen sich während oder nach ihrer kaufmännischen Ausbildung sehr bald deutlichen Aufstiegsbegrenzungen gegenüber; im Unter-

---

53 Frerichs möchte die Beteiligungspotentiale der Frauen aber nicht primär auf die Gestaltungsfrage im Zusammenhang mit Implementationsprozessen neuer Technologien eingegrenzt sehen (vgl. Frerichs 1988, S. 202).

schied zu ihren männlichen Kollegen kann für sie betriebliches Engagement oder auch nur Gewerkschaftsbeitritt mithin kaum karriereschädigend wirken. Für diese junge Frauen spielen neben der Schutzerwartung an die Gewerkschaften die mögliche Eröffnung eines autonomen Betätigungsfeldes eine entscheidende Rolle." (Frerichs 1988, S. 205 f.)

Im Zusammenhang mit der Mitbestimmungsdiskussion um neue Technologien sind die schon aus den 60er Jahren stammenden Forderungen nach Mitbestimmung am Arbeitsplatz erneut reaktiviert und thematisiert worden. Hier sieht Frerichs ein Konzept, das geeignet sein könnte, „die bestehenden strukturellen Defizite der Interessenvertretung von Frauen zumindest teilweise auszugleichen." (Frerichs 1988, S. 202)

Von Konzepten der Mitbestimmung am Arbeitsplatz, so die These, könnten sich gerade Angestellte etwas erhoffen, zumal Angestellte dieses Konzept bereits ansatzweise individualistisch anwenden. So haben viele weibliche Angestellte informelle persönliche Regelungen mit ihren jeweiligen Vorgesetzten getroffen. Solche individualistischen Strategien beinhalten dabei eine eigentümliche Dialektik. „Einerseits sind informelle Regelungen, da situations- und personengebunden, als solche ohne verläßlichen Bestand. Andererseits gründen sie in einer Sach- und Fachkompetenz der Angestellten, die über ein spezifisches Erfahrungswissen über die Mikroorganisation des Verwaltungsprozesses, über das Anfallen und die Verteilung des Arbeitspensums etc. verfügen. Informelle Absprachen könnten dann als Bestreben nach individueller oder auch abteilungsbezogener Interessenswahrnehmung, vielleicht sogar nach autonomer Mitbestimmung interpretiert werden." (ebd., S. 213)

Was wäre nun gewonnen, wenn Frauen ihre Interessen einbringen könnten? „Wir vermuten ..., daß Frauen, da sie aus der Perspektive des komplexen weiblichen Lebenszusammenhangs handeln, soziales und politisches Engagement als untrennbar verknüpft ansehen – zugespitzt formuliert: daß in der Nicht-Trennung von sozialem und politischem Engagement ein spezifischer Politikzugang von Frauen gründet. So fühlten sich z.B. auch etliche der von uns befragten Vertrauensfrauen über den Zugang des sozialen Engagements motiviert, diese Funktion zu übernehmen.

Für die herausragende Bedeutung des sozialen Zusammenhangs spricht auch, daß Frauen ohne betrieblich-gewerkschaftliche Funktion ihre ambivalente Einstellung zur betrieblichen Arbeit – also sowohl die positiven wie die negativen Bezugspunkte zu dieser – überwiegend mit Argumenten begründen, die im Feld der sozial-kooperativen und -kommunikativen Beziehungen im Betrieb liegen (vgl. auch Becker-Schmidt u.a. 1983)." (Frerichs 1988, S. 204 ff.)

Als Entwicklungspotential läßt sich schließlich aus Wagners Ergebnissen identifizieren, daß Frauen „Spaß am Erkennen und Nachvollziehen logischer Zusammenhänge beim Arbeiten mit dem Computer" (Schelhowe 1989, S. 34) bekunden. Die Frauen schätzen darüber hinaus ihre Arbeit am Computer „als höherwertige, qualifiziertere Tätigkeit" (ebd., S. 34) ein und sind lernmotivierter. Allerdings wird die EDV-Qualifikation sehr direkt an den und auf den jeweiligen Arbeitsplatz bezogen und nicht im Sinne einer auf EDV ausgerichteten Spezialisierung begriffen. Entsprechend nutzen die Frauen den Computer auch nur in Verbindung mit anstehenden Arbeitsaufgaben, es gibt zu Beginn des Computerhandelns keine Phasen des Spielens und Experimentierens. Diese kritische Distanz zum Computer und einen gebrauchsorientierten Zugang hält Wagner fest. „Als Frau kann man sich nicht vorstellen, in die Welt des Computers einzutauchen und dabei ihre alltäglichen Bindungen und Verpflichtungen zu vergessen." (Wagner 1986, S. 86)

Besonders betont werden von Sekretärinnen vor allem die größere Unabhängigkeit vom Chef. „Es ist ein freieres Arbeiten mit der Textverarbeitung. Die Herren überlassen uns, wie wir arbeiten, wie wir etwas schreiben. Heute fühlen wir uns selbständiger und die Arbeit stimmt." (Zitat einer Sekretärin aus Wagner 1986, S. 87) Zu bedenken ist dabei, daß hier mit Sekretärinnen jene soziale Gruppe der Frauen ihre Unabhängigkeit erweitert hat, die ohnehin schon vor der Computerisierung verglichen mit anderen Frauen über relativ große Handlungsspielräume verfügte.

Auch die vom SoTech-Projekt „Frauenverträgliche Technikgestaltung?" befragten, qualifizierten Sachbearbeiterinnen und Sekretärinnen in Industrieverwaltungen empfinden Computer als „Anreicherung ihrer Tätigkeit, Erweiterung ihres Wissens" (Schelhowe 1989, S. 36). Analog zu Ergebnissen von Facharbeitern wird auch hier davon gesprochen, daß die Frauen stolz auf ihre Kenntnisse sind. Nicht zuletzt betrachten viele Frauen den Computer als Arbeitserleichterung und betonen vor allem die effektivere Arbeit. Die ProjektmitarbeiterInnen kommen vor dem Hintergrund dieser Ergebnisse zu der Schlußfolgerung: „Die vorgebliche weibliche Technikangst scheint also eher ein Resultat gesellschaftlich definierter Selbst- und Fremdzuschreibungen als ein reales Defizit zu sein." (Steinrücke 1987 a, S. 3)

Bei den von der Projektgruppe „Automation und Qualifikation" befragten Frauen ist deutlich eine größere Neigung zur Zusammenarbeit mit Kolleginnen feststellbar, wenn schwierige Fehler auftreten. Im Gegensatz zu männlichen Kollegen sind Frauen der Meinung, daß mit dem Computereinsatz persönliche Gespräche häufiger geworden sind. Hier ist allerdings die Einstiegsphase, etwa das erste halbe Jahr, von der Routinephase zu unterscheiden.

Faber und Wehrsig haben an Kassenarbeitsplätzen trotz zunehmend stressiger Arbeitsbedingungen eine Erhöhung des Selbstwertgefühls der dort beschäftigten Frauen ausgemacht. Weil die Kassen multifunktional und vielfältig geworden sind, entwickelt sich auch hier teilweise ein Stolz auf die ausgeführten Tätigkeiten. Die Einführung von Warenwirtschaftssystemen bringe zudem gerade für den Lagerbereich eine Verbesserung der Arbeit mit sich, insbesondere weil dieser Bereich nicht so sehr unter Leistungsdruck stehe. Viele Frauen wollen in diesem Bereich arbeiten. Auch die Arbeit in der Buchhaltung ist vielfältiger und interessanter geworden.

7.5 Bewältigungsstrategien zwischen Anpassung und Verweigerung

Die widersprüchlichen Auswirkungen des Computereinsatzes an Frauenarbeitsplätzen führen zu ganz unterschiedlichen Bewältigungsstrategien durch die Frauen. Wagner unterscheidet kategorial drei Typen von Bewältigungsstrategien.

Bei Frauen, die nur Schreibarbeiten machen und bei denen der Computer in kurzer Zeit zu *dem* dominierenden Arbeitsinstrument wird, finden sich oft *Anpassungsstrategien*. Wagner charakterisiert diese Frauen als mit zu wenig Selbstvertrauen ausgestattet, um die Büroautomation für einen Aufstieg zu nutzen. Fraglich bleibt jedoch, ob hier nicht in erster Linie die Hierarchie in der Arbeitsorganisation entscheidender für Aufstieg beziehungsweise Nichtaufstieg ist als das jeweilige Selbstvertrauen. Bei Frauen, die durch den Computereinsatz von ihren gewohnten sozialen Kontakten isoliert werden, gibt es Neigung zu *Verweigerungshaltungen* gegenüber der Computertechnologie. Schließlich wird eine dritte Kategorie von Frauen genannt, die (und hier sind es vor allem die Sekretärinnen in höheren Positionen) versuchen, eine *Synthese* aus ihrer traditionellen Rolle und der der „Computerfrau" herzustellen (vgl. Wagner 1986, S. 88).

Die unterschiedlichen Bewältigungsstrategien sind stark abhängig von der Art und Weise in der der Computer eingesetzt wird und den damit verbundenen Handlungsspielräumen. Entscheidend ist zudem das Selbstvertrauen und Selbstverständnis mit dem Frauen eigene Interessen definieren und in den betrieblichen Prozeß einbringen können. Dabei sind die Partizipationschancen jedoch durch strukturelle Bedingungen der Interessenvertretung beschränkt. Die Beschränkung ist nicht durch fehlendes ExpertInnenwissen seitens der Frauen produziert. „Frauen ... haben diesen ExpertInnenstatus nicht minder als Facharbeiter, nur mit dem Unterschied, daß ihr spezifisches Erfahrungswissen, ihre Kenntnisse, Fertigkeiten und Fähigkeiten innerhalb der auf delegiertes Betriebsratshandeln ausgerichteten Interessensstrukturen bislang kaum Beachtung und Berücksichtigung fanden. Jedenfalls fehlt es weitgehend an einer sozialen Infrastruktur im Betrieb, in welcher die implizierten Wissens- und Erfahrungsbestände der Beschäftigten zusammengefügt und in ihrem Interesse nutzbar gemacht würden." (Frerichs 1988, S. 208)

Diesen strukturellen Beschränkungen setzt Frerichs nun ein spezifisch weibliches Engagement entgegen, das zwar nicht alle Frauen einlösen, aber zumindest teilweise vor allem bei jüngeren Frauen vorhanden ist, die bessere Sozialisationsbedingungen und bessere Schulabschlüsse haben und ausgeprägtere Selbständigkeitsbestrebungen sowie weniger Unterordnungsbereitschaft zeigen.

7.6 Informatikerinnen und Technikerinnen als alternative Technikgestalterinnen?

Doris Janshen, Hedwig Rudolph u.a. legten 1987 ihren Forschungsbericht über ein Projekt vor, in dem sie Sozialisationsbedingungen (von der Familie über verschiedene Bildungsinstitutionen) und berufliche Erfahrungen von Ingenieurinnen untersuchten.

„Für die Kindheit zeichnet sich in erstaunlich vielen Bereichen für die befragten Frauen eine gesellschaftliche ‚Normalverteilung' ab. Auffällig sind die glänzende und bruchlose intellektuelle Entwicklung, gute mathematische, aber auch sprachliche Leistungen, eine männerdominierte Peer-Group und eine verzögerte psychische Entwicklung. Die Studienleistungen der Ingenieurinnen liegen meist über dem Durchschnitt. Insgesamt scheinen Frauen während der Zeit des Studium stärker mit den sozialen Filtern, Barrieren und Zumutungen zu kämpfen zu haben als mit den fachlichen Anforderungen. Im Beruf fällt auf, daß die Frauen ihre Zukunft und ihre Aufstiegsmöglichkeiten höchsten 3-5 Jahre im voraus planen, sogar 46% der Befragten einen beruflichen Aufstieg ganz ablehnen (vgl. dazu: 28% der Männer), daß die Mehrzahl der Frauen eine Vereinnahmung durch den Beruf ausdrücklich zurückweist. Beruflichen Machtzuwachs sehen sie begleitet von Verlust an persönlicher und erotischer Attraktivität, sozialer Isolation, höherer Arbeitsbelastung und niedrigerer Arbeitszufriedenheit. Eine interessante Feststellung der Untersuchung ist: Beziehungsfähigkeit scheint bei den erwerbstätigen Ingenieurinnen keine Stärke darzustellen, wenn es um die Beachtung der sozialen und hierarischen Strukturen des Betriebs geht. Dort zeigen die befragten Frauen eine ausgesprochene ‚Sachorientierung'." (Schelhowe 1989, S. 28)

Eine ähnlich gelagerte Untersuchung über Ingenieurinnen in Großbritannien kommt zu vergleichbaren Ergebnissen. Cockburn charakterisiert eine Chemieingenieurin, die die Probleme dieser Frauen exemplarisch in sich vereinigt: „Sie liebt ihre Arbeit und will schließlich auch in den weniger einladenden Bereich der Fertigungstechnik einsteigen, ist aber gezwungen, sich in ihrem Verhalten dem kämpferischen männlichen Stil anzupassen, wenn sie sich in der Gewerkschaft oder am Arbeitsplatz durchsetzen will. Sie fühlt sich verletzt, weil die anderen Frauen im Betrieb sie ausstoßen, Sekretärinnen, die ihr übel nehmen, daß sie direkte Beziehungen zu den Ingenieuren hat. Wenn sie heiraten wolle, sagte sie niedergeschlagen, müsse sie einen Leonardo da Vinci finden; weniger intelligente Männer fürchten sich vor einer Verbindung mit einer einigermaßen kompetenten Ingenieurin." (Cockburn 1984, S. 205)

Die Projektgruppe „Automation und Qualifikation" weist auf eine Umkehrung weiblicher Stereotype im Problemlöseverhalten bei Konflikten in den persönlichen Beziehungen zu EhepartnerInnen hin. „Während Männer vertreten, ein rationales Problemlöseverhalten habe in den persönlichen Beziehungen nichts zu suchen, es wirke zerstörend, benutzen und vertreten Frauen gerade eine intellektuelle Durchdringung, eine Bearbeitung in rationaler Weise wie beim Programmieren, als sinnvoll für die privaten Verhältnisse. Die ‚Automationsgruppe' interpretiert das folgendermaßen: ‚Jeder Konflikt ist eine Bedrohung alter Ordnungen mit der Aufforderung, eine Umordnung vorzunehmen. Daß dies ebenso geschehen soll, wie in rationaler Weise die Aufgaben beim Programmieren bewältigt werden, setzt Gleichheit voraus und bedroht damit die gewohnte Entscheidungsstruktur männlicher Familienangehöriger: weibliche dagegen erkennen in der neuen Ordnung Freiheit. (...) Für Frauen, so können wir resümierend festhalten, wächst mit einem sorgfältigen Problemlöseverhalten in den Konflikten des Alltags ihre Handlungsfähigkeit, die Möglichkeit, selbständig zurechtzukommen und Selbstbewußtsein zu erlangen' (Projektgruppe ‚Automation und Qualifikation' 1987, S. 68)." (Schelhowe 1989, S. 29 ff.)

In der Dortmunder Untersuchung zum Studienverlauf und Berufseinstieg von Frauen in Informatik und Chemie[54] bezeichneten berufstätige Informatikerinnen die Informatik als „... eine für sie ideale Verbindung von abstrakter Denkweise

---

54 Das Projekt „Studienverlauf und Berufseinstieg von Frauen in Naturwissenschaft und Technologie" wurde an der Universität Dortmund von einer Projektgruppe mit Christine Roloff/Sigrid Metz–Göckel/Christa Koch/Elke Holzrichter u.a. durchgeführt. Innerhalb des Projekts wurden sowohl Studentinnen aus den genannten Fachbereichen als auch berufstätige Frauen befragt. Darüber hinaus wird auf eine weitere Untersuchung an der TU Braunschweig verwiesen: Marlies Brunk/Jung Sun Lie/Loryn Brakenhoff: Die Situation von Informatikerinnen im Studium, Beruf und im familiären Bereich. Informatik–Berichte 85-07 der TU Braunschweig. Braunschweig, September 1985.

und praktischer Anwendung. Übereinstimmend sind sie der Meinung, daß ihre relativ guten Chancen auf dem Arbeitsmarkt eher auf das Überangebot an Stellen zurückzuführen sei, als darauf, daß eine Gleichbehandlung der Geschlechter auf dem Arbeitsmarkt stattfinde. Die Informatikerinnen haben eine hohe Berufsmotivation, zeigen eine ausgeprägte inhaltliche Orientierung, machen häufig Überstunden. Wie auch aus anderen Untersuchungen bekannt, machen sie kaum Karriereplanung. Sie sehen den beruflichen Erfolg in qualifiziertem, befriedigendem beruflichem Handeln, nicht im Erreichen bestimmter Positionen in der Hierarchie. Die befragten Frauen sehen meist eine Unvereinbarkeit von Berufs- und Familienaufgaben. Trotz eines vorhandenen Kinderwunsches schieben sie die Entscheidung hinaus, weil sie ihre Berufstätigkeit nicht aufgeben wollen." (Schelhowe 1989, S. 30; vgl. auch Roloff u.a. 1987)

Die Studie von Pflüger und Schurz an der TH Darmstadt hat für den Arbeitsbereich keine erwähnenswerten Unterschiede zwischen Männern und Frauen in bezug auf das Verhalten am Rechner (nervöse Bewegungen, Äußerungen usw.) und auf den Arbeitsstil (vgl. Pflüger/Schurz 1986, S. 62–72) festgestellt. „Frauen dürften eine weniger intensive Bindung zu Rechenmaschinen aufweisen als Männer. Das Theorem, wonach Frauen anders programmieren als Männer hat sich nicht bestätigt. Ein ‚weicher' Programmierstil konnte bei den Frauen unserer Stichproben nicht ausfindig gemacht werden. (Natürlich haben die Frauen unserer Stichprobe auch eine Ausbildung zum ‚harten' Programmierstil hinter sich.)." (Pflüger/Schurz 1987, S. 132)

Aus mehreren Gründen jedoch können die Ergebnisse von Pflüger und Schurz die Frage nach geschlechtsspezifischen Unterschieden im Umgang mit dem Computer nicht hinreichend beantworten. Gerade die Bemerkung in der Klammer macht eine Prämisse deutlich, die die Untersuchung und die Untersuchungsergebnisse in mancher Hinsicht relativiert: Informatikerinnen müssen sich zumeist in Männergesellschaften beruflich behaupten und lernen in diesen patriachalischen Strukturen eben auch einen bestimmten vorherrschenden Programmierstil. Es wird mithin auch schwierig, die Ergebnisse auf Frauen in anderen Beschäftigungsbereichen zu übertragen. „In bezug auf den Geschlechtsunterschied bedeutet dies, daß wir es mit speziellen Frauen zu tun hatten, nämlich mit solchen, die bereits längere Zeit mit Computern umgehen. Über die Anziehungskraft von Rechenmaschinen auf Frauen oder Männer insgesamt kann daher wenig ausgesagt werden; ebensowenig darüber, ob eine Ausbildung oder ein Beruf im Bereich der elektronischen Datenverarbeitung die Frauen ‚vermännlicht' oder nicht." (ebd., S. 132)

Auch im Zusammenhang mit der Entwicklung von Software und Fragen der Softwarepartizipation und -transparenz werden geschlechtsspezifische Zu- und

Umgangsweisen diskutiert. Schelhowe führt von dieser Diskussion mehrere Arbeiten in ihrem für unser Projekt erstellten Gutachten an.

Hinter der an der TU Berlin im Rahmen des SoTech-Projekts „Partizipative Entwicklung transparenzschaffender Software" (PEtS) von Floyd u.a. entwickelten Software-Technik für evolutionäre partizipative Systementwicklung (STEPS) steht die Idee einer Abstimmung (scheinbarer) Gegensätze:

„– Nicht nur die Software-*Herstellung*, sondern auch die Software-*Nutzung*,
– nicht nur das *Produkt*, sondern auch die seine Erstellung und Nutzung bedingenden *Arbeits-*, *Kommunikation-* und *Lernprozesse*,
– nicht nur die *Hersteller*, sondern auch die *Benutzer* von Software,
– nicht nur *technische Qualitätskriterien* für Methoden und Arbeitsergebnisse, sondern auch *soziale, arbeits- und individualpsychologische sowie ergonomische Qualitätskriterien.*" (Floyd, o.J., S. 3)

In der Diskussion um Softwareentwicklung konkurrieren zwei Dimensionen: die produktionsorientierte und die prozeßorientierte. STEPS und PEtS versuchen nun, beide Prinzipien zu integrieren. Nach Korch wird so das (vermutete) weibliche Anliegen nach Einbeziehung von Betroffenen und Prozeßorientierung unterstützt (vgl. Korch 1988 zit. bei Schelhowe 1988, S. 33).

In der Diktion einer Projektmitarbeiterin liest sich diese These dann wie folgt: „Menschenzentrierte Softwareentwicklung ist aus weiblicher Perspektive in erster Linie ein Lernprozeß: In ihm geht es darum, die Herstellungsprozesse der Technik und die Arbeitsprozesse, in denen sie benutzt wird, wieder zusammenzubringen." (Reisin 1988, S. 66)

Ähnliche Positionen sind auch im Ausland entwickelt worden. „Bjerkness und Bratteteig beschreiben ihre ‚weibliche' Art der Software-Entwicklung als sehr unterschiedlich zu der männlichen. Sie sehen bei sich eine gleichmäßige Verantwortlichkeit für den Prozeß des Entwickelns selbst und für das Produkt, lehnen hierarchische Strukturen in der Gruppe der Entwicklerinnen ab, wollen hier auch persönliche Beziehungen untereinander entwickeln, legen Wert auf die Einbeziehung von BenutzerInnen und auf den gegenseitigen Lernprozeß (Bjerkness/Bratteteig 1986). Gitte Moldrup Nielsen und Kristine Stoungaard Thomsen glauben beobachten zu können, daß es zu den positiven Auswirkungen traditioneller Frauensozialisation gehört, im Software-Entwicklungsprozeß nicht nur die technische Seite zu beachten, sondern auch die nicht berechenbaren Elemente im Auge zu haben und kooperationsfähig im Umgang mit Benutzerinnen zu sein (Nielsen/Thomsen 1986). Gronfelds und Kandrups Ausgangspunkt für das ‚Weibliche' im Software-Entwicklungsprozeß ist die Annahme, daß bei Frauen keine Trennung von privaten und persönlichen Belangen bestehe. Sie meinen, eine weibliche Perspektive bei der Systementwicklung müsse darauf abzielen, daß bei regelmäßigen Zusammenkünften aller am Entwicklungsprozeß Beteiligten sowohl arbeitsbezogene als auch private Angelegenheiten besprochen werden (Gronfeld/Kandrup 1986)." (Schelhowe 1989, S. 33)

Die Ergebnisse der letztgenannten Autorinnen und Studien sind alle von der Hoffnung getragen, das gap zwischen Entwicklerinnen und Anwenderinnen von Software zu schließen und über Kooperation und Partizipation bereits bei der Entwicklung zu einer sozial- und hier besonders frauenverträglichen Technikgestaltung zu gelangen.

7.7 Zusammenfassung: Ambivalenzen des frauenspezifischen Computerumgangs

Die hier einbezogenen empirischen Studien und theoretischen Arbeiten zu den Auswirkungen computerisierter Arbeitsplätze auf Frauen lassen sich somit stichwortartig zusammenfassen.

Als Anforderungspotentiale werden ausgemacht:
— subjektiv und objektiv gestiegene Erwartungen an die Leistungsfähigkeit;
— psychische Bewältigung von hochgradig zerstückelten Arbeitsvorgängen;
— eine spezifische Flexibilität und Diszipliniertheit;
— z.T. höhere Qualifikationsanforderungen, die jedoch nicht immer unbedingt am unmittelbaren Einsatzort der Computer abgefordert werden;
— Termin- und Leistungsdruck;
— Erhöhung der Konzentrationsanforderungen;
— Aufgabenanreicherung und -verbreiterung.

Dem stehen die Gefährdungspotentiale gegenüber:
— gesundheitliche Belastungen, die insbesondere als Vielfachbeeinflussung auftreten und besonders psychischer Natur sind;
— ein Verlust von Unmittelbarkeit im Arbeitshandeln;
— das Gefühl erhöhter Kontrolle;
— Ausgrenzungsstrategien durch männliche Arbeitnehmer;
— der Verlust von Kommunikation;
— das Gefühl der Abhängigkeit vom Computer;
— Arbeitsplatzabbau und damit einhergehende konkrete Ängste bei Arbeiterinnen und diffuse Ängste bei weiblichen Angestellten;
— flexiblerer Personaleinsatz zerstört personelle Zuordnungen zu Arbeitsplätzen und bestehenden Arbeitszusammenhängen, was bei den Frauen das Gefühl hinterläßt, hin- und hergeschoben zu werden;
— Flexibilisierung von Arbeitszeiten;

– eine uneinheitliche Entwicklung der Belastungen bei durchgängiger Zunahme der Belastung der Augen;
– Leistungsverdichtung.

Als Entwicklungspotentiale lassen sich aus den Studien ableiten:
– in einigen Bereichen erfolgt eine zunehmende Identifizierung mit der Arbeit;
– eine Erhöhung des Selbstwertgefühls;
– die Beibehaltung kritischer Distanz zum Computer;
– z.T. eine größere Unabhängigkeit von Vorgesetzten sowie damit einhergehend eine Erweiterung von Handlungsspielräumen für bestimmte Positionen;
– eine größere Neigung zur Zusammenarbeit.

Darüber hinaus ist festzuhalten, daß auch im Bereich der Frauenarbeitsplätze sich die These der Rationalisierungsgewinnerinnen und –verliererinnen zu bestätigen scheint. Gerade die Frauen, die schon über Handlungsspielräume verfügen, können diese im Zuge computerbezogenen Arbeitens erweitern, während vorhandene Arbeitsplätze mit geringen Handlungsspielräumen noch weitgehender kontrolliert werden, dort weiterhin monotone und routinisierte Tätigkeiten abgefordert werden, die zudem noch extrem rationalisierungsgefährdet sind. Die Schere zwischen Arbeiterinnen und weiblichen Angestellten verringert sich nicht hinsichtlich der Handlungsspielräume und Belastungen, vielmehr erweitert sie sich tendenziell sogar noch.

Schelhowe hebt am Ende ihres Gutachtens pointiert hervor, wie ambivalent die Ergebnisse der Studien um frauenspezifische Zugänge zur und Umgänge mit der Computertechnologie (z.B. im Sinne eines gebrauchswertorientierten Umgangs) zu begreifen sind. „Es läßt sich z.B. bei einer größeren ‚Gebrauchswertorientierung' von Mädchen und Frauen – so sie nachzuweisen wäre – nicht sagen, ob diese Haltung eher aus der Sorge um die Produkte und den Nutzen für die Menschheit zu erklären ist, oder aus der Furcht, sich an eine Sache zu verlieren und als unweiblich zu gelten. Die geringere Risikobereitschaft kann interpretiert werden als Angst vor technischen Geräten oder positiv als sorgsame, verantwortungsvolle Handhabung. Das Bedürfnis, am Computer nicht alleine zu arbeiten, kann Zeichen für größere Kommunikationsfreude von Mädchen sein, aber auch Ausdruck von Furcht und mangelndem Zutrauen zu den eigenen Fähigkeiten. Es ließen sich noch mehr solcher Beispiele finden. Die Konsequenz wäre ganz unterschiedlich, je nachdem, ob diese Fakten als Defizite oder im positiven Sinne als mädchentypische Herangehensweisen angesehen werden." (Schelhowe 1989, S. 45) Empirische Studien werden in ihren Aussagen noch dadurch eingeschränkt, daß in ihnen oft Hinweise darauf fehlen, „in welchem Umfeld, mit welchen Erfahrungen, in welchem Beziehungsgeflecht die befragten Personen zu ihren Aussagen kommen." (ebd., S. 45)

Schelhowe geht aber noch weiter und kritisiert schließlich auch die affirmative Art, in der Weiblichkeitsstereotype von bestimmten Richtungen der feministischen Theorie und Praxis aufgenommen werden. Gerade Versuche, gesellschaftlich-traditionell als weiblich Definiertes aus seinem Schattendasein und seiner Betrachtung als minderwertig zu befreien, hätten zu einer „Mittäterschaft" – besser wohl „Mittäterinnenschaft" – geführt (vgl. Schelhowe 1989, S. 65). Ute Hoffmann habe mit ihrem Beitrag gegen die „Unschuld der Frauen in der Geschichte des Computers" (ebd., S. 65)[55] gezeigt, „daß mit einer bloßen Aufwertung des Stereotyps von Weiblichkeit – auch wenn es eine Zeitlang Handlungsfähigkeit zu verleihen schien – die Machtverhältnisse unangetastet blieben, daß so definierte Weiblichkeit im Gegenteil zu Sanftheit, Passivität und Ohnmacht verurteilt und sich zur Ergänzung und Unterordnung unter herrschende Machtverhältnisse eignet; daß sie blind machen dafür, die eigene Schwäche in der Durchsetzung und Wahrnehmung eigener Interessen zu erkennen und Veränderungen (auch im eigenen Verhalten) zu bewirken." (ebd., S. 65)

Vor dem Hintergrund einer solcherart zugespitzten Kritik an Grundüberzeugungen und Paradigmen der Arbeiten zu sogenannten frauenspezifischen Zugängen formuliert Schelhowe ihre Gestaltungsperspektive, indem sie für „... den mühevollen Weg einer fachlich fundierten Kritik des Herrschenden (plädiert). Dazu ist es notwendig, daß mehr Frauen sich über fachliche Qualifikation die notwendigen Kenntnisse verschaffen, um geschlechtsspezifische (männliche) Inhalte in der Technik aufdecken und kritisieren zu können, die Wirkungen der Informationstechnologie auf Politik, Arbeit und Kultur und die Mechanismen ihrer Vermittlung besser durchschauen zu können." (ebd., S. 66) Schelhowe tritt damit für ein Konzept ein, das fachliche Qualifizierung und Selbsterkenntnis zusammenführt, um so zu verhindern, daß Frauen mit sozialer Orientierung im Umgang mit der existierenden Computertechnologie von der Kritik der Informatik abgehalten werden. Ihr Plädoyer an die Wissenschaft, zunächst einmal eine „Abwendung von der Empirie und eine stärkere Hinwendung zum Arbeiten an den Fragestellungen ..." (ebd., S. 66) vorzunehmen, soll abschließend noch um Gestaltungsvorschläge ergänzt werden, die sich aus den vorliegenden Papieren untersuchter Projekte ergeben beziehungsweise schlußfolgern lassen.

---

55 Ute Hoffmann hat in einigen Veröffentlichungen die Rolle von Frauen in der Geschichte des Computers herausgearbeitet: z.B.: U. Hoffmann (1987 a): Computerfrauen. Welchen Anteil haben Frauen an Computergeschichte und -arbeit? München; U. Hoffmann (1987 b): Cobol für Adam. Zur historischen Grundlage als „Männermythos" Computer. In: Wechselwirkung Nr. 33; S. 28-31; U. Hoffmann (1988 a): Frauen in der Geschichte der Datenverarbeitung. In: Log In, 1/1988, S. 29-33.

Ausgehend von der Generalthese, daß der jeweilige Kontext des Computereinsatzes entscheidend ist für Umgangsweise und Aneignungsform durch die Subjekte, dann müssen Gestaltungsvorschläge diese Kontexte mitberücksichtigen beziehungsweise müssen diese Kontexte mit in die Gestaltung einbezogen werden. Die vorgestellten Studien haben offengelegt, „daß Frauen sich je nach Situation unterschiedlich zur Computertechnologie verhalten." (Schelhowe 1989, S. 68) Desweiteren ist ganz entscheidend, „daß der Ausschluß von Frauen aus qualifizierten EDV–Ausbildungsgängen weniger als vermutet auf frühkindliche Sozialisationsfaktoren und eine anerzogene Technikdistanz zurückgeht, sondern sich in konkreten Situationen jeweils konkret (wieder) herstellt, zu einem wesentlichen Teil hervorgerufen durch ‚Maßnahmen' von männlichen Jugendlichen und Erwachsenen zum Schutz ihrer ‚kulturellen Überlegenheit' und ihrer Machtposition und der Verteidigung des Computers als Domäne des Männlichen." (ebd., S. 63)

Frerichs u.a. halten es auf dem Hintergrund ihrer Ergebnisse für notwendig, die informellen Artikulationsmöglichkeiten für Frauen innerhalb der Betriebe zu verbessern (zum Beispiel durch kleinere Versammlungsformen, gesonderte Sprechstunden für Frauen). Für viele der im gewerblichen Bereich untersuchten Arbeitsplätze wird als „sozialverträgliche Lösung" deren Abschaffung angesehen. Hier lautet das Votum der Forscherinnengruppe, Defizite im Bereich der Arbeitsumgebung und –organisation durch Gestaltungsversuche in Richtung Mischarbeitsplätze abzumildern. Schließlich fordern Frerichs u.a., an den hohen Bildungsmotivationen gerade der jüngeren Arbeitnehmerinnen mit betrieblichen Weiterbildungskonzepten — auch im Sinne einer „Anschlußqualifizierung" (Gensior) anzusetzen. Für den Produktionsbereich hat Gensior festgestellt, daß mit technischen Investitionen in Fertigungsbereichen, in denen Frauen überdurchschnittlich beschäftigt sind (z.B. in der Elektronikproduktion), keineswegs eine Stabilisierung der Beschäftigungslage für Frauen oder gar eine Zunahme der Beschäftigung erfolgt. Sie fordert daher u.a. die neue Schneidung einfacher Produktionstätigkeiten sowie verbesserte Einstiegsarbeitsplätze für Frauen (vgl. hierzu Beuschel/Gensior/Sorge 1988 und Gensior 1989).

IV. Zusammenfassung und Forschungsperspektiven

Im abschließenden Kapitel dieses Berichts wird zunächst noch einmal in Grundzügen das theoretische Konzept umrissen, das der Analyse des Verhältnisses von Persönlichkeit und Computer in den einzelnen Bereichen zugrundegelegt wurde (A.). Die wichtigsten Ergebnisse dieser Analyse werden bereichsübergreifend im Abschnitt B. referiert. An diese Thesen schließt sich ein Ausblick auf weitere Perspektiven zur Forschung an (C.). Schließlich wird im Abschnitt D. das bereits erwähnte Konzept eines kritischen Computerkurses skizziert, das Ansatzpunkte für die Vermittlung eines persönlichkeitsförderlichen Umgangs mit dem Computer bieten soll.

A. Probleme eines persönlichkeitsorientierten Zugangs auf die Forschung

Im vorliegenden Bericht wurden die Auswirkungen der Computertechnologie auf die Persönlichkeitsentwicklung der Individuen, d.h. auf ihre Identität, die Veränderung ihrer Handlungskompetenzen und ihrer Handlungsfähigkeiten in verschiedenen sozialen Bereichen aufgezeigt. Die übergreifende Fragestellung nach den Gefährdungen, aber auch den Entwicklungschancen der Individuen durch die Computertechnologie wurde in erster Linie auf der Basis empirischer, sich auf verschiedene soziale Bereiche beziehender Forschungen untersucht.

Viele empirische Forschungen, u.a. auch weitgehend die hier einbezogenen SoTech-Projekte, nehmen allerdings nicht explizit Bezug auf die dem Projekt zugrundeliegenden Fragestellungen. Überwiegend kann davon ausgegangen werden, daß die „Subjektperspektive" nur in wenigen Forschungsprojekten unter der Frage der Persönlichkeitsentwicklung thematisiert wird. Andererseits – wenn die Forschung explizit auf das Verhältnis von Subjektivität und Computertechnologie eingeht – werden oft Einzelaspekte möglicher Persönlichkeitsveränderungen in unzulässiger Weise verallgemeinert. Aus diesem Grunde konnten sich die Autoren nur auf relativ wenige Forschungsergebnisse beziehen und mußten bezüglich anderer Forschungsergebnisse ein interpretativ-rekonstruierendes Verfahren anwenden.

Das gravierendste Forschungsdefizit kann allerdings nicht nur darin gesehen werden, daß die derzeitige Forschung zur Computertechnologie nur in seltenen Fällen die Frage der Persönlichkeitsveränderung im umfassenden Sinne berücksichtigt, sondern daß die Forschungsergebnisse aus verschiedenen sozialen Bereichen nur schwer aufeinander zu beziehen sind.

So zeigt schon der zu Anfang vorgenommene Literaturüberblick, daß oft Fallstudienergebnisse zu allgemeinen Trendentwicklungen überhöht werden und nicht mehr an die sozialen Problemlagen der Individuen insgesamt rückvermittelt sind. Trotz ihres innovatorischen Charakters kann hier die Arbeit von Turkle als Beispiel genannt werden. Deshalb bestand für das Projekt die Notwendigkeit eines methodisch-konzeptionellen Neuansatzes, um die Forschungsergebnisse aus verschiedenen sozialen Bereichen aufeinander beziehen zu können.

Einschränkend wurde zu Anfang verdeutlicht, daß die Konstruktion von kausalen Wirkungsverhältnissen der Mensch–Computer–Interaktion nicht oder nur vermittelt möglich ist. Probleme lagen einerseits in der Bestimmung des Persönlichkeitsbegriffs, andererseits in der notwendigen Rückvermittlung computerbezogenen Handelns auf den jeweiligen sozialen Kontext.

Persönlichkeit bezeichnet im idealistischen Sinne den „ganzen" Menschen, den Menschen als holistisches Subjekt. Diese Vorstellung von Persönlichkeit, die sich angesichts der bedrohenden Qualität der Computertechnologie zumindest als geistesgeschichtliche Erinnerung oder auch als Utopie heute wieder aufdrängt, kann nur dann wissenschaftlich fruchtbar gemacht werden, wenn es gelingt, den Persönlichkeitsbegriff über die sozialwissenschaftliche Theoriebildung zu rekonstruieren. Theorieansätze, die in gesellschaftstheoretischer Hinsicht versuchen, die lebenslagenspezifische Biographie eines Individuums unter der doppelten Perspektive von System und Lebenswelt zu betrachten, ermöglichen aber allenfalls die Definition von Rahmenbedingungen, innerhalb derer sich computerbezogenes Handeln ereignet. Ähnliches gilt auch für die These der „Kolonialisierung von Lebenswelt durch Technik", die insbesondere von der neueren Techniksoziologie vertreten wird und die ebenso wie die phänomenologische Sichtweise versucht, die Probleme der Verunsicherung des Menschen durch die moderne Technik zu erfassen. Schwierigkeiten ergeben sich auch bei dem Versuch, entwicklungstheoretische, moraltheoretische sowie psychoanalytische Ansätze mit den vorliegenden empirischen Studien zu verknüpfen. Diese ermöglichen zwar einen höheren Konkretionsgrad der Hypothesenbildung, sie lassen aber in den wenigsten Fällen eine Vermittlung zu den empirischen Forschungsergebnissen oder auch deren Interpretation zu.

Angesichts dieser Probleme wurde in der Projektarbeit versucht, an die neuere Sozialisationstheorie anzuknüpfen und diese für die eigene Fragestellung zu präzisieren. Präzisierungen erfolgten hinsichtlich des Konzepts „Entwicklung als Handlung im Kontext" sowie dessen Bezug auf verschiedene soziale Kontexte. Bevor diese Schritte erfolgreich durchgeführt werden konnten, mußte auf die spezifischen Bedingungen der Computertechnologie eingegangen werden.

In techniktheoretischer Hinsicht wurde davon ausgegangen, daß der Computer aufgrund seiner abstrakt–instrumentellen Eigenschaften und aufgrund seiner universell–flexiblen Einsatzmöglichkeiten neue, aber nach sozialen Bereichen völlig unterschiedliche Anforderungen an die Individuen stellt. Das Neue des Computers ist also nicht seine physikalische Eigenschaft (Hardware), sondern die Tatsache, daß er in der Lage ist, mehrere Maschinen beziehungsweise Programme und Progammtypen zu realisieren. Ein weiteres wichtiges Merkmal der Computertechnologie entsteht vor diesem Hintergrund daraus, daß sie als eine semantische Technik zu begreifen ist. Realität kann durch ihre Repräsentation in dem Symbolnetz des Programms simuliert werden. Wirkungspotentiale der Technologie fußen wesentlich auf diesem semantischen Charakter der Computertechnologie. Die den Programmen zugrundeliegenden Algorithmen liegen dabei auf unterschiedlichen Konkretionsebenen. So stellen Spielprogramme ganz andere Anforderungen (oder bieten auch Identifikationsmöglichkeiten) an die Individuen als Programme, die Werkzeug-, Lern- oder Systemcharakter tragen. Überspitzt formuliert ist der Computer in der Lage, auf unterschiedliche Bedürfnisse zugeschnittene Programme zu realisieren. Das ihm immanente Prinzip von Formalisierung und Gleichgültigkeit ist für den Benutzer nicht sichtbar. „Benutzerfreundlichkeit" heißt somit auch, die dem Algorithmus innewohnenden Abstraktionen den Benutzer, der Spieler, Lerner oder Beschäftigter sein kann, nicht merken zu lassen. Am Konzept der „Benutzerfreundlichkeit" wird aber auch als Gefährdungspotential die Entmündigung der Nutzer kritisiert, die Suggestion von Herrschaft über die Maschine, die ihrerseits den Benutzer beherrscht.

Die Frage stellt sich nun, wie eine möglichst konkrete und präzise Bestimmung des Verhältnisses von Persönlichkeit und Computer in sozialen Kontexten möglich ist.

Die Sozialisationstheorie geht in Anlehnung an die Entwicklungstheorie davon aus, daß Persönlichkeitsentwicklung als „Entwicklung von Handlung im sozialen Kontext" zu konzeptionieren ist. In Anlehnung an die Sozialisationstheorie wurden daher Basis- und Handlungskompetenzen unterschieden, wobei mit Handlungskompetenzen sowohl sprachliche, kognitive und kommunikative als auch emotionale und affektive Kompetenzen gemeint sind. Persönlichkeitsentwicklung — so die Überlegung — ist dann um so eher möglich, wenn sich diese Kompetenzen in gleichmäßiger und für das Individuum ausbalancierter Form entwickeln. Dagegen treten Identitätsprobleme dann auf, wenn lediglich ganz bestimmte Kompetenzen domierenden Einfluß auf die Persönlichkeit gewinnen.

Aus der Perspektive der Subjekte ergibt sich somit die Notwendigkeit, alle für die „Interaktion Mensch–Maschine" relevanten Eigenschaften und Fähigkeiten zu thematisieren. Auf der Basis der Theorie des symbolischen Interaktionismus und der Kommunikationstheorie kann davon ausgegangen werden, daß sich Persönlichkeitsentwicklung wesentlich im Kontext sozialer Handlungen, in die auch materielle Handlungen einbezogen sind, vollzieht. Persönlichkeitsentwicklung ist somit zu erklären aus der Dialektik von Vergesellschaftung und Individualisierung, wobei Individualisierung nur möglich ist durch den Erwerb von

Handlungskompetenzen, die dem Individuum ermöglichen, am gesellschaftlichen Leben teilzunehmen.

Das Konzept „Persönlichkeitsentwicklung als Handlung im sozialen Kontext" mußte aber wesentlich durch die Gegenüberstellung von Handlungskompetenzen und Handlungsanforderungen konkretisiert werden. Ausgangsthese ist daher, daß Persönlichkeitsentwicklung dann gewährleistet ist, wenn Handlungskompetenzen und Handlungsanforderungen vom Individuum ausbalanciert werden können, wenn also vom Individuum die erworbenen Fähigkeiten, Neigungen, Möglichkeiten und Selbsteinschätzungen in kognitiver und emotionaler Hinsicht mit den vom Computer abverlangten Anforderungen in Übereinstimmung beziehungsweise ins Gleichgewicht zu bringen sind.

In dem Maße, so die Überlegung, wie diese beiden Momente auseinanderstreben, was auch als Diskrepanzerlebnis bezeichnet wird, können sich Probleme für die Identität ergeben.

– Als Anforderungspotentiale wurden die situationsspezifischen Handlungsanforderungen bezeichnet, die der Computer erforderlich macht.

– Der Erwerb computerbezogener Handlungskompetenzen kann für das Individuum Gefährdungspotentiale beinhalten: Dann entfalten sich computerbezogene Handlungskompetenzen auf Kosten sozial-kognitiver und interaktiver Handlungskompetenzen.

– Computerbezogene Handlungskompetenzen stellen dann Entwicklungspotentiale dar, wenn sie in die Kompetenzstruktur der Persönlichkeit integrierbar sind.

Diese Kategorien sind – wie die neuere Forschung zeigt – nur aussagekräftig, wenn berücksichtigt wird, daß der jeweilige soziale Kontext auf die Ausformung der Mensch-Computer-Interaktion, und damit auf Persönlichkeitsveränderungen, eine erhebliche Rolle spielt. Somit ergab sich für das weitere Vorgehen in diesem Projekt die Notwendigkeit, die theoretischen Überlegungen für verschiedene soziale Bereiche und die möglichen Einsatz- und Nutzungsformen der Computertechnologie zu spezifizieren, um anschließend das Verhältnis von Persönlichkeit und Computer in den Kontexten zu untersuchen.

B. Zusammenfassende Betrachtungen des Verhältnisses Persönlichkeit und Computer

Im folgenden sollen die wichtigsten Ergebnisse der sozialen und individuellen Wirkungspotentiale der Computertechnologie zusammengetragen werden. Dabei wird auch eine Überprüfung der handlungstheoretisch begründeten Hypothesen vorgenommen werden. Diese Ergebnisse werden als zusammenfassende Thesen verstanden, die auf einer Auswertung der empirischen wie theoretischen Forschung beruhen und unter schlagwortartigen Überschriften dargestellt werden. Diese Darstellung der Ergebnisse ist zum einen kontextbezogen, zum anderen orientiert sie sich an den Ausgangsfragestellungen des Projekts, die sich auf die Fragenkomplexe bezogen:

— individuelle Betroffenheit durch den Computer und Nutzungsformen,

— Auswirkungen auf Persönlichkeitsstrukturen und soziale Kommunikation,

— geschlechtsspezifische Differenzen im Zugang zum und Umgang mit dem Computer,

— Ansatzpunkte für eine sozialverträgliche Technikgestaltung bzw. einen persönlichkeitsförderlichen Umgang mit dem Computer.

Individualisierung

Einige der mit dem computerbezogenen Handeln einhergehenden Phänomene weisen in Richtung eines weitergehenden Individualisierungsschubs in sozialen Beziehungen. Es bestehen derzeit kaum empirische Hinweise, die in Richtung neuer kollektiver und solidarischer Beziehungsformen deuten. Diese Tendenz läßt sich sowohl für den Bereich Familie/Freizeit als auch für die Bereiche Bildung und Arbeit/Beruf festhalten.

Insbesondere in der Einstellung der sogenannten „neuen Pragmatik", in der besonders die männlichen Jugendlichen über Kosten–Nutzen–Kalküle sich dem Computerhandeln zuwenden, lassen sich mit steigender Computerorientierung Gefährdungspotentiale wie zunehmende soziale Isolierungstendenzen sowie Konkurrenzbeziehungen feststellen. Man kann von einer Entwicklung weg von kooperativen solidarischen Beziehungsformen hin zu individuellen Lernstrategien ausgehen. Nun sind diese Entwicklungen keinesfalls neu, in der Selektionsanstalt Schule ist eine solche Haltung beinahe funktional notwendig. Dennoch erweist sich hier die katalysatorische Wirkung des Computers als besonders anschlußfähig: Die individuelle Mensch–Computer–Interaktionsform als Lehr- und Lernprozeß kommt SchülerInnenbedürfnissen und funktionalen Notwendigkeiten entgegen, auch oder gerade, wenn man sich hiervon Chancen für eine Förderung der Lernschwachen erhofft. Auch wenn im Unterricht sozial–kooperative Handlungselemente eingebaut sind, besteht die Gefahr, daß langfristig die individuellen Strategien der SchülerInnen zu einer weitergehenden Individualisierung der Handlungsanforderungen des Unterrichts selbst beitragen.

Schule würde dann in der Zunahme maschinisierter Lehr–Lern–Prozesse eine weitere Stufe in Richtung der Ausformung zweckrationaler Organisationsstrukturen beschreiten. Wie Bammé gezeigt hat, laufen solche Rationalisierungsprozesse freilich einer Computerisierung bereits voraus: Die Reduktion von sozialen Beziehungen auf eindeutige, reproduzierbare und berechenbare Verhaltensmuster geht der realen Umsetzung dieser Beziehungen in Programmstrukturen stets voraus.

In einer Lernumgebung, die durch Leistungsorientierung und fehlende Sozialorientierung des Unterrichts und der am Unterricht beteiligten Subjekte gekennzeichnet ist, gehen jedoch für die Persönlichkeitsentwicklung soziale Anforderungspotentiale verloren. In Kombination mit der Selbstbezüglichkeit der Interaktionssituation am Computer muß davon ausgegangen werden, daß hier institutionelle Grundlagen zur Produktion maschineller Charaktere gelegt werden.

Die gegenwärtige individualistische Orientierung der SchülerInnen scheint zunehmend für das Beschäftigungssystem dysfunktional zu sein, weil eher Teamorientierung, Kooperationsbereitschaft und –fähigkeit verlangt werden. Gerade in der betrieblichen Ausbildung werden daher zunehmend Methoden angewendet (z.B. Projektmethode), die die Fähigkeit zur Arbeit im Team fördern sollen. Zugleich wird aber die individualistische Orientierung nicht wirklich überwunden. Was in der Ausbildung im Zusammenhang mit dem Einsatz der Leittext-Methode noch als pädagogisch notwendig und persönlichkeitsförderlich erscheint, nämlich individuelle Lerngeschwindigkeiten angemessen berücksichtigen zu können, erweist sich in der betrieblichen Arbeit nachträglich als angemessene Vorbereitung auf eine Kooperation im Unternehmensinteresse. Bammé hat in bezug auf Volvo ausgeführt: „Jeder war sein eigener Antreiber und zugleich der der anderen. Jeder hatte zusammen mit seiner Integrationsfunktion zugleich auch die abstrakte und ihm äußerliche Logik der im Widerspruch zu seinen Interessen funktionierenden Verwertungsprozesse verinnerlicht." (Bammé 1983 c, S. 534)

Während auf der Ebene des Arbeitsprozesses neue Kooperationsformen notwendig werden, verstärkt sich mit dem Einsatz der Computertechnologie die soziale Distanzierung der Beschäftigten. Insbesondere unter dem Einfluß betrieblicher Leistungspolitik können sich Handlungskompetenzen wie Lern- und Konfliktfähigkeit zu individualistischen Bewältigungsstrategien verformen.

Geschlechtsspezifische Sozialisation

Die Frage nach geschlechtsspezifischen Sozialisationsmustern im Zusammenhang mit der Computertechnologie läßt sich mit dem Hinweis beantworten, daß traditionelle geschlechtsspezifische Rollenverteilungen zunächst vertieft werden. Mit dem computerbezogenen Handeln geht dabei die Herausbildung traditioneller Geschlechtsrollen(-stereotype) einher, die die Entwicklung der geschlechtsspezifischen Identität beeinflussen.

Bei der Herausbildung der Geschlechtsidentität werden damit unterschiedliche Handlungsanforderungen und Erwartungen an Jungen und Mädchen herangetragen: Während Jungen das computerbezogene Handeln bruchlos in das männliche Selbstbild integrieren, müssen Mädchen widersprüchliche Situationen bewältigen. Wenden sie sich dem Computer zu, handeln sie damit gegen die Erwartung an ihre weibliche Geschlechtsrolle; kämen sie diesen Erwartungen nach, würde ihnen die Entwicklung eines eigenständigen Umgangs mit dem Computer vorenthalten. Von Jungen und Männern wie von Mädchen und Frauen wird der Computer in der Regel als „männlich" wahrgenommen beziehungsweise definiert. Traditionelle männliche Geschlechtsrollen stabilisieren sich dabei im computerbezogenen Handeln über den Anspruch des Computerexperten, der die Ausgrenzung des „Weiblichen" beinhaltet. Es existieren empirische Hinweise, daß Mädchen beim intensiven computerbezogenen Handeln die komplementäre Rolle der „Nicht-Expertin" einnehmen, was mit einer Abwertung eigener Kompetenzen und Fähigkeiten einhergeht. Dieser Rollenkonflikt läßt sich im übrigen auch in Berufsfindungsprozessen von Mädchen wiederfinden, bei der Wahlentscheidung in bezug auf sogenannte gewerblich-technische Berufe und in der Berufstätigkeit überhaupt.

In der Realität finden diese Selbst- und Fremdzuschreibungen ihren Ausdruck sowohl in Ausgrenzungsstrategien (der Mädchen durch die Jungen) als auch in Selbstausgrenzungen (der Mädchen). Die Erfahrungen mit geschlechtshomogenen und -heterogenen Unterrichtsgruppen im Informatikunterricht zeigen, daß Mädchen im koedukativen Unterricht ausgegrenzt und benachteiligt werden, hingegen in einer mädchenhomogenen Gruppe Chancen für eine eigenständige

Aneignung des Computerns finden. Allerdings ist trotz zahlreich vorliegender Ergebnisse mit dem oben genannten eindeutigen Befund das Thema „wi(e)der Koedukation" nicht ausdiskutiert. Während eine Position gegenüber dem zeitweise getrennten Unterricht die Freiräume betont, in denen Mädchen sich repressionsfrei von Jungen Computerhandeln aneignen können (was allerdings nichts an der normativen Besetzung des Computers als männlich ändert), wollen die VertreterInnen anderer Positionen gerade den koedukativen Unterricht nutzen, um Geschlechtsrollenstereotype und normative Besetzungen zu thematisieren (hier werden jedoch die Ergebnisse über das dominierende Verhalten von Jungen im koedukativen Unterricht nicht genügend berücksichtigt).

Zuschreibungsprozesse und Ausgrenzungsstrategien im computerbezogenen Handeln seitens der Jungen beziehungsweise der Männer beeinflussen in erheblicher Weise auch die familialen Beziehungsstrukturen. Dabei entstehen in der gegenwärtigen Situation vor allem für Mütter widersprüchliche Handlungssituationen. Auch sie schreiben in der Regel den männlichen Familienmitgliedern die Computerkompetenz zu, ebenso wie diese versuchen, den Computer als „männlichen" Bereich zu besetzen. Auch auf Aus- und Abgrenzungsstrategien der weiblichen Familienmitglieder existieren empirische Hinweise. Für Mütter entstehen aus ihrer Erzieherin-Rolle widersprüchliche Handlungsanforderungen auf mehreren Ebenen. Qua technikbezogener Sozialisation und aktuellen Ausgrenzungsstrategien geht sie der Computer sozusagen nichts an. Qua Sozialisation geht sie der Computer jedoch sehr viel an, da sie in der Rolle als Mutter verantwortlich für das familiale Binnenklima der Familie gemacht werden. Zudem werden ihnen Erziehungsaufgaben häufig auch gerade im Bereich des computerbezogenen Handelns, als speziellem Bereich der Medienerziehung zugeschoben.

Aus- und Abgrenzungsstrategien der männlichen Familienmitglieder einerseits, an sozialer Kommunikation ausgebildete Wertorientierungen andererseits, sind Grundlagen für das Bild des Computers als Zerstörer von Kommunikation in der Familie. An dieser Stelle kann nicht gesagt werden, inwiefern sich das Wirkungspotential der Verfestigung von Geschlechtsrollen in der Familie und der Ausbildung von Geschlechtsrollenstereotypen langfristig stabilisiert. Denkbar wäre auch, daß gerade die Verstärkerfunktion des Computers Problemlösungspotentiale freisetzt, indem Strategien zur Überwindung dieser widersprüchlichen Situation entwickelt werden.

Umstritten ist gegenwärtig die Frage eines frauen- beziehungsweise mädchenspezifischen Computerumgangs — und zwar sowohl hinsichtlich seiner empirischen Berechtigung als auch seiner normativen Bewertung. In der Literatur wird von zwei unterschiedlichen Handlungsstilen ausgegangen, die als objektiv-zweckrational und subjektiv-sinnhaft charakterisiert werden können. Frauen und Mädchen wird dabei oft ein Handlungsstil zugeschrieben, der die sozialen Auswirkungen des Computers einbezieht, gebrauchs(wert)orientiert ist und nicht perfektions- und leistungsorientiert, sondern eher spielerisch ist.

Schelhowe führt an, daß die Forschung in solchen Zuschreibungen eher soziale Geschlechtsrollenstereotypen feststellt, als überdauernde Persönlichkeitsmerkmale. Ein Merkmal wie Sozialorientierung kann sich beispielsweise in Abhängigkeit von verschiedenen Kontexten umkehren. Im Arbeitsbereich handeln Frauen oft eher sachorientiert als Männer. Schelhowe zeigt zudem, wie ambivalent ein gebrauchswertorientierter Zugang von Frauen bewertet werden kann: Sorge um die Menschheit und Angst, sich an den Computer zu verlieren und als unweiblich zu gelten sind dabei Erklärungsansätze für ein und dasselbe Phänomen. Schelhowe stellt darüber hinaus die Frage, inwiefern die Erforschung frauenspezifischer Umgangsweisen nicht zur Reproduktion bestehender Geschlechtsrollenstereotype beitrage, und warnt davor, mit einer bloßen Aufwertung von bislang als negativ betrachteten Weiblichkeitsstereotypen im Zusammenhang mit der Computertechnologie die Machtfrage aus dem Auge zu verlieren. Frauen würden sich so selbst in der Durchsetzungsfähigkeit und Wahrnehmung ihrer Interessen schwächen. Letztendlich beruhe die Nichtteilnahme von Frauen an bestimmten Zugängen und Umgängen mit der Computertechnologie nicht auf Sozialisationsdefiziten oder mangelnden Kompetenzen, sondern auf immer wieder aktualisierten Ausgrenzungsstrategien.

Auf der anderen Seite wird jedoch in der Diskussion um frauenspezifische Zu- und Umgangsweisen daran festgehalten, daß „Weiblichkeit" gerade in der Ausbildung von ausgeprägten emotionalen, empathischen und sozial-kommunikativen Handlungsorientierungen und Bewertungsmaßstäben ein Widerstandspotential gegen eine verstärkte Maschinisierung des Denkens und Handelns bilden kann. Der Erhalt dieses Potentials hängt dabei ab von der traditionellen Technikdistanz beziehungsweise Technikskepsis, auf der der gebrauchswert- und anwendungsorientierte Umgang mit dem Computer beruht.

Unabhängig davon, inwiefern spezifische Handlungsstile geschlechtsspezifisch verteilt sind, stellt sich jedoch die Frage nach der Persönlichkeitsförderlichkeit von Handlungsstilen. In dieser Hinsicht muß festgestellt werden: Je „reiner" sich der objektiv-zweckrationale Handlungsstil herausbildet, desto eher muß er als Gefährdungspotential für die Persönlichkeitsentwicklung, insbesondere in der Phase der Adoleszenz, bewertet werden. Zu fragen wäre in weiteren Forschungen nach objektiven und subjektiven Bedingungen, die spezifische Handlungsstile befördern oder behindern.

Handlungskompetenzen

Im Zusammenhang mit der Entwicklung von Handlungskompetenzen, die im computerbezogenen Handeln entwickelt werden können oder auch werden müssen, läßt sich ein sehr heterogenes Spektrum von Ergebnissen feststellen.

So konnte im Zusammenhang mit der LOGO-Lernumgebung eine Förderung formal-operationaler Handlungskompetenzen nicht bestätigt werden. Die häufig geäußerte Annahme, Computernutzung trage zur Entwicklung höherer geistiger Funktionen bei, hat keine empirische Grundlage. Entwicklungspotentiale kann die LOGO-Lernumgebung aber hinsichtlich der Vermittlung abstrakter, mathematisch-naturwissenschaftlicher Sachverhalte geben. Kompetenzen für einen intuitiven und sinnlich erfahrbaren Erkenntniszugang zu formalen Strukturen können entwickelt werden. Damit wird gerade auch nicht mathematisch-technisch orientierten SchülerInnen ein Zugang zu mathematischen Sachverhalten erlaubt, die für gewöhnlich abstrakt bleiben.

Auch Computerspiele bieten unter dem Aspekt kognitiver Informationsverarbeitung Entwicklungspotentiale für die Ausbildung kognitiver Handlungskompetenzen, wie die Integrationsfähigkeit visuell-räumlicher Perspektiven, paralleler Informationsverarbeitung und eines induktiven Erkenntnisstils, der sich auf regelhafte Spielstrukturen richtet. Für eine positive Bewertung muß jedoch auch beobachtet werden, wie sich die sozial-kognitiven, emotionalen und empathischen Handlungskompetenzen der Heranwachsenden entwickeln.

Über die Beherrschung von Spielprogrammen, die derzeit die häufigste Nutzungsform der Computertechnologie im Bereich Familie/Freizeit darstellen, trägt das computerbezogene Handeln der Kinder dazu bei, Kontrollkompetenzen auszubilden. Die Computertechnologie ist generell aufgrund ihres interaktiven Charakters und der Abgeschlossenheit algorithmisch-symbolischer Welten besonders geeignet zur Entwicklung von Kontrollkompetenzen. Diese Entwicklungspotentiale sind besonders in Bereichen gegeben, in denen ein selbstbestimmter, autonomer Zugang zur Technologie möglich ist. Bei Heranwachsenden trägt die Entwicklung von Kontrollkompetenz zur Herausbildung internaler Kontrollüberzeugungen bei. Unter dem narzißtischen Aspekt finden Selbstidealisierungsprozesse statt, weil in der Kontrollüberzeugung die Computerleistung dem Selbstbild zugeordnet wird. Dies wird als Selbstbestätigung der eigenen Leistungsfähigkeit empfunden und stärkt das Selbstwertgefühl. Mit der Ausbildung der Kontrolle des Computers geht notwendigerweise die Selbstkontrolle einher, die sowohl die sensomotorischen als auch emotionalen und kognitiven Bereiche umfaßt. Diese Ausbildung von Selbstkontrolle bewirkt ebenfalls eine Stimulation des Selbstwertgefühls. Inwiefern diese Wirkungspotentiale gefährdend oder förderlich für die Persönlichkeit des Heranwachsenden sind, hängt davon ab, wie zentral die Ausbildung von Kontrollkompetenz das Selbstbild des Heranwachsenden bestimmt. Dieses wiederum hängt auch von seiner Fähigkeit ab, sich in sozialen Beziehungen behaupten zu können. Wenn externale Kontrollüberzeugungen oder -erfahrungen das Bewußtsein der Jugendlichen prägen, kann es zu einer Übersetzung der am Computer erworbenen Kontrollkompetenzen kommen. Diese müssen dann die externalen Kontrollerfahrungen kompensieren. Die subjektive Disposition zur Übersetzung von Kontrollkompetenzen kann damit sowohl in dem Bewußtsein liegen, keine Kontrolle über die eigenen Lebensbedingungen zu besitzen, oder in der Angst, diese Kontrolle zu verlieren.

Verluste von Kontrollkompetenzen bemerken Böhle und Milkau auch bei Facharbeitern, für die die subjektive Bewältigung der Arbeitsanforderungen an computerisierten Arbeitsplätzen beeinträchtigt, erschwert und zurückgedrängt wird. Der Verlust an „handgreiflicher Kontrolle" und Beeinflussung der Maschine führt in Kombination mit der Übertragung von mehr Verantwortung für den Arbeitsprozeß zu einer erheblichen Verunsicherung der (Arbeits-)Identität. Die Arbeitsvollzüge werden als menügesteuerte Abhängigkeit beschrieben. In dieser Situation ist es nicht mehr möglich, die notwendigen Handlungskompetenzen wie Problemlösungsfähigkeit, Kreativität u.ä. am Arbeitsplatz auszubilden. Die These legt nahe, daß der Verlust der Kontrollkompetenzen und die abnehmende sozialisatorische Kraft des Arbeitsplatzes bei einer Erweiterung von Handlungsspielräumen sich allenfalls teilweise aufheben lassen.

Das Kontrollbewußtsein der Facharbeiter wird zudem noch stark beeinflußt durch die immensen Möglichkeiten der Ausweitung und Intensivierung der betrieblichen Kontrolle. Man kann hier von einer qualitativ neuen Stufe der Transformation von Fremd- in Selbstkontrolle ausgehen.

Generell ist mit der Computerisierung von Arbeitsplätzen eine Umstrukturierung von Handlungsanforderungen verbunden, die u.a. eine Verschiebung von sensomotorischen Fertigkeiten hin zu kognitiven Fähigkeiten beinhaltet. Die damit einhergehende weitere technische Mediatisierung der Arbeitsumwelt hat weitreichende Folgen für die sinnlichen Komponenten des Arbeitshandelns. An die Stelle unmittelbarer Materialbehandlung und Intervention in den Produktionsprozeß tritt ein daten- und symbolvermittelter Arbeitsvollzug. Die vorhandenen Handlungskompetenzen der Facharbeiter wurden jedoch größtenteils noch an den alten Arbeitsplätzen und unter den alten Bedingungen ausgebildet. Nunmehr müssen sinnliche Wahrnehmungen und sensomotorisches Handeln jeweils in kognitive Strukturen transformiert werden. Böhle und Milkau sehen hier Chancen für die Entwicklung einer abstrakten Sinnlichkeit, mit der sich die Facharbeiter über bildhaft-konkrete Vorstellungen Abläufe in der Maschine vergegenwärtigen können. Gleichzeitig ist jedoch auch festzustellen, daß in der Mensch-Computer-Interaktion sensomotorische Handlungskompetenzen zurückgedrängt und nicht aktualisiert werden können. Böhle stellt fest, daß der körperlich-sinnliche Erfahrungsbezug bei der Umwandlung in bildhaft-konkrete Vorstellungen notwendig ist, in der Arbeitssituation selbst im Gegensatz zu bisherigen Tätigkeiten jedoch nicht wiederhergestellt wird. Die zunehmende Entsinnlichung von Tätigkeiten wirft die Frage nach der Regeneration sensomotorischer Erfahrungsweisen auf, die die Basis zur Ausbildung „abstrakter Sinnlichkeit" darstellen. Die Ergebnisse Böhles und Milkaus bestätigen darüber hinaus die Forschungen Turkles, die ebenfalls die Möglichkeit feststellt, in einen sinnlichen Erfahrungsbezug zu formalen Strukturen zu treten. So ließe sich möglicherweise wieder ein interaktionistisch-flexibles Kontrollbewußtsein schaffen.

Die generelle Widersprüchlichkeit der Arbeitssituation bleibt jedoch erhalten: Die geforderten Handlungskompetenzen, die auf die Bewältigung ungeplanter, nicht-standardisierter Situationen abzielen, können im Routinebetrieb an computerisierten Arbeitsplätzen nicht mehr ausgebildet werden. Die Arbeitsplätze müßten also für die Zukunft mehr Lernmöglichkeiten zulassen. Zugleich müßten vermutlich unabhängig davon an anderen Lernorten geforderte Handlungskompetenzen erworben werden.

Sozialcharaktere

In einer der Ausgangsfragestellungen war danach gefragt worden, ob die Computertechnologie Sozialcharaktere erzeugt, für die die Ziele sozialverträglicher Technikgestaltung außerhalb ihrer Wahrnehmung liegen. Die hier untersuchten Ansätze und Forschungen lassen eine Beantwortung dieser Frage in mehrfacher Hinsicht zu.

Untersuchungen zum Bereich Familie/Freizeit haben gezeigt, daß vornehmlich männliche Jugendliche über computerbezogenes Handeln eine kulturelle Identität aufbauen, die von Handlungs- und Wertorientierungen einer High-Tech-Gesellschaft geprägt sind. Der Computer wird dabei als ein Mythos in die Lebensperspektive eingebaut, der verspricht, für die Ansprüche des zukünftigen Lebens gewappnet zu sein. Jugendliche halten es deshalb für rational, sich Computerkenntnisse anzueignen. Irrational hieran ist nun, daß sie in dieser Aneignungsweise entweder alle anderen Möglichkeiten dem Leitbild des Computers unterordnen oder gar andere Dimensionen des menschlichen Handelns nicht mehr wahrnehmen. Das Mythische dieses Verhaltens liegt nun darin, daß die Rationalität überhöht wird und die Versprechungen als zukünftige Realität selbst betrachtet werden. So wird eine trügerische Sicherheit der Identität aufgebaut, die sich an den Widersprüchlichkeiten des Lebens nicht mehr abarbeitet.

Die sogenannte „neue Pragmatik" begünstigt gleichfalls die Entwicklung von affirmativen Einstellungen gegenüber den mit dem Computer transportierten Werten wie Leistung, Erfolg, Aufstieg, Fortschritt. Mit dieser Pragmatik geht bei zunehmender Computeranwendung und -erfahrung eine Verdrängung gesellschaftlicher Problemlagen einher, die sich mit dem Computer verbinden.

Die Verinnerlichung des „reinen" formal-logischen Denkens kann dabei zu einer maschinellen Persönlichkeitsstruktur führen, deren Merkmale an dieser Stelle zusammengetragen werden sollen: relativ starre Ich-Struktur, hochselektive Wahrnehmung von Realität, Unterlaufen von Aushandlungsprozessen in zwischenmenschlichen Beziehungen, eine egozentrische Haltung gegenüber der Umwelt. Im Zentrum des Selbstbildes stehen computerbezogene Kontrollkompetenzen. Damit korrespondiert die zentrale Bedeutung der Leistungsorientierung, die im Kontext des Computers die soziale Anerkennung sichert. Dadurch entsteht eine abhängige Beziehung zum Computer, die eine Abhängigkeit von sozialer Anerkennung darstellt. Es kommt zu einer Entemotionalisierung zwischenmenschlicher Beziehungen in distanzierte, konkurrenzbezogene und erfahrungslose Beziehungen. Die Suche nach sozialer Anerkennung stellt dabei quasi die treibende Kraft dar, die die Persönlichkeit letztendlich formt. In dieser Persönlichkeitsstruktur finden sich wesentliche Elemente struktureller Wirkungspotentiale der Computertechnologie wieder: Reduzierung von Bedeutungsvielfalt, Einschränkung der Realitätswahrnehmung, an Funktionskriterien orientiertes instrumentelles Denken. Langfristig ist vor dem Hintergrund der Forschungsarbeiten von Pflüger/Schurz zu vermuten, daß die Metapher des Computers beziehungsweise des Programms als ein vollständig geregelter Funktionskreislauf, der keine Unsicherheiten und Widersprüchlichkeiten mehr enthält, ein quasi-moralisches, abstraktes Orientierungsbild im subjektiven Bewußtsein werden kann, das für einen geregelten und funktionierenden Alltag steht und als

Ich–Ideal Prozesse der Selbsterziehung, d.h. der Angleichung an dieses Ideal auslöst.

Wirkungspotentiale, die diese Sozialcharaktere hervorbringen, liegen zum einen in den selbstbezüglichen Anforderungsstrukturen der Computertechnologie selbst. Nach Noller u.a. läßt diese Selbstbezüglichkeit der Mensch–Computer-Interaktion es nicht zu, normative Geltungsansprüche zu hinterfragen, im Gegenteil: In der Interaktion erfolgt die prinzipielle Anerkennung der Werte, die der Computer transportiert. Für die Identitätsentwicklung der Jugendlichen besteht damit die Gefahr eines bruchlosen Übertritts in den Erwachsenenstatus, ohne daß grundlegende narzißtische Konflikte der Persönlichkeitsentwicklung gelöst sind.

Aufgrund der selbstbezüglichen Struktur vermag computerbezogenes Handeln an der narzißtischen Struktur der Persönlichkeit anzusetzen, nicht nur im Sinne des Erhalts von Omnipotenzphantasien, sondern in der Stimulierung eines idealisierten Selbstbildes, das sich in den fehlerfreien Produkten spiegelt. Dieser Aspekt, der sowohl Entwicklungs- wie Gefährdungspotential darstellen kann, ist als die motivationale Basis computerbezogenen Handelns anzusehen. Die logisch–algorithmische Struktur des Computers korrespondiert mit der Ideologie der Leistungsgesellschaft, daß prinzipiell jedes Problem zu lösen ist (denn es ist ja ein logisches Problem). Damit ist der Erfolg, ein gesetztes Ziel zu erreichen, prinzipiell von der eigenen Leistungsfähigkeit abhängig und immer in erreichbarer Nähe.

Entscheidende sozio–kulturelle Wirkungspotentiale entstehen dann daraus, daß im computerbezogenen Handeln traditionell sozio–kulturell gewachsene Normen und Werthaltungen unhinterfragt übernommen werden, die sich mit einer technisch–wissenschaftlichen Weltsicht, der leistungsorientierten Industriegesellschaft und der geschlechtsspezifischen Arbeitsteilung verknüpfen. Gegenüber den Ausgangshypothesen muß festgestellt werden, daß Gefährdungspotentiale des computerbezogenen Handelns nicht nur aus der Diskrepanz zwischen Handlungskompetenzen und sozio–kulturellen Handlungsanforderungen entstehen, sondern auch aus einer Überanpassung der Handlungskompetenzen an Anforderungen spezifischer gesellschaftlicher Bereiche.

In diesem Zusammenhang ist jedoch hervorzuheben, daß dieses Gefährdungspotential auch den sozialen Konflikten zwischen „neuer" Computerkultur und „alter" Kultur entspringt, die sich in der Familie und in der Gruppe der Gleichaltrigen manifestieren. Das Deutungsmuster des maschinellen Charakters wird dabei in sozialen Beziehungen funktionalisiert, um Heranwachsende, die sich intensiv auf den Computer eingelassen haben, auszugrenzen. In diesem Projekt konnten die Beweggründe für solche Prozesse nicht mehr nachgezeichnet werden. Hingewiesen sei jedoch darauf, daß sozialer Wandel immer auch Emotionen der Angst freisetzt (vgl. Noller/Paul 1987 a), aus denen eine Abwehrhaltung gegenüber neuen Entwicklungen resultiert. Diese Abwehrhaltung, die häufig mit Vorstellungsmustern eines deterministischen Verständnisses der Wirkungspotentiale der Computertechnologie einhergeht, trägt jedoch dann ihren Anteil zur Herstellung des „maschinellen" Charakters bei. Ihre Prognose ist eine sich selbst erfüllende Prognose, da sie Isolationstendenzen der Heranwachsenden und den Prozeß einer sich nach außen abschottenden Gemeinschaft von „Computercracks" verstärkt.

Evokatorisches Objekt

Den zahlreichen Gefährdungspotentialen stehen wenige (bezogen auf theoretische Annahmen) beziehungsweise sehr wenige (bezogen auf empirische Befunde) Entwicklungspotentiale gegenüber. Weiter oben ist die Verschiebung der Anforderungspotentiale im Umgang mit Computern beschrieben worden (weniger körperliche, mehr kognitive Anforderungen). An dieser Stelle soll nun ein Spezifikum hervorgehoben werden, das unter dem Stichwort „evokatorisches Objekt" vor allem in Diskussionen um Lernprozesse am Computer genannt wird. Der Computer beziehungsweise computerbezogenes Handeln dienen als Erkenntnismittel und –gegenstand zur Reflexion gesellschaftlicher, philosophischer und individueller Aspekte der symbolisch-algorithmischen Interaktionsform Mensch-Computer. Diese Reflexion entspringt dabei auch bei Kindern der Erfahrung im Umgang mit einem Ding, das eine Nähe zum menschlichen Denken aufweist und komplexe Verhaltensmuster zeigen kann. Computer als evokatorische Objekte können dann Heranwachsenden erlauben, über ihre Identitätsentwicklung zu reflektieren, sowie menschliche Beziehungen auf Aspekte wie Macht, Kontrolle, Autonomie zu untersuchen. Die generelle Frage nach den Unterschieden und Gemeinsamkeiten zwischen menschlichem Denken und Handeln und maschineller Informationsverarbeitung ist hier aufgeworfen.

In diesem Sinne liegt als Aneignungsform die kritische Distanzierung vom computerbezogenen Handeln nahe. Das evokatorische Potential bedarf allerdings einer Einbettung in Lernprozesse, denn es entwickelt sich nicht naturwüchsig in der Veralltäglichung computerbezogenen Handelns.

Turkles These über das evokatorische Potential computerbezogenen Handelns widerspricht damit der Annahme, zwangsläufig bilde sich ein instrumentelles, sinnreduziertes und normativ entleertes Denken heraus. In dieser Sichtweise treten die Aspekte menschlichen Denkens und Handelns sogar schärfer hervor.

Dieses Potential geht jedoch umso mehr verloren, je mehr computerbezogenes Handeln der Sicherung beruflicher Qualifikationen und der Sicherung und Verbesserung von Konkurrenzvorteilen und sozialem Status dient. Die Forderung, dieses Potential in Bildungsprozessen aufzugreifen, schließt nicht aus, daß sich computerbezogenes Handeln auch an Erfordernissen zukünftiger Arbeit orientiert. In Frage gestellt werden muß jedoch die *Dominanz* dieser Orientierung.

Polarisierung

Polarisierungen in Form einer ungleichen Verteilung von Gefährdungs- und Entwicklungspotentialen im Hinblick auf die Betroffenen sind in vielfacher Weise erkennbar. Die Computertechnologie erweist sich hier als Verstärker von bereits vorhandenen Unterschieden in bezug auf Kommunikations-, Handlungs-, Lern-, schließlich auch auf Lebenschancen. Die Computerisierung geht offensichtlich mit einer Intensivierung der sozialen Differenzierung einher. Diese soziale Differenzierung verläuft sowohl innerhalb sozialer Gruppen als auch zwischen sozialen Gruppen. In diesem Prozeß spielen Merkmale wie Geschlecht, Status und Bildungsniveau beziehungsweise der dahinterliegende soziale Kontext eine wesentliche Rolle.

Wie gezeigt wurde, kann der Computer als Katalysator vorhandener defizitärer Kommunikationsstrukturen dienen. Computerbezogene Kompetenzen können zur Absicherung von Machtpositionen beitragen. Häufig werden dabei vorhandene Machtstrukturen abgesichert, auch wenn sie zeitweise durch Veränderungen von Kompetenzen gefährdet sind.

Auf die Rollenkonformität computerbezogenen Handelns bezüglich der Geschlechtsrollen wurde bereits eingegangen. Auch hier verfestigen sich Strukturen, die nicht durch Gleichheit gekennzeichnet sind.

Für den Arbeitsbereich läßt sich die These über die Rationalisierungsgewinner und -verlierer in mehrfacher Hinsicht präzisieren als Polarisierung:
— von Arbeitsplätzen mit großen und geringen Handlungsspielräumen;
— von Arbeitsplätzen in solche mit vielen und wenigen Lernchancen;
— der Belastungen mit einer Verbesserung von Teilaspekten der Belastungssituation für einige, mit einer Verschlechterung der Gesamtbelastung für viele;
— der am Arbeitsplatz abgeforderten Anforderungen.

Gerade ArbeitnehmerInnen, die überwiegend mit programmgesteuerten Arbeitsmitteln arbeiten, sind gefährdet. Dies gilt besonders für Frauen, weil der Computer als Trendverstärker an Frauenarbeitsplätzen ansetzt, die schon extrem diskriminierend sind und für sich bereits eine polarisierende Struktur aufweisen. So verringert sich mit dem Einsatz der Computertechnologie zum Beispiel die Schere zwischen den Handlungsspielräumen und Belastungen an den Arbeitsplätzen von weiblichen Angestellten und denen von Arbeiterinnen nicht, sie erweitert sich tendenziell sogar. Frauen, die bisher schon über relativ große Handlungsspielräume verfügen konnten, können diese teilweise erweitern (Aufgabenintegration und größere Unabhängigkeit). Zuvor schon durch starke Restriktionen gekennzeichnete Arbeitsplätze erfahren eine weitere Beschneidung hinsichtlich der Handlungsspielräume, sowie hinsichtlich der Aspekte Kontrolle und Ausweitung monotoner Tätigkeiten.

Ältere ArbeitnehmerInnen sind durch die drohende Zerstörung traditioneller betrieblicher sozialer Strukturen besonders gefährdet, was mit vermehrter Angst, Unsicherheit und Identitätsverunsicherungen einhergeht. Entwicklungschancen bieten sich vorwiegend für die gebildeten und qualifizierten Facharbeiter und höheren Angestellten.

Die Computerisierung ist Ausdruck einer Rationalisierung von Arbeits- und Lebenswelt, die gegenwärtig auf individualisierte Lebens- und Problemlagen stößt. Am Computer manifestieren sich damit neben unmittelbaren Gefährdungen auch die pathogenen Problemlagen moderner Gesellschaften. Die moderne Gesellschaft ist gekennzeichnet durch eine Ungleichheit bezüglich der Handlungschancen und -spielräume ihrer Mitglieder, die sich offenkundig noch verstärkt. Wenn die Einsatzmuster der Computertechnologie und deren Wirkungspotentiale eine Verstärkerfunktion für die zunehmende Polarisierung und Intensivierung sozialer Differenzierungen haben, dann läßt sich die These aufstellen, daß die Handlungsspielräume der einen derzeit zumeist die Handlungsgrenzen der anderen darstellen. Unter den gegenwärtigen Einsatzbedingungen der Computertechnologie ist die Erweiterung von Handlungsspielräumen ein knappes Gut und wird auch so gehandhabt.

C. Forschungsperspektiven bezüglich der sozialen Kontexte

Wie bereits erwähnt, wurde die Subjektperspektive in den untersuchten Forschungsprojekten in der Regel nicht unter der Frage der Persönlichkeitsentwicklung thematisiert. Die rekonstruierten Ergebnisse aus den einzelnen Bereichen lassen jedoch zum Teil gravierende Veränderungen von Sozialisationsprozessen und Persönlichkeitsentwicklung erwarten. Die Entwicklungsaufgaben werden entscheidend durch die Computerisierung von Lebens- und Arbeitswelt geprägt.

Das in diesem Forschungsprojekt angewandte interpretativ-rekonstruierende Verfahren ist für weiterführende Forschung allerdings auf eine empirische Basis zu stellen. Langfristige Untersuchungen müssen vorgenommen werden über Veränderungen der Persönlichkeit durch den Umgang mit dem Computer und das Leben und Handeln in weitgehend technisierten und mediatisierten Umwelten.

Die Sozialisationsforschung dürfte sich dabei auch vor die Aufgabe gestellt sehen, die Veränderungen und Entwicklungen von Persönlichkeit in der Phase der Post-Adoleszenz intensiver zu untersuchen. Die Ausrichtung eines großen Teils der Forschung auf die Veränderungen von betrieblichen und gesellschaftlichen Strukturen durch die Computertechnologie bedarf einer Ausweitung, die die vielschichtigen Dimensionen der Persönlichkeitsveränderungen in den Blick nimmt und dabei die Veränderungen der systemischen Strukturen einbezieht.

Für die einzelnen sozialen Bereiche werden im folgenden Präzisierungen, Zuspitzungen und Orientierungen für Forschungsprojekte vorgeschlagen. Generell müssen weitere Forschungsprojekte jedoch, so sie sich an der Persönlichkeitsentwicklung orientieren, bereichsübergreifende Orientierungen einnehmen, um die vielfältigen Beziehungen zwischen Persönlichkeit und mindestens virtuell allgegenwärtigem Computer in den Blick zu bekommen.

Bereich Familie/Freizeit

Wie gezeigt wurde, ist die Forschungslage über die Wirkungspotentiale des computerbezogenen Handelns im Bereich Familie relativ schwach ausgeprägt.

Die wenigen Ansätze in diesem Bereich bauen den Computer oft in eine Medienumwelt ein und behandeln dessen Wirkungspotentiale damit analog zu den Wirkungen von Umgangsformen mit anderen Medien. Diese Position wird auch von den untersuchten Projekten des SoTech-Verbundes in milieutheoretischer und medienpädagogischer Hinsicht geteilt. Vor dem Hintergrund dieser Forschungszusammenfassung muß jedoch, um Persönlichkeitsveränderungen durch den Computerumgang unter spezifischen sozio-kulturellen Bedingungen feststellen zu können, auch die Technologie selbst stärker berücksichtigt werden.

In diesem Zusammenhang sind Untersuchungen darüber anzustellen, die die Spezifik computerbezogenen Handelns und die Beziehungsstrukturen der Familie zueinander in Beziehung setzen und so das Ineinandergreifen beziehungsweise den Wechselwirkungsprozeß von sozialen und computerbezogenen Handlungsprozessen analysieren. Anschlußmöglichkeiten bieten hier die Arbeiten von Leu.

Stärker als bisher muß zudem der Frage nachgegangen werden, wie sich die sozio-kulturelle Bedeutung des Computers auf die Handlungsorientierungen und -kompetenzen der Familienmitglieder auswirkt und das computerbezogene Handeln mitformen. Gerade die Entwicklung kultureller Identität von Jugendlichen sollte daraufhin untersucht werden, ob und inwieweit welche Handlungs- und Wertorientierungen im computerbezogenen Handeln sozialisiert werden.

Die letztgenannte Forschungsperspektive verweist darüber hinaus auf die Notwendigkeit, nach Einflüssen zu forschen, die die Arbeitswelt mit dem Computer als Schlüsseltechnologie auf das familiale System ausübt. Die Frage, inwiefern dabei allen Lebenszusammenhängen jenseits der Erwerbsarbeit ein erhöhter Stellenwert als psycho-sozialer Kompensationsbereich zukommt, ist noch völlig unzureichend untersucht.

Insbesondere haben weitere Forschungen zu klären, welcher Zusammenhang sich aus der Einschätzung von sozialen Handlungsspielräumen und Entwicklungschancen, der Ausbildung von Kontrollbewußtsein und computerbezogenem Handeln seitens der Jugendlichen ergibt. Diese Frage ist auch für die anderen gesellschaftlichen Bereiche zu stellen.

Im jugendkulturellen Bereich steht die systematische Untersuchung einer computergeprägten Subkultur noch aus. Unter dem Persönlichkeitsaspekt müssen jedoch auch hier computertechnologische wie persönlichkeitstheoretische Aspekte als aufeinander bezogen thematisiert werden. Insbesondere stellt sich die Frage, welche Auswirkungen ein anonymer, computervermittelter Sozialzusammenhang für die Identitätsentwicklung der Heranwachsenden hat.

Bereich Bildung

Die Forschung im Bildungsbereich ist bisher weitgehend auf die Messungen von Lernerfolgen im Umgang mit dem Computer ausgerichtet und um die Optimierung von Lernprozessen am Computer bemüht. Damit wiederholt sich auf der Forschungsebene, was auf der Ebene des Lernens in einer weitgehend kognitiven Orientierung die Trennung von kognitiven und sozialen Lernprozessen zur Folge hat. Zu fragen ist jedoch, inwieweit sich mit dem Computereinsatz und im Umgang mit dem Computer die Lernprozesse insgesamt verändern. Gerade mit der Einführung der Computertechnologie in den Unterricht muß jedoch den sozialen Lernprozessen eine größere Aufmerksamkeit geschenkt werden als es bisher der Fall war. Soziale und kognitive Bildungsprozesse im Unterricht können dabei nicht getrennt werden.

Hier ist das Anknüpfen an vorliegende und zu erwartende Ergebnisse der Begleitforschungsprojekte zur informationstechnischen Grundbildung möglich. Im Bereich der beruflichen Erstausbildung sind über die Begleitforschungen des Bundesinstituts für Berufsbildung (BIBB) hinaus Forschungsprojekte zu entwikkeln, die sich im besonderen mit dem Computereinsatz und dem Wirkungsverhältnis zur Persönlichkeit bei der Umsetzung der neugeordneten Berufe befassen. Im Weiterbildungsbereich muß die Evaluierung von Konzepten insgesamt auf eine fundierte sozialwissenschaftliche Basis gestellt werden, um aus dem Dilemma herauszukommen, weitgehend auf Erfahrungsberichte angewiesen zu sein. Wurden bisher die Schwachstellen im Bereich der Begleitforschung von Bildungsprozessen genannt, so muß ein zweiter Schwerpunkt der Forschung im Bereich der Didaktik und Entwicklung von Konzepten liegen.

Gegenwärtig stellt sich für den Bereich der Allgemeinbildung die Aufgabe, die vorliegenden Ergebnisse aus den Modellversuchen der informationstechnischen Grundbildung in eine breite Praxis umzusetzen. Dabei sind Konzepte zu entwikkeln und umzusetzen, die für einen persönlichkeitsförderlichen Umgang mit dem Computer sensibilisieren. Insbesondere bedeutet dies, den als notwendig erkannten Anspruch einer integrierten Konzeption auszuarbeiten. Stärker als bisher müssen dabei die sozio-kulturell begründeten Unterschiede der Aneignungschancen von Computertechnologie aufgegriffen werden. Hinzu kommt die methodisch-didaktische Aufgabe, die negativen Auswirkungen des computerbezogenen Handelns in der Freizeit für den Schulunterricht aufzufangen. Forschungsprojekte über den Einsatz von Computertechnologie im Unterricht müssen auch den Aspekt der zunehmenden Tendenz zweckrationaler Organisation von Schule berücksichtigen. Hier bietet der Ansatz von Bammé Anschlußmöglichkeiten, um den Zusammenhang von Computereinsatz und zweckrationalen Beziehungsstrukturen zu erklären.

Im Bereich der beruflichen Bildung und Weiterbildung geht es darum, vorhandene Methoden und Vorstellungen von Qualifikationen auf Inhalte abzustimmen. Zwar wird über Schlüsselqualifikationen und Handlungslernen zunehmend eine Subjektperspektive in Bildungsprozessen aufgenommen, aber oft in einer verkürzten Form, die sich ausschließlich an den Qualifikationsanforderungen des Beschäftigungssystems orientiert.

Praktiker der betrieblichen Aus- und Weiterbildung betonen jedoch die Schwierigkeiten, daß für die Vermittlung der sogenannten Schlüsselqualifikationen Inhalte und Gegenstände fehlen, an denen diese Vermittlung geschehen könnte. Gegenwärtig wird die Diskussion um die notwendigen Handlungskompetenzen daher oft unabhängig von Lerninhalten geführt und läuft damit Gefahr, zu einem bloßen Austausch von Begrifflichkeiten zu werden.

Nach den vorgelegten Ergebnissen zu den Wirkungspotentialen der Computertechnologie kann es jedoch in betrieblichen Bildungsprozessen nicht nur darum gehen, möglichst anforderungsgerecht und technikorientiert auszubilden, sondern Bildungskonzepte zu entwickeln, die die spezifischen Anforderungspotentiale der Computertechnologie persönlichkeitsorientiert vermitteln. Aufgabe der Forschung wäre es hier, Konzepte zu entwickeln und zu evaluieren, die die geforderten Integrationen leisten können.

Der Bildungsbereich kann allerdings nicht als Reparaturbetrieb für gesellschaftliche und technische Fehlentwicklungen herhalten. Damit wäre er einerseits überfordert, andererseits ist das Bildungssystem mit seinen eigenen Fehlleistungen und Defiziten maßgeblich mitbeteiligt an einer Formalisierung der sozialen Beziehungen. Dennoch scheinen gerade in Bildungsprozessen Ansatzpunkte gegeben zu sein, die am ehesten die Subjektseite berücksichtigen können.

Als übergeordnete Forschungsperspektive sind erneut Fragen der Integration von beruflicher und allgemeiner Bildung aufzunehmen. Dabei müssen auch die Aufgaben der Lernorte Betrieb und Schule angesichts der neuartigen Anforderungen einer Überprüfung unterzogen werden, wobei zu vermuten ist, daß gerade die Kompetenzen der ErzieherInnen, LehrerInnen, Aus- und WeiterbilderInnen im Hinblick auf die geforderte Neubestimmung ihrer Position in Lernprozessen genauer analysiert und ausgebildet werden müssen. Hier sind also Konzepte zur Ausbildung des Ausbildungspersonals gefragt.

Auch der Bereich Arbeit und Beruf ist dadurch gekennzeichnet, daß es in der bisherigen Forschungslandschaft viele methodische und theoretische Überlegungen zum Wechselwirkungsverhältnis computerisierter Arbeitsplätze und Subjekte gibt, aber zu wenig empirische Ansätze, die diese Theorien einer Überprüfung unterziehen. Die Öffnung von bestimmten Richtungen der Industriesoziologie auf eine Subjektperspektive sollte systematisch Ansätze wie die von Böhle und Brater weiterentwickeln, um die Wirkungspotentiale der Computertechnologie auf *alle* Dimensionen der Persönlichkeit zu erfassen.

Die Auswirkungen auf die Identität der Subjekte durch die Zurückdrängung subjektiver Bewältigungsmöglichkeiten des Arbeitshandelns sind erst in Ansätzen für den Bereich industrieller Facharbeit (hier vorwiegend im Maschinenbau) erforscht und weitestgehend nur hypothetisch formuliert worden. Für alle übrigen Bereiche, insbesondere den Verwaltungs-/Bürobereich, fehlen Ergebnisse darüber, wie sich die Bewältigungen neuer Anforderungen auf die Subjekte auswirken.

Ungeklärt ist, ob und wie an computerisierten Arbeitsplätzen Handlungskompetenzen ausgebildet werden können, die zur Beherrschung der Technik und des computergesteuerten und/oder -gestützten Arbeitsprozesses benötigt werden.

Der Frage nach den Auswirkungen der Kontrollpotentiale auf die psychischen Strukturen der Subjekte ist erst in Ansätzen nachgegangen worden. Hier bieten sich Anknüpfungspunkte u.a. bei Ortmann oder auch Nogala.

Im Anschluß an die Arbeiten von Hauß und Laußer oder auch Boikat sind Forschungsarbeiten zu forcieren, um die neuartige Belastungssituation an computerisierten Arbeitsplätzen in ihren vielfältigen und vor allem langfristigen Auswirkungen auf die körperliche und psychische Befindlichkeit der Subjekte genauer bestimmen zu können.

Die Ausweitung von Handlungsspielräumen auf verschiedene Beschäftigtengruppen ist gleichfalls erst in einigen schmalen Bereichen der Praxis nachgewiesen worden. Zu fragen ist in diesem Zusammenhang, wie Arbeitsprozesse organisiert werden müssen, damit der Preis für die Erweiterung der Handlungsspielräume für einen Teil der Beschäftigten nicht die Einschränkung von Handlungsspielräumen für viele andere Beschäftigte beinhaltet. Es geht darum, die Bedingungen für die Rückgewinnung subjektiver Aneignungspraxis genauer zu bestimmen.

Neben Forschungsarbeiten zur Arbeitsorganisation, zur Veränderung des Machtgefüges und der Handlungsanforderungen sollten insbesondere die Veränderungen der innerbetrieblichen Mentalitäten und Kulturen untersucht werden.

Eine wichtige Fragestellung bleibt schließlich, wie die bisherigen Erfahrungen und Ergebnisse umgesetzt werden können, um Gefährdungspotentialen präventiv begegnen zu können.

Schließlich ist auch in allen Bereichen danach zu fragen, inwieweit geschlechtsspezifische Differenzierungen hinsichtlich Betroffenheit, Zugang, Umgang sowie Wirkungspotentialen festzustellen sind. Eine so ausgerichtete Forschung würde von vornherein den Fehler vermeiden, das Verhältnis Persönlichkeit und Computer als das allgemeine Männliche zu bestimmen, von dem es ein Spezifisches zu unterscheiden gäbe, das Frau und Computer heißt. Die Integration dieser Forschungsperspektive bleibt freilich nicht nur im Hinblick auf die hier angesprochenen Fragestellungen zu leisten.

D. Die Notwendigkeit einer Bildungskonzeption: Befähigung zu einem sozialverträglichen und persönlichkeitsförderlichem Umgang mit dem Computer

Die in diesem Bericht vorgelegten Ergebnisse, Befunde und Hypothesen über die Wirkungspotentiale des Verhältnisses von Persönlichkeit und Computer haben nach unserer Meinung neben der Notwendigkeit weiterer Forschungen im oben genannten Sinne die Ansatzpunkte für Gestaltungsprozesse aufgezeigt. Auf drei Ebenen muß unseres Erachtens angesetzt werden, um die Idee einer sozialverträglichen Technikgestaltung in eine Praxis zu überführen, die den Subjekten Möglichkeiten zur Persönlichkeitsentwicklung in allen Dimensionen bereitstellt:

— auf der Ebene der Kontexte, d.h. der Gestaltung der Arbeitsorganisation und -prozesse, der Lernorganisation, des Freizeit- und Familienbereichs;

— auf der Ebene der Technik selbst, d.h. unter anderem frühzeitige Einbeziehung von Betroffenen bei der Entwicklung der Technik, Aufbrechen des Ingenieurbewußtseins, Softwaretransparenz und anderes mehr;

— auf der Ebene der Subjekte, d.h. diese in Bildungsprozessen dazu befähigen, die Gestaltung der beiden anderen Ebenen sowie die eigene Entwicklung selbst in die Hand und „in den Kopf" zu nehmen.

Diese drei Ebenen verweisen jedoch jeweils aufeinander zurück. Sind doch einerseits sowohl die Technik als auch die Organisation der Kontexte Produkte menschlichen Handelns, mithin potentiellen Gestaltungen zugänglich, beinhalten diese andererseits selbst auch Eigengesetzlichkeiten und (Macht-)Strukturen, die die Gestaltungschancen der Subjekte erheblich beeinflussen, ja für viele sogar verhindern können. In diesem Zusammenhang ist noch einmal auf Bammé zu verweisen, der die Voraussetzungen für den Siegeszug der Computertechnologie in allen Bereichen in einer bereits vorher weitgehend maschinisierten und formalisierten Umwelt begründet sieht.

Die Entwicklung einer gelungenen Persönlichkeit hängt entscheidend davon ab, inwiefern es den Subjekten gelingt, die Problemlagen zu bewältigen, denen sie sich ausgesetzt sehen. Dabei ist jedoch die Entwicklung von Handlungskompetenzen notwendige Voraussetzung, um die eigenen Interessen in die Gestaltungsprozesse von sozialer und dinglicher Umwelt einzubringen.

Wenn es Ziel von Bildungsarbeit ist, die Betroffenen zudem zu einem persönlichkeitsförderlichen Computerumgang anzuregen und zu sensibilisieren, so kommt Bildungsprozessen und -einrichtungen eine besondere Bedeutung für die Bewältigung des ökonomisch-technologischen Wandels zu. Es stellt sich ihnen zunehmend die Aufgabe, sowohl über die technischen als auch über die sozialen Zusammenhänge des Einsatzes der Computertechnologie aufzuklären. Die Einsatzmöglichkeiten des Computers in sozial sensiblen Bereichen machen es erforderlich, technisches und soziales Wissen in integrativer Weise weiterzugeben. Die bereits vom Deutschen Bildungsrat erhobene Forderung nach Integration von Allgemeinbildung und Berufsbildung gewinnt hier neue Dimensionen: einerseits im Sinne einer Vermittlung von Naturwissenschaft und Kultur, andererseits aber auch im Sinne einer Integration von allgemeiner und sozialer Bildung.

Obwohl diese Problemstellung allgemein anerkannt ist und insbesondere der Bereich der Weiterbildung in den letzten Jahren enorm expandiert ist, fehlt es an integrativen Bildungskonzepten, die die technischen, sozialen und subjektiven Bedingungen dieses Wandels reflektieren und unter pädagogischen und persönlichkeitsorientierten Gesichtspunkten umsetzen. Dieser Anforderungsstruktur entspricht das derzeitige Bildungsangebot nur in Ansätzen. Zwar reagiert das Bildungswesen seit einigen Jahren zunehmend auf die neuen Anforderungen: im Bereich der allgemeinbildenden Schulen mit Konzeptionen einer informationstechnischen Grundbildung, im Bereich der Berufsbildung mit der Neuordnung der Berufe, im Hochschulbereich mit Versuchen, technikbezogene Forschung und Studiengänge auszubauen und im Bereich der Weiterbildung mit einem in der Zwischenzeit nahezu unüberschaubaren Angebot an Computerkursen, die allerdings in der Regel auf die kurzfristige Anpassung an Erfordernisse betrieblich benötigter Qualifikationen ausgerichtet sind. Brater hat detailliert die möglichen dequalifizierenden Wirkungen von Weiterbildungsmaßnahmen beschrieben, die ausschließlich vom Bedarf des Beschäftigungssystems begründet und inhaltlich bestimmt werden (vgl. Brater 1980). Er räumt zur Freisetzung des kreativen und innovativen Potentials der Subjekte einer „... bedarfsunabhängigen Entwicklung der individuellen Kenntnisse und Fähigkeiten ..." (ebd., S. 70) Vorrang ein und versteht unter Weiterbildung persönliche Entwicklungshilfe. „Weiterbildung heißt jetzt nämlich, persönliche ‚Entwicklungshilfe' zu leisten und die beruflich erstarrten, lernunfähig gewordenen Fähigkeitsstrukturen der Arbeitenden aufzubrechen und wieder in Bewegung zu bringen. Dafür muß sie aber bei der Person des Arbeitenden und seiner Situation ansetzen, nicht bei irgendwelchen fachlichen Neuerungen oder wissenschaftlichen Fortschritten oder veränderten Arbeitsplatzanforderungen." (ebd., S. 79)

Zwischen der Forderung nach Integration und der praktischen Umsetzung existieren aber nach wie vor gewaltige Differenzen. Lediglich im Bereich der beruflichen Bildung liegen integrative Ansätze vor, aber auch hier ist es noch nicht gelungen, informationstechnisches und soziales Wissen integrativ und handlungsorientiert zu vermitteln.

Bestehende informationstechnisch orientierte Bildungskonzepte (für einen ersten Überblick vgl. Armbruster/Kübler 1988) sind nur ansatzweise bezogen auf eine individuelle und soziale Bewältigung der Wirkungspotentiale der Computertechnologie.

Diese Problemlage macht die Entwicklung eines Bildungskonzepts erforderlich, das einerseits auf einer wissenschaftlichen Einschätzung des Verhältnisses von Persönlichkeit und Computer beruht und andererseits den Erfordernissen der Integration von technischen, sozialen und pädagogischen Ansprüchen gerecht wird. Die Universalität der Anwendungsbezüge des Computers macht eine bereichsübergreifende Bildungskonzeption notwendig, die die besonderen Bedingungen der verschiedenen sozialen Bereiche und Problemlagen berücksichtigt. Gleichzeitig geht es darum, im Sinne einer subjektorientierten Bildungskonzeption Bildungsprozesse so zu gestalten, daß kritisches Bewußtsein gegenüber den Gefährdungspotentialen der Computertechnologie erworben wird. Dies schließt ein, daß sich die TeilnehmerInnen an solchen Bildungsprozessen die instrumentelle Dimension in einem zugleich praktischen und theoretischen Bildungsprozeß aneignen.

1. Komponenten persönlichkeitsorientierter Computerbildung

Im folgenden wird die inhaltliche sowie die methodisch–didaktische Komponente eines persönlichkeitsbezogenen Bildungskonzepts skizziert. In Abgrenzung gegenüber herkömmlichen Computerkursen sollen Persönlichkeitsbildung und Qualifizierung integriert und in besonderer Weise Wert auf die handlungsorientierte und pädagogisch–didaktische Vermittlung von Computerwissen gelegt werden. Weiter oben wurde herausgearbeitet, daß die Wirkungen des Computers u.a. auch abhängen von den jeweils individuellen Umgangsstilen, der Art der Aneignung und den dahinterstehenden individuellen Motiven und Zielsetzungen. In den entwickelten computerbezogenen Handlungsstrukturen und den diesen zugrundeliegenden Motiven formt der Nutzer seine Persönlichkeit.

Ein sozialverträglicher und persönlichkeitsförderlicher Computerumgang muß demnach die Reflexion dieser Handlungsstrukturen und –motive mit einschließen und hinsichtlich individueller und sozialer Folgen bewerten. In dieser Hinsicht kann ein Potential genutzt und gefördert werden, das im Computer als einem „evokatorischen" Objekt angelegt zu sein scheint. Die Reflexion und Bewußtwerdung der individuellen und sozialen Qualität computerbezogener Handlungsstrukturen kann ein erster Schritt sein, den Gefährdungspotentialen zu begegnen. Die Forderung nach einem sozialverträglichen und reflexiven Umgang mit dem Computer weist damit allerdings wieder zurück auf die Möglichkeiten und Voraussetzungen der sozialen Lebens- und Arbeitszusammenhänge.

Erste Ansätze für eine Umsetzung eines Konzepts, das diese Überlegungen mit aufnimmt, gibt es mit den Computerkursen, die vom „Technik-sozialwissenschaftlichen Forschungsinstitut Berlin" (TESOF) entwickelt wurden. Im Rahmen des Projekts „Kritische Aneignung von EDV-Kompetenz" hat es das TESOF unternommen, ein Konzept für kritische Einstiegskurse in die Computerbildung zu entwickeln. Holling, Kempin und Kahle haben die theoretischen Grundlagen der Kurskonzeption u.a. in dem Buch von Bammé u.a. „Maschinen-Menschen; Mensch-Maschinen" (Reinbek 1983) entwickelt. Aufgrund der Schlüsselstellung der Computertechnologie gehen die Autoren davon aus, daß eine Grundausbildung in diesem Bereich heute zur Allgemeinbildung gehört und ein solches Wissen nicht wenigen Spezialisten überlassen werden kann.

Mit der Konzeption „Kritischer Computerkurse" wird der Versuch gemacht, eine Lücke in der gegenwärtigen EDV-Aneignung zu schließen. Statt einer anwendungsorientierten Herangehensweise an den Computer wird der analytisch-reflektierende Aspekt mit einer politisch-aufklärerischen Intention bewußt in den Mittelpunkt gestellt. Die Autoren grenzen sich von der üblichen Weiterbildungspraxis ab: „Die wenigen uns bekannten Versuche einer qualifizierten und gleichzeitig kritischen kaufmännischen EDV-Ausbildung scheitern zumeist an einem von vorneherein verkürzten Ansatz. Ihre Ausgangspunkte sind in der Regel einzelne Anwenderprogramme oder -pakete, seien es nun Textverarbeitungs-, Kalkulations-, Buchhaltungsprogramme oder Datenbanken. Allen Ansätzen ist gemeinsam, daß sie sich im wesentlichen auf einzelne Arbeitsplätze beziehungsweise -bereiche beziehen. Die radikale Umwälzung der Arbeitsprozesse durch die Computertechnologie kann nicht von der Betrachtung der Arbeitsplätze her begriffen werden. Zwar setzt die Computertechnik zunächst an den einzelnen Arbeitsplätzen an und verändert diese. Hierbei handelt es sich aber nur um ein erstes vorübergehendes Stadium. Ihr wirkliches Potential entfaltet diese neue Technologie erst, wenn diese zunächst vereinzelten und relativ unabhängig voneinander bestehenden ‚Insellösungen' miteinander vernetzt werden. Es entstehen zusammenhängende Systeme, die die Schranken der traditionellen Arbeitsteilung innerhalb der Betriebe mühelos überwinden. Für eine

Weiterbildungskonzeption, die sich nicht auf bloße Anwenderschulungen beschränken soll, ist es u.E. daher unumgänglich, vom Betrieb als Ganzheit auszugehen. Nur von hier aus kann der Prozeß der Büroautomatisierung nachvollzogen und verstanden werden." (Gut/Holling/Tworek 1988)

Die Kurse zielen also vor allem darauf ab, die TeilnehmerInnen für die größeren Zusammenhänge von Mensch und Technik zu sensibilisieren und Interesse zu wecken am Durchschauen-Wollen sowie daran, eigene Fragestellungen zu entwickeln und diesen selbständig nachzugehen. Der Computer dient dabei als Erkenntnismittel.

2. Lernziele eines persönlichkeitsorientierten Umgangs mit dem Computer: Computer als Qualifikations- und Erkenntnisgegenstand

Ein persönlichkeitsorientierter Umgang mit dem Computer in Bildungsprozessen orientiert sich am Computer sowohl als Qualifikations- als auch als Erkenntnisgegenstand. Erst die Integration von individueller Reflexion, gesellschaftlichen Einsichten und Qualifizierung kann eine aktive Auseinandersetzung mit dem Computer im Sinne der erforderlichen Bildungs- und Handlungsorientierung der Teilnehmer fördern. Im folgenden werden die drei Dimensionen des Computers als

− Medium von Selbstreflexion,
− Medium gesellschaftlicher Reflexion sowie
− Gegenstand von Qualifizierung

skizziert. Danach werden die methodisch-didaktischen Konsequenzen sowie mögliche Umsetzungen dieser Konzeption angedeutet.

2.1 Computer als Medium der Selbstreflexion: Computerlogik und menschliches Denken

Computer sind Resultate menschlichen Denkens und Handelns − im Gegensatz zum Werkzeug und zur klassischen Maschine sind sie „Denkzeuge" (Haefner 1987), die in objektivierter Form menschliches Wissen abbilden. Die Möglichkeit des Computers, menschliche Denk- und Wissensformen abzubilden, fordert eine wesentliche menschliche Eigenschaft und Persönlichkeitsdimension heraus: die Fähigkeit zur Reflexion und Selbstreflexion.

Die Diskussion um die Möglichkeiten künstlicher Intelligenz zeigt am deutlichsten, daß Computer das Selbstbild des Menschen verändern. Insofern können sie nicht mehr äußerlicher Gegenstand der Erkenntnis sein. Eine Computerausbildung, die über eine reine Anwenderschulung hinaus will, muß die Erfahrungen der TeilnehmerInnen mit dem Computer aufnehmen, nicht im Sinne einer sozialpädagogischen Pflege der Gruppenbefindlichkeit sondern im Sinne einer Hinterfragung des bisherigen Selbstverständnisses. Sie ist also immer auch Selbstreflexion. Damit wird der Computer zu einem Medium, das es ermöglicht, sich grundlegende Erkenntnisse zu verschaffen über die Voraussetzungen, die in die neuen Technologien eingehen. Und nur, wenn die Voraussetzungen von Technik transparent sind, läßt sich angemessen über die Folgen diskutieren.

2.2   Technische und soziale Rationalität des Computereinsatzes

Computer stellen eine qualitativ neue Stufe in der Technologie-Entwicklung dar und sind manifester Ausdruck nicht nur eines technologischen sondern auch eines gesellschaftshistorischen Entwicklungsprozesses der Vergegenständlichung und Objektivierung menschlicher Handlungen und Denkformen.

In Technologien als Produkten menschlichen Denkens und Handelns verkörpert sich eine spezifische Form des akkumulierten gesellschaftlichen Wissens. Während die klassische Maschine die physische Verkörperung einer genau festgelegten Funktionseinheit ist, hat sich mit dem Computer eine Technologie entwickelt, die diesen Determinismus der mechanischen Maschine nicht mehr aufweist: Manifestation dieser Struktur sind Algorithmen, eindeutige und determinierte Abfolgen von formalisierten Handlungsschritten und Handlungsvorschriften, die die Möglichkeit bieten, beliebig viele Maschinen darzustellen.

Computer verändern nicht nur die Auffassung vom Menschen selbst, sie beeinflussen in hohem Maße den gesellschaftlichen Wandlungsprozeß, indem sie sowohl die Lebensverhältnisse als auch die Arbeits- und Berufsverhältnisse der Menschen verändern.

Leitziele einer sozialverträglichen Technikgestaltung im Sinne einer sozialen Rationalität liegen in den Bedürfnissen der Menschen nach einer humanen und naturverträglichen Lebensgestaltung, die ihrerseits das Maß für die Technikgestaltung sein soll (vgl. dazu v. Alemann/Schatz 1987). Daraus ergibt sich auch als Konsequenz, die Betroffenen in Lernprozesse einzubinden, die sie befähigen, Kenntnisse und Mitbestimmungsrechte bei der Technikgestaltung zu erwerben.

2.3 Computer als Arbeitsmittel –
die Frage neuer Qualifikationsanforderungen

Computer werden im Produktions- und Dienstleistungsbereich als programmgesteuerte Arbeitsmittel eingesetzt. Obwohl die neue Technik nicht zu völlig
neuen Berufsbildern führt, verändert sie doch die Inhalte vieler Berufe. Diese
veränderten Tätigkeitsstrukturen schlagen sich auch in neuen Ausbildungsordnungen nieder.

Insgesamt gesehen wird ein großer Teil der Erwerbstätigen gezwungen sein,
sich mit den neuen Arbeitsmitteln auseinanderzusetzen. Die neuen Qualifikationsanforderungen, wie Anforderungen an abstraktes und logisches Denken und
die theoretische Erfassung von produktionsbezogenen Prozessen, sind in den
letzten Jahren Gegenstand von Kontroversen sowohl in der Industriesoziologie,
als auch in der Arbeitssoziologie sowie in der Berufspädagogik: Die bis vor
wenigen Jahren vertretene These einer zunehmenden Dequalifizierung ist in der
Zwischenzeit vor allem durch industriesoziologische Untersuchungen revidiert
und durch die These der – auch qualifikatorischen – Segmentierung ersetzt
worden. Übereinstimmend gehen aber alle Untersuchungen davon aus, daß der
Erwerb informationstechnischer Grundkenntnisse als notwendige Voraussetzung
zum Erwerb und Erhalt eines Arbeitsplatzes gelten kann.

Inhaltliche Ansatzpunkte einer persönlichkeitsorientierten Computerbildung
liegen in einer Verbindung von individueller beziehungsweise gesellschaftlicher
Reflexion über die innere Logik des Computers und seiner gesellschaftlichen
Wirkungspotentiale. Diese Problemstellungen müssen in einer Bildungskonzeption mit den neuen Qualifikationserfordernissen integrativ und lernwirksam
verbunden werden.

3. Integrationsansatz der Bildungskonzeption: Computer als Lerngegenstand

In Bildungsprozessen hat der Computer die Funktion eines Lerngegenstandes.
Damit soll zum Ausdruck gebracht werden, daß Lernprozesse am und mit dem
Computer unter den oben genannten Aspekten vollzogen werden sollten. Lernprozesse beziehen sich auf alle Dimensionen der vom Computer tangierten
individuellen und sozialen Umwelt. Integration bedeutet die Verbindung der
genannten Dimensionen zu einem einheitlichen Konzept und bezieht sich damit
auf den curricularen und didaktischen Bereich sowie auf Lernziele und Lern-
inhalte:

– Integration der Lernziele, die sich nach verschiedenen Kategorien und Perspektiven, z.B. nach Verwendungsbezug und Verwendungssituationen, nach dem Prinzip konzentrischer Lebenswelten oder nach typischen Rollensets gliedern (private Alltagswelt, Berufswelt, Gesellschaft und Politik sowie historische Perspektive).

– Für die curriculare Integration der Lernziele relevant ist die Legitimation von Lernprozessen und Lernorganisationen aus Verwendungssituationen heraus beziehungsweise die Orientierung und ständige Rückkoppelung der Lernergebnisse an Referenzen außerhalb der Lernorganisation. In diesem Sinne rekurriert die Forderung nach Integration auf einen curricularen Begründungszusammenhang.

– Relevant für die didaktische Integration ist die Strukturierung der Binnenelemente der Lernorganisation: Auswahl und Begründung von Lernzielen, Lerninhalten, Methoden und Medien. Das didaktische Feld seinerseits läßt sich einteilen in den organisatorischen Rahmen der Lernprozesse (Zeitrahmen und zeitliche Sequentierung, Lernort und Wechsel der Lernorte, Ausstattung und Finanzierung, Trägerschaft) und den personellen Rahmen (Zahl und Kompetenz der Lehrenden, Zahl und Struktur der TeilnehmerInnen).

Allgemeine Leitlinien für die Organisation von Bildungsseminaren mit integrativem Anspruch sind:

– Situationsbezug: Konkrete Anwendungssituationen werden zum durchgängigen und grundlegenden Ausgangs- und Bezugspunkt didaktischer Strukturierung gemacht. Das „... situationsorientierte Lehr/Lernkonzept geht von der Erkenntnis aus, daß Sachwissen niemals ‚nur so‘ angewendet wird, sondern immer in einer bestimmten Situation. Für diese wird gelernt ...“ (Wittwer 1987, S., 77). Eine überwiegend fachsystematische Ausrichtung ist also zu vermeiden. Anzusetzen ist beim konkreten Problem in einer erfahrbaren Situation.

– Handlungsorientierung versus bloßer Wissensorientierung: Bereits aus dem Prinzip möglichst weitgehender Handlungsorientierung ergibt sich als methodische Konsequenz, daß sich Bildungsangebote auf Lernformen konzentrieren sollen, die ein hohes Maß an Aktivierungsmomenten beinhalten, also Fallstudien, Planspiele, Rollenspiele, Unterweisungsproben und –demonstrationen, Micro-Teaching, Brainstorming, Entwicklungsprojekte für Unterrichtsmaterialien usw.

– Ergebnisorientierung: Das Ergebnis eines Bildungsseminars soll nicht bloß in einem Bündel systematisch geordneter neuer Erkenntnisse und Einsichten bestehen, sondern sich in der Form von Produkten niederschlagen, die sich in konkreten Situationen direkt verwenden lassen.

4. Methodische Umsetzung der Bildungskonzeption:
Exemplarisches Lernen und Handlungsorientierung

Die oben genannten Lernziele sowie die inhaltlichen Orientierungen müssen an den Erfahrungen der KursteilnehmerInnen anknüpfen, wobei von einem individuell ganz unterschiedlichen Erfahrungs- und Wissenshintergrund auszugehen ist. Daher kommt den Dozierenden eine besondere Aufgabe zu: die Berücksichtigung des individuellen Lernfortschritts bei der Organisation kooperativer Lehr/Lernprozesse und die Vermeidung unproduktiver Konkurrenzen zwischen den TeilnehmerInnen. „Wir betonen dies deshalb, weil der Anspruch der Konzeption in erster Linie die Entwicklung von persönlichkeitsförderlichen beruflichen Handlungskompetenzen ist, d.h. die Entwicklung von Fähigkeiten, die den Beteiligten eine qualifizierte Mitgestaltung der Arbeitsbedingungen im Zuge des zunehmenden Computereinsatzes ermöglichen sollen." (Gut/Holling/ Tworek 1988)

Die Kurse sind darauf angelegt, in einem vorgegebenen Rahmen einen großen Spielraum für Selbsttätigkeit zu gewähren. Bei der praktischen Arbeit am Computer kann auf diese Weise Rücksicht auf das individuelle Lerntempo genommen werden, das in diesem durch Technik dominierten Bereich recht unterschiedlich ist. Die TeilnehmerInnen sitzen zu zweit vor den Geräten. So läßt sich „Versagensängsten" entgegenwirken, weil die individuelle Leistung nicht sichtbar werden muß. Eine gegenseitige Unterstützung und ein Austausch sind möglich. Oft treffen PartnerInnen aufeinander mit unterschiedlichen Denk- und Problemlösungsstilen. Dabei können wichtige Erfahrungen für Diskussionen gewonnen werden, in denen es immer wieder um die spezifische Form der Logik geht, die im Computer Anwendung findet.

Die Aufarbeitung der praktischen Erfahrungen und die Vorbereitung auf die Diskussionen der übergreifenden thematischen Fragestellungen werden in Kleingruppen − meist arbeitsteilig − vorbereitet (Lektüre, Rollenspiel, Interviews, Collagen etc.). Dadurch werden alle TeilnehmerInnen zur aktiven Mitarbeit ermuntert. Zudem werden die fragend-entwickelnden Unterrichtsgespräche minimiert.

Die Kurskonzeption beinhaltet einen häufigen Wechsel der Arbeitsformen und zeichnet sich insbesondere durch die folgenden Eigenschaften aus:
− Nach dem Prinzip des „entdeckenden Lernens" werden Theorie und Praxis miteinander verknüpft. Wichtig ist dabei, daß die übliche Trennung − hier die praktische Arbeit am Gerät, dort eine Diskussion über den „gläsernen Menschen" oder die Belastung an Bildschirmarbeitsplätzen − aufgehoben wird, daß die Reflexion sich auf die selbst gemachten Erfahrungen am

Gerät bezieht (selbstverständlich unter Benutzung zusätzlichen Materials wie Texte, Filme, Exkursionen etc.).

– Der Ansatz ist interdisziplinär, er reduziert weder die Praxis noch die Theorie auf die mathematisch-technische Seite des Computers. Dieses Herangehen macht die Konzeption insbesondere für jene geeignet, die bisher keinerlei Vorkenntnisse besitzen und vor allem Schwierigkeiten mit der Mathematik haben.

– Eine besondere Rolle spielt dabei das Konzept des Perspektivenwechsels als einer zentralen sozialen Qualifikation. Dieses Konzept hat sowohl eine inhaltliche als auch eine soziale Bedeutung: die TeilnehmerInnen nehmen in jeder Kurseinheit eine andere „Qualifizierungs-Perspektive" ein. In den verschiedenen Rollen und Funktionszuweisungen spiegeln sich einerseits soziale Verhältnisse wider; andererseits soll damit aber auch versucht werden, den heute vielfach beschworenen Begriff der Ganzheitlichkeit inhaltlich zu füllen. Ganzheitlichkeit entsteht nicht durch eine „ominöse" Verschmelzung von Unterschiedlichem, sondern durch das reflektierte Erfahrbarmachen der Differenzierung des gesellschaftlichen Lebens.

Sowohl der Wechsel von Aktivität und Reflexivität (Handlungsorientierung) als auch das Konzept des Perspektivenwechsels stellen die methodisch-didaktischen Umsetzungsprinzipien des oben genannten Anspruchs dar. Mit beiden Methoden soll das Problem der heute immer noch beschränkten Weiterbildungskonzeptionen vermieden und gleichzeitig die Komplexität des Stoffes bewältigt werden.

5. Inhaltliche Umsetzung – ein Beispiel

Die Kurskonzeption läßt sich sowohl im allgemeinbildenden als auch im berufsbildenden Bereich einsetzen. Im folgenden werden zunächst die angestrebten Lernziele für beide Bereiche genannt, um anschließend ein detailliertes Beispiel aus dem Bereich der kaufmännischen Weiterbildung anzuführen.

Zum ersten geht es unter dem Stichwort „Softwaretransparenz" darum, die Ausbildung im Umgang mit Anwendungsprogrammen nicht zu reduzieren auf das Erlernen der bloßen Bedienungsstruktur, sondern Ansatz und Funktionsweise solcher Programme soweit aufzuklären, daß eine selbstbewußte Einschätzung der Leistungsfähigkeit und Grenzen des jeweiligen Programms möglich wird. Ziel ist ein kompetenter und selbstbewußter Umgang mit dem Computer.

Zum zweiten soll ein grundlegendes Wissen über die EDV-Technik erarbeitet werden, das eine Basis bietet, von der aus eine kompetente Auseinandersetzung mit den (betrieblichen und gesellschaftlichen) Voraussetzungen und Folgen dieser Technik möglich ist.

Zum dritten geht es um den Erwerb grundlegender Kenntnisse des Aufbaus und der Funktionsweise von Computern beziehungsweise um den Erwerb elementarer Programmierkenntnisse. Insbesondere der Reflexion der logischen Voraussetzungen von Computern und deren Zusammenhang mit der ökonomischen Rationalität kommt eine besondere Bedeutung zu.

Die allgemeine Konzeption dieser Kurse orientiert sich dabei weniger an der Systematik bestimmter Softwareprogramme, sondern eher daran, ein systematisches Wissen über die Funktionsweise dieser Programme im gesellschaftlichen und betrieblichen Zusammenhang erfahr- und begreifbar zu machen. Im Vordergrund steht nicht das Auswendiglernen von Bedienungssequenzen sondern die Fähigkeit, Anwenderprogramme selbständig zur Lösung von Problemen einsetzen zu können.

Die eher berufsqualifizierende Konzeption grenzt sich von üblichen Kursen dadurch ab, daß der Einsatz von bestimmten Anwendungsprogrammen eingebettet ist in die Betrachtung des betrieblichen Organisationssystems. Diese Perspektive ermöglicht einen kontextbezogenen Zugang zu sämtlichen Softwarepaketen des beruflichen Bereichs. Im Gegensatz zu den meisten EDV-Kursen geht TESOF davon aus, daß die betrieblichen Nutzungsformen der neuen Technologien zu einer systematischen Vernetzung von Arbeitsplätzen führen und erst aus dieser Perspektive die neue Qualität des Computers begreifbar wird.

Die Konzeption ist damit von vornherein an der systemischen Rationalisierung, wie sie Baethge und Oberbeck (1987) beschrieben haben, orientiert. Ausgangspunkt sind dabei nicht, wie bei vielen Anwenderschulungen, einzelne Programmpakete sondern die Informatisierung des Produktionsprozesses und das Handeln der einzelnen innerbetrieblichen Akteure. Damit wird der gesamte Produktionsprozeß zum Thema gemacht. Gerade weil der Prozeß der gesellschaftlichen Rationalisierung den betrieblichen Produktionsprozeß über das Medium Computer erfaßt hat, eignet sich die Vernetzung von Arbeitsplätzen als Ansatzpunkt für Bildungsprozesse. Zugleich liegen hier Ansatzpunkte, um berufsübergreifende, extrafunktionale Qualifikationen zu vermitteln.

Die Lernziele der Kurskonzeption liegen somit in:
− der Einsicht in die ökonomische, soziale und politische Funktionsweise eines Betriebs und dessen Stellung in der „Informationsgesellschaft";
− dem Erwerb grundlegender Kenntnisse des Aufbaus und der Funktion von Computern, einschließlich elementarer Programmierkenntnisse;
− einer selbständigen Aneignung wichtiger kaufmännischer Grundlagen;

— der Aneignung eines gebräuchlichen Anwendungsprogramms, das zugleich die innerbetrieblichen Vernetzungsmöglichkeiten demonstrieren kann.

Damit soll eine kritische Vermittlung von Einsichten, Fähigkeiten und Kenntnissen erreicht werden, die dem Anforderungsniveau einer qualifizierten computergestützten Facharbeit entsprechen und die gleichzeitig das Bewußtsein über die mit dem Computer verbundenen sozialen Prozesse befördern. Angesichts der vielfältigen neuen Handlungsanforderungen bekommt die Vermittlung der Kompetenz zum selbständigen Handeln in der beruflichen Bildung und Weiterbildung eine zunehmende Bedeutung: gefragt ist weniger Bedienungs- sondern Überblickswissen und die Fähigkeit, abstrakte Zusammenhänge begreifen zu können. Das globale Lernziel des Kurses ist daran orientiert, Zusammenhangswissen und Handlungsfähigkeit zu erreichen.

Eine detaillierte Evaluation der TESOF-Kurse und eine inhaltliche Erweiterung um die konzeptionellen Ansatzpunkte des Projekts „Persönlichkeit und Computer" ist wünschenswert, konnte aber innerhalb der Laufzeit dieses Projekts nicht mehr geleistet werden. Dennoch läßt sich die hier vorgestellte Weiterbildungskonzeption eines kritischen Computerkurses als ein Ansatz charakterisieren, der versucht, Qualifikationsprozesse gesellschaftskritisch zu reflektieren und zugleich das politische Moment der Computertechnologie in Form eines sozialen Lernprozesses den TeilnehmerInnen zu vermitteln. Die Konzeption nimmt dabei Möglichkeiten des Computers auf und rekonstruiert den im Computer in „dinglicher" Gestalt geronnenen Rationalisierungsprozeß als Erfahrungsmöglichkeit für die Subjekte. Computertechnologie wird so zu einem Medium von Selbstreflexion.

Literaturliste

Achtenhagen, F.; Schneider, D. (1988):
Projekt „Lernbüroarbeit": Stand und Entwicklungsmöglichkeiten der Lernbüroarbeit unter Nutzung der Neuen Technologien. In: Unterrichtswissenschaft 2/1988

Adorno, T.W. (1969):
Stichworte. Kritische Modelle 2. Frankfurt/M.

Albers, H.J. (1987):
Zur Bedeutung kaufmännischer informationstechnischer Bildung. In: Wirtschaft und Erziehung 4/1987

Albrecht, G. (1988):
Computergesteuertes Lernen − die Bildungsreform der Zukunft? In: Wirtschaft und Erziehung 7/8 1988

Alemann, Ulrich von; Schatz, H.; Viehfues, D. (1985):
Sozialverträgliche Technikgestaltung. Entwurf eines politischen Programms. In: Jahrbuch Arbeit und Technik in Nordrhein-Westfalen 1985. Bonn

Alemann, Ulrich von (1986):
Partizipation oder Akzeptanz. Bemerkungen zu einer Verträglichkeit von Demokratie und Technologie. In: Jungermann, Helmut (Hg.) (1986): a.a.O., S. 28–35

Alemann, Ulrich von; Schatz, H. (1987):
Mensch und Technik. Opladen

Alemann, Ulrich von; Kißler, Leo (1988):
Arbeit und Technik als politische und wissenschaftliche Aufgabe. In: Arbeitspapiere der Fern-Universität Hagen. Polis Nr. 9. Hagen

Altmann, N; u.a. (1986):
Ein „Neuer Rationalisierungstyp" − neue Anforderungen an die Industriesoziologie. In: Soziale Welt 2/3 1986

Alschner, Gerd; Bundesinstitut für Berufsbildung (1985):
Datenverarbeitungskaufmann; Datenverarbeitungskauffrau. Der DV-Kaufmann in Gegenwart und Zukunft − Untersuchungen und Überlegungen zur Neuordnung des Ausbildungsberufs (Kurzfassung). In: Informationen für die Beratungs- und Vermittlungsdienste der Bundesanstalt für Arbeit 12/1985

Anders, G. (1987):
Die Antiquiertheit des Menschen (Bd. 1 u. 2). München

Arbeitsgemeinschaft Evangelischer Erzieher in Deutschland e.V. AEED (1986):
Die Veränderung von Wirklichkeit durch neue Kommunikationsmedien und Computer. Herausforderung für Schule und Unterricht.

Arbeitsgemeinschaft Hauswirtschaft e.V. (Hg.) (1987):
Ein neues Technologiezeitalter − eine neue Zerreißprobe für Frauen und Familie? Tagungsbericht über eine Tagung im Haus der ev. Kirche Bonn am 12. und 13. März 1987. Bonn

Armbruster, Brigitte; u.a. (1984):
Neue Medien und Jugendhilfe: Analysen — Leitlinien — Maßnahmen. Neuwied

Armbruster, Brigitte; Kübler, Hans-Dieter (1988):
Computer und Lernen. Opladen

Arnhold, W.; Husch, B. (1986):
Elektronische Datenverarbeitung im Supermarkt (Teil 1 und 2). Berlin. In: Log In 4 und 5/6 1986

Baacke, D.; Frank, G; Radde, M. (1988):
Projektbericht „Jugend und Medien in Nordrhein-Westfalen". Universität Bielefeld (unv. Manuskript)

Baacke, Dieter; Sander, Uwe; Vollbrecht, Ralf (1988):
Sozialökologische Jugendforschung und Medien. In: Publizistik 2/3 1988

Baacke, Dieter (1988):
Computer und Jugend. Bielefeld (unv. Manuskript)

Baacke, Dieter (1988 a):
Der Computer als Partner der Selbst- und Weltdeutung. In: Armbruster, Brigitte; Kübler, Hans-Dieter (Hg.) (1988): a.a.O.

Back, Wolfgang; Heck, Hans-Dieter (1984):
Tatort Computer. Zwischen Faszination und Verbrechen. In: Bild der Wissenschaft 6/1984

Bader, R. (1989):
Berufliche Handlungskompetenzen. In: Die berufsbildende Schule 2/1989, S. 73–77

Baerenreiter, Harald (1986):
Zauberlehrlinge — Computerfans und ihre Gegner. In: Pluskwa, Manfred (Hg.) (1986): a.a.O.

Baerenreiter, Harald (1988 a):
Jugend und Computer. Zur Empirie eines problematischen Verhältnisses. In: Grounded — Arbeiten aus der Sozialforschung, Nr. 2, FernUniversität Hagen

Baerenreiter, Harald; Fuchs, Werner (1988):
Forschungsprojekt: Jugendliche Computerfans — Fragestellung und methodisches Design. In: Grounded — Arbeiten aus der Sozialforschung, Nr. 2, FernUniversität Hagen

Baethge, Martin; Oberbeck, Herbert (1986 a):
Zukunft der Angestellten. Frankfurt/M.

Baethge, Martin; Oberbeck, Herbert (1986 b):
Die Gleichzeitigkeit von Entwertung und Aufwertung der Fachqualifikation: Zur Entwicklung von Tätigkeitsprofilen im Büro. In: Sozialwissenschaftliche Informationen 1/1986

Baethge, Martin (1988):
Neue Technologien, berufliche Perspektiven und kulturelles Selbstverständnis: Herausforderungen an die Bildung. In: Gewerkschaftliche Bildungspolitik 1/1988

Baethge, M.; Hantsche, B.; Pelull, W.; Voskamp, U. (1988):
Jugend: Arbeit und Identität. Opladen

Bahr, Frank-Michael (1987):
Macht und Information. (unv. Papier für Projekt-Workshop am 4. und 5.12.1987)

Balint, Michael (1960):
Angstlust und Regression. Stuttgart

Balkhausen, Dieter (1986):
Computerzeitalter oder: die Angst vor kommenden Dingen. In: Gewerkschaftliche Monatshefte 3/1986, S. 154-159

Bammé, Arno (1987):
Technologische Zivilisation. München

Bammé, Arno; u.a. (1983 a):
Die Maschine, das sind wir selbst. Zur Grundlegung einer Sozialpsychologie der Technik. In: Technik und Kultur, Psychosozial 18. Reinbek, S. 30-49

Bammé, Arno; u.a. (1983 b):
Maschinen-Menschen; Mensch-Maschinen. Reinbek

Bammé, Arno; u.a. (1983 c):
Arbeiten und Lernen in maschinisierten Lebenswelten. In: Sachverständigenkommission Arbeit und Technik: Arbeit und Technik — Analysen von Entwicklungen der Technik und Chancen in der Gestaltung von Arbeit. Tagungsband. Bremen, S. 530-540

Bammé, Arno; Berger, Wilhelm ; Kotzmann, Ernst (1986):
Anything Goes — Science Everywhere? Konturen von Wissenschaft heute. Bd. 1 der Reihe Technik- und Wissenschaftsforschung. München

Bardeleben, R.; Böll, G.; Kühn, H. (1986):
Strukturen betrieblicher Weiterbildung. Berlin, Bonn

Bartels, Thomas (1987):
Arbeitsbericht zu den Konzepten einer informationstechnischen Bildung in den Bundesländern der Bundesrepublik Deutschland. Stand, Ziele, Maßnahmen. Bielefeld (unv. Werkvertrag)

Bartels, Thomas (1988):
Computer, Bildung und Persönlichkeit. Handlungsmöglichkeiten und Handlungsgrenzen beim Einsatz des Computers in der Schule. Bielefeld (unv. Werkvertrag)

Barthelmes, Jürgen; Ledig, Michael (1987):
Von Kindern, Medien und anderen Ungetümen. Nachläufige Gedanken zu veränderter Kindheit und Mediensozialisation. In: Fundvogel 38/1987, S. 6-11 (Teil 1); Fundvogel 41/42 1987, S. 21-26 (Teil 2)

Bartölke, K.; Ridder, H.-G. (1986 a):
Die Einführung neuer Technologien in Industriebetriebe von Kibbuzim. In: Arbeitspapiere des Fachbereichs Wirtschaftswissenschaften der GH Wuppertal, Nr. 104. Wuppertal

Bartölke, K.; Henning, H.; Jorzik, H.; Ridder, H.-G. (1986 b):
Innovation und Partizipation — Zur Beteiligung der Arbeitnehmer an der Einführung neuer Technologien. In: Arbeitspapiere des Fachbereichs Wirtschaftswissenschaften der GH Wuppertal, Nr. 102. Wuppertal

Bauer, B.; Stexkes, A. (1987):
Leittextgestützte EDV-Schulung in Anwenderprogrammen (1). In: Der Ausbilder 4/1987

Bauer, B.; Stexkes, A. (1988):
EDV-Vermittlung mit Hilfe der Leittextmethode. In: Bundesinstitut für Berufsbildung (Hg.) (1988): a.a.O.

Bauer, Hans G.; Herz, Gerhard (1987):
Was hat die sozialverträgliche Technikgestaltung mit der Persönlichkeitsentwicklung zu tun und umgekehrt? In: SoTech-Rundbrief Nr. 3/1987

Bauer, Karl-Oswald; Zimmermann, Peter (1987):
Faszination und Skepsis gegenüber Bildschirmmedien. Ergebnisse einer schriftlichen Befragung von Hauptschülern und Gymnasiasten. In: Zeitschrift für Pädagogik. 21. Beiheft. Allgemeinbildung. Beiträge zum 10. Kongreß der Deutschen Gesellschaft für Erziehungswissenschaft, 10. bis 12.03.1986 in der Universität Heidelberg. Weinheim, Basel, S. 112–118

Baum, Jost (1987):
Künstliche Intelligenz – eine Herausforderung für die gewerkschaftliche Bildungsarbeit. In: Gewerkschaftliche Bildungspolitik 12/1987, S. 376–380

Baumgartner, Peter (1987):
Kurse zur Softwaretransparenz. Endbericht zum Projekt gleichen Namens. Klagenfurt, Wien

Baumgartner, Peter (1988 a):
Macht der Software – Ohnmacht der Anwender? In: Arbeitskreis Bildschirmtext (Hg.) (1988): Offene Systeme – offene Gesellschaft. Tagungsband. Wien

Baumgartner, Peter (1988 b):
Technische Entwicklung und sozial verantwortliche Wissenschaft – ein Widerspruch? In: Getzinger; Papousek; Tritthart (Hg.) (1988): Die Stellung der österreichischen Universitäten im Wandel der Arbeitswelt. Wien

Baumgartner, Peter (1988 c):
Ziele, Inhalte und Didaktik von EDV-Kursen in der Erwachsenbildung. Referat vom 22.01.1988 im Rahmen eines Weiterbildungsseminars der Wiener Volkshochschulen. Wien

Baumgartner, Peter; Payr, Sabine (1987 a):
End User Computing – A Challenge For University Organization. Vortrag auf dem 5. Eardhe-Kongreß („Higher Education & New Technologies")

Baumgartner, Peter; Payr, Sabine (1987 b):
Computer als Lehrer? Tagungsbericht über den 5. Eardhe-Kongreß vom 22. bis 25.04.87 in Utrecht („Higher Education & New Technologies")

Baumgartner, Peter; Payr, Sabine (1987 c):
Software Transparency as an Educational Problem. Symposium in Zagreb vom 22. und 23.10.1987. Zagreb

Baumgartner, Peter; Kotzmann, Ernst (1988):
Computer als Herausforderung in der Aus- und Weiterbildung. Klagenfurter Beiträge zur Technikforschung. Heft 8. Klagenfurt

Beck, Ulrich (1986):
Risikogesellschaft. Auf dem Weg in eine andere Moderne. Frankfurt/M.

Becker, Jörg (1980):
Informationsstaat und Wissensmacht. In: Medium (10) 11/1980, S. 18–22

Becker-Schmidt, Regina (o.J.):
Technologiepolitik der Arbeitgeber. Auf dem Weg zu einer höheren Stufe der Entfremdung. o.O.

Becker-Schmidt, Regina (1986):
Thesenpapier zu: Technik und Sozialisation. In: Sachverständigenkommission Arbeit und Technik (Hg.) (1986): Perspektiven technischer Bildung. Bremen

Becker-Schmidt, Regina (1988):
Die Gottesanbeterin – Wunschbilder und Alpträume vom Computer. In: Krafft, A.; Ortmann, G. (Hg.) (1988): Computer und Psyche. Angstlust am Computer. Frankfurt/M.

Becker-Schmidt, R.; Brandes-Erlhoff, U.; Rumpf, M.; Schmidt, B. (1983):
Arbeitsleben – Lebensarbeit. Konflikte und Erfahrungen von Fabrikarbeiterinnen. Bonn

Beckmann, Gotthard; Gloede, Fritz (1986):
Sozialverträglichkeit – eine neue Strategie der Verwissenschaftlichung von Politik? In: Jungermann, Helmut; u.a. (Hg.) (1986): Die Analyse der Sozialverträglichkeit für Technologiepolitik. München, S. 36-51

Bednarz-Braun, I. (1983):
Arbeiterinnen in der Elektroindustrie. Forschungsbericht des DJI. München

Beisenherz, Gerhard H. (1987):
Affektivität, Expressivität und Arbeit. Wandlungen im affektiv-emotionalen Gefüge von Arbeit. München (unv. Manuskript)

Beisenherz, Gerhard H. (1988):
Computern – Das neue Familienspiel. In: Deutsches Jugendinstitut (Hg.) (1988): Wie geht's der Familie? Ein Handbuch zur Situation der Familien heute. München

Beisenherz, Gerhard H. (1988):
Die technischen Unterschiede. „Computern" als Bildung kulturellen Kapitals. In: Verbund Sozialwissenschaftliche Technikforschung (Hg.) (1988): Mitteilungen 4/1988

Beisenherz, Gerhard H. (1988):
„Computern" und Gefühle. In: Deutsches Jugendinstitut (Hg.) (1988): Medien im Alltag von Kindern und Jugendlichen. Weinheim, München

Beisenherz, G.; Bertram, H.; Leu, H. R. (1988):
Der Beitrag der Familie zur Entwicklung von Arbeitsvermögen in der Informationsgesellschaft. Teilprojekt A5 des SFB 333 der Universität München (Arbeitsbericht). München

Beland, Hermann (1988):
Computerfaszination und Lebensgeschichte. In: Krafft, A.; Ortmann, G. (Hg.) (1988): a.a.O.

Benz-Overhage, Karin; u.a. (1982):
Neue Technologien und alternative Arbeitsgestaltung. Auswirkungen des Computereinsatzes in der industriellen Produktion. Frankfurt/M., New York

Berger, Peter; u.a. (1987):
Das Unbehagen in der Modernität. Frankfurt/M.

Beuschel, W.; Gensior, S.; Sorge, A. (1988):
Mikroelektronik, Qualifikation und Prozeßinnovation. Fallstudien in Industriebetrieben. Berlin

Beuthe, F.; Hertel, T.; Uhle, C. (1987):
Projekt „Handelsunternehmen – Integrierte Warenwirtschaft" (Teile 1 und 2). In: Log In 1/2 1987

Bibra, Bernd; WZB – Berlin (1984):
Technik, Umwelt, Alltag. Eine Bibliographie zur Sozial- und Umweltverträglichkeit von Technologien im außerberuflichen/außerbetrieblichen Bereich. In: Diskussionspapier des WZB – Internationales Institut für Umwelt und Gesellschaft. Berlin

Bickle, Ingrid; Friedl, Christa; Müller, Werner (o.J):
Medienerziehung im Kindergarten. In: Meyer, Ernst (Hg.): Spiel und Medien in Familie, Kindergarten und Schule. Ergebnisse des Europäischen Symposions in Klagenfurt (1983). o.O.

Bjerkness, Gro; Tone Bratteteig (1986):
Female Technologists Working with a Female Dominated Occupation – Opportunities and Alternatives. Presented at the IFIP Conference on Woman, Work and Computerization. Dublin

Blättel, Irmgard (1984):
Neue Technologien und ihre Auswirkungen auf Frauenarbeitsplätze. In: frauen und arbeit 6/7 1984, S. 1-2

Blenkers, Peter (1988):
Dokumentation der Veranstaltung „Jugend und Neue Technologien — Schöne neue Welten? Folgen für Jugend und Pädagogik". In: Ministerium für Arbeit, Gesundheit und Soziales NW (Hg.) (1988): Mensch und Technik — Sozialverträgliche Technikgestaltung. Werkstattbericht Nr. 15. Düsseldorf

Blinkert, Baldo (1985):
Zur Sozialverträglichkeit von Computern. In: Sozialwissenschaften und Berufspraxis (8) 4/1985, S. 5-36

Blume, D. (1985):
Informationstechnologien in der kaufmännischen Weiterbildung. In: Berufsbildung in Wissenschaft und Praxis 2/1987

Blumenberg, Hans-Jürgen (1985):
Neue elektronische Medien, Gefährdung oder Bereicherung sozialpädagogischen Arbeitens? Bericht über die medienpädagogische Tagung vom 27.2. bis 1.3.1985 in Freiburg. Freiburg

Bockelbrink, K.H.; Jungnickel, H.; Koch, J. (1988):
Leittexte in der betrieblichen Berufsausbildung. In: Bundesinstitut für Berufsbildung (Hg.) (1988): a.a.O.

Böhle, Fritz; Milkau, Brigitte (1987):
Sinnliche Erfahrung und Gefühl. Entwicklungen und Probleme der Arbeitsgestaltung beim Einsatz neuer Technologien im Maschinenbau (Forschungsbericht). München

Böhle, Fritz; Milkau, Brigitte (1988):
Vom Handrad zum Bildschirm. Frankfurt/M., New York

Böhle, Fritz; Milkau, Brigitte (o.J.):
Schwindende Körperlichkeit und sinnliche Erfahrung im Arbeitsprozeß (Manuskript). Erscheint in: Leithäuser, Th.; Müller, R. (Hg.): Ansätze für eine fachübergreifende Arbeitswissenschaft.

Böhm, Wolfgang (1988):
Zur kollektiven Nutzung des Computers: Zwei Fallbeispiele. Universität Bielefeld (unv. Manuskript)

Böhm, Wolfgang; Wehner, Josef (1988):
Computerbezogene Handlungs- und Orientierungsmuster — Zum Distinktionswert einer Technologie. In: Verbund sozialwissenschaftliche Technikforschung (Hg.) (1988): Mitteilungen 4/1988

Böhm, Wolfgang; Wehner, Josef (1988 a):
Computernutzung im Alltag — zwei Fallbeispiele zum Umgang mit Computern im Verwendungszusammenhang des Milieus. Universität Bielefeld (unv. Manuskript)

Böhme-Dürr, Karin (1988):
Und sie wirken doch ... irgendwie. In: Psychologie heute 3/1988, S. 28-31

Böttger, Barbara (1985):
Wir haben nur dann eine Zukunft, wenn wir sie heute schon leben. In: Huber; Bussfeld (1985): Blick nach vorn im Zorn. Weinheim, S. 230-263

Boikat, Ute (1987):
Belastungen an Bildschirmarbeitsplätzen. Neue Forschungsergebnisse. In: Soziale Sicherheit 11/1987, S. 331-335

Boikat, Ute (1988):
Gesundheitliche Auswirkungen von Bildschirmarbeit. In: Schöll, Ingrid; Küller, Ina (Hg.)
(1988): Micro sisters. Digitalisierung des Alltags. Frauen und Computer. Berlin, S. 36-38

Bolder, Axel; ISO Köln (1986):
Arbeitnehmerorientierte berufliche Weiterbildung im Zeichen neuer Technologien. Eine kritische
Bestandsaufnahme der Ergebnisse der Weiterbildungsforschung (ISO-Bericht Nr. 35). Köln

Borg, B.; Wendeburg, C. (1985):
Computergestützte Planspiele in den Wirtschaftslehren. In: Log In 5/6 1985

Bosler, Ulrich (1986):
Informationstechnische Grundbildung. Übersicht über die Arbeiten in den Bundesländern. In:
Log In 5/6 1986, S. 6-11

Bosler, Ulrich; Frey, K.; u.a. (1985):
Mikroelektronik und neue Medien im Bildungswesen. In: Institut für die Pädagogik der Naturwissenschaft IPN-Arbeitsberichte 56. Kiel

Brämer, Rheinhard; Nolte, Georg (1985):
Wer hat Angst vor wem? In: Psychologie heute 3/1985, S. 57-61

Brandes, Uta (1985):
Der Computer: (Noch) keine Wunschmaschine für Mädchen − Einige Ergebnisse aus Gruppendiskussionen mit Gymnasialschülerinnen und -schülern. In: Fauser, R.; Schreiber, N. (Hg.)
(1986): Sozialwissenschaftliche Überlegungen, empirische Untersuchungen und Unterrichtskonzepte zur informationstechnischen Bildung. Konstanz 1986, S. 96-108

Brandes, Uta; Schreiber, Norbert (1986):
Man kann Technologie auch übertreiben − Abwehr, Aneignung, Ambivalenz. Hannover

Brandt, G.; u.a. (1978):
Computer und Arbeitsprozeß. Frankfurt/M.

Brater, Michael (1980):
Die Aufgabe beruflicher Weiterbildung − Zur Konzeption einer „subjektorientierten" Weiter-
bildung. In: A. Weymann (Hg.) (1980): Handbuch für die Soziologie der Weiterbildung.
Darmstadt, Neuwied

Brater, Michael (1984):
Künstlerische Übungen in der Berufsausbildung. In: Projektgruppe Handlungslernen (Hg.)
(1984): Handlungslernen in der beruflichen Bildung. Wetzlar

Brater, M; u.a. (1985):
Entwicklung schöpferischer Fähigkeiten in der Berufsvorbereitung und Berufsausbildung. In:
Berufsbildung in Wissenschaft und Praxis 3/1985

Brater, Michael; Herz, Gerhard (1986):
Persönlichkeitsbildung und Technologiebewältigung. Zu den Aufgaben der Berufsvorbereitung
im Computerzeitalter. In: Erziehungskunst 6/1986, S. 364-376

Brater, Michael; Herz, Gerhard (o.J.):
Förderung der Sozial- und Kommunikationsfähigkeiten im Betrieb als Grundlage der Sozialverträglichkeit neuer Technologien. (unv. Manuskript)

Brauckmann (1986):
Die vergessene Wirklichkeit. Männer und Frauen im weiblichen Leben. Berlin

Braun, Claude M.J.; u.a. (1986):
Adolescents and Microcomputers: Sex Differences, Proxemics, Task and Stimulus Variables. In:
The Journal of Psychology 120 (6), S. 529-542

Braun, Ingo; WZB — Berlin (1986):
Wieviel PS hat der soziale Wandel? Perspektiven einer soziologischen Theorie technischer Artefakte. Diskussionspapier des WZB — Forschungsschwerpunkt Umweltpolitik. Internationales Institut für Umwelt und Gesellschaft Internationales Institut für Umwelt und Gesellschaft. Berlin

Braun, Ingo (1987):
Computer und Intimität. Der Baby-Computer: Eine techniksoziologische Studie. Berlin

Braverman, H. (1980):
Die Arbeit im modernen Produktionsprozeß. Frankfurt/M., New York

Bretzke-Gadatsch, Ursula; Schaa, Gabriele (1989):
Computertraining mit Leittexten. In: Lernfeld Betrieb 1/1989

Briefs, U.; Fehmann, E.; u.a. (Hg.) (1984):
Technologische Arbeitslosigkeit. Hamburg

Briefs, Ulrich (1986):
Informationstechnolgien: Umbruch in der Arbeitswelt. Herausforderung für eine soziale Beherrschung. In: Log In 3/1986, S. 8–12

Brock, D. (1988):
Vom traditionellen Arbeiterbewußtsein zum individualisierten Handlungsbewußtsein. In: Soziale Welt 4/1988

Brödner, Peter (1986):
Fabrik 2000. Alternative Entwicklungspfade in die Zukunft der Fabrik. Berlin

Brödner, Peter (1988):
Personalentwicklung im Umbruch der Fabrikentwicklung (Manuskripte). Karlsruhe

Brohmann, Bettina (1986):
Anmerkungen zur gegenwärtigen Wissenschaftspraxis und zu zukünftigen Perspektiven wissenschaftlicher Weiterbildung. In: Bammé, A. (Hg.) (1986): Anything goes — science everywhere?. München, S. 391–425

Brosius, G.; Haug, F. (Hg.) (1987):
Frauen/Männer/Computer. Berlin

Bruder, K. H. (1988):
Selbstfindung am Computer. In: Psychologie heute 7/1988, S. 60–67

Bruder, K. H.; Bruder-Bezzel, A. (1988):
Jugendkulturelle Aneignung des Computers? In: Deutsches Jugendinstitut (Hg.) (1988): Medien im Alltag von Kindern und Jugendlichen. Methoden, Konzepte, Projekte. München

Brüggemann, Beate; Riehle, Rainer M. (1987):
Gestaltung: Alter Wein in neuen Schläuchen oder Lehrstück von der Falle neuer Begriffe und der Entpolitisierung eines Problems. (unv. Arbeitspapier)

Brunk, Marlis; Jung Sun Lie; Lorryn Brakenhoff; TU Braunschweig (1985):
Die Situation von Informatikerinnen in Studium, Beruf und familiärem Bereich. Informatik-Berichte 85–07 der TU Braunschweig. Braunschweig

Brunner, Karl-Michael; u.a. (1987):
Produkterfahrung als Lernprozeß. Endbericht zu einem Pilotprojekt „Lernmodell Konsumentenbildung". Klagenfurter Beiträge zur Technikdiskussion. Heft 4. Wien

Bubner, R. (1982):
Handlung, Sprache, Vernunft. Frankfurt/M.

Bubner, R. (1984):
Geschichtsprozesse und Handlungsnormen. Frankfurt/M.

Bühs, Roland (1986):
Informatiklehrer werden ist nicht schwer, es zu sein ... In: Westermanns Pädagogische Beiträge 10/1986, S. 8-11

Bundesinstitut für Berufsbildung (1983):
Informationstechnik in Büro und Verwaltung II. Bonn, Berlin

Bundesinstitut für Berufsbildung; Institut für Arbeitsmarkt- und Berufsforschung (Hg.) (1987):
Neue Technologien: Verbreitungsgrad, Qualifikationen und Arbeitsbedingungen. BeitrAB 118. Nürnberg

Bundesinstitut für Berufsbildung (Hg.) (1988):
Leittexte in der Ausbildungspraxis (Tagungsmaterial). Berlin

Bundesminister für Bildung und Wissenschaft (Hg.) (1986):
Bildung an der Schwelle zur Informationsgesellschaft. In: Schriftenreihe Grundlagen und Perspektiven für Bildung und Wissenschaft 13. Bonn

Bundesminister für Bildung und Wissenschaft (Hg.) (1987):
Soziale Voraussetzungen für informationstechnische Bildung. In: Informationen Bildung und Wissenschaft 3/1987, S. 46

Bundesminister für Bildung und Wissenschaft (Hg.) (1988):
Berufsbildungsbericht 1988. Bonn

Bund-Länder-Kommission (BLK) (1987):
Gesamtkonzept für die informationstechnische Bildung. In: Materialien zur Bildungsplanung 16. Bonn

Bunk, G.; Zedler, R. (1986):
Neue Methoden und Konzepte beruflicher Bildung. Köln

Buschendorf, Reinhard; Brandt, Manfred; Pampus, Klaus (1986):
Neue Technologien in der beruflichen Bildung. Grundaten, Zielsetzungen, Zwischenergebnisse aus Modellversuchen in der ausbildenden Wirtschaft. In: Berufsausbildung in Wissenschaft und Praxis 6/1986

Bussmann, Hans; Heymann, H. W. (1985):
Bildung mit dem Computer − LOGO kritisch hinterfragt. In: Zeitschrift für Sozialisationsforschung und Erziehungssoziologie (5) 2/1985, S. 239-254

Chodorow, N. (1985):
Das Erbe der Mütter. München

Clauß, T. (1987):
Beteiligung, Akzeptanz und Arbeitszufriedenheit − Die Einführung programmgesteuerter Arbeitsmittel aus der Sicht der Betroffenen. In: Bundesinstitut für Berufsbildung/Institut für Arbeitsmarkt- und Berufsforschung (Hg.) (1987): Neue Technologien: Verbreitungsgrad, Qualifikation und Arbeitsbedingungen. BeitrAB 118. Nürnberg

Cockborn, Cynthia (1984):
Weibliche Aneignung der Technik. In: Das Argument 144/1984, S. 199-209

Colby, A.; Kohlberg, L. (1986):
Das moralische Urteil: Der kognitionszentrierte entwicklungspsychologische Ansatz. In: Bertram, H. (1986) (Hg.): Gesellschaftlicher Zwang und moralische Autonomie. Frankfurt/M.

Coy, Wolfgang (1986):
Die Außenwelt der Innenwelt. In: Umbruch 1/1986, S. 32-41

Coy, Wolfgang (1988):
Après Gutenberg. In: Jahrbuch Technik und Gesellschaft 5. Frankfurt/M.

D'Avis, Winfried (1986):
Stand, Perspektiven und Probleme der KI-Forschung. In: Bammé, A. (Hg.) (1986): Anything goes − science everywhere? München, S. 87-133

Deckert, U.; Schulz, H.-D. (1986):
Kennzeichen und Wandel von Facharbeit unter dem besonderen Aspekt der Rechnerunterstützung. In: Hoppe, M.; Erbe, H.-H. (1986): a.a.O.

Dedering, H.; Schimming, P. (1984):
Qualifikationsforschung und arbeitsorientierte Bildung. Opladen

Derricks, Franz; Meyer, Norbert (o.J.):
Grundlagen der Mikrocomputertechnik. Mikrocomputertechnik für Ausbilder und Lehrer I-IV. o.O.

Deutscher Bundestag (1983):
Drucksache 9/2442: Zwischenbericht der Enquête-Kommission „Neue Informations- und Kommunikationstechniken". Bonn

Deutsches Jugend Institut (1987):
Die Alltäglichkeit der Medien. In: DJI-Bulletin 6/1987

Deutsches Jugend Institut (Hg.) (1988):
Medien im Alltag von Kindern und Jugendlichen. Materialien, Methoden, Konzepte, Projekte. München

DGB-Bundesvorstand (Hg.) (1988):
Telearbeit − elektronische Einsiedelei oder neue Form der persönlichen Entfaltung? (Dokumentation eines Expertengesprächs). Hamburg

DGB-Bundesvorstand; Arbeit und Leben Niedersachsen (Hg.) (1985):
Neue Technologien: Gefahren, Chancen, Perspektiven. Hannover

Dick, Anneliese; Hessisches Institut für Bildungsplanung und Schulentwicklung (HIBS) (1987):
Computer in der Schule: Benachteiligung der Schülerinnen oder Chance zur Kompetenzerweiterung? Wiesbaden

Dick, Anneliese; Faulstich-Wieland, Hannelore (1986):
Mädchenbildung und neue Technologien. In: Fauser, J.; Schreiber, N. (Hg.) (1986): a.a.O.

Dick, Anneliese; Faulstich-Wieland, Hannelore (1987):
Mädchenbildung und neue Technologien. In: Kindermann, Gisela (Hg.) (1987): Frauen verändern die Schule. Berlin, S. 98-118

Dick, Anneliese; Faulstich-Wieland, Hannelore (1988):
Der hessische Modellversuch „Mädchen und Neue Technologien". In: Log In 1/1988

Diepold, P.; Borg, B. (1984):
Wirtschaftsinformatik an kaufmännischen Schulen. München, Wien

Diepold, P. (1984): „Handelskalkulation". Ein Beispiel für computerunterstützten Unterricht. In: Diepold, P.; Borg, B. (1984) (Hg.): a.a.O.

DIHT; Gesamtmetall; ZVEI (Hg.) (1986):
Die neuen Metall- und Elektroberufe. Köln

Döbert, Rainer (1986):
Wider die Vernachlässigung des „Inhalts" in den Moraltheorien von Kohlberg und Habermas. In: Edelstein, W.; Nunner-Winkler, G. (1986): a.a.O.

370

Döbert, Rainer (1987):
Horizonte der an Kohlberg orientierten Moralforschung. In: Zeitschrift für Pädagogik (33) 4/1987, S. 491–511

Dörr, G.; Naschold, F. (1982):
Technologieentwicklung und Streß. In: Psychosozial 1/1982, S. 568–571

Dorst, Brigitte (1984):
Videospiele — regelbare Welten am Draht. In: Spielmittel 1/1984, S. 24–36

Dostal, Werner; Institut für Arbeitsmarkt- und Berufsforschung der Bundesanstalt für Arbeit (1985):
Moderne Techniken von A bis Z. Mikroelektronik und Datenverarbeitung. In: Materialien aus der Arbeitsmarkt- und Berufsforschung 4/1985

Drechsel, R.; Gronwald, D.; Voigt, B. (Hg.) (1981):
Didaktik beruflichen Lernens. Frankfurt/M., New York

Drechsel, R.; Gerds, P.; u.a. (1987):
Ende der Aufklärung. Zur Aktualität einer Theorie der Bildung. Bremen

Dreyfus, H.L. (1985):
Die Grenzen der künstlichen Intelligenz. Königstein/Ts.

Dreyfus, Hubert, L.; Dreyfus, Stuart E. (1987):
Künstliche Intelligenz. Von den Grenzen der Denkmaschine und dem Wert der Intuition. Reinbek

Drinkuth, A. (1988):
Gewerkschaftliche Arbeitspolitik im Umbruch. In: Projektgruppe „Automation und Qualifikation" (Hg.) (1988): Politik um die Arbeit. Argument-Sonderband AS 167

Dunckel, Heiner; Resch, M. (1987):
Computer für den Menschen? Köln

Edelstein, W; Keller, M. (Hg.) (1982):
Perspektivität und Interpretation. Frankfurt/M.

Edelstein, W.; Nunner-Winkler, G. (1986):
Zur Bestimmung der Moral: philosophische und sozialwissenschaftliche Beiträge zur Moralforschung. Frankfurt/M.

Effe-Stumpf, Gertrud; Habigsberg, Annette; Glässing, Gabriele (1987):
Frauen und Naturwissenschaften (Frauen und Computer) Erfahrungen, Materialien. Vorschläge aus 5 Kursen am Oberstufenkolleg der Universität Bielefeld. Bielefeld (unv. Manuskript)

Egg, R.; Meschke, H. (1985):
Jugendliche und Heimcomputer — Psychologische Aspekte einer neuen Freizeitbeschäftigung (Abschlußbericht vom November 1985)

Eilrich, Claus (1985):
Neue Technik — Mehr Mitbestimmung. In: Ausblick 3/1985, S. 9–12

Eller, Eckart C. (1985):
Angestellte und Datenverarbeitung. Eine längsschnittanalytische Betrachtung von Einstellungen zur EDV und Arbeitszufriedenheit von Angestellten vor, während und nach der Konfrontation mit der EDV. Frankfurt/M., Bern, New York

Endruweit, Günter (1986):
Sozialverträglichkeits- und Akzeptanzforschung als methodologisches Problem. In: Jungermann, Helmut; u.a. (Hg.) (1986): Die Analyse der Sozialverträglichkeit für Technologiepolitik. München, S. 80–91

Erbe, H.-W. (1986):
Die Werkstatt als Mittelpunkt des Fertigungsprozesses. In: Hoppe, M.; Erbe, H.-H. (Hg.) (1986): a.a.O.

Erdheim, Mario (1984):
Die gesellschaftliche Produktion von Unbewußtheit – Eine Einführung in den ethnopsychoanalytischen Prozeß. Frankfurt/M.

Erkes, Andrea; Frohnert, Sigrid; Hahn, Gabriele (1988):
Technikinteresse – Technikdistanz: Computereinstieg für Mädchen. Universität Dortmund (unv. Manuskript)

Erler, Gisela; Sass, Jürgen (1987):
Thesen zur Balance zwischen Familienlogik und Arbeitslogik – am Beispiel Computerarbeit. Thesenpapier für die Tagung „Basic für Eva" am 12.2.1987 in Tutzing (unv. Manuskript)

Eurich, Claus (1985):
Computerkinder. Wie die Computerwelt das Kindsein zerstört. Reinbek

Eurich, Claus (1988):
Die Megamaschine. Vom Sturm der Technik auf das Leben und Möglichkeiten des Widerstands. Darmstadt

Europäisches Zentrum für die Förderung der Berufsbildung (1985):
Frauen lernen Microcomputertechnik. Bericht über erste Umfrageergebnisse bei IT-MC-Frauenprojekten in EG-Ländern. Luxemburg

Ev. Akademie Loccum; Niedersächsischer Kultusminister (Hg.) (1984):
Neue Technologien und Schule. Loccumer Protokolle 23. Loccum

Ev. Jugendbildungsstätte Asel (1985):
Der kleine Bruder. Heimcomputer und Telespiele als Herausforderung für die Jugendarbeit. Wittmund

Faltermeier, Josef; Greese, Dieter (1985):
Familie und Medien. Frankfurt/M.

Famulla, Gerd-E.; Witthaus, Udo (1988):
Neue Berufe, Qualifikationen und Methoden. In: Widersprüche 27/1988

Faulstich, Peter (1985):
Bildungsarbeit zur „Informationstechnik". In: Gewerkschaftliche Bildungspolitik 7/8 1985, S. 213ff.

Faulstich, Peter; Faulstich-Wieland, Hannelore (1988):
Computer-Kultur: Erwartungen – Ängste – Handlungsspielräume. München

Faulstich-Wieland, Hannelore (1985 a):
Computer auch für Mädchen. Aber wie? In: Friedrich-Verlag (Hg.) (1985): Bildschirm. Faszination und Information. Jahresheft III – alle pädagogischen Zeitschriften des Friedrich-Verlages. Velber

Faulstich-Wieland, Hannelore (1985 b):
Pädagogische Konzepte zur Vorbereitung auf das Leben mit Computern. Referat auf der Fachtagung des dt. Frauenrings e.V. „Die dritte industrielle Revolution – Chancen und Risiken für unsere Lebenswelt" 11. bis 13.10.1985 in Ludwigshafen

Faulstich-Wieland, Hannelore (1985 c):
Rationalisierungseffekte neuer Technologien an Frauenarbeitsplätzen. Arbeitsplatzverlust – Arbeitsplatzveränderung. In: arbeiten + lernen 38

Faulstich–Wieland, Hannelore (1986):
   „Computerbildung" als Allgemeinbildung für das 21. Jahrhundert? In: Zeitschrift für Pädagogik (32) 4/1986, S. 503–514

Faulstich–Wieland, Hannelore (1987 a):
   Pionierinnen oder Außenseiterinnen? Mädchen und Informatik. Bericht über die Auswertung des Colloquiums, 4. Bundeswettbewerb Informatik am 17./18. Oktober 1986 in Bonn

Faulstich–Wieland, Hannelore (1987 b):
   Vorhaben „Mädchenbildung und neue Technologien". (unv. Manuskript)

Faulstich–Wieland, Hannelore; Dick, Anneliese; Hessisches Institut für Bildungsplanung und Schulentwicklung (HIBS) (1986):
   Computer und Mädchen — Geschlechtsspezifische Zugangsweisen von Schülerinnen und Schülern der Jahrgangsstufe 7. (unv. Manuskript)

Fauser, Richard (1987):
   Soziale Voraussetzungen für informationstechnische Grundbildung. (3. Arbeitsbericht). Konstanz

Fauser, Richard; Schreiber, Norbert (1985 a):
   Computerkurse für Mädchen — Ergebnisse aus Befragungen von Interessentinnen und Teilnehmerinnen. Konstanz

Fauser, Richard; Schreiber, Norbert (1985 b):
   Projekt: Informationstechnische Bildung. Fragestellungen und Anlage der Untersuchung (1. Arbeitsbericht). Konstanz

Fauser, Richard; Schreiber, Norbert; Universität Konstanz (1986):
   Sozialwissenschaftliche Überlegungen, empirische Untersuchungen und Unterrichtskonzepte zur informationstechnischen Bildung (Werkstattbericht). Konstanz

Fauser, Richard; Schreiber, Norbert (1988):
   Was erwarten Jugendliche und Erwachsene von informationstechnischer Bildung? (Abschlußbericht des Projekts „Informationstechnische Bildung" Universität Konstanz). Konstanz

Feuerstein, Günter (1985 a):
   Die Realität der Simulation. In: Friedrich–Verlag (Hg.) (1985): a.a.O.

Feuerstein, Günter (1985 b):
   LOGO und die Freude der Selbstdisziplin. Über herrschaftstechnische und psycho–soziale Dimensionen der Computer–Bildung. In: mathematiklernen 9, April 1985, S. 9–12.

Feuerstein, Günter (1986):
   Technik-Angst. Über die Triebkräfte der Mechanisierung und den Prozeß der Vergesellschaftung des Subjekts. In: Chips und Kabel, Mai/Juni 1986, S. 30–32.

Fischer, Hans-Peter; Nagy, Michael (1985):
   Die neuen Medien der Bürokommunikation. Eine Herausforderung für den Ausbilder. In: Berufsausbildung in Wissenschaft und Praxis, Sonderdruck aus 5/1985, S. 1–3

Fischer, Sigmar; Kröger, Barbara; Mohrhoff, Birgit; Hansel, Monika (1988):
   Jugend und Computer. Entwicklung und Erprobung von Weiterbildungsmaterialien für Multiplikatoren der Jugendarbeit (Endbericht). Bielefeld, Haus Neuland

Fix, W. (1984):
   Merkmale und Entwicklung der Projektmethode. In: Berufsbildung in Wissenschaft und Praxis 3/1984

Flaake, Karin (1988):
   Michaela, Martin und Maria — wie sie sich selbst in Informatik erleben und einschätzen. In: päd.extra/Demokratische Erziehung, 4/1988, S. 9

Floyd, Christiane (o.J.):
„Partizipative Entwicklung transparenzschaffender Software für EDV-gestützte Arbeitsplätze" (Vorhabenbeschreibung). Berlin (unv. Manuskript)

Fölling-Albers, Maria (1987):
Kindheit im technologischen Zeitalter. In: GEW-Mitarbeiterinformationsdienst B/IX/01/87

Frackmann, Margit; Koch, Johannes; Schild, Horst; Stöcker, Fritz (1987):
Neue Formen des Lernens in der Berufsausbildung — Ist eine neue Fachdidaktik notwendig? In: Gewerkschaftliche Bildungspolitik 5/1987, S. 138–144

Frank, Manfred; Raulet, G.; van Reijen, W. (Hg.) (1988):
Die Frage nach dem Subjekt. Frankfurt/M.

Frauen der Kreuzberg-Neuköllner Anti-Kabel-Gruppe (1984):
Ohne uns — Frauen gegen Computerherrschaft. In: Neue Maschinen und Technologien — wie damit umgehen? Beiträge zu einer Strategiedebatte. Berlin

Frerichs, Petra; Goldmann, Monika; Richter, Gudrun (1985):
Zum Problem von Frauenerwerbstätigkeit und neuen Technologien. In: Jahrbuch Arbeit und Technik in NRW 1985, S. 97–115

Frerichs, Petra; Morschhäuser, M.; Steinrücke, M. (1986):
Frauenverträgliche Technikgestaltung? Arbeitssituation, Interessen und Interessenvertretung von Arbeiterinnen und weiblichen Angestellten. In: Ministerium für Arbeit, Gesundheit und Soziales NW (Hg.): Mensch und Technik — Sozialverträgliche Technikgestaltung. Werkstattbericht Nr. 25. Düsseldorf

Frerichs, Petra; Morschhäuser, Martina; Steinrücke, Margareta (1988):
Interessenvertretung von Frauen und neue Technologien. (unv. Kurzzusammenfassung)

Frerichs, Petra (1988):
Interessenvertretung von Frauen im Betrieb und Mitbestimmung am Arbeitsplatz. In: Kißler, Leo (Hg.) (1988): Computer und Beteiligung. Opladen

Frey, Karl (1982):
Die Projektmethode. Weinheim, Basel

Frey, Karl (1984):
Die Projektmethode im historischen und konzeptionellen Zusammenhang. In: Bildung und Erziehung 37/1984

Fricke, W.; Schuchart, W. (1985):
Innovatorische Qualifikationen — eine Chance gewerkschaftlicher Arbeitspolitik. Bonn

Friedrich-Verlag (Hg.) (1985):
Bildschirm: Faszination oder Information. Jahresheft III aller pädagogischen Zeitschriften des Friedrich-Verlages. Velber

Fritsch, Bruno (1986):
Ambivalenzen im gesellschaftlichen Umgang mit technischem Fortschritt. In: Jungermann, Helmut; u.a. (Hg.) (1988): Die Analyse der Sozialverträglichkeit für Technologiepolitik. München, S. 143–151

Fritz, Jürgen (1983):
Videospiele — regelbare Welten am Draht. In: Spielmittel 2/1983, S. 2–7; 3/1983, S. 10–21; 4/1983, S. 30–35, S. 68–74; 5/1983, S. 24–63

Fritz, Jürgen (1984):
Videospiele — regelbare Welten am Draht. In: Spielmittel 2/1984, S. 22–26; 3/1984, S. 75–87; 4/1984, S. 69–79; 5/1984, S. 9–19

Fritz, Jürgen (1985):
Spielen und Lernen mit LOGO. In: Spielmittel 3/1985, S. 7-11; 4/1985, S. 3-16; 5/1985, S. 54-58

Fritz, Jürgen (1985 a):
Im Sog der Videospiele. München

Fritz, Jürgen (Hg.) (1988):
Programmiert zum Kriegspielen. Weltbilder und Bilderwelten im Widerspiel. In: Bundeszentrale für politische Bildung, Schriftenreihe Bd. 260, Bonn

Fromm, Erich (1937):
Zum Gefühl der Ohnmacht. In: Zeitschrift für Sozialforschung, (6) 1937, S. 95-118

Frye, Kathrin (1987):
Die Entwicklung frauenspezifischer Qualifikationsanforderungen im Büro- und Verwaltungsbereich unter besonderer Berücksichtigung der neuen Technologien. Diplomarbeit Universität Bielefeld

Gage, Nathaniel L.; Berliner, David C. (1986):
Die Entwicklung der Persönlichkeit. In: Dies. (Hg.) (1986): Pädagogische Psychologie. Weinheim, München, S. 176-205

Gardimer-Sirtl, Angelika (1986):
Mit dem Computer leben − aber wie ? In: brigitte 23/1986, S. 136-142

Geißler, K.A. (1988):
Ökonomisierung der Subjektivität und planvolle Bewirtschaftung des Menschen. In: Widersprüche Heft 27/1988

Gendolla, Peter (1988 a):
Die Kunst der Automaten. Klagenfurter Beiträge zur Technikforschung, Heft 9. Klagenfurt

Gendolla, Peter (1988 b):
Vom Ende der Beschleunigung oder die Entdeckung der Langsamkeit. In: Klagenfurter Beiträge zur Technikforschung, Heft 10. Klagenfurt

Gensior, Sabine (1989):
Die mikroelektronische Modernisierung der Elektroindustrie und ihre arbeitspolitischen Implikationen. In: Pries, L.; Schmidt, R.; Trinczek, R. (Hg.) (1989): Modernisierung der industriellen Produktion. Arbeitspolitische Chancen und Risiken. Opladen (im Druck)

Genth, Renate; Hoppe, Joseph (1986):
Telefon! Der Draht, an dem wir hängen. Berlin

Genth, Renate; Werlhof, Claudia von (1988):
Sachstandsbericht zum Projekt „Technikumgang/Geschlechter", Anlage 3. Bielefeld (unv. Manuskript)

Gerds, P.; Rauner, F.; Weisenbach, K. (1984):
Lernen durch Handeln in der beruflichen Bildung. In: Projektgruppe Handlungslernen (Hg.) (1984): Handlungslernen. Wetzlar

Gergely, S.M. (1986):
Wie der Computer den Menschen und das Leben verändert. München

Gesellschaft für Informatik (1984):
Empfehlungen: Lernziele des Informatikunterrichts an kaufmännischen Schulen. In: Diepold, P.; Borg, B. (Hg.) (1984): a.a.O.

Geulen, Dieter (1973):
Thesen zur Metatheorie der Sozialisation. In: Walter, Heinz (Hg.) (1973): Sozialisationsforschung Bd. I. Erwartungen, Probleme, Theorieschwerpunkte. Stuttgart-Bad Cannstatt

Geulen, Dieter (1977):
Das vergesellschaftete Subjekt. Frankfurt/M.

Geulen, Dieter (1982):
Perspektivenübernahme und soziales Handeln. Texte zur sozial-kognitiven Entwicklung. Frankfurt/M.

Geulen, Dieter (1985):
Sozialisation in einer computerisierten Welt. In: Zeitschrift für Sozialisationsforschung und Erziehungssoziologie (5) 2/1985, S. 255–269

Geulen, Dieter (1987):
Zur Integration von entwicklungspsychologischer Theorie und empirischer Sozialforschung. In: Zeitschrift für Sozialisationsforschung und Erziehungssoziologie (7) 1/1987, S. 2–25

Geulen, Dieter (1988):
Der Computer im Alltag als heimlicher Erzieher. In: Unterrichtswissenschaft − Zeitschrift für Lernforschung (16) 4/1988, S. 7–18

GEW (Hg.) (1985):
Computer und/oder Pädagogik? Ein Arbeits- und Materialbuch zu den Neuen Techniken und Medien. Mülheim a. d. Ruhr

GEW-Bundesfrauenausschuß (1985):
Neue Technologien und Medien in der Schule. (Positionspapier vom November 1985 aus Köln)

GEW-Landesverband NRW (Hg.) (1985):
Diskussionsbeiträge zum Programm der Landesregierung „Zukunftstechnologien in Nordrhein-Westfalen". Essen

Giedion, Siegfried (1982):
Die Herrschaft der Mechanisierung: ein Beitrag zur anonymen Geschichte. Frankfurt/M.

Gläss, Siegfried (1982):
Technik-Akzeptanz und Selbstverständnis. Der gerade Weg der Technik und der Umweg der Vernunft. In: Sareyka, L.; Seidel, Ch. (1982): Computersysteme im Schulbetrieb. Schriftenreihe der Gesellschaft für Pädagogik und Information. Alsbach, S. 42–68

Gorny, P. (1985):
Computer in der Schule − Anwendungen. In: Friedrich-Verlag (Hg.) (1985): a.a.O.

Graat, Elena, de; de Graat. Thomas (1987):
Jugend und Neue Technologien − Eine Literaturstudie. In: Ministerium für Arbeit, Gesundheit und Soziales NW (Hg.): Mensch und Technik − Sozialverträgliche Technikgestaltung. Werkstattbericht Nr. 31. Düsseldorf

Gransow, Volker (1985):
Der autistische Walkman. Berlin

Greenfield, P.M. (1987):
Kinder und neue Medien. Die Wirkungen von Fernsehen, Videospielen und Computern. München/Weinheim, S. 91–147

Gronfeld, Jannet; Susanne Kandrup (1986):
Women, Work and Computerization − or „Still dancing after all these years". In: Olerup, Agneta; u.a. (1986): a.a.O.

Groskurth, Peter (1979):
Der Arbeitsplatz als Schule der Nation. In: Psychologie heute 12/1979, S. 44-51

Grüner, Gustav; Kell, Adolf; Kutscha, Günter (1987):
Neue Technologien und Bildung. In: Zeitschrift für Pädagogik, 21. Beiheft Allgemeinbildung.
Beiträge zum 10. Kongreß der Deutschen Gesellschaft für Erziehungswissenschaft, 10. bis
12.03.1986 in der Universität Heidelberg. Weinheim, Basel, S. 119-129

Gut, Peter; Holling, Eggert; Tworek, F. (1988):
EDV — Grundlagen und Anwendungen im kaufmännisch Bereich. Frankfurt/M.

Gut, Peter; Schumacher, Michael; Witthaus, Udo (1988):
Rahmenkonzept für das Projekt „Persönlichkeit und Computer". Bielefeld (unv. Manuskript)

Habermas. Jürgen (1982) (2. Auflage):
Theorie des kommunikativen Handelns (Bd. 1 u. 2). Frankfurt/M.

Habermas, Jürgen (1983):
Moralbewußtsein und kommunikatives Handeln. Frankfurt/M.

Habermas, Jürgen (1985):
Der philosophische Diskurs der Moderne. Frankfurt/M.

Hacker, W. (1986):
Arbeitspsychologie. Berlin (DDR)

Hackforth, Josef (1986):
Neue Medien und gesellschaftliche Konsequenzen. In: aus politik und zeitgeschichte B3/86,
18.01.1986, S. 3-10

Haefner, Klaus (1982):
Die neue Bildungskrise. Basel, Boston, Stuttgart

Haefner, Klaus; Eichmann, E.H.; Hinze, C. (1987):
Denkzeuge. Basel, Boston

Hanewinkel, Alfons (1986):
Auswertung der Ergebnisse des Forschungsprogramms „Humanisierung des Arbeitslebens". In:
Ministerium für Arbeit, Gesundheit und Soziales NW (Hg.): Mensch und Technik — Sozial-
verträgliche Technikgestaltung. Werkstattbericht Nr. 9. Düsseldorf

Hauß, F.; Laußer, A. (1988):
Neue Technologien, Bewältigung und Belastung. Berlin

Heck, Hans-Dieter (1984):
Jugend am Computer. Vom Spielen zum „dicken Geschäft". In: Bild der Wissenschaft 1/1984

Hecker, Ursula; Jansen, Rolf (1980):
„Chip-Chip: Nun ja!" — Über die Erfahrungen und Einstellungen der heutigen Jugend zum
Computer. In: Berufsbildung in Wissenschaft und Praxis 4/1986, S. 105-108

Heese, Alfred (1987):
Die Arbeitsorganisation verändern! In: Lernfeld Betrieb 3/1987, S. 77

Heidegger, Gerald; Gerds, P.; Weisenbach, K. (Hg.) (1988):
Gestaltung von Arbeit und Technik — ein Ziel beruflicher Bildung. Frankfurt/M., New York

Heimann, Klaus (1987):
Weiterbildung per Tarifvertrag. In: Lernfeld Betrieb 3/1987, S. 90-91

Heinemann, Karl-Heinz; Rügemer, Werner (1985):
Jugendliche Computerfreaks. Weder asozial noch digitalisiert. In: Demokratische Erziehung 7/8
1985, S. 22-25

Heinje, Sylvia; Witte, Hartmut (1984):
Kinder und Computer. In: Chip 5/1984, S. 56–60

Hejl, P.U.; Klauser, R.; Köck, W.K. (1988):
„Computer Kids": Telematik und sozialer Wandel. Ergebnisse einer Pilotstudie in Nordrhein
Westfalen. Lumis-Schriften, Bd. 1. Universität Siegen

Hellwig, Hans–Joachim; Tepper, Jörg E.; Richter, Helmut (o.J.):
Arbeitsplatzgestaltung und Qualifikation in der NC-Technik, CNC-Technik, CAD-Technik
und Robotertechnik. BFZ Essen e.V. (unv. Manuskript)

Hellwig, Hans–Joachim; Tepper, Jörg E.; Richter, Helmut (1987):
Moderne Technik und soziale Kompetenz – Herausforderung an die Facharbeiter von heute.
In: SoTech-Rundbrief Nr. 3/1987

Hemmerich, Wera (1985):
„So was macht doch keinen Spaß". In: Frauen und Schule 8/1985, S. 10–12

Hengst, Heinz (1985):
Soziales Lernen in der Konsumzone. Kinder im Umgang mit Kaufhauscomputern. In: Medium
(15) 7/1985, S. 13ff.

Hengst, Heinz (1985 a):
Kindheit in Europa. Zwischen Spielplatz und Computer. Frankfurt/M.

Hengst, Heinz (1987):
Computer und Computerspiele im Alltag von Kindern und Jugendlichen. (Vortrag an der
Universität Bielefeld im SS 1987, erscheint in einem Sammelband von Radde, Sander u.a.)

Henninges, Hasso von (1987):
Auswirkungen moderner Technologien auf Arbeitsbedingungen. In: Bundesinstitut für Berufs-
bildung;Institut für Arbeitsmarkt- und Berufsforschung (Hg.) (1987): Neue Technologien:
Verbreitungsgrad, Qualifikation und Arbeitsbedingungen. BeitrAB 118. Nürnberg

Henninges, Hasso von; Schwarz; Ursula (1987):
Moderne Technologien und Arbeitsbedingungen an Arbeitsplätzen von Frauen. In: Bundesinstitut für Berufsbildung; Institut für Arbeitsmarkt- und Berufsforschung (Hg.) (1987): Neue
Technologien: Verbreitungsgrad, Qualifikation und Arbeitbedingungen. Beitr. AB 118. Nürnberg

Henrich, D. (1982):
Selbstverhältnisse. Stuttgart

Hentig, Hartmut, von (1984):
Das allmähliche Verschwinden der Wirklichkeit. München, Wien

Herlth, Alois (1986):
Familien in der Arbeitsgesellschaft. Auswirkungen der Arbeitswelt auf den Familienalltag. In:
Archiv für Wissenschaft und Praxis der sozialen Arbeit (Sonderveröffentlichung aus Anlaß des
71. Deutschen Fürsorgetages 1986), Heft 2–4

Hermann, Helga (1984):
Neue Technologien – neue Chancen für die Frau. In: Der Arbeitgeber 10/1984, S. 410–412

Herrmann, Thomas (1982):
Rationalität und Irrationalität in der Mensch-Computer-Interaktion (Magisterarbeit Universität
Bonn). Dortmund

Herrmann, Thomas (1987):
Beiträge des Bereichs Informatik und Gesellschaft 1986/1987. Forschungsbericht Nr. 243 der
Universität Dortmund. Dortmund

Herz, Gerhard (1987):
Aspekte einer persönlichkeitsförderlichen Arbeitsgestaltung. (unv. Manuskript)

Herzberg, Irene (1987):
Kinder — Computer — Telespiele. Eine Literaturanalyse (DJI-Dokumentation). Weinheim, München

Herzog, Walter (1988):
Mit Kohlberg unterwegs zu einer pädagogischen Theorie der moralischen Erziehung. In: Neue Sammlung (28) 1/1988

Hessisches Institut für Bildungsplanung und Schulentwicklung (HIBS) (1986):
Konzept zum Vorhaben „Verwirklichung der Gleichstellung von Schülerinnen und Lehrerinnen an hessischen Schulen". In: Sonderreihe Heft 21. Wiesbaden

Hessisches Institut für Bildungsplanung und Schulentwicklung (HIBS) (1986):
HIBS-Info, Nr. 4.

Heymann, Hans-Werner (1986):
Computer — ein Beitrag zur Allgemeinbildung? In: Westermanns Pädagogische Beiträge (38) 10/1986, S. 29-33

Heymann, Hans-Werner (1987):
Computer in der Schule — Möglichkeiten und Grenzen. Referat auf der Jahrestagung 1987 der Gesellschaft zur Förderung pädagogischer Forschung in Frankfurt/M. 30.10.1987

Hinzmann, Rita (1986):
Das Fach Computer nicht den Männern überlassen. In: päd. extra 3/1986, S. 30-31

Höltershinken, Dieter; u.a. (1988):
Medien im Alltag von Kindergarten-Kindern. Grundlagenwissen für medienpädagogische Ansätze. In: Ministerium für Arbeit, Gesundheit und Soziales NW (Hg.): Mensch und Technik — Sozialverträgliche Technikgestaltung. Werkstattbericht Nr. 43. Düsseldorf

Hörning, Karl H. (1985):
Technik und Symbol. Ein Beitrag zur alltäglichen Soziologie des Technikumgangs. In: Soziale Welt 2/1985, S. 186-207

Hoff, Ernst-H.; Lappe, Lothar; Lempert, Wolfgang (1982):
Sozialisationstheoretische Überlegungen zur Analyse von Arbeit. In: Soziale Welt 3/4 1982

Hoff, Ernst-H.; Lappe, Lothar; Lempert, Wolfgang (Hg.) (1985):
Arbeitsbiographie und Persönlichkeitsentwicklung. Bern, Stuttgart, Toronto

Hoff, Ernst-H.; Lappe, Lothar (1987):
Krisenhafte Berufsverlaufsmuster und Bewußtseinsformen. In: Moser, H.; Leithäuser, Th. (Hg.) (1987): Jahrbuch Psychologie. Weinheim

Hoff, Ernst-H. (1987 b):
Persönlichkeitsförderung und Arbeitsgestaltung. In: Oerter, R.; Montada, L. (1987): Entwicklungspsychologie. München, Wien, Baltimore (2. Auflage)

Hoffmann, Ute (1987 a):
Computerfrauen — Welchen Anteil haben Frauen an Computergeschichte und -arbeit? München

Hoffmann, Ute (1987 b):
Cobol für Adam. Zur historischen Grundlage des „Männermythos" Computer. In: Wechselwirkung 33, Mai 1987

Hoffmann, Ute (1988 a):
Frauen in der Geschichte der Datenverarbeitung. In: Log In 1/1988, S. 29-33

Hoffmann, Ute (1988 b):
Frauenspezifische Zugangsweisen zur (Computer-)Technik. Für und wider ein Konzept der Frauen-Forschung. (unv. Manuskript)

Hohner, H.-U. (1987):
Kontrollbewußtsein und berufliches Handeln. Bern, Stuttgart, Toronto

Holden, Constanze (1987):
„Wir sind nicht so kompliziert, wie wir denken". Computer und Psyche II. In: Psychologie heute 1/1987, S. 56-63

Holling, Eggert; Kahle, Renate; Kempin, Peter (1986):
Kritische Computerkurse in der Erwachsenenbildung. Ein Erfahrungsbericht über einen neuen Ansatz. In: Berliner-Lehrer-Zeitung 12/1986

Holling, Eggert; Kahle, Renate; Kempin, Peter (1987):
Kritischer Computerkurs. Praktizieren – Reflektieren – Diskutieren. In: medien praktisch 2/1987, S. 4-7

Holling, Eggert (1988):
Neue Lernformen in der beruflichen Bildung – adäquate Antwort auf die neuen Technologien? Bielefeld (unv. Werkvertrag)

Hoppe, M.; Erbe, H.-H. (Hg.) (1985) (2. unv. Auflage):
Neue Qualifikationen – Alte Berufe? Wetzlar

Hoppe, M.; Erbe, H.-H. (Hg.) (1986):
Rechnergestützte Facharbeit. Wetzlar

Hoppe, M. (Hg.) (1987):
Facharbeit und CNC-Technik. Wetzlar

Horx, Mathias (1984):
Chip Generation. Ein Trip durch die Computerszene. Reinbek

Huber, Joseph (1987):
Telearbeit – Ein Zukunftsbild als Politikum. Opladen

Huber, Michaela (1984):
Schöne neue Welt der elektronischen Heimarbeit? In: Psychologie heute 5/1984, S. 61-67

Huebner, Michael; Krafft, Alexander; Ortmann, Günther (1988):
Auf dem Rücken fliegen – Thrills am Computer. In: Krafft, Alexander; Ortmann, Günther (Hg.) (1988): a.a.O.

Huebner, Michael (1988):
Der elektronische Doppelgänger. In: Krafft, A.; Ortmann, G. (Hg.) (1988): a.a.O.

Hülsmann, Heinz (1986):
Das Zentraldogma des Douglas R. Hofstaedter in – Gödel – Escher – Bach – ein Endloses Geflochtenes Band. Arbeitsvorlage für den Workshop Technologische Zivilisation vom 9. bis 10.10.1987 in Klagenfurt

Hund, Johanna (1980):
„Entfeminisierung" des Büros? In: Blätter für deutsche und internationale Politik (25) 5/1980, S. 584-588

Hurrelmann, Bettina; Possberg, Harry; Nowitzky, Klaus; Universität Bielefeld, Fakultät für Pädagogik (1988):
Familie und erweitertes Medienangebot im Kabelpilotprojekt Dortmund. Abschlußbericht. Bielefeld

Hurrelmann, Klaus (1986):
Einführung in die Sozialisationstheorie: über den Zusammenhang von Sozialstruktur und Persönlichkeit. Weinheim, Basel

Hurrelmann, Klaus; Mürmann, Martin; Wissinger, Jochen (1986):
Persönlichkeitsentwicklung als produktive Realitätsverarbeitung. Die interaktions- und handlungstheoretische Perspektive in der Sozialisationsforschung. In: Zeitschrift für Sozialisationsforschung und Erziehungssoziologie (6) 1/1986, S. 91–109

Industriegewerkschaft Metall für die Bundesrepublik Deutschland (1986):
Facharbeit an Werkzeugmaschinen. Das Konzept Werkstattprogrammierung. Frankfurt/M.

Institut der Deutschen Wirtschaft (1987):
Jugend und Computer. Positive Grundeinstellung überwiegt. In: Informationsdienst des Instituts der deutschen Wirtschaft 26/1987

Institut der Deutschen Wirtschaft (1987):
Neue Techniken − Die Arbeitnehmer ziehen mit. In: Informationsdienst des Instituts der deutschen Wirtschaft 27/1987

Institut der Deutschen Wirtschaft (1987):
Technikfolgen-Abschätzung. Reich an Problemen. In: Informationsdienst des Instituts der deutschen Wirtschaft 25/1987

Institut der deutschen Wirtschaft (Hg.) (1986):
Produktionsfaktor Information. In: Wirtschaft und Unterricht 6/1986

Institut Frau und Gesellschaft (Hg.) (1987):
Informationsdienst Frauenforschung, 1/2 1987. Themenschwerpunkt „Frauen und neue Technologien". Hannover

Institut für Film und Bild in Wissenschaft und Unterricht (1985):
Medien − Kultur − Bildung: Dokumentation eines Kongresses am 18. und 19.6.1985 in Grünwald. Grünwald

Jaeckel, Monika (1987):
Mit dem Computer den Sprung in die Selbständigkeit (Thesenpapier für die Tagung „BASIC für Eva", 12.2.1987 in Tutzing)

Jansen, R. (1987):
Arbeitsplatzprofile von Anwendern und Nicht-Anwendern programmgesteuerter Arbeitsmittel. In: Bundesinstitut für Berufsbildung; Institut für Arbeitsmarkt- und Berufsforschung (Hg.) (1987): Neue Technologien: Verbreitungsgrad, Qualifikation und Arbeitsbedingungen. BeitrAB 118. Nürnberg

Jansen, R.; Henninges, H.v. (1987):
Veränderungen in der Arbeitssituation durch die Einführung programmgesteuerter Arbeitsmittel − Eine Retrospektivanalyse. In: Bundesinstitut für Berufsbildung; Institut für Arbeitsmarkt- und Berufsforschung (Hg.) (1987): Neue Technologien: Verbreitungsgrad, Qualifikation und Arbeitsbedingungen. BeitrAB 118. Nürnberg

Jansen, Doris; Rudolph, Hedwig; u.a. (1987):
Ingenieurinnen: Frauen für die Zukunft. Berlin, New York

Jansen, Sarah (1986):
Magie und Technik. Auf der Suche nach feministischen Alternativen zur patriarchalischen Naturnutzung. In: C. Lippmann (Hg.) (1986): Technik ist auch Frauensache. Hamburg, S. 180–197

Jaschinski, Sigrid (1984):
Überlegungen über gezielte Möglichkeiten der Abwehr negativer Auswirkungen der neuen Technologien auf die Frauenerwerbsarbeit. In: frauen und arbeit 6/7 1984, S. 19–25

Jazbinsek, Dietmar (1987):
Arbeitskommunikation und Arbeitspolitik. Eine Studie zum EDV-Einsatz in Steuerzentralen. Bielefeld (unv. Manuskript)

Jehle, W. (1984):
Konsequenzen des zunehmenden Einsatzes von Computern für die kaufmännische Ausbildung. In: Diepold, P.; Borg, B. (1984) (Hg.): a.a.O.

Joerges, Bernward; WZB (1984):
Technik und Alltagshandeln. Überlegungen zu Umwelt- und Sozialverträglichkeit gerätetechnischer Entwicklungen im Alltag. In: WZB – Internationales Institut für Umwelt und Gesellschaft. Berlin

Johnson, Grant (1984):
... und wenn er Witze macht, sind es nicht die seinen. Dialog mit dem Computer. In: Kursbuch 75, März 1984, Berlin, S. 38–56

Johnson, Grant F. (1988):
Der Computer und die Technologisierung des Inneren. In: Krafft, Alexander; Ortmann, Günther (Hg.): a.a.O.

Jungermann, Helmut; Pfeffenberger, Wolfgang; Schäfer, Günther F.; u.a. (1986):
Vorrede zur Reihe Sozialverträglichkeit. In: Jungermann, Helmut; u.a. (Hg.) (1986): Die Analyse der Sozialverträglichkeit für Technologiepolitik. Perspektiven und Interpretationen. München

Jörg, Sabine (1988):
Vom Verschwinden des Mitleids. Die Möglichkeiten des Knöpfedrückens verändert die Kindheit. In: Frankfurter Rundschau v. 27.2.1988

Kaase, M.; u.a. (1988):
Erwartungen an und Reaktionen auf das Kabelfernsehen: Medienverhalten im Kabelpilotprojekt Ludwigshafen. In Medien Perspektiven 5/1988

Kacirek, Walter (1988):
Inhalte, Didaktik und Adressaten von EDV-Kursen in Österreich (Ergebnisse eines Werkvertrages). Wien

Kahle, Renate; Payr, Sabine (1988):
Computerkurse für Frauen. Endbericht. Klagenfurter Beiträge zur Forschung, Heft 6. Bregenz

Kaiser, Astrid (1986):
Die Koks-Fabrik. Mädchen und Jungen sehen die Arbeitswelt anders. In: päd extra 5/1986, S. 19–21

Kaiser, F.-J. (Hg.) (1987):
Handlungsorientiertes Lernen in Kaufmännischen Berufsschulen. Bad Heilbrunn/Obb.

Kaplan, Karin (1988):
„Es geht nicht nur um das Lernen des Computers" - Bildungsinteressen der Teilnehmerinnen am Thema „Neue Technologien im Alltag". In: Progressiver Eltern- und Erzieherverband NRW/Forschungsinstitut für Arbeiterbildung (1988): a.a.O.

Kaplan, Karin; Bohr, Isolde (1988):
Ran an die technik – raus aus der Technik. Zum Verhältnis von Frauen und neuen Technolgien. In: Progressiver Eltern- und Erzieherverband NRW/Forschungsinstitut für Arbeiterbildung (1988): a.a.O.

Keller, Evelyn Fox (1986):
Liebe, Macht und Erkenntnis. Männliche oder weibliche Wissenschaft? München

Kerler, Christine (1985):
Das Computerbuch für Frauen. Einstieg in die (noch) männliche Welt der Mikrocomputer. München

Kern, Horst; Schumann, Michael (1970):
Industriearbeit und Arbeiterbewußtsein. Frankfurt/M.

Kern, Horst; Schumann, Michael (1984):
Das Ende der Arbeitsteilung? Rationalisierung in der industriellen Produktion. München

Kern, Horst (1988):
Der moderne Arbeitnehmer läßt sich nicht an die Kandare nehmen. In: Frankfurter Rundschau v. 12.8.1988, S. 14

Kerner, Charlotte (1983):
Mädchen − naturwissenschaftlich doch das schwache Geschlecht? In: arbeiten und lernen 28/1983, S. 45-46

Kieser, A.; Kubicek, H. (1983):
Organisation. Berlin, New York

Kirchberger, André (1985):
Die Jugendlichen und die neuen Informationstechnologien. In: Soziales Europa 3/1985, S.44-48

Kitzing, Rudolf; Linder-Kostka, Ursula; Obermaier, Fritz (Hg.) (1988):
Schöne neue Computerwelt. Zur gesellschaftlichen Verantwortung der Informatiker. Berlin

Kißler, Leo (1987):
Mitbestimmung am Arbeitsplatz und Neue Technologien. Arbeitspapiere der FernUniversität Hagen. In: Polis Nr. 5. Hagen

Kißler, Leo (Hg.) (1988):
Computer und Beteiligung. Beiträge aus der empirischen Partizipationsforschung. Opladen

Klein, Manfred; Paschen, Harm; Universität Bielefeld, Fak. f. Pädagogik (1985):
Kind und Computerlernen. Analyse von Argumentationen zum altersgemäßen Computerlernen bei Kindern (Forschungsbericht). Bielefeld

Klemm, Klaus (1987):
Technologischer Wandel in der Arbeitswelt − Konsequenzen für das allgemeinbildende Schulsystem. In: Zeitschrift für Pädagogik, 21. Beiheft. Allgemeinbildung. Weinheim, Basel

Knoll, Joachim; u.a. (1986):
Das Spiel am Bildschirm im Alltag Jugendlicher. Opladen

Koch, J.; Schneider, P.-J. (1988):
Leittexte und Lernstudio in der kaufmännischen Berufsausbildung. In: Bundesinstitut für Berufsbildung (Hg.) (1988): a.a.O.

Koch, R. (1987):
Weiterbildung im Zusammenhang mit der technischen Modernisierung der Arbeitswelt. In: Bundesinstitut für Berufsbildung; Institut für Arbeitsmarkt- und Berufsforschung (Hg.) (1987): a.a.O.

Koch, R. (1988):
Strukturentwicklungen in der beruflichen Weiterbildung und technischer Wandel. In: Gewerkschaftliche Bildungspolitik 6/1988

Koch, R. (Hg.) (1988 a):
Technischer Wandel und Gestaltung der beruflichen Bildung. Berlin und Bonn

Köchling, Annegret (1985):
Bildschirmarbeit. Gesundheitsregeln und Gesundheitsschutz. Köln

Köck, W.; Klauser, R. (1986):
„Computer Kids − Telematik, kognitiver und sozialer Wandel". In: Sozialwissenschaftliche
Informationen (15) 1/1986, S. 32

Köller, Hartmut (1985):
Lernmittel Modelleisenbahn? Praxisbezogenes Lernen am Computer mit einer digitalisierten
Modelleisenbahn. In: Spielmittel 4/1985, S. 42-44

Koneffke, G. (1987):
Widersprüche im frühbürgerlichen Bildungsbegriff. In: Drechsel, R.; u.a. (Hg.) (1987): a.a.O.

Korch, Claudia (1988):
Ansätze zur Systementwicklung aus frauenspezifischer Perspektive. Studienarbeit an der TU
Berlin, Fachbereich Informatik

Korte, Werner; Steinle, Wolfgang (1986):
Kultur, Alltagskultur und neue Informations- und Kommunikationstechniken. In: aus politik
und zeitgeschichte B3/86, S. 26-38

Krafft, Alexander; Ortmann, Günther (Hg.) (1988):
Computer und Psyche: Angstlust am Computer. Frankfurt/M.

Krappmann, L. (1975) (4. Auflage):
Soziologische Dimension der Identität. Stuttgart

Kreibich, W. (1986):
Die Wissenschaftsgesellschaft. Frankfurt/M.

Kröger, Barbara (1988 a):
Auswertungsbericht über die Planung, Durchführung und Evaluation der Seminare für die
Zielgruppe: Jugendgruppenleiter/innen unter besonderer Berücksichtigung der verwandten
Materialien. Bielefeld/Haus Neuland (unv. Manuskript)

Kruse, L. (1981):
Psychologische Aspekte des technischen Fortschritts. In: Ropohl, G. (Hg.) (1981): Interdisziplinäre Technikforschung. Berlin, S. 71-81

Kruse, Wilfried (1987):
Betrieb als permanentes Laboratorium. In: Lernfeld Betrieb 3/1987, S. 76

Kubicek, Herbert (1985):
Neue Technologien: Die Zukunft des Alltags. In: betrifft erziehung, April 1985, S. 20-27

Kubicek, Herbert (1986 a):
Der Mythos der Informationsgesellschaft. In: Gewerkschaftliche Monatshefte 6/1986,
S. 344-360

Kubicek, Herbert (1986 b):
Wenn unser Wohnzimmer vernetzt wird ... In: Westermanns Pädagogische Beiträge 10/1986,
S. 12-17

Kubicek, Herbert; Rolf, Arno (1985):
Mikropolis. Mit Computernetzen in die „Informationsgesellschaft". Hamburg

Kükelhaus, H. (1979):
Organismus und Technik. Frankfurt/M.

Kümmerle, Ruth (1985):
Bildschirmreflexionen. Beobachtungen bei einem Volkshochschulkurs „EDV für Frauen". In: Wechselwirkung 24/1985, S. 40–43

Küpper, W.; Ortmann, G. (1986):
Mikropolitik in Organisationen. In: Die Betriebswirtschaft 5/1986, S. 590–602

Kuhlmann, Stefan (1985):
Computer als Mythos. In: Technik und Gesellschaft. Jahrbuch 3. Frankfurt/M., New York, S. 91–106

Kultusminister des Landes NW (Hg.) (1987):
Maßnahmen zur Umsetzung des Rahmenkonzepts Neue Informations- und Kommunikationstechnologien in der Schule — Eine Übersicht über laufende und geplante Aktivitäten. Düsseldorf

Kultusminister des Landes NW (Hg.) (1985):
Rahmenkonzept neue Informations- und Kommunikationstechnologien in der Schule. In: Schriftenreihe Strukturförderung im Bildungswesen des Landes NW. Düsseldorf

Kunstmann, Wilfried (1985):
ComputerWellen — Chancen und Gefahren. In: päd. extra 4/1985, S. 24–28

Kupka, I.; Maass, S.; Oberquelle, H. (1981):
Kommunikation. Ein Grundbegriff der Informatik. In: Mitteilungen Nr. 91 des Fachbereichs Informatik an der Universität Hamburg

Landesarbeitsgemeinschaft der Familienverbände NRW (Hg.) (1982):
Familie und neue Medien. Forderungen an familienverträgliche „alte" und „neue" Medien. In: Schriftenreihe 2/1982. Münster

Landesinsitut für Schule und Weiterbildung Soest (Hg.) (1986):
Neue Informations- und Kommunikationstechnologien in NRW — Curriculumentwicklung in NRW. Soest

Landesinstitut für Schule und Weiterbildung Soest (Hg.) (1986):
Neue Technologien und Frauen(bildungs)arbeit. Soest

Landesregierung NRW (Hg.) (1984):
Zukunftstechnologien in Nordrhein-Westfalen. Minden

Landwehr, Brunhild (1985):
Computer und Technik. „Ein selbstgeschaffenes Feindbild" von Mädchen und Frauen? Lüneburg (unv. Manuskript)

Lang, Manfred; Lehmann, Jürgen (1987):
Projektskizze: Auswirkungen der Computernutzung in der Schule und Freizeit. Institut für die Pädagogik der Naturwissenschaft Kiel (unv. Manuskript)

Lang, Manfred; Lehmann, Jürgen (1988):
Verändert der Computer Schule und Freizeit? In: Institut für die Pädagogik der Naturwissenschaft, IPN-Blätter 4/1988, S. 6

Lang, Manfred (1989):
Computer in Schule und Freizeit — Auswirkungen auf den Unterricht. Institut für die Pädagogik der Naturwissenschaft an der Universität Kiel. (unv. Manuskript)

Lappe, Lothar (1988):
„Lebendiges Arbeitsvermögen". Arbeiterkontrolle und Berufsprofile. Berlin (unv. Manuskript)

Laur-Ernst, U. (1988):
Berufsübergreifende Qualifikationen und neue Technologien – ein Schritt zur Entspezialisierung der Berufsbildung? In: Koch, R. (1988) (Hg.): a.a.O.

Lehmann, Jürgen (1988):
Sozio-kulturelle Auswirkungen der individuellen Computernutzung. In: Unterrichtswissenschaft (16) 4/1988, S. 32

Lehmann, Jürgen (1988 a):
Auswirkungen der Computernutzung durch Jugendliche in Schule und Freizeit. Ergebnisse einer empirischen Untersuchung. Institut für die Pädagogik der Naturwissenschaft Kiel (unv. Manuskript)

Lehmann, Jürgen; Lauterbach, R. (1985):
Informatik und Computereinsatz in der Schule. Die Auswirkungen des Computers in der Schule auf Wissen und Einstellungen. In: Log In (5) 1/1985, S. 24-28

Lempert, Wolfgang (1987):
Soziobiographische Bedingungen moralischen Lernens im Beruf. Theoretische Überlegungen und empirische Befunde. Referat auf dem Symposion „Lernprozesse und Lernorte in der beruflichen Bildung" im Rahmen der 250-Jahr-Feier der Georg-August-Universität Göttingen vom 27. bis 30.09.1987. Göttingen

Lempert, Wolfgang; Hoff, Ernst; Lappe, Lothar; Max-Planck-Institut für Bildungsforschung (1980) (2. Auflage):
Konzeption zur Analyse der Sozialisation durch Arbeit. Theoretische Vorstudien für eine empirische Untersuchung. Berlin

Lenat, Douglas B. (1985):
Software für Künstliche Intelligenz. In: Spektrum der Wissenschaft, Computer-Software, S. 110-120

Leontjew, A. (1987) (1975):
Tätigkeit, Bewußtsein, Persönlichkeit. Berlin

Leu, H.R. (1985):
Subjektivität als Prozeß. Zur Kritik und Überwindung einer interaktionistischen Sichtweise der Beziehungen Individuum und Umwelt. In: Hoff, E. H.; Lappe, L.; Lempert, W. (Hg.) (1985): Arbeitsbiographie und Persönlichkeitsentwicklung. Bern, Stuttgart, S. 212ff.

Leu, H.R. (1988):
Computer in Familien – Schritte zur Verknüpfung von Alltag und Computerwelt. (unv. Beitrag für den Workshop „Computerwelten – Alltagswelten" im Zentrum für interdisziplinäre Forschung der Universität Bielefeld vom 22.-23.1.1988

Leu, Hans Rudolf (1988):
Wechselwirkungen. Die Einbettung von Subjektivität in die Alltagspraxis. In: Brode, D. (Hg.) (1988): Subjektivität im technischen und sozialen Wandel. München

Leu, Hans Rudolf (1988 a):
Kinder am Computer. Zwischen Mikrowelten und sozialer Wirklichkeit. Arbeitspapier 9, SFB 333 Universität München. München

Liebel, Manfred (1983):
Die Zukunft aufs Spiel setzen. In: päd. extra sozialarbeit 7/1983, S. 20-26

Liepe, Jürgen; Schreier, Helmut (1988):
Computer im Sachunterricht. In: Sachunterricht und Mathematik in der Primarstufe (16) 3/1988, S. 98-100

Lincke, H. (1981):
Instinktverlust und Symbolbildung. Berlin

Lippitz, Wilfried (1986):
Kind und Technik. Zum Verhältnis kindlicher Lebenswelt und technisch-wissenschaftlicher Zivilisation. In: Neue Sammlung 2/1986, S. 259-279

Littek, W.; Heisig, U. (1986):
Rationalisierung von Arbeit als Aushandlungsprozeß. In: Soziale Welt 3/4 1986

Log In (1988):
Informatik und Computer in der Schule. Themenschwerpunkt „Mädchen und Neue Technologien"

Luhmann, Niklas (1984):
Soziale Systeme. Frankfurt/M.

Lutz, B. (1988):
Qualifizierte Gruppenarbeit – Überlegungen zu einem Orientierungskonzept technisch-organisatorischer Gestaltung. In: Institut für sozialwissenschaftliche Forschung e.V. München (Hg.): Arbeitsorganisation bei rechnerintegrierter Produktion

Lutz, Burkhart; Moldaschl, Manfred; Böhle, Fritz (1989):
Expertensysteme und Qualifikation industrieller Fachkräfte. Ein Gutachten über denkbare Auswirkungen der Anwendung von Expertensystemen in der fertigenden Industrie. Enquête-Kommission „Technikfolgenabschätzung und -bewertung" des Deutschen Bundestages

Lyotard, Jean-François (1982):
Das postmoderne Wissen. Bremen

Lyotard, Jean-François (1985):
Immaterialität und Postmoderne. Berlin

Mahr, Bernd (1985):
LEGO, LOGO und die Aufklärung. In: Kursbuch 80. Berlin

Malsch, T. (1983):
Erfahrungswissen versus Planungswissen. WZB. Berlin

Malsch, Thomas; Seltz, Rüdiger (Hg.) (1987):
Die neuen Produktionskonzepte auf dem Prüfstand. Beiträge zur Entwicklung der Industriearbeit. Berlin

Mambrey, P.; Oppermann, R.; Tepper, A. (1987):
Computer und Partizipation. Ergebnisse zu Handlungs- und Gestaltungspotentialen. Opladen

Mandinach, Ellen B.; Linn, Marcia C. (1986):
The Cognitive Effects of Computer Learning Environments. In: Journal of Educational Computing Research. Vol 2 (4), 1986, S. 411-427

Mandl, H.; Hron, A. (1984):
Förderung kognitiver Fähigkeiten und des Wissenserwerbs durch computergestütztes Lernen. In: Bosler, U.; u.a. (Hg.) (1984): Mikroelektronik und neue Medien im Bildungswesen. Institut für die Pädagogik der Naturwissenschaft Kiel

Manz, Th.; Stiegler, B. (1986):
Bedingungen und Möglichkeiten sozialverträglicher Technikgestaltung bei der Einführung von Computersystemen in die industrielle Fertigung. In: Ministerium für Arbeit, Gesundheit und Soziales NW (Hg.): Mensch und Technik – Sozialverträgliche Technikgestaltung. Werkstattbericht Nr. 26. Düsseldorf

Martin, W.; Rauner, F. (1983):
Mikroelektronik und berufliche Qualifikation. Wetzlar

Mayer, Rudolf A.M. (1984):
Medienumwelt im Wandel. Aspekte sozialer und individueller Auswirkungen alter und neuer Medien (DJI-Forschungsbericht). München

McClintock, Robert:
Into the Starting Gate: On Computing and the Curriculum. In: Teachers College Record, Vol. 88, Nr. 2, S. 191

Meder, Norbert (1987):
Der Sprachspieler. Der postmoderne Mensch und das Bildungsideal im Zeitalter der neuen Technologien. Köln

Merchant, Carolyn (1987):
Der Tod der Natur. Ökologie, Frauen und neuzeitliche Naturwissenschaft. München

Merkert, Rainald (1984):
Die Auswirkungen der neuen Medien und Informationstechnologien auf die sozialen Verhaltensweisen der Kinder und Jugendlichen im Elternhaus und Freizeitbereich. In: Engagement 4/1984, S. 299-308

Mettler-Meibom, Barbara (1988):
Langfristige Tendenzen der Kommunikationszerstörung. Grundsätzliche Überlegungen aus aktuellem Anlaß. In: Rammert, W. (Hg.) (1989): Computerwelten – Alltagswelten. Opladen

Mettler-Meibom, Barbara (1987):
Soziale Kosten der Informationsgesellschaft. Frankfurt/M.

Metz-Göckel, Sigrid (1988):
Geschlechterverhältnis, Geschlechtersozialisation und Geschlechtsidentität. In: Zeitschrift für Sozialisationsforschung und Erziehungssoziologie (8) 2/1988, S. 88-95

Metz-Göckel, Sigrid; Hahn, Gabriele (1987): Geschlechtsspezifische Umgangsformen mit dem Computer. Projektantrag. Dortmund (unv. Manuskript)

Metzner, Joachim (1984):
Videospiel – Regelbare Welten am Draht. In: Spielmittel 3/1984, S. 77-83

Metzner, Joachim (1985):
„Aus Sprache eine Plastik machen" – Pädagogische Aspekte der Programmiersprache LOGO. In: Spielmittel 3/1985, S. 12-16

Meyer, Norbert; Friedrich, Hans Rainer (1984):
Neue Technologien in der beruflichen Bildung. Köln

Mickler, O.; u.a. (1976):
Technik, Arbeitsorganisation und Arbeit. Frankfurt/M.

Mickler, O. (1981):
Facharbeit im Wandel – Rationalisierung im industriellen Produktionsprozeß. Frankfurt/M., New York

Miegel, Meinhard (Hg.) (1982):
Technik 2000 – Chance oder Traum? Schriftenreihe des IWG, Stuttgart
Bonn

Mies, Maria (1985):
Neue Technologien – Wozu brauchen wir das alles? In: Huber; Bussfeld (1985): Blick nach vorn im Zorn. Die Zukunft der Frauenarbeit. Weinheim, S. 211-229

Minister für Arbeit, Gesundheit und Soziales des Landes NW (1987):
Das SoTech-Programm nach 2 Jahren. Zwischenbericht. Düsseldorf

Mittelstraß, J. (1982):
Wissenschaft als Lebensform. Frankfurt/M.

Möller, Renate (1988):
Vorstellungswelten, Deutungsversuche und Handlungsprobleme − Vom EDV-Laien zum
User. Dissertation, Fakultät für Pädagogik, Universität Bielefeld. Bielefeld

Moll, Thomas; Ulich, Eberhard (1988):
Einige methodische Fragen in der Analyse von Mensch-Computer-Interaktionen. In: Zeitschrift für Arbeitswissenschaften 2/1988, S. 70-76

Molzberger, Peter; Zemanek, G.V. (Hg.) (1985):
Software-Entwicklung: Kreativer Prozeß oder formales Problem? Stuttgart

Molzberger, Peter (1984):
Der Computer als Kommunikationspartner? In: Schauer, M.; Tauber, M. J. (1984): Psychologie der Computernutzung. München, S. 290-311

Molzberger, Peter (1988):
Und Programmieren ist doch eine Kunst. In: Krafft, A.; Ortmann, G. (Hg.): a.a.O.

Moreitz, Michael; Landwehr, Rolf (Hg.) (1985):
Der Sprung in die Zukunft. Zur Bedeutung der Informations- und Kommunikationstechnologien für die soziale Entwicklung. Weinheim, Basel

Morschhäuser, Martina (1987):
„Frauen − der universelle Roboter" − Über die Arbeitssituation von Arbeiterinnen. (unv.
Vortragsmanuskript vom Projektworkshop am 16.10.1987 in Köln)

Moser, Heinz (1988):
Computer, Schule und Freizeit. In: Menschen und Computer 1/1988, S. 24-31

Müller-Braunschweig, Hans (1975):
Die Wirkung der frühen Erfahrung. Das erste Lebensjahr und seine Bedeutung für die psychische Entwicklung. Stuttgart

Müllert, Norbert R. (1984):
Wenn die Welt auf den Computer zusammenschrumpft. In: Westermanns Pädagogische Beiträge
(36) 9/1984 S. 420-425

Müllert, Norbert R.; Soll, Angelika; Geffers, Stephan (1987 a):
Computer machen taubstumm − Farben der Zukunft 1. Ergebnisse aus Zukunftswerkstätten.
Ratingen, Wuppertal

Müllert, Norbert R.; Solle, Angelika; Geffers, Stephan (1987 b):
Überleben im Computersog − Farben der Zukunft 2. Ergebnisse aus Zukunftswerkstätten.
Ratingen, Wuppertal

Müthing, Brigitte (1986):
Frauen und neue Informations- und Kommunkationstechnologien − Eine Dokumentation.
Mensch und Technik − sozialverträgliche Technikgestaltung. In: Ministerium für Arbeit,
Gesundheit und Soziales NW (Hg.): Mensch und Technik − Sozialverträgliche Technikgestal-
tung. Werkstattbericht Nr. 29. Düsseldorf

Naschold, F. (1985):
Zum Zusammenhang von Arbeit, sozialer Sicherung und Politik. Einführende Anmerkungen zur
Arbeitspolitik. In: ders. (Hg.) (1985): Arbeit und Politik. Gesellschaftliche Regulierung der
Arbeit und der sozialen Sicherung. Frankfurt/M., New York

Naumann, Ekkehart (1985):
CAP, CAD, CAM — Computer in Betrieben und Verwaltungen. In: päd.extra 4/1985, S. 37–41

Neusüß, Christel (1986):
High Tech — Männermythos oder Wissenschaft? In: taz vom 15.02.1986

Niedersächische Kultusminister (Hg.); Ev. Akademie Loccum (1987):
Ethik und neue Technologien. Hannover

Niedersächische Kultusminister (Hg.) (1985):
Neue Technologien — Loccum II. Dokumentation der Tagung „Neue Technologien und Schule" Ev. Akademie Loccum 4. bis 6.2.1985. Loccum

Niedersächsische Landeszentrale für politische Bildung (1986):
Frauen und neue Technologien. Hannover

Niehoff, Erika (1986):
Zur Anwerbung von Teilnehmern, insbesondere Frauen, für Umschulungsmaßnahmen — dargestellt am Beispiel des Modellversuchs „Umschulung von Frauen gemeinsam mit Männern in Zukunftsberufe". In: Berufsausbildung in Wissenschaft und Praxis 6/1988

Nielsen, Gitte Moldrup; Thomsen, Kristine Stoungaard (1986):
System Development in a Women's Perspektive. In: Olerup, Agneta; Schneider, Leslie; Monod, Elsbeth (Hg.) (1986): Women, Work and Computerization. Opportunities and Disadvantages. Proceedings of the IFIP WG 9.1. First Working Conference on Women, Work and Computerization. Riva del Sole, Tuscany, Italy, 17–21 September 1984. Amsterdam etc.

Nogala, Detlef (1987):
Psychologische Aspekte technisierter Kontroll- und Überwachungssysteme. Hamburg (unv. Redemanuskript)

Noller, P.; Paul, G. (1987):
Deutungsmuster jugendlicher Computerfans. Institut für Sozialforschung. Frankfurt (unv. Manuskript)

Noller, P.; Paul, G. (1987 a):
Technik, Identität und Emotion. Institut für Sozialforschung. Frankfurt/M. (unv. Manuskript)

Noller, P.; Paul, G.; Ritter, M. (1988):
Die Computerisierung des Männlichen — Zur Bedeutung des Kulturobjekts Computer für die Ausbildung der geschlechtsspezifischen Identität. In: Verbund Sozialwissenschaftliche Technikforschung (Hg.) (1988): Mitteilungen 4/1988

Oehrens, Eva–Maria (1984):
Reize der Gewalt. Realitätsverlust am Bildschirm. In: Animation, September/Oktober 1984, S. 231–234

Oerter, R. (1987 a):
Jugendalter. In: Oerter, R.; Montada, L. (1987 b): a.a.O.

Oerter, R.; Montada, L. (1987 b):
Entwicklungspsychologie (2., völlig neu bearbeitete und erweiterte Auflage). München–Weinheim

Oesterreich, R.; Resch, M.G. (1985):
Analyse arbeitsbezogener Kommunikation. In: Zeitschrift für Kommunikationsforschung und Erziehungssoziologie 5/1985

Oesterreich, R.; Resch, M.; Krogoll, T. (1987):
Analyse psychischer Belastungen in der Arbeit. Das RHIA-Verfahren. Köln

Offe, Claus; Hinrichs, Karl (1984):
Sozialökonomie des Arbeitsmarktes: primäres und sekundäres Machtgefälle. In: Offe, Claus (Hg.) (1984): „Arbeitsgesellschaft": Strukturprobleme und Zukunftsperspektiven. Frankfurt/M.

Offe, Claus (1984):
„Arbeitsgesellschaft". Strukturprobleme und Zukunftsperspektiven. Frankfurt/M.

Olerup, Agneta; Schneider, Leslie; Manod, Elsbeth (Hg.)(1985):
Women, Work and Computerization. Opportunities and Disadvantages. Proceedings of the IFIP WG 9.1. First Working Conference on Women, Work and Computerization. Riva del Sole, Tuscany, Italy, 17 – 21 September 1984. Amsterdam

Ortmann, Günter (1984):
Der zwingende Blick. Frankfurt/M.

Osterkamp, Ute-H. (1986):
„Persönlichkeit" – Selbstverwirklichung in gesellschaftlichen Freiräumen oder gesamtgesellschaftliche Verantwortung des Subjekts? In: Marxistische Studien. Jahrbuch 10 des Instituts für marxistische Studien und Forschung. Frankfurt, S. 69-92

Osterloh, M. (1983):
Handlungsspielräume und Informationsverarbeitung. Bern, Stuttgart, Wien

Pahl, J.-P.; Reier, G. (1986):
Technikdidaktische Grundpositionen zur Qualifizierung für rechnergestützte Facharbeit. In: Hoppe, M.; Erbe, H.-H. (1986): a.a.O.

Pampus, K. (1987):
Ansätze zur Weiterentwicklung betrieblicher Ausbildungsmethoden. In: Berufsbildung in Wissenschaft und Praxis 2/1987

Papert, S. (1982):
Gedankenblitze. Kinder, Computer und neues Lernen. Reinbek

Paul, Gerd (1986):
Vorstellung des Projekts „Heranwachsende und Computer". In: Pluskwa, Manfred (Hg.): a.a.O.

Pea, R.D.; Kurland, D.M.C. (1983 a):
Learning LOGO Programming and the Developement of Planning Skills (Technicalreport No. 16). Center for Children and Technology. New York

Pea, R.D.; Kurland, D.M.C. (1983 b):
On the Cognitive and Educational Benefits of Teaching Children Computer Programming: A Critical Look (Technicalreport No. 17). Center for Children and Technology. New York

Pea, R.D.; Kurland, D.M. (1984):
On the Cognitive Effects of Learning Computer Programming. A Critical Look (Technicalreport No. 9). Center for Children and Technology. New York

Peschke, Rudolf (1986):
Bildschirmtext-Bank – eine Simulation. In: Westermanns Pädagogische Beiträge 10/1986, S. 23-25

Pflüger, Jörg (1988):
Computer und Mythos. Metaphern eines geregelten Alltags. Erscheint in: Rammert, W. (1989): Computerwelten – Alltagswelten. Verändert der Computer die sozialen Lebensbedingungen? Opladen

Pflüger, Jörg; Schurz, Robert (1986):
Sozialpsychologische Aspekte des Umgangs mit Rechenmaschinen. Schnittstellen II. TH Darmstadt

Pflüger, Jörg; Schurz, Robert (1987):
Der maschinelle Charakter: sozialpsychologische Aspekte des Umgangs mit Computern. Opladen

Pflüger, Jörg; Schurz, Robert (1987 a):
Die Seele des Computer-Menschen. Computer und Psyche I. In: Psychologie heute 1/1987, S. 46-55

Pflüger, Jörg; Schurz, Robert (1987 b):
Die Angst des Computermenschen. Computer und Psyche II. In: Psychologie heute 2/1987, S. 44-51

Piaget, Jean (1972):
Theorien und Methoden der modernen Erziehung. Wien

Pluskwa, Manfred (Hg.) (1986):
„Der Computer kann alles aber sonst nichts — Jugendarbeit und Computerkultur". Loccumer Protokolle 18/1986. Loccum

Polanyi, M. (1985):
Implizites Wissen. Frankfurt/M.

Pravda, G. (1985):
Einfluß neuer Technologien auf die Weiterbildung im kaufmännischen Bereich. In: Berufsbildung in Wissenschaft und Praxis 2/1985

Prengel, Annedore; Schmid, Pia; Sitals, Gisela; Willführ, Corinna (1987):
Schulbildung und Gleichberechtigung. Frankfurt/M.

Preuss-Lausitz, Ulf (1984):
Jeder Schule ihren Spiel-Computer? In: päd. extra 9/1984, S. 37-41

Pröll, U.; Thon, W.; Sozialforschungsstelle Dortmund (1987):
Institutionalisierter Arbeitsschutz im Wandel von Technologie und Arbeitsbedingungen. Dortmund (unv. Manuskript)

Progressiver Eltern- und Erzieherverband NRW; Forschungsinstitut für Arbeiterbildung e.V. (Hg.) (1988):
Tagungsunterlagen zum Workshop „Neue Technologien im Alltag. Ergebnisse aus einem Weiterbildungsprojekt mit Frauen". Recklinghausen

Projektgruppe „Automation und Qualifikation" (1987):
Widersprüche der Automationsarbeit. Ein Handbuch. Berlin

Projektgruppe Handlungslernen (Hg.) (1984):
Handlungslernen. Berufliche Bildung. Bd. 4. Wetzlar.

Prott, Jürgen (1985):
Computer: Leblos, unbarmherzig, regelmäßig. In: betrifft erziehung, April 1985, S. 27-31

Punk, Cyber (1987):
Markt und Mythos der „Künstlichen Intelligenz". In: taz vom 12.12.1987

Raithel, Arne; Volpert, Walter (1985):
Aneignung der Computer oder Telematik-Monokultur? In: Zeitschrift für Sozialisationsforschung und Erziehungssoziologie (5) 2/1985, S. 205-221

Rammert, Werner (1985):
Gegen das Projekt einer „Computer-Gesellschaft". Überlegungen zu grün-alternativen Gegenstrategien. In: Sozialwissenschaften und Berufspraxis. Berufsverband Deutscher Soziologen e.V. (8) 4/1985

Rammert, Werner (1985 a):
Technisierung im Alltag. Theoriestücke für eine spezielle soziologische Perspektive. In: Universität Bielefeld, Fakultät für Soziologie, Forschungsschwerpunkt „Zukunft der Arbeit", Arbeitsberichte Nr. 12. Bielefeld

Rammert, Werner (1987):
Informationstechnik — Alltag — Auswirkungen der informationstechnischen Entwicklung auf die alltägliche Lebensgestaltung und ihre kulturellen und sozialen Rahmenbedingungen. Forschungsantrag, Universität Bielefeld

Rammert, Werner (1987 a):
The Crisis of Everyday Life and the Computer. In: Universität Bielefeld, Fakultät für Soziologie, Forschungschwerpunkt Zukunft der Arbeit, Arbeitsberichte und Forschungsmaterialien Nr. 26. Bielefeld

Rammert, Werner (1988):
Technisierung im Alltag. In: Joerges, B. (Hg.): Technik im Alltag. Frankfurt/M.

Rammert, Werner (1988 a):
Computerwelten — Alltagswelten. Von der Kontrastierung zur Variation eines Themas. In: Rammert, Werner (Hg.) (1989): a.a.O.

Rammert, Werner (1989):
Computerwelten — Alltagswelten. Opladen

Rammert-Faber, Christel; Krüger, Chr.; Büter-Waltke, U. (1987):
Organisationstechnologien — Wandel der Dienstleistungsarbeit im Einzelhandel. In: SoTech-Rundbrief Nr. 4, Juli 1987, S. 7

Ratzki, Anne (1984):
Die technologische Revolution findet gegen die Frauen statt. In: päd. extra „Neue Medien und Lernen" 1984

Rauner, Felix (1986):
Elektrotechnik Grundbildung. Soest

Rauner, Felix (1987):
Zur Konstitution einer neuen Bildungsidee. In: Drechsel, R. (Hg.) (1987): Ende der Aufklärung? Bremen

Rawls, J. (1979):
Eine Theorie der Gerechtigkeit. Frankfurt/M.

Reck, S. (1981):
Identität, Rationalität und Verantwortung. Frankfurt/M.

Reinhard, Elisabeth (o.J.):
Unsere eigenen Knöpfe drücken: Das feministische Computer-Technologie-Projekt. (unv. Manuskript)

Reisin, Fanny-Michaela (1988):
Menschenzentrierte Softwareentwicklung — ein weibliches Anliegen. In: Schöll, Ingrid; Küller, Ina (Hg.): Micro sisters. a.a.O.

Renner, Andreas (1987):
Konzepte arbeitsbezogener Gesundheitsforschung — Ausgewählte Problemstellungen und Modelle. In: Ministerium für Arbeit, Gesundheit und Soziales — NW (Hg.): Mensch und Technik — Sozialverträgliche Technikgestaltung. Werkstattberichte Nr. 28. Düsseldorf

Resch, M. (1988):
Die Handlungsregulation geistiger Arbeit. Bern, Stuttgart, New York

Reutter, Gerhard; Vornhoff, Hermann (o.J.):
Projekt „ITEF" — Entwicklung von Kursmodellen für eine „informationstechnische" Eltern- und Familienbildung / Konzepte interdisziplinärer Kursleiterfortbildung. Projektskizze. Pädagogische Arbeitsstelle des Deutschen Volkshochschulverbandes. Frankfurt/M.

Rheinberg, F. (1985).
Motivationsanalysen zur Interaktion mit Computern. In: Mandl, A.; Fischer, M. (Hg.) (1985): Lernen im Dialog mit dem Computer. München

Richert, J. (1988):
Informationstechnik am Scheideweg: Humane Gestaltung oder Marsch in die Überwachungsgesellschaft? Pressegespräch am 3. August 1988 in Düsseldorf (Manuskript des DGB-Bundesvorstandes)

Richter, Gudrun (1988):
Akkord im Wohnzimmer — Teleheimarbeit von Frauen. In: Schöll, Ingrid; Küller (Hg.) (1988): a.a.O.

Rieß, Frank (1985):
Die Schule soll die Faszination durch die Computer abbauen. In: päd. extra 4/1985, S. 34–35

Ritsert, Jürgen (1988):
Gesellschaft: Einführung in die Grundbegriffe der Soziologie. Frankfurt/M., New York

Rogge, Jan-Uwe (1982):
Familienwelten — Medienwelten. In: Furian, Martin; Wittemann, Peter (Hg.) (1982): Television total? Leben und Erziehen an der Schwelle zu einer neuen Medienwelt. Stuttgart, Heidelberg, S. 107-121

Rogge, Jan-Uwe (1985):
Über die Bedeutsamkeit des Video- und Computerspiels im Medienalltag Jugendlicher. In: Spanhel, Dieter (Hg.) (1985): Das Spiel bei Jugendlichen. Ansbach, S. 100-117

Rogge, Jan-Uwe (1988):
Die Bedeutung der Computertechnologie im familialen Alltag unter der Berücksichtigung von Aspekten der Persönlichkeitsentwicklung von Kindern und Jugendlichen. Bielefeld (unv. Werkvertrag)

Rogge, Jan-Uwe; Jensen, Klaus (1986):
Über den Umgang mit Medien in Familien. Beobachtungen über alte Probleme und neue Belastungen im Alltag. In: aus politik und zeitgeschichte B3/86, 18.1.86, S. 11-25

Rolff, Hans-Günther; Zimmermann, Peter (1985):
Neue Medien und Lernen. Herausforderung, Chancen und Gefahren. Weinheim, Basel

Roloff, Christine; Sigrid Metz-Göckel; Christa Koch; Elke Holzrichter (1987):
Nicht nur ein gutes Examen. Forschungsergebnisse aus dem Projekt: Studienverlauf und Berufseinstieg von Frauen in Naturwissenschaften und Technologie — Die Chemikerinnen und die Informatikerinnen. In: Dortmunder Diskussionsbeiträge zur Hochschuldidaktik, Bd. 11. Dortmund

Ropohl, G. (1985):
Die unvollkommene Technik. Frankfurt/M.

Rose, Helmut; Jansen, Hinrich (1981):
Behinderung statt Entwicklung der Arbeitnehmerpersönlichkeit durch Computertechnologien? In:
Zeitschrift für Arbeitswissenschaft 4/1981, S. 247–253

Rosemann, Hermann (1986):
Computer: Faszination und Ängste bei Kindern und Jugendlichen. Frankfurt/M.

Rubbert, I. (1987)
Ungleiche Lebensbedingungen und die Entwicklung von Identität. In: R. Geißler (Hg.) (1987):
Soziale Schichtung und Lebenschancen. Stuttgart

Rutenfranz, J. (1987):
Die Auswirkungen neuer Technologien auf die Gesundheit der Arbeitnehmer – Handlungsbedarf für Arbeitsmedizin, Betriebsräte und Führungskräfte. In: AfA (37) 2/1987, S. 3–18

Sachverständigenkommission Arbeit und Technik (1983):
Arbeit und Technik – Analyse von Entwicklungen der Technik und Chancen in der Gestaltung
von Arbeit. Tagungsband zum Symposium an der Universität Bremen (21.-23.9.83). Bremen

Sachverständigenkommission Arbeit und Technik (Hg.) (1986):
Perspektiven technischer Bildung. Bremen

Sachverständigenkommission Arbeit und Technik (1986 a):
Forschungsperspektiven zum Problemfeld Arbeit und Technik – Zwischenbericht. Bremen

Sachverständigenkommission Arbeit und Technik (1987):
Arbeit und Technik. Ein Forschungs- und Entwicklungsprogramm. Bremen

Sack, Lothar (1986):
Vom Tante-Emma-Laden zur Computerkasse. In: Westermanns Pädagogische Beiträge
10/1986, S. 20–22

Sander, Wolfgang (1985):
Der einsame Computerfreak ist ein Mediengespenst. In: päd. extra 4/1985, S. 22–24

Sander, Wolfgang (1986):
Schüler und Computer – eine Untersuchung zum Informatikunterricht an Münsteraner Gymnasien. Münster (unv. Zwischenbericht des Projekts „Schüler und Computer")

Sander, Wolfgang (1988):
Schülerinteresse am Computer. Ergebnisse aus Forschung und Praxis. Opladen

Sander, Uwe; Vollbrecht, Ralf (1987):
Kinder und Jugendliche im Medienzeitalter. Opladen

Sander, Uwe; Vollbrecht, Ralf (1988):
Computer und Jugendliche in medienökologischer Perspektive. In: W. Nahrstedt/A. Steinecke/
W. Thewis (Hg.) (1988): IFKA Dokumentation der 5. Bielefelder Winterakademie „Freizeit im
Lebensverlauf". Bielefeld

Schachtner, Christel (1987):
Der Siegeszug des mechanistischen Menschen. In: taz vom 29.8.1987

Schauer, H.; Tauber, M. (1983):
Psychologie des Programmierens. In: Schriftenreihe der österreichischen Computergesellschaft
Bd. 20. Wien, München

Schauer, H.; Tauber, M. (1984):
Psychologie der Computerbenutzung. In: Schriftenreihe der österreichischen Computergesellschaft Bd. 22. Wien, München

Schelhowe; Heidi (1989):
Frauenspezifische Zugänge zur und Umgangsweisen mit Computertechnologie. In: Ministerium für Arbeit, Gesundheit und Soziales NW (Hg.): Mensch und Technik – Sozialverträgliche Technikgestaltung. Werkstattbericht Nr. 74. Düsseldorf

Schell, Fred; Schorb, Bernd (1984):
Spaß am Spiel. In: Medien und Erziehung (28) 4/1984, S. 207-216

Schelten, Andreas (1987):
Ebenen der Handlungsregulation – Taxonomie von Arbeitstätigkeiten. In: ders. (Hg.) (1987): Grundlagen der Arbeitspädagogik. Stuttgart, S. 26-35

Schiersmann, Christiane (1987):
Computerkultur und weiblicher Lebenszusammenhang. Bad Honnef

Schiersmann, Christiane (1988):
Zugangsweisen von Mädchen zu Neuen Technologien. Eine Zwischenauswertung im Rahmen der Begleitforschung zum niedersächsische Modellversuch „Mädchen und Neue Technologien". Hannover

Schleicher (1984):
LOGO statt LEGO? Fernsehen – Automaten – Computer – Anreicherung oder Gefährdung der Gesellschaft. In: Welt des Kindes (62) 2/1984, S. 109-116

Schmidt, Friedrich (1985):
Neue Medien – eine sozialpädagogische Herausforderung. In: Theorie und Praxis der sozialen Arbeit (36) 5/1985, S. 295-302

Schmidt, Gert; Graf von Schwerin, Hans-Alexander; Universität Bielefeld. Fakultät für Soziologie (1987):
EDV und betrieblicher Wandel. (Workshop-Beiträge). Bielefeld

Schmiede, G. (Hg.) (1988):
Arbeit und Subjektivität. Informationszentrum Sozialwissenschaften, Bd. 1. Bonn

Schnädelbach, H. (Hg.) (1984):
Rationalität. Frankfurt/M.

Schneekloth, Hans Dieter; Emsbach, Michael (1983):
Wirkungsdimensionen des Videospiels. Eine psychologisch-soziologische Untersuchung. Braunschweig

Schneider, Roland (1984):
Beschäftigungsprobleme durch Datenverarbeitung und Mikroelektronik. Gewerkschaftliche Zielvorstellungen zur Technologiepolitik und zur Humanisierung der Arbeit. In: frauen und arbeit 6/7 1984, S. 7-15

Schnoor, Dieter; Zimmermann, Peter; Institut für Schulentwicklungsforschung Dortmund (1987):
Kinder und Medien. Ergebnisse einer Befragung von Dortmunder Grundschülern und ihren Eltern. In: IFS-Werkheft 26. Dortmund

Schöll, Ingrid; Küller, Ina (Hg.) (1988):
Micro Sisters. Digitalisierung des Alltags. Frauen und Computer. Berlin

Schorb, Bernd (1983):
Familie am Bildschirm. Neue Medien im Alltag. Frankfurt/M., Berlin, Wien

Schwemmer, O. (1987):
Handlung und Struktur. Frankfurt/M.

Searle, J.R. (1986):
Geist, Gehirn und Wissenschaft. Frankfurt/M.

Seehausen; u.a. (1986):
Blühende Technik — welkende Seelen? Frankfurt/M.

Seeland, Susanne; Strauven, Claudia (1985):
Frauen, ran an die Technik. In: Huber; Bussfeld (1985): Blick nach vorn im Zorn. Weinheim, S. 198–211

Seiffert, H. (1968):
Information über die Informationen. München

Sekuler, Robert (1985):
... und das Wort ist Text geworden. In: Psychologie heute 5/1985, S. 50–53

Selka, R.; Conrad, P. (1987):
Leittexte — ein Weg zum selbständigen Lernen. Berlin

Selman, R.L. (1984):
Die Entwicklung des sozialen Verstehens. Entwicklungspsychologische und klinische Untersuchungen. Frankfurt/M.

Seltz, R. (1984):
Neue betriebliche Machtressourcen und Wandel des Kontrollsystems durch elektronische Informations- und Kommunikationstechnologien. Berlin (WZB)

Seltz, R.; Hildebrandt, E. (1985):
Produktion, Politik und Kontrolle — arbeitspolitische Varianten am Beispiel der Einführung von Produktionsplanungs- und Steuerungssystemen im Maschinenbau. In: Naschold, F. (Hg.) (1985): a.a.O.

Seltz, R.; Mill, U.; Hildebrandt, E. (Hg.) (1986):
Organisation als soziales System. Berlin

Semmler, Otto (1987):
Grundpositionen der Gewerkschaften zur Weiterbildung. In: Lernfeld Betrieb 3/1987, S. 88–89

Senghaas-Knobloch, Eva (1985):
Menschen und Maschinen. Der nichtzukleine Unterschied. In: Technik und Gesellschaft. Jahrbuch 3. Frankfurt/M., New York, S. 232–242

Sheil, Beau (1988):
Können Computer denken? In: Harvardmanager 1/1988, S. 66–72

Siann, Gerda; Macleod, Hamish (1986):
Computers and Children of Primary School Age: Issues and Questions. In: British Journal of Educational Technology, No. 2, Vol 17, May 1986, S. 133-144

Simonis, Udo Ernst (1986):
Forschung am internationalen Institut für Umwelt und Gesellschaft 1982 — (1986). In: Bericht des WZB — Internationales Institut für Umwelt und Gesellschaft. Berlin

Simonis, Udo Ernst (Hg.) (1984):
Mehr Technik — weniger Arbeit? Plädoyers für sozial- und umweltverträgliche Technologien. Karlsruhe

Sinhart, Dieter (1987):
Computer und Bildung. Pädagogik zwischen Apathie und Protest. Koblenz (unv. Vortrag vom 25.6.1987, Kath. Hochschulgemeinde Koblenz)

Sinhart, Dieter (1987):
Führt der Computer zu einer gebildeten Einstellung zur Welt. Computer und die Rationalisierung der Schule. (überarbeiteter Vortrag vom 25.6.1987)

Six, Ulrike (1988):
Mensch und Computer. Stand der Forschung. Eröffnungsreferat zur Tagung der Gesellschaft für Medienpädagogik und Kommunikationskultur, Augsburg 25. bis 27.11.1988. (unv. Manuskript)

Smith, D.; Kep, R. (1986):
Children's Opinions of Educational Software. In: Educational Research No 2, S. 83-88

Söltenfuß, G. (1983):
Grundlagen handlungsorientierten Lernens. Bad Heilbrunn/Obb.

Söltenfuß, G.; Halfpap (1987):
Handlungsorientierte Ausbildung im kaufmännischen Bereich. St. Augustin

Sohn-Rethel, A. (1970):
Geistige und körperliche Arbeit. Frankfurt/M.

Sokolowsky, P. (1984):
Integration der EDV in Übungsfirmen. In: Diepold, P.; Borg, B. (1984) (Hg.): a.a.O.

Sommer, Michael (1984):
Entwicklungstendenzen des Einsatzes neuer Informations- und Kommunikationstechnologien. In: frauen und arbeit 6/7, 1984, S. 5-7

Sozialdemokratischer Informationsdienst. Frau und Gesellschaft (1984):
Neue Technologien − Auswirkungen auf Lebenszusammenhänge von Frauen. Dokumente einer Fachtagung der AsF vom Dezember 1984

Spanhel, Dieter (1985):
Das Spiel bei Jugendlichen. Ansbach

Spanhel, Dieter (1987):
Jugendliche vor dem Bildschirm. Zur Problematik der Videofilme, Telespiele und Homecomputer. Weinheim

Steckmeister, Gabriele (1985):
Humanisierung durch Neue Technologien? Frauenjobs bei der Deutschen Bundespost. In: Die Mitbestimmung 12/1985, S. 519-521

Steinmüller, W. (1983):
Stichwort: „Information ist Macht". In: Schneider, H.-J. (Hg.) (1983): Lexikon der Informatik und Datenverarbeitung. München, Wien

Steinrücke, Margareta (1987 a):
„Ich gehe gern arbeiten, aber nicht zum Vergnügen" − Zur Arbeitssituation weiblicher Angestellter. (unv. Vortragsmanuskript vom Projektworkshop am 16.10.1987 in Köln)

Steinrücke, Margareta (1987 b):
„Kompetenz, (Miß-)Achtung und Beteiligung" − Aspekte der Interessenvertretung weiblicher Angestellter. (unv. Vortragsmanuskript vom Projektworkshop am 16.10.1987 in Köln)

Stern, K. (1980):
Persönlichkeitsförderliche Arbeitsgestaltung. In: Zeitschrift für Arbeitswissenschaft 2/1980

Sternitzke, U. (1985):
Computerpositivismus? In: Neue Deutsche Schule 9/1985, S. 26-27

Stooß, Friedemann (1987):
Wirkungen moderner Bürotechnik auf kaufmännische Berufe. In: Materialien aus der Arbeitsmarkt- und Berufsforschung 8/1987. Nürnberg

Stooß, Friedemann; Troll, Lothar; Henninges, Hasso von (1988):
Blick hinter den Bildschirm. In: Materialien aus der Arbeitsmarkt- und Berufsforschung 1/1988. Nürnberg

Stratka, G.A.; Fabian, Th. (1987):
Kabelfernsehen im Leben älterer Menschen. Bremen (unv. Forschungsbericht des SoTech-Projekts „Neue Medien und ältere Menschen")

Sussman, Marvin B. (1985):
Personal Computers and the Family. New York

Terlon, Claire (1985):
Les filles et l'informatique. In: Enfance 2/3 1985, S. 255-259

Tillmann, Klaus Jürgen (1987):
Neue Technologien, Allgemeinbildung und Unterricht in der Sekundarstufe I. In: Zeitschrift für Pädagogik, 21. Beiheft, Allgemeinbildung, S. 97-104

Tillmann, Klaus Jürgen (1989):
Sozialisationstheorien. Reinbek

Toepel, M. (1984):
Benutzerorientierung als didaktisches Auswahlkriterium für Wirtschaftsinformatik. In: Diepold, P.; Borg, B. (Hg.) (1984): a.a.O.

Tugendhat, E. (1979):
Selbstbewußtsein und Selbstbestimmung. Frankfurt/M.

Tully, Claus J.; Wahler, Peter (1987):
Technikbilder bei Jugendlichen. In: Zeitschrift für Berufs- und Wirtschaftspädagogik, Bd. 83, 4/1987, S. 299-311

Turkle, Sherry (1986):
Die Wunschmaschine. Der Computer als zweites Ich. Reinbek

Ulich, E.; Frei, F.; Baitsch, C. (1980):
Zum Begriff persönlichkeitsförderlicher Arbeitsgestaltung. In: Zeitschrift für Arbeitswissenschaft 4/1980

Ulrich, Otto (1984):
Computer, Wertewandel und Demokratie. Öffnet die Informationsgesellschaft die Chancen für mehr politische Partizipation? In: aus politik und zeitgeschichte B25/84, 23. Juni 1984

Urban, Gerd (1988):
Arbeitsschutz und Arbeitsgestaltung beim Einsatz von Industrierobotern. In: Peter, Gerd (1988): Arbeitsschutz, Gesundheit und neue Technologien. Opladen

VDI-Ausschuß „Grundlagen der Technikbewertung" (1986): Vorentwurf für eine Richtlinie „Empfehlungen zur Technikbewertung". In: Lenk, H.; Ropohl G. (Hg.) (1987): Technik und Ethik. Stuttgart

Verbund sozialwissenschaftliche Technikforschung (Hg.) (1988):
Mitteilungen 2/1988. Redaktion Ute Hoffmann. München

Verbund sozialwissenschaftliche Technikforschung (Hg.) (1988):
Die Bedeutung des Computers im Alltag von Kindern und Jugendlichen. Ergebnisse einer Arbeitstagung. Mitteilungen 4/1988. München

Volpert, Walter (1983):
Denkmaschinen und Maschinendenken: Computer programmieren Menschen. In: Technologie und Kultur, Psychosozial 18. Reinbek, S. 10-29

Volpert, Walter (1985):
Zauberlehrlinge. Weinheim und Basel

Volpert, Walter (1985 a):
Computer und Denken. Machen wir uns selbst zu Maschinen? In: „Da wird der Geist Euch wohl dressiert ..." kontrolliert und abserviert, S. 64-85

Volpert, Walter (1986):
Perspektiven der „5. Computer-Generation". In: Gewerkschaftliche Monatshefte 9/1986, S. 522-531

Volpert, Walter (1987):
Kontrastive Analyse des Verhältnisses von Mensch und Rechner als Grundlage des System-Designs. In: Zeitschrift für Arbeitswissenschaft 3/1987, S. 147-152

Voß, G. (1984):
Bewußtsein ohne Subjekt? Großhesselohe

Voullième, Helmut (1988):
Mit Verstand und Phantasie. Kritisch-kreative Medienarbeit -- „Computerclub". In: Medien-Concret 1/1988, S. 50

Wagner, Ina (1986):
Frauen im automatisierten Büro. Widersprüchliche Erfahrungen — Individuelle und kollektive Bewältigungsstrategien. In: Institut Frau und Gesellschaft (Hg.) (1986): Informationsdienst Frauenforschung, 1/2 1986, S. 76-91

Webb, N. M. (1986):
The Role of Gender in Computer Programming Learning Process. In: Educational Computing Research 1/1988, S. 441-458

Weingarten, Rüdiger; Fiehler, Reinhard (Hg.) (1988):
Technisierte Kommunikation. Opladen

Weizenbaum, Josef (1977):
Die Macht der Computer und die Ohnmacht der Vernunft. Frankfurt/M.

Weltz, F. (1986):
Wer wird Herr der Systeme? In: Seltz, R.; u.a. (1986): a.a.O.

Weltz, F.; Lullies, V. (1984):
Das Konzept der innerbetrieblichen Handlungskonstellation als Instrument der Analyse von Rationalisierungsprozessen in der Verwaltung. In: Jürgens, U.; Naschold, F. (Hg.) (1984): Arbeitspolitik. Opladen

Werner, Rudolf (1987):
Qualifikation, Alter und Akzeptanz programmgesteuerter Arbeitsmittel von Frauen. In: Bundes-institut für Berufsbildung; Institut für Arbeitsmarkt- und Berufsforschung (Hg.) (1987): a.a.O.

Wersig, G. (1973):
Informationssoziologie. Frankfurt/M.

Wersig, G. (1985):
Die kommunikative Revolution. Opladen

Wettig, Dieter (1984):
Rechnerausstattung Berufsbildender Schulen. In: Winklers Flügelstift 2/1984, S. 23-26

Wettig-Danielmeier, Inge (1984):
Neue Technologien und ihre Auswirkungen auf Arbeit, Familie und Gesellschaft. In: Die neue Gesellschaft 8/1984, S. 750-753

Wiater, Werner (1987):
Auf dem Weg zum computerisierten Menschen? In: ibw-Journal, Mai 1987, S. 3-9

Wicke, Walter (1986):
Partizipative Systemgestaltung: Rationalisierung oder Humanisierung? In: Rolf, Arno (1986): Neue Techniken alternativ — Möglichkeiten und Grenzen sozialverträglicher Informationstechnikgestaltung. Hamburg

Wildberger, Heinz-Hubert (1984):
Auswirkungen der neuen Technologien auf die Lehrerbildung. In: Wirtschaft und Erziehung VWL 5/1984, S. 160-163

Wilhelmi, Jutta (1984):
Computer: Lernen durch Faszination? In: betrifft erziehung, November 1984, S. 23-31

Wingert, Bernd; Riehm, Ulrich (1985):
Computer als Werkzeug. Anmerkungen zu einem verbreiteten Mißverständnis. In: Technik und Gesellschaft. Jahrbuch 3. Frankfurt/M., New York, S. 107-131

Winnicott, D. W. (1962):
Ego Integration in Child Development. In: Reifungsprozesse und fördernde Umwelt. München 1974, S. 72-81

Winnicott, D. W. (1973):
Vom Spiel zur Kreativität. Stuttgart

Wittmann, Bernd (1986):
„Ohne Lehrer läuft gar nichts. ‚Zwangsfortbildung' statt ‚totamüsieren'". In: Neue Deutsche Schule 1/1986, S. 20-24

Woesler de Panafieu, Christine (1985):
Frauen und Technik in Penelope. In: Feministische Studien 1/1985, S. 164-166

Woesler de Panafieu, Christine (1985 a):
Zum Übergang von der instrumentellen zur digitalen Vernunft. In: Christine Kulke (Hg.) (1985): Rationalität und sinnliche Vernunft. Frauen in der patriarchalen Realität. Berlin, S. 20-44

Woesler de Panafieu, Christine (1987):
Feministische Kritik am wissenschaftlichen Androzentrismus. In: Beer, Ursula (Hg.) (1987): Klasse Geschlecht. Feministische Gesellschaftsanlagen und Wissenschaftskritik. Bielefeld, S. 84-115

Wotschack, W. (1987):
Vom Taylorismus zur kontrollierten Autonomie. Über Personaleinsatzkonzepte und Arbeitsanforderungen bei den neuen Technologien. Berlin (WZB)

Wulf, Hans Albert (1988):
„Maschinenstürmer sind wir keine". Frankfurt/M.

Wulf, Hans-Albert (1988):
Risiken und Chancen des Computereinsatzes im Arbeitsbereich — Analyse industriesoziologischer Forschungsansätze. Bielefeld (unv. Werkvertrag)

Wulf, Manfred; Lechner, Karl-Helmut (1985):
Die Technik beherrschen — nicht nur die sozialen Auswirkungen. In: Wechselwirkung 24/1985

Zelewski, Manfred (1988):
Soziale Verantwortbarkeit des Einsatzes von „Künstlicher Intelligenz". In: Wirtschaftsstudium 1/1988

Zelewski, Stephan (1987):
   Soziale Verantwortbarkeit von Technologien. In: Wirtschaftsstudium 11/1987, S. 555-559

Zobeley, Christel (1984):
   Entwicklung und Arbeitsbedingungen von Frauen am Beispiel der Deutschen Bundespost. In: frauen und arbeit 6/7 1984, S. 15-18

Zoeppritz, Magdalena (1983):
   Endbenutzersysteme mit „natürlicher Sprache" und ihre human factors. In: H. Balzert (Hg.) (1983): Software-Ergonomie. Stuttgart, S. 397-410

Sozialverträgliche Technikgestaltung

Harald Baerenreiter,
Werner Fuchs-Heinritz
und Rolf Kirchner

Jugendliche Computer-Fans: Stubenhocker oder Pioniere?

Biographieverläufe und Interaktionsformen.

1990. 345 S. (Sozialverträgliche Technikgestaltung, Bd. 16) Kart.
ISBN 3-531-12227-4

Wer sind die Jugendlichen, die sich intensiv mit dem Computer befassen? Sind sie einsame Stubenhocker, dieser Maschine verfallen, unfähig mit anderen Menschen „normal" zu verkehren? Bilden Computer-Clubs die Vorhut und den Kern einer Kultur computerabhängiger Jugendlicher und Erwachsener?

Dreißig jugendliche Computer-Fans wurden nach ihrer Lebensgeschichte und der Geschichte ihrer Beschäftigung mit dem Computer intensiv befragt; ein Computer-Club, von Jugendlichen gegründet und geleitet, wurde über einen längeren Zeitraum hinweg teilnehmend beobachtet. Dieses Buch berichtet über die Ergebnisse dieser Untersuchung.

Barbara Böttger und
Barbara Mettler-Meibom (Hrsg.)

unter Mitarbeit von I. Hehr,
G. Elsner, A. Gericke und
K. Müller

Das Private und die Technik

Frauen zu den neuen Informations- und Kommunikationstechniken.

1990. VIII, 309 S. (Sozialverträgliche Technikgestaltung „Materialien und Berichte", Bd. 13) Kart.
ISBN 3-531-12236-3

Das Private ist schon lange Objekt technischer Maßnahmen. Doch derzeit bahnt sich ein neuer Technisierungsschub an. Die sog. Informations- und Kommunikationstechniken spielen ebenso eine Rolle wie neuere Entwicklungen bei den Massenmedien. Frauen können und wollen zu diesen Entwicklungen nicht schweigen. So vertreten die Autorinnen die Auffassung, daß das spezifische Erfahrungswissen von Frauen berücksichtigt werden muß, wenn die Entwicklung in menschen- und sozialverträglichere Bahnen gelenkt werden soll.

Werner Rammert (Hrsg.)

Computerwelten – Alltagswelten

Wie verändert der Computer die soziale Wirklichkeit?

1990. 240 S. (Sozialverträgliche Technikgestaltung, „Materialien und Berichte", Bd. 7) Kart.
ISBN 3-531-12060-3

Wie verändert der Computer unser Verhältnis zur Welt? Welchen Wandel bringt er für die menschliche Kommunikation? Zu diesen Fragen nehmen Soziologen, eine Kommunikationsforscherin und Informatiker im ersten Teil des Buches Stellung. Sodann wird die Frage, ob die Spekulationen über die Zersetzung der Alltagswelt durch den Computer empirischen Beschreibungen standhalten, in sieben Fallstudien zum Umgang mit dem Computer und die vielfältigen Computerwelten im bundesdeutschen Alltag untersucht.

WESTDEUTSCHER VERLAG

OPLADEN · WIESBADEN

Aus dem Programm
Sozialwissenschaften

Ulrich von Alemann, Heribert Schatz, Georg Simonis, Erich Latniak, Joachim Liesenfeld, Uwe Loss, Barbara Stark und Walter Weiß

Leitbilder sozialverträglicher Technikgestaltung

Ergebnisbericht des Projektträgers zum NRW-Landesprogramm „Mensch und Technik – Sozialverträgliche Technikgestaltung".

1992. XIV, 279 S. (Sozialverträgliche Technikgestaltung, Bd. 30) Kart.
ISBN 3-531-12355-6

Die Autoren geben einen Überblick über die Ergebnisse des NRW-Landesprogramms „Mensch und Technik – Sozialverträgliche Technikgestaltung". In diesem Programm wurden über einhundert Projekte gefördert, die die Wechselbeziehungen zwischen neuen Informations- und Kommunikationstechnologien und Wirtschaft, Gesellschaft und Politik sowie deren Gestaltbarkeit untersuchten. In dem vorliegenden Band resümiert der Projektträger die Einzelergebnisse, bilanziert das Gesamtprogramm und wagt einen Ausblick in die Zukunft der sozialverträglichen Gestaltung neuer Technologien.

Joseph Huber

Technikbilder

Weltanschauliche Weichenstellungen der Technik- und Umweltpolitik.

1989. 182 S. Kart.
ISBN 3-531-12010-7

Im ersten Teil des Buches wird nachgezeichnet, wie sich im Verlauf der letzten 200 Jahre gegenüber Wissenschaft und Technik ein polares Einstellungsspektrum herausgebildet hat. Im zweiten Teil wird die Existenz jener Einstellung zu Technik und Umwelt empirisch anhand einer repräsentativen Erhebung unter Beamten, Ingenieu-

ren, in Sozialberufen Tätigen und Künstlern belegt. Ingenieure und Sozialberufe bilden Antipoden i.S. der „Zwei-Kulturen"-These. Darüber hinaus zeigen sich geschlechtsspezifische und altersspezifische Besonderheiten.

Günther Ortmann, Arnold Windeler, Albrecht Becker und Hans-Joachim Schulz

Computer und Macht in Organisationen

Mikropolitische Analysen.

1990. 634 S. (Sozialverträgliche Technikgestaltung, Bd. 15) Kart.
ISBN 3-531-12183-9

Die Einführung computergestützter Informations- und Planungssysteme in Unternehmen ist ein umkämpftes Terrain. Die Entscheidungs- und Implementationsprozesse bestehen oft aus sehr heftigen, mikropolitischen Auseinandersetzungen. Koalitionen werden geschmiedet und Machtarsenale mobilisiert, weil die Informatisierung ihrerseits erhebliche Auswirkungen auf die Machtstrukturen im Betrieb hat. Ökonomische Vernunft bleibt nicht selten auf der Strecke, wenn es gilt, alte Machtstrukturen, Besitzstände und Erbhöfe zu bewahren oder anzugreifen. Die Autoren untersuchen die hierbei auftretenden Fragen und Probleme.

WESTDEUTSCHER
VERLAG

OPLADEN · WIESBADEN